“叶适事功学说与当代价值”文化研讨会论文集

中共台州市路桥区委宣传部 主编

徐永明 编

ZHEJIANG UNIVERSITY PRESS
浙江大学出版社
·杭州·

图书在版编目（CIP）数据

“叶适事功学说与当代价值”文化研讨会论文集 / 徐永明编. -- 杭州 : 浙江大学出版社, 2024.4

ISBN 978-7-308-24790-0

Ⅰ. ①叶… Ⅱ. ①徐… Ⅲ. ①叶适（1150-1223）－哲学思想－文集 Ⅳ. ①B244.92-53

中国国家版本馆 CIP 数据核字(2024)第 068631 号

“叶适事功学说与当代价值”文化研讨会论文集

中共台州市路桥区委宣传部　主编
徐永明　编

责任编辑　宋旭华　姜泽彬
责任校对　胡　畔
封面设计　周　灵
出版发行　浙江大学出版社
（杭州市天目山路148号　邮政编码310007）
（网址：http://www.zjupress.com）
排　　版　杭州林智广告有限公司
印　　刷　杭州宏雅印刷有限公司
开　　本　710mm×1000mm　1/16
印　　张　17.75
字　　数　319千
版 印 次　2024年4月第1版　2024年4月第1次印刷
书　　号　ISBN 978-7-308-24790-0
定　　价　128.00元

版权所有　侵权必究　　印装差错　负责调换

浙江大学出版社市场运营中心联系方式：0571-88925591；http://zjdxcbs.tmall.com

目录

永嘉学派与浙学

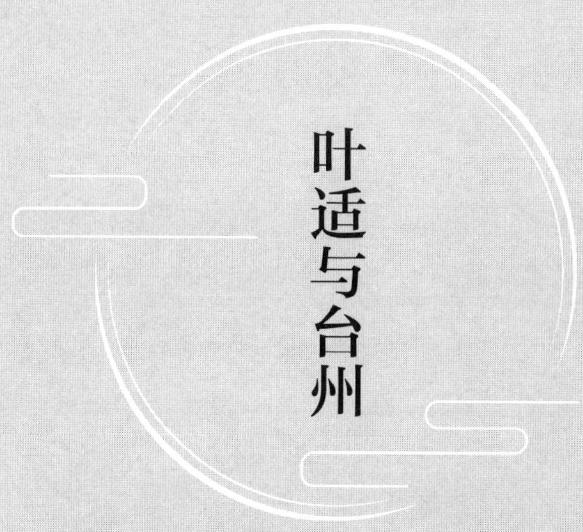

叶适与台州

叶适对台州人历史的书写

钱茂伟　施琪航

叶适是南宋时期永嘉学派的代表人物之一，其师长和友人中有不少台州籍的人物，门下也有众多台州籍弟子，其中如台州临海陈耆卿等人更是对永嘉学派的传承作出了重要贡献。叶适有些诗、文、碑志一般可视为一种对历史的记录。他为各类人物立传，也意在"辅史而行"[①]。本文以一个新的角度，即历史书写的角度，并从历史书写要求下的文章构成和叙述形式两方面来探究叶适对台州人和台州历史的理解。

徐永明教授提供的叶适相关资料汇编，为本文研究提供了重要的信息基础。笔者通过对相关资料的研究，发现叶适对于台州的影响不可谓不深，现从其所写台州人、物的诗文碑铭中寻找叶适笔下书写的台州历史，描绘台州人在叶适眼中的形象。

一、叶适与台州的渊源

叶适（1150—1223），字正则，号水心居士，世称水心先生，温州永嘉人，永嘉学派代表人物之一。其曾祖父一辈自龙泉迁至温州[②]，后便长期在温州定居。那么温州人叶适与台州是如何产生关系的呢？有资料显示，叶适在罢官回乡后，曾在螺洋一带建立书院。螺洋，今属台州路桥区。叶适在这个书院中培养了大批著名台州文士，例如陈耆卿、吴子良、丁希亮等。当地百姓为纪念叶适，曾在当地兴建了毓英庙，在大岙村也建了叶适的衣冠冢，但二者后均遭毁坏[③]。根据《叶适年谱》，叶适在嘉定元年（1208）落职回到温州永嘉水心村后，直到其七十四岁

① 朱迎平：《永嘉巨子：叶适传》，浙江人民出版社 2006 年版，第 240 页。

② 周梦江：《叶适年谱》，浙江古籍出版社 2006 年版，第 2 页。

③ 《路桥·螺洋》，《台州日报》2016 年 7 月 11 日。

卒，由于苦疾，几乎没有离开当地[①]。不过在叶适早期游学时，倒是的确游过黄岩，其在《与戴少望书》中有"十日前及陈傅良遇于黄岩"句[②]，是否有办书院一事却并未提及。民国二十四年（1935）版《路桥志略》提到罗洋街上的毓英庙是叶适讲学处，后人就在这里建了庙[③]。另外，叶适应该是早期游学时期到过黄岩，他也在黄岩认识了林鼐和林鼒两兄弟。《利涉桥记》中记录了叶适与林氏兄弟游玩的场景。叶适黄岩讲学的说法似乎比他建立书院的说法更加确切。而叶适的衣冠冢"在大岙山之麓"[④]，应该是叶适众多台州籍贯的门生所立。

此外，螺洋书院培养了大批台州文士一说也有些问题。首先是丁希亮。丁希亮（1146—1192），字少詹，号梅岩，宋台州黄岩人，师从叶适。在叶适为其撰写的墓志铭中记录了"少詹生二十九年，余遇之于钱塘"[⑤]，淳熙元年（1174）二人在杭州相识。在认识之后又过了两年，即淳熙三年（1176），叶适在乐清雁荡山授徒讲学，"余教诸生于乐清，少詹始来"[⑥]，这个时候叶适就开始成为丁希亮的老师了。又有学人认为，黄岩名士戴许、蔡仍、王汶等也是在这年开始向叶适学习的[⑦]。而陈耆卿、吴子良等几乎都是叶适晚年的学生。

二、叶适书写台州人历史的形式

叶适常常与台州当地文人和在台州任职的官员来往，为他们写的文章多是书、序、记、跋，或有墓志、碑传，或有诗歌。据徐永明的资料汇编可知其中有书、序、记、跋 21 篇，为当地文人写的墓志、碑传 21 篇，为当地官员写的墓志、碑传 5 篇，写给台州人士的诗歌 16 篇。叶适写台州人士的墓志铭较多，是由于其写墓志铭动人而能纪实，为当时学者所公认[⑧]。有资料将叶适的文章创作分为两个时期，第一阶段侧重于策论和奏议，第二阶段侧重于序记和碑志[⑨]。本文主要关注的是叶适第二阶段的文学成果，即序记和碑志。

---

① 周梦江：《叶适年谱》，浙江古籍出版社 2006 年版，第 131—165 页。

② （宋）叶适：《水心文集》卷二七，《全宋文》第二八五册，第 127 页。

③ 杨晨：《路桥志略》卷一《叙地》，民国二十四年石印本。

④ 杨晨：《路桥志略》卷一《叙地》，民国二十四年石印本。

⑤ （宋）叶适：《水心文集》卷一四，《全宋文》第二八六册，第 183 页。

⑥ （宋）叶适：《水心文集》卷一四，《全宋文》第二八六册，第 183 页。

⑦ 周梦江：《叶适年谱》，浙江古籍出版社 2006 年版，第 42 页。

⑧ 周梦江：《叶适与永嘉学派》，浙江古籍出版社 2005 年版，第 174 页。

⑨ 朱迎平：《永嘉巨子：叶适传》，浙江人民出版社 2006 年版，第 229—230 页。

叶适为台州人所写的序记几乎都是受人之托，一些序是为学生的著作而写，例如《丁少詹文集序》等；也有为朋友家人的文集写的序，例如《谢景思集序》等等。叶适在这类序中都会说明自己与文集主人的关系，交代自己为其写序的缘由和渊源。叶适写的碑志在当时是十分有名的，他为很多台州人留下了墓志铭。墓志铭是一种特殊的文体，其特殊之处在于所写对象已经辞世，是后人对先人的追念。叶适所写墓志铭中的墓主往往神形兼备，寥寥几笔便勾勒出墓主的形象并表达其精神，例如《林伯和墓志铭》中，以林鼐同他人的短短几句话就表现出林氏心系百姓、不慕权贵的形象。又如他在《丁少詹墓志铭》中，写丁希亮“尽师硕儒，尽友良士，尽闻名言，尽求别义，常服补褐而食疏薄，夜诵逮晨，手抄满屋，纵笔所就，词雄意确，论事深眇，皆有方幅”[①]，表现出了丁希亮的求知若渴和文采飞扬。叶适在墓志铭上的成就有三个例证，第一是陈亮的盛赞，第二是其所撰墓志铭本身无定规，第三是撰写不避忌讳，也不阿谀奉承[②]。所以叶适也被称为“集乾、淳散文中兴之大成的散文大家”[③]。

叶适关于书、序、记、跋、碑志等等的写作对于后世影响深远，可以说在散文方面，叶适已经达到了一个高峰。永嘉学派南宋传人戴表元的文集中，书、序、记、跋、碑志之文占三分之二，可见戴表元亦承水心文统[④]。

三、叶适对台州籍弟子的书写

叶适的书、序、记、跋文、碑志都是写给哪些台州人的？与叶适交往的台州人都是什么身份？其中一部分就是叶适的门生，例如丁希亮、陈耆卿、吴子良、夏庭简、王汶等等。其中，丁希亮是为数不多可考的叶适早期的学生，因为他过于自负，“厉志笃意，欲一日千里”[⑤]，叶适在赞赏他志向的同时，也因他仰慕英雄豪杰而轻视中正平易的论说叹息，劝诫他改正“慕为豪杰非常之行，轻鄙中正平易之论，而多为惊世骇俗绝高之语”的习惯[⑥]。丁希亮的堂兄丁世雄也是叶适的学生。丁世雄，字少云，读书好文，多有义举，“凡义举，众力推其首必曰丁君”[⑦]。当时，

① （宋）叶适：《水心文集》卷一四《丁少詹墓志铭》，《全宋文》第二八六册，第 183 页。

② 陆敏珍：《宋代永嘉学派的建构》，浙江大学出版社 2013 年版，第 324—325 页。

③ 周梦江：《叶适研究》，人民出版社 2008 年版，第 210 页。

④ 朱迎平：《永嘉巨子：叶适传》，浙江人民出版社 2006 年版，第 249 页。

⑤ （宋）叶适：《水心文集》卷二七《答少詹书》，《全宋文》第二八五册，第 129 页。

⑥ （宋）叶适：《水心文集》卷二七《答少詹书》，《全宋文》第二八五册，第 129 页。

⑦ （宋）叶适：《水心文集》卷一四《丁君墓志铭》，《全宋文》第二八六册，第 176 页。

丁氏兄弟来往不多，人们还以为二人不和，"始，希亮既以其学少君，君不为变。门内之集，希亮辄谢不预，二家宾客亦难往来"。但是丁希亮去世前，将身后事托付给了丁世雄，丁世雄与其妻子戴氏也十分上心丁希亮的家事。戴氏也是台州黄岩人，"戴氏为其内，君为其外，经纪诸用，过于希亮在时"①。丁希亮与丁世雄的手足之情令叶适十分感动，即使丁希亮已故去，其家中依然被安排得井井有条，"其庭宇甚除，疆畎甚修，宾祭敬恭，僮客趋和，尽如少詹在时，余极叹异"②。叶适为丁希亮、丁世雄及丁世雄之妻戴氏都写了墓志铭。叶适还有《丁少明挽诗》，是写给丁希亮的族弟丁世昌的。丁世昌，字少明，亦台州人。

吴子良（1197—1256），字明辅，台州临海人，师从叶适。嘉定十三年（1220），吴子良上书叶适，求教道学名实真伪之说，叶适有《答吴明辅书》。吴子良十分推崇叶适，他在《水心诗》中称赞叶适"诗骚已精严，晚尤高远"③。他是叶适之后永嘉学派的重要代表人物之一。吴子良的表哥陈耆卿也是叶适门生，在《答吴明辅书》中有"往陈寿老言其表弟齿甚少"句④，陈寿老，即陈耆卿。陈耆卿（1180—1236），字寿老，号篔窗，台州临海人，其所撰写的《赤城志》是最早的台州总志⑤。陈耆卿是叶适的主要传承人，叶适为其写了《题陈寿老论孟纪蒙》《题陈寿老文集后》二文与《送陈寿老》一诗，他也十分赞赏陈耆卿，认为他的诗文颇有建安、元祐时期的风骨⑥。叶适为陈耆卿的父母也写了墓志铭，陈耆卿的父亲陈昺，字叔明，母亲姚氏，都是临海人。

戴许、蔡仍、王汶三人也都是叶适的学生，叶适为他们写有《送戴许蔡仍王汶序》，"戴许、蔡仍、王汶来自黄岩，从王成叟学"⑦。王汶，字希道，号东谷，著有《东谷集》，《宋元学案·水心学案》中称他"伯仲陈耆卿、吴子良之间"⑧。戴许、蔡仍缺少记录。王成叟，即王绰，温州永嘉人，叶适之友，著有《春秋传记》《王征君集》等。

王象祖，字德甫，又作德父，台州临海人，学于叶适。叶适有《读王德甫文卷因送省试》一诗，在诗中称赞王象祖"行当奏苦疏，朗压诸儒冠"。王象祖也是叶

---

① （宋）叶适：《水心文集》卷一四《丁君墓志铭》，《全宋文》第二八六册，第176页。

② （宋）叶适：《水心文集》卷一二《丁少詹文集序》，《全宋文》第二八五册，第156页。

③ （宋）吴子良：《荆溪林下偶谈》卷四，文渊阁四库全书本。

④ （宋）叶适：《水心文集》卷二七《答吴明辅书》，《全宋文》第二八五册，第134页。

⑤ 雷寅威、雷日钏：《中国历代百花诗选》，广西人民出版社2008年版，第753页。

⑥ （宋）叶适：《水心文集》卷二九《题陈寿老文集后》，《全宋文》第二八五册，第197页。

⑦ （宋）叶适：《水心文集》卷一二《送戴许蔡仍王汶序》，《全宋文》第二八五册，第146页。

⑧ （清）黄宗羲：《宋元学案》卷五十四《水心学案》，道光间何绍基刻本。

适的事功思想的传承者之一[①]。

夏庭简，字迪卿，台州黄岩人，因言语有度，博学善辩，成为叶适较为欣赏的一名学生，在写给他的墓志铭中写道“语不妄发，问则博辨，余亦爱之”[②]。

戴木，字子荣，号渔村，台州黄岩人，也是叶适的一名弟子。因其诚信高义，“始由信立，一钱不欺；终以义断，万金不私”[③]，叶适在给其写的墓志铭中称其为“戴佛”。

叶适还有其他台州籍的弟子，但诗书文章往来不多。

四、叶适对台州籍师友的书写

除了同自己的门生往来密切，叶适与台州籍师友也有很多交往。例如林鼐、林鼒、谢希孟、葛自得、蔡镐等，也为这些人留下了诗文记录。

林鼐（1144—1192），台州黄岩人，字伯和，一字元秀。叶适在同其的书信中所交流的内容不仅仅是学术问题，还有很多生活之事。例如淳熙八年（1181），叶适在《与黄岩林元秀书》中告诉林鼐自己将行李放在妻家，却因邻家起火而被焚，还有妻子怀孕却流产之类的事情[④]。到林鼐去世后，叶适还为其写了墓志铭和《祭林伯和文》一文。在《林伯和墓志铭》中，叶适记录了林鼐任职定海县丞时的事情，他维护民众交租的公平性，免除了民众过多的税务，使当地民众都信服于他。“民服教令，木阴满庭，终日寂寂，无复讼者”[⑤]。林鼐心系百姓，不会向富贵者溜须拍马。林鼒做明州奉化县簿时，有贵人经过当地，要求在百里之外用杂戏迎接，林鼐拒绝了。有富人不按规定受其役使时，林鼐“役之如令”[⑥]。叶适在墓志铭中对林鼐极尽夸赞，从其为林鼐所作的诗文能够看出叶适与林鼐情谊深厚。林鼐还请叶适为自己的岳丈写了墓志铭，即《宋杜君墓志铭》。杜君，即杜椿，字大年，自号樊翁，台州黄岩人。杜椿学问深厚，宽容有德行，在六潭山建立了樊川书院。

叶适也认识林鼐的弟弟林鼒，“初，余年未冠，识伯和兄弟”[⑦]。林鼒，台州黄

① 陈安金、王宇：《永嘉学派与温州区域文化崛起研究》，人民出版社 2008 年版，第 242 页。

② （宋）叶适：《水心文集》卷二三《宣教郎夏君墓志铭》，《全宋文》第二八六册，第 352 页。

③ （宋）叶适：《水心文集》卷二五《戴佛墓志铭》，《全宋文》第二八七册，第 32 页。

④ （宋）叶适：《水心文集》卷二七《与黄岩林元秀书》，《全宋文》第二八五册，第 125 页。

⑤ （宋）叶适：《水心文集》卷一五《林伯和墓志铭》，《全宋文》第二八六册，第 202 页。

⑥ （宋）叶适：《水心文集》卷一五《林伯和墓志铭》，《全宋文》第二八六册，第 202 页。

⑦ （宋）叶适：《水心文集》卷一五《林伯和墓志铭》，《全宋文》第二八六册，第 202 页。

岩人，字叔和，人称草庐先生，死后与兄林鼐同葬善化樟槿山。叶适有《草庐先生墓志铭》《祭林叔和文》《林叔和见访道旧感叹因以为赠》等。在叶适《宣教郎夏君墓志铭》中也提到了林鼒，林鼒等人称赞夏庭简热爱读书，礼贤士人，“益读书，明习今古，亲仁敬士，林叔和、赵几道皆爱之”①。此外，在叶适《利涉桥记》中亦提到了林鼒，叶适通过这篇文章回忆了年轻时与林氏兄弟游玩的经历，“以志余之不忘斯游尔”②。林鼒亦是叶适的好友，叶适与他为友五十年，在其墓志铭中写道“一札不至奄重泉，矢词如忘徒泫然”③。

谢希孟，即谢直，初名希孟，字古民，号晦斋，台州黄岩人，叶适之友，谢伋之孙。谢伋（1099—1165），字景思，上蔡人。叶适为谢希孟写过《送谢希孟》一诗，又因谢希孟“示余大父《药寮丛稿》二十卷”④，就为谢伋写了《谢景思集序》，指出让谢伋的文稿流传下去是其孙谢希孟的责任，“今公稿藏已久，惧遂沦堕，使真能文者不见信于后，此希孟之责也”⑤。

葛自得（1149—1215），字资深，曾祖葛及，祖父葛藻。父亲葛天民时由福建迁至台州黄岩。家族世代为读书人，家里有祖父亲手所写藏书千卷。又因葛自得曾言“古今言方寸地，谓此心也。吾得留遗子孙足矣，何以多为”⑥，就将自己的居所称为“留耕堂”。叶适写有《留耕堂记》，称葛自得如此命名质朴平实，且有很深的劝诫意味在其中，“殆非文于言语者所能窥也”⑦。

蔡镐（1143—1191），字正之，是自婺州迁来黄岩白山的，曾与叶适共事。据叶适为其写的《忠翊郎武学博士蔡君墓志铭》中记载，蔡镐以信义称著。叶适曾有两名学生不幸死去，还请求蔡镐为他们处理后事。蔡镐因自己过于优秀而用得病的借口将发展机会让给别人，司业觉得他有德行，便举荐了他。蔡镐对官职没有太多要求，就被授予了盐城尉和武学谕，后来想从军，被拒绝了。他用法律公正对待别人，却遭到了别人的不满，就被弹劾了。后来他又向皇帝提出了一些建议，例如对于边险之地“既皆有定处，随宜修补”⑧，提出可以修补城池，但是不要劳民伤财重筑新城。蔡镐后来得了病，在病中写下了数千言，为了以忠信孝悌

① （宋）叶适：《水心文集》卷二三《宣教郎夏君墓志铭》，《全宋文》第二八六册，第 352 页。

② （宋）叶适：《水心文集》卷一〇《利涉桥记》，《全宋文》第二八六册，第 95 页。

③ （宋）叶适：《水心文集》卷一九《草庐先生墓志铭》，《全宋文》第二八六册，第 287 页。

④ （宋）叶适：《水心文集》卷一二《谢景思集序》，《全宋文》第二八五册，第 160 页。

⑤ （宋）叶适：《水心文集》卷一二《谢景思集序》，《全宋文》第二八五册，第 160 页。

⑥ （宋）叶适：《水心文集》卷二五《留耕堂记》，《全宋文》第二八七册，第 40 页。

⑦ （宋）叶适：《水心文集》卷二五《留耕堂记》，《全宋文》第二八七册，第 40 页。

⑧ （宋）叶适：《水心文集》卷一四《忠翊郎武学博士蔡君墓志铭》，《全宋文》第二八六册，第 170 页。

教子弟。叶适称赞他“性安于善，质局方整，刚蹇重厚。畏利欲如痛切，义理所集，趋前就之”①，热心高义、正直稳重贯穿了蔡镐的一生。

蔡镐的曾祖名为蔡产，祖父名为蔡元之，父亲蔡待时，叶适也为蔡氏家族写了一些文章。例如叶适为其父蔡待时撰《忠翊郎致仕蔡君墓志铭》一文，文中记载了蔡待时年幼时，面对叔父想要分家之举，提出“愿终以事父者事叔”②，说自己会像对待父亲一样对待自己的叔父，请求不分家。掌家之后，也“治家刚明，先赋输，平买卖，多与少夺”③，公正严明地处理事务。文中也通过蔡镐的回忆来复原他们父子的对话，蔡待时教育蔡镐要坚持自己的操守，不要追求利欲。在蔡镐面对弹劾避而不见天子的时候，蔡待时责骂蔡镐自生疑忌，告诉他不能如此作为。关于国家大事，蔡待时也对蔡镐提出意见和建议，例如对于正使没有及时上奏的事件，蔡待时要求蔡镐马上上奏，后来蔡镐因此得到了皇帝的嘉奖。蔡镐的交友，蔡待时也十分看重。蔡镐回忆叶适曾经拜访他，他的父亲称叶适值得成为朋友，要蔡镐与他好好交往。蔡镐也对自己的父亲十分敬重，他说“非我之能，吾父实教之”④，认为是父亲对自己教育得好，是蔡待时对蔡镐的教育才使蔡镐成了忠君爱国、品德高尚的人。

叶适还为蔡镐的兄弟写过墓志铭，例如《题黄岩蔡冲之墓志后》有“君之贤，余蚤得于其兄博士，略具忠翊墓中”⑤句，可知墓主蔡冲之是蔡镐的兄弟，《忠翊郎致仕蔡君墓志铭》中记录蔡待时有三子，“子镐，忠翊郎、武学博士；次钟；次桨，武学上舍生，早卒”⑥，故蔡冲之应为蔡钟。叶适在其墓志后写道蔡钟为别人想得多，而为自己想得少，应该让蔡镐的孩子蔡滂等都来向他学习。

另还有《石庵藏书目序》一文，是蔡镐请求叶适为自己家族的藏书所写。叶适写道石庵的藏书是从承奉郎蔡瑞开始的，蔡瑞的兄弟是蔡元之，蔡镐是他的从孙。据叶适的记载，石庵的由来可以追溯到蔡瑞的伯父蔡居士，蔡居士葬母后，就在当地结庐而居，在墓旁服丧。绍兴十九年（1149）闹大饥荒，蔡居士就发粮食给百姓，撑过了那场饥荒。因庵旁有一块温润如玉的大石头，所以就把其住处称为石庵。蔡氏家族多贫者，蔡瑞就自己买书放入石庵，增加房屋，方便族人读书，又买了田来帮助他们解决温饱问题，就这样为蔡氏一族培养了众多人才。

---

①（宋）叶适：《水心文集》卷一四《忠翊郎武学博士蔡君墓志铭》，《全宋文》第二八六册，第170页。

②（宋）叶适：《水心文集》卷一四《忠翊郎致仕蔡君墓志铭》，《全宋文》第二八六册，第169页。

③（宋）叶适：《水心文集》卷一四《忠翊郎致仕蔡君墓志铭》，《全宋文》第二八六册，第169页。

④（宋）叶适：《水心文集》卷一四《忠翊郎致仕蔡君墓志铭》，《全宋文》第二八六册，第169页。

⑤（宋）叶适：《水心文集》卷二九《题黄岩蔡冲之墓志后》，《全宋文》第二八五册，第203页。

⑥（宋）叶适：《水心文集》卷一四《忠翊郎致仕蔡君墓志铭》，《全宋文》第二八六册，第169页。

戴龟朋，即戴秉器（1146—1207），字叔宪，号竹洲，台州黄岩人，叶适弟子戴木的父亲。戴木不是戴龟朋亲子，而是从其堂弟戴温处过继来的。戴龟朋同时也是蔡待时的女婿。戴龟朋妻子蔡氏的侄子蔡滂请叶适为戴氏写墓志铭。他有长者之德，受到同乡尊敬，乐善好施，急人之所急。

桑世昌，字泽卿，号莫庵，江苏淮海人，后在绍兴初迁居至台州天台，又号天台老樵，是陆游的外甥。桑世昌十分喜爱王羲之的《兰亭序》，就写作了《兰亭博议》。叶适为其写后记。叶适在其中称桑世昌将什么事情都学得非常好，其写诗尤其不错，他的这部作品“信足以垂名矣”①。

刘允济，字全之，他与叶适是同年，后做了台州外书，叶适也认识他的父亲承务郎刘祐。刘允济的母亲钱氏是台州临海人，死后葬于龙鸣山，于是他请求叶适为自己的母亲写了一篇墓志铭，叶适在铭中称其“为女孝，为妇顺，为母智而明”②。

王棐，临海人，曾写信给叶适，希望他能为自己的母亲写一篇墓志铭，即《太孺人唐氏墓志铭》。唐氏为宁海人，夫死后守节不另嫁。王棐的父亲是王实，即王夷仲，台州临海人，“果决敢辩，危事坚正，能遏横流”③，在金华时能够稳定军心，受到了其他官员的举荐。王夷仲的女儿嫁给了池州赵善临，叶适也为她写了《夫人王氏墓志铭》，赵善临与王氏的其中一个女儿嫁给了奉议郎太社令王梦龙。王梦龙，字庆翔，赵善临妻王氏的侄子，因王梦龙年幼时就才华出众，赵善临很喜爱他。后赵氏死，王梦龙将其葬于临海重晖乡石门真如山，叶适也为其写了《赵孺人墓志铭》，记载赵氏安于贫贱、殷勤辛劳的事迹。

五、叶适对台州官员的书写

叶适给台州任职的官员的一些诗文也流传了下来。例如《故朝散大夫主管建宁府武夷山冲佑观周先生墓志铭》《安人张氏墓志铭》《邵子文墓志铭》《姜安礼墓志铭》《参议朝奉大夫宋公墓志铭》《郑仲酉墓志铭》《朝奉郎致仕俞公墓志铭》等。

《安人张氏墓志铭》是叶适在同僚国子监博士俞烈的请求下，为其母亲张氏写的墓志铭。张氏的父亲是张浃，其为宣和画院待诏，是郭熙门弟子，他与俞烈

---

① （宋）叶适：《水心文集》卷二九《题桑世昌〈兰亭博议〉后》，《全宋文》第二八五册，第 179 页。

② （宋）叶适：《水心文集》卷二三《夫人钱氏墓志铭》，《全宋文》第二八六册，第 365 页。

③ （宋）叶适：《水心文集》卷一八《校书郎王公夷仲墓志铭》，《全宋文》第二八六册，第 252 页。

的父亲承事郎俞宽都是临安（今浙江杭州）人，所以两家结为姻亲。俞烈的仕途并不是很顺，张氏当时已经得病，所以俞烈才到台州崇道观任职。叶适在铭中夸赞张氏既有“妇人之常德”，又有“独于贵学若嗜欲，终笃而子，为时闻人，则识过于材”[①] 等超出一般妇人的独特品质。叶适也为俞烈的父亲俞宽写了墓志铭《朝奉郎致仕俞公墓志铭》。俞宽，字伯仁，临安人。俞宽的父亲俞彻同当时的张九成、凌景夏一样有名。张九成（1092—1159），字子韶，号无垢居士，河南开封人，后迁海宁盐官。凌景夏，字季文，浙江杭州人。俞宽幼时听从父亲训导，直到父亲去世，他还依然遵循着父亲的教诲。嘉定元年（1208），俞烈以起居舍人身份作为报谢使出使金国，几个月都住在都梁境上。当时俞宽已经九十三岁了，常常亲手写信向儿子询问边境的事情和敌人的情况，希望自己的儿子能忠心报国，言辞慷慨激昂。

叶适还写有《邵子文墓志铭》。邵子文，即邵持正，字子文，温州平阳人，监台州路桥镇行在临平酒库。《故朝散大夫主管建宁府武夷山冲佑观周先生墓志铭》是叶适写给周淳中的。周淳中，字仲古，温州瑞安人，曾任台州宁海知县，为人恭敬谦逊。此外有《姜安礼墓志铭》。姜安礼，即姜处恭，字安礼，淄州长山人。其曾祖父为朝奉大夫姜筠，到台州临海避乱。另有《参议朝奉大夫宋公墓志铭》。宋公名傅，字岩老，绍兴二十四年进士第，曾任台州黄岩县主簿。《郑仲西墓志铭》则是写给郑噩。郑噩，字仲西，温州平阳人，曾任台州天台县尉。

《台州教授高君墓志铭》是叶适写给高松的。高松，字国楹，福州人。绍熙元年（1190）中第，授临海主簿、青田尉，没有赴任，后来成为台州教授。高松学于陈傅良，陈傅良有《送长溪高国楹从学朱元晦》一诗。他学习只是因为喜爱读书，不流俗，所以当曾经的同学都先发达了，过了二十年，高松才有了名第。之后高松的母亲陈夫人去世，高松更加沉湎于书海中，又过了二十年，他的同年有的已经改官登朝，他才任台州教授。他常与士人们一同交流，士人们也很开心，来高松处学习的人一天天多了起来。高松想要对学制进行改革，对此，郡中的人都很欢喜和敬佩。

六、叶适对台州风物的书写

除了对台州人物的书写外，叶适的诗文中也有很多关于台州风物的记载，例如《留耕堂记》《利涉桥记》《台州重建中津桥记》《郭氏种德庵记》《台州州学

---

① （宋）叶适：《水心文集》卷一四《安人张氏墓志铭》，《全宋文》第二八六册，第 164 页。

三老先生祠堂记》等。《留耕堂记》前文已叙，叶适由此堂之名抒发了“知方寸之小为无穷，而所留者异乎人之留也。若夫由是以致其用，则犹外物也哉”[①]的感慨，表达了对葛氏家族与世无争、悠然自得、随遇而安的赞赏。《利涉桥记》也在前文有提到，是叶适在林鼒请求下写的一篇文章。嘉定四年（1211）二月，黄岩浮桥建成。这座浮桥“桥长千尺，籍舟四十，栏笚綷索，堤其两旁，捆图狻猊，讫三十旬，斥铁九千，木石二万五千，夫工六万余”[②]，桥面长千尺，下有船四十艘，两旁有栏杆，堤旁刻着狻猊，建这座桥用工人六万多名，花了近一年半，用了大量材料才建成。组织建这座桥的黄岩知县叫作杨圭，字国瑞，建安人。叶适认为这座桥建起来不易，“古无而今有，难也；桥于江之险，又难也；台州有桥自唐守始，君一县作之，抗其力如州，倍难也”[③]。这座桥对当地民众的生活也产生了巨大的影响，“县东南车马据负，而客之途皆达于桥；西北樵采携挈，而民之市皆趋于桥”[④]，通达了两岸，便利了人们的生活。

《台州重建中津桥记》写了嘉定六年（1213），太守俞建认为台州浮桥不可复修，就建议造新桥。建成之后，俞建写信给叶适，叶适就帮他写了这篇记，主要是记录太守在信中的言辞，称赞俞建作为官员心系台州百姓、“不敢一日怠肆”[⑤]的操守。

《郭氏种德庵记》记载了叶适的友人郭宗之死后十年，其子郭森卿和郭磊卿来拜访叶适，叶适回想起了自己与郭宗之在长沙分别后，郭宗之死了也没去凭吊的感伤，于是写了这篇记文。郭宗之，即郭晞宗，字宗之，台州仙居人，郭氏有一门三代五名进士的佳话。种德庵在郭氏数代坟墓所在之处莲山，因先人“吾欲先世流泽常在子孙，使坟墓永有荫托尔，奚以多为”[⑥]之言，郭氏兄弟就以种德为此庐的名字，以继承先人之志。

《台州州学三老先生祠堂记》中，叶适记录了提刑罗适，侍郎陈公辅，詹事陈良翰的事迹。罗适（1029—1101），字正之，号赤城，浙江省台州三门人。在叶适的记载中，他的故事不多，只记录了他敢于同视百姓如草芥的贵人针锋相对的故事。陈公辅（1076—1141），字国佐，号定庵居士，台州临海人，提出了四肢心腹之论。陈良翰（1108—1172），字邦彦，又字士楚，号塘南，台州临海人，在战时坚

---

① （宋）叶适:《水心文集》卷二五《留耕堂记》,《全宋文》第二八七册，第 40 页。
② （宋）叶适:《水心文集》卷一〇《利涉桥记》,《全宋文》第二八六册，第 95 页。
③ （宋）叶适:《水心文集》卷一〇《利涉桥记》,《全宋文》第二八六册，第 95 页。
④ （宋）叶适:《水心文集》卷一〇《利涉桥记》,《全宋文》第二八六册，第 95 页。
⑤ （宋）叶适:《水心文集》卷一〇《台州重建中津桥记》,《全宋文》第二八六册，第 97 页。
⑥ （宋）叶适:《水心文集》卷一一《郭氏种德庵记》,《全宋文》第二八六册，第 109 页。

决不弃地，性格坚韧。叶适认为这三人是真正的士人，“仰其大节，俯其细行，无不皆可师也”[①]，无论从哪一方面都可以去向他们学习。

七、结语

叶适与台州的关系很深，无论是他与师友、弟子之间的书信往来，还是他为台州人撰写的墓志铭，抑或是他对台州当地风物的记载，都承载着叶适对台州这个城市的深厚情感。经过对这些诗文的研究，结合叶适的思想，我们可以从中了解叶适眼中的台州人形象。

时值宋金对峙，叶适意识到议和的局限性，认为用兵是收复失地的重要方式。在深厚的爱国主义情怀下，他对有积极抗金意向的台州人极为赞赏，例如在《朝奉郎致仕俞公墓志铭》中对九十三岁的俞宽的记载便是如此。叶适还认为教育的根本目的在于培养人才[②]，这从他对众多台州弟子的教诲中可见一斑，例如对于丁希亮，叶适就希望他能中正平易，对于吴子良的疑问也悉心解答，因材施教是他的教育方式。对于做官的台州人和在台州任职的官员，叶适往往指出他们心系百姓、推动社会公平、不慕权贵，例如林鼐为民免租、拒迎贵人，又如杨圭组织修桥使得民众生活更加便利，使贸易更加频繁，推动当地经济发展。他笔下还有高义如丁世雄及其妻戴氏，学问精深如吴子良、陈寿老，博学善辩如夏庭简，还有贤君博士、孝女顺妇等。叶适眼中的台州人都是学问深厚且有德行的，他往往是通过一个台州人认识一族台州人，这些与他交往的台州人在他笔下形成了一幅群像。通过叶适对他们的历史的书写，我们也能感受到台州这座城市悠久的历史和浓厚的人文气息。

① （宋）叶适：《水心文集》卷一一《台州州学三老先生祠堂记》，《全宋文》第二八六册，第118页。

② 朱迎平：《永嘉巨子：叶适传》，浙江人民出版社2006年版，第194页。

论叶适的学术交往及其学说在台州的传承

徐永明

明朝宋濂在《龙门子凝道记·段干微》里，通过段干微与龙门子的对话，简明扼要地概括了金陵之学（王安石）、眉山之学（苏轼）、横浦之学（张载）、金溪之学（陆九渊）、金华之学（吕祖谦）、武夷之学（朱熹）、广汉之学（张栻）、永康之学（陈亮）、东嘉之学（叶适）的特点和得失[①]。王安石、苏轼和张载都是北宋时期的人物，而陆九渊、吕祖谦、朱熹、张栻、陈亮、叶适都是宋南渡后的人物。

以籍贯地域命名一种学说，因为地理位置的原因，会给人留下很深的印象，容易被记住，同时有利于地方的宣传，提高地方知名度。应该说，有的学说确实与地域有密切的关系，对当地产生了极大的影响。譬如上面提到的金华之学，地域特色非常明显，且对地方的思想文化产生了极其重要的影响。但有的提法，会给人产生一定的错觉或误解。譬如朱熹，虽然出生在南剑州尤溪（今福建尤溪），但他生前经常到婺州（今浙江金华）讲学，接引弟子，且他大弟子黄幹传下的何基、王柏、金履祥、许谦四人均为婺州人（历史上称“北山四先生”），被朝廷看作朱熹的嫡传。又譬如叶适，他是温州瑞安人，他的学说被称为永嘉之学或东嘉之学。过去人们谈到叶适之学，更多地把他与温州联系在一起，谈叶适事功学说对温州产生的影响。事实上，考察叶适学说的传承和影响，我们会发现，叶适学说的主要传承和影响是在台州，而非温州。朱熹的嫡传在婺州，学界已成为共识，但叶适之学与台州的关系，台州地方学者虽已提及，但未被学界广泛接受和认同。本文试图作一考察和论述。

一

宋南渡后，中国的思想界出现了以陆九渊为代表的心学，以朱熹、张栻为代

① 黄灵庚主编：《宋濂全集》第四册，人民文学出版社 2014 年版，第 2211 页。

表的理学，以吕祖谦为代表的性理之学，以唐仲友为代表的经制之学，以薛季宣、陈傅良、陈亮、叶适为代表的事功学派。这些学说的创立者，他们生活在同一个时代，互有交往，讲学讨论，往复辩难，共同营造了良好的学术风气。著名的“鹅湖之会”，即是吕祖谦牵头的一次朱陆之学交流辩难的聚会。吕祖谦、陈亮、朱熹、薛季宣、陈傅良都年长于叶适，叶适也都曾向他们请益。譬如吕祖谦，他大叶适十三岁，叶适游学婺州时，曾到武义明招山向吕祖谦问学。叶适有诗云：“昔从东莱吕太史，秋夜共住明招山。”[①] 陈亮年长叶适七岁，是叶适的挚友，叶适来往杭州路过永康，都要去拜访陈亮，有时就在陈亮家住上一段时间。叶适的事功思想，除了受同乡前辈薛季宣、陈傅良的影响外，一定程度上也受到了陈亮的影响。朱熹年长叶适二十岁，他们之间也有书信往来，但观点不一致。如朱熹曾说：“正则闻甚长进，比得其书，甚久不曾答得，前日有便，已写下而复遗之，今以附纳，幸为致之。观其议论，亦多与鄙意不同，此事尽当商量，但卒乍未能得相聚，便得相聚，亦恐未便信得及耳。”[②] 朱熹的文集中，还保留了《答叶正则》四书。叶适虽然与朱熹议论不合，但在朱熹被兵部侍郎林栗弹劾的时候，却为他上封事辩护：

> 考栗之辞，始末参验，无一实者。其中‘谓之道学’一语，无实最甚。盖自昔小人残害良善，率有指名，或以为好名，或以为立异，或以为植党。近忽创为‘道学’之目，郑丙唱之，陈贾和之。居要路者密相付授，见士大夫有稍务洁修、粗能操守，辄以道学之名归之，殆如吃菜事魔、影迹犯败之类。往日王淮表里台谏，阴废正人，盖用此术。栗为侍从，无以达陛下之德意志虑，而更袭郑丙、陈贾密相传授之说，以道学为大罪。文致言语，逐去一熹，固未甚害，第恐自此游辞无实，谗言横生，善良受害，无所不有！愿陛下正纪纲之所在，绝欺罔于既形，摧抑暴横以扶善类，奋发刚断以慰公言。[③]

可见，在叶适眼里，朱熹是“正人”，是“善类”，不能假“道学”之名而迫害之。张栻大叶适十七岁，目前留下的材料我们看不到他们有过交往，但叶适的师友薛季宣、陈傅良、吕祖谦、陈亮、朱熹都与张栻有往来。陈亮曾说：“乾道间，东莱吕伯恭（吕祖谦）、新安朱元晦（朱熹）及荆州（张栻）鼎立，为一代学者宗师。”[④] 张栻乾道年间曾任严州知州，并到过吕祖谦讲学的武义明招山。叶适的文集里提及过张栻名字一次，即《故昭庆军承宣使知大宗正事赠开府仪同三司崇国

---

① （宋）叶适：《水心先生文集》卷六《月谷》，四部丛刊本。

② （宋）朱熹：《晦庵先生朱文公文集》卷三六《答陈同甫》，四部丛刊本。

③ （宋）叶适：《辩兵部郎官朱元晦状》，《全宋文》第二八五册，第 57 页。

④ （宋）陈亮：《与张定叟侍郎杓书》，《龙川集》卷二十一，明嘉靖刻本。

赵公行状》里写传主赵不息"平生所敬重者朱熹、张栻，尝请赐张公谥，且乞用朱公云"[①]。唐仲友年长叶适十四岁，是吕祖谦、朱熹、陈亮一辈的人物，但唐仲友与同郡的吕祖谦、陈亮都不甚友善，在台州时，还因妓女一事被朱熹弹劾。叶适与唐仲友无交往，文集中仅一处提到他："金华唐仲友，字与正，博学宏词，著作郎，知台州，江西提刑，吴君亦尽礼请，一旦挈生员百余应聘至，远近惊愕，不意其为吴君屈也。"[②] 全祖望《宋元学案·说斋学案》按语说："永嘉诸先生讲学时。最同调者说斋唐氏也。而不甚与永嘉相往复。不可解也。"[③]

陆九渊年长叶适十一岁，叶适与陆九渊应该相互认识，且为同僚。淳熙八年（1181），少保史浩荐举叶适、杨简、陆九渊等十五人，赴都堂审察，叶适辞不赴。淳熙十五年（1188），叶适任太常博士兼实录院检讨官，上书右丞相周必大，推荐陈傅良等三十四人，陆九渊名列其中。《宋史》本传称："除太常博士兼实录院检讨官，尝荐陈傅良等三十四人于丞相，后皆召用，时称得人。"叶适虽然举荐陆九渊，但对陆氏的学说持排斥的态度。如叶适云："余记陆氏兄弟从朱、吕氏于鹅湖寺，争此甚切，其诗云：'墟墓生哀宗庙钦，斯人千古最明心''大抵有基方作室，未闻无址可成岑'，噫！徇末以病本，而自谓知本，不明乎德，而欲议德，误后生深矣。"[④] 对于陆氏之学在越中的传播，叶适《胡崇礼墓志铭》一文有描述："初，朱元晦、吕伯恭以道学教闽、浙士；有陆子静后出，号称径要简捷，诸生或立语已感动悟入矣。以故越人为其学尤众，雨并笠，夜续灯，聚崇礼之家，皆澄坐内观。"[⑤] 黄震《黄氏日抄》卷六十八认为这段话乃叶适讥讽之语："盖讥之尤深也，然亦工矣。"[⑥] 黄震在《读叶水心文集》一文中，再次论及："先生于义理，独不满于陆氏，《胡崇礼墓志》讥陆学尤深。"宋末元初的方回和刘埙也持相同的看法。方回《桐江集》卷二《谈贫窗荆溪集跋》谓叶适尤不取象山。刘埙《水心论朱陆》云：

> 《水心文集》中称朱文公，或曰新安先生朱公，或曰朱公元晦。又尝腾章为文公，力辨林黄中之劾，其于陈止斋、吕东莱亦屡称之，独不及于象山，心尝疑焉。以为此时号为儒宗者有四，曰朱、张、吕、陆，何独见遗？惟于《胡

① （宋）叶适：《故昭庆军承宣使知大宗正事赠开府仪同三司崇国赵公行状》，《全宋文》第二八六册，第133页。

② （宋）叶适：《修职郎监和剂局吴君墓志铭》，《全宋文》第二八七册，第30页。

③ （清）黄宗羲原著，全祖望补修，陈金生、梁运华点校：《宋元学案》卷首《宋元儒学案序录》，中华书局1983年版，第12页。

④ （宋）叶适：《习学记言序目》卷八《礼记·檀弓》，敬乡楼丛书本。

⑤ （宋）叶适：《胡崇礼墓志铭》，《全宋文》第二八六册，第250页。

⑥ （宋）黄震：《黄氏日抄》卷六十八，钱塘施氏传抄小山堂本。

崇礼墓志》中一寓其辞曰：'朱元晦、吕伯恭以道学教闽、浙士，有陆子静后出，号称径要简捷，诸生或立语已感动悟入矣。以故越人为其学尤众，雨并笠，夜续灯，聚崇礼之家，皆澄坐内观。'以上皆水心语，然无靳辞，似亦有取于陆者，特谓之后出则非。尝观象山与晦庵往来书，俱各称兄，及勉东莱勿于丧服中聚徒讲授，书中言词峻切止如平交。陈止斋专书致币于象山勤矣，而回书亦惟称止斋曰兄。止斋之于水心，盖前辈也。象山视如平交，则不得谓之后出矣。水心轻视，窃未所谕。①

各学派之间的相互关系，如图1所示：

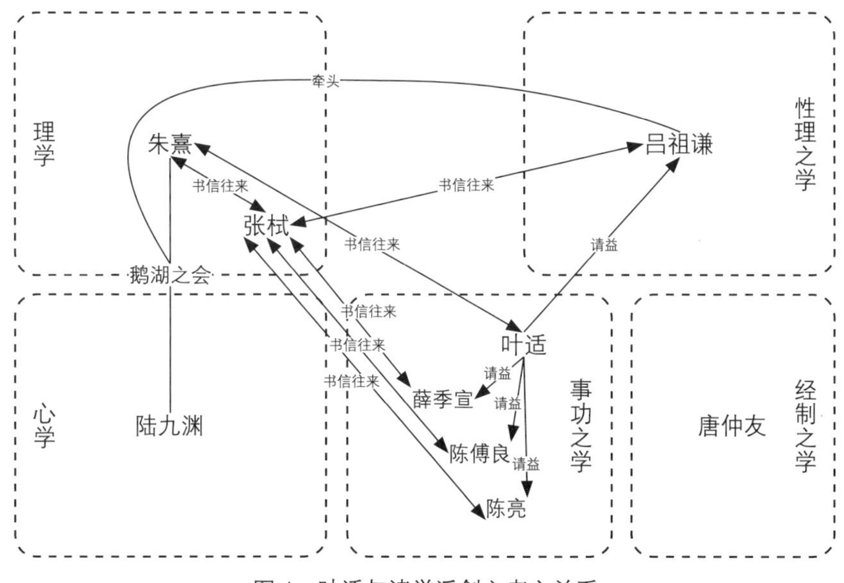

图1　叶适与诸学派创立者之关系

通过以上叶适的交往及其同时代思想学说的考察，我们可以知道，在浙江的大地上，当时流行的主要是朱熹、张栻的理学、吕祖谦的性理之学、陆九渊的心学、唐仲友的经制之学、陈亮及永嘉诸子的事功之学。吕祖谦、唐仲友、陈亮及永嘉诸子的学说为浙东之产，而朱熹、张栻、陆九渊等的学说为外来之产。

二

《宋元学案》对叶适学术的传承脉络已作过梳理，叶适的弟子有陈耆卿、王象

① （元）刘埙：《隐居通议》卷一，读画斋丛书本。

祖、王汶、丁希亮、夏庭简、戴许、蔡仍、方来、周南、孙之宏等人。其中，方来为永嘉人、周南为吴县（今属江苏苏州）人、孙之宏为余姚人，其余的均为台州人，即临海的陈耆卿、王象祖和黄岩的王汶、丁希亮、夏庭简、戴许、蔡仍。见图 2。

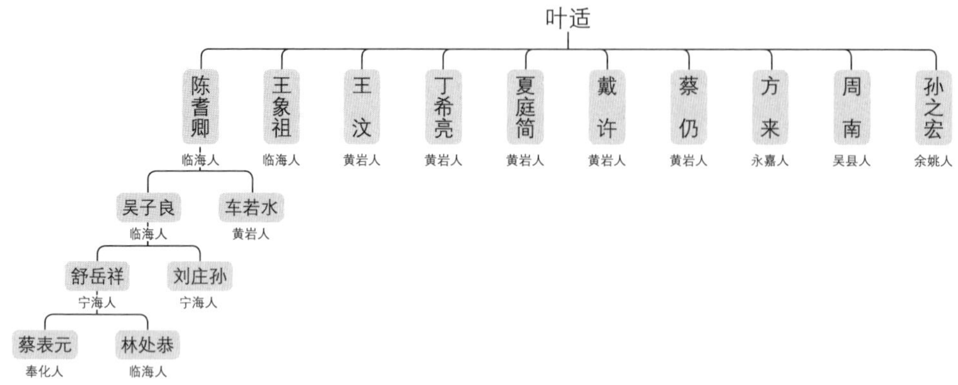

图 2　叶适事功学派之传承

从图 2 可以看到，叶适的学术传承主要在陈耆卿一支，陈耆卿传给临海吴子良和黄岩车若水，吴子良弟子有宁海舒岳祥和宁海刘庄孙，舒岳祥再传奉化戴表元和临海林处恭。因此，永嘉学派在叶适之后，其传承主要在台州，这是《宋元学案》给我们传达的信息。实际上，这一看法在叶适的二传弟子中已形成。譬如陈耆卿弟子车若水在同门友吴子良去世后的挽诗中云：“江右文章今四叶，水心气脉近三台。”[①] 这表明车若水已认识到叶适的学说更易在台州传播的事实。

陈耆卿，字寿老，号篔窗，临海人。嘉定七年（1214）进士。十年，以迪功郎主青田簿。青田与永嘉相去不远，陈耆卿问学叶适，当在此时。《光绪青田县志》云：“时水心叶适倡道永嘉，以斯文为已任。耆卿上书请教，躬造其庐，水心一见叹异，作诗送之。”[②] 叶适的诗云：“天台雁荡车接轸，青田又促半潮近。冠岩带壑无俗情，秋干春荑竞时尽。老穷望绝华轩过，其谁幽寻穿薜萝。更抽奇笔向云射，破的迭中千驾鹅。古今文人不多出，元祐惟四建安七。性与天道亦得闻，伊洛寻源未为失。”[③] 吴子良《篔窗续集序》对陈耆卿的学术源流作过叙述：

> 寿老少壮时，远参洙泗，近探伊洛，沉涵渊微，恢拓广大，固已下视笔墨町畦矣。及夫满而出之，则波浩渺而涛起伏，麓秀郁而峰峻嶒，户管摄而枢

---

① （清）王棻辑：《台学统》卷五十九《少卿吴荆溪先生子良》，续修四库全书本。

② （清）王棻纂：《（光绪）青田县志》卷九《名宦》，中国地方志集成本。

③ （宋）叶适：《送陈寿老》，《全宋诗》第五〇册，北京大学出版社 1991 年版。

运转，舆卫设而冠冕雍容，其奇也非怪，其丽也非靡，其密也不乱，其疏也不断，其周旋乎贾、马、韩、柳、欧、苏、曾之间，疆埸甚宽而步武甚的也。不幸吕公不及见而叶公晚见之，惊诧起立，为序其所著《论孟纪蒙》若干卷、《篔窗初集》若干卷，以为学游、谢而文晁、张也。至其独得于古圣贤者，中夜授、垂死嘱焉，而曰："吾向以语吕公伯恭，今以语寿老。"四十年矣，叶公既没，篔窗之文遂岿然为世宗，盖其统绪正而气脉厚也。[①]

从吴子良的序中，可知叶适对陈耆卿寄寓了厚望，而陈耆卿也确实在当时很有名望。遗憾的是，《宋史》未给他立传，且著述传世的不多，因此，后世声名并不显达。

陈耆卿的同门王象祖，字德甫，也为临海人。《宋元学案》称"其文简古老健，虽陈篔窗亦畏之。非有所见不下笔。吴荆溪而下，蔑如也。和厚严重，学邃行高，守令欲见不可得。真文忠公德秀极重之。有故人作相，先生已寝疾，犹稿数千言规正之，其悯时忧世之心如此，时论比之苏明允、庞德公、鲁仲连云。先生颇不喜同时论学者，尝有诗云：'皋夔周召佐中古，萧曹房杜兴汉唐。因事因时修治效，不谈道学又何妨。'是则颇近同甫一派，议论不尽本于水心也。"[②]叶适的学说兼道学和功利，而王象祖更倾向治效，因此《宋元学案》认为其说更近陈亮一派。王象祖"自试礼部归，即谢客杜门不出"，临终著述也仅十五卷。所传弟子，载于史籍，仅黄岩陈景温一人，也是"隐居教授"，因此后世影响颇有限。

黄岩的王汶、戴许、蔡仍原师事永嘉人王绰，后转学于叶适。他们三人回黄岩时，叶适撰《送戴许蔡仍王汶序》为他们送行。其中有云："夫力学莫如求师，无师莫如师心。《易·蒙》之义曰：'山下出泉，蒙。'泉之在山，虽险难蔽塞，然而或激或止，不已其行，终为江海者，盖物莫能御，而非俟夫有以导之也。故君子观其象而以'果行育德'。人必知其所当行，不知而师告之，师不吾告，则反求于心，心不能告，非其心也。得其所当行，决而不疑，故谓之'果行'。人必知其所自有，不知而师告之，师不吾告，则反求于心，心不能告，非其心也。信其所自有，养而不丧，故谓之'育德'。学而至于能'果行育德'，则不可胜用矣。然则三士之归，求其心而已，无师非所患也。"[③]叶适的话，在今天看来，有很强的心学意味。叶适去世后，王汶在老师的墓前还回忆起老师当年对他的教导：

---

① （宋）吴子良：《篔窗续集序》，《全宋文》第三四一册。

② （清）黄宗羲原著，全祖望补修，陈金生、梁运华点校：《宋元学案》卷五十五，中华书局 1983 年版，第 1807 页。

③ （宋）叶适：《送戴许蔡仍王汶序》，《全宋文》第二八五册，第 146 页。

曩余稚养蒙，今日幸茹蓼。
超然欲径陈，窅尔竟虚抱。
育德德何成，果行行何造。
沔彼江海流，不纳此行潦。①

王汶著有《东谷集》，今已佚。实际上，在宋代，王汶的著述已不多见。温岭人戴复古《读东谷王子文诗文有感作》云：“东谷今何在？骑鲸去渺茫。荆花半零落，岩桂自芬芳。议论波澜阔，文章气脉长。遗编犹可考，何必计存亡。”② 如果王汶的著述到处刊行，戴复古也就不会有这样一番感叹和议论。

叶适的黄岩弟子中，夏庭简和丁希亮都英年早逝。夏庭简字迪卿，以进士授长溪簿（今福建霞浦）。叶适为夏庭简作墓志云：“君初补定海尉，连遭二丧，授长溪簿。益读书，明习今古，亲仁敬士，林叔和、赵几道皆爱之。往来长溪，必过余，退然下席，随所遇若素稔，语不妄发，问则博辨，余亦爱之。既而闻其在闽，思不出位，而以事至者常立决，是非少所徇，诸司及士民亦爱之。调临安府都盐仓未久，嘉定十一年某月某日，无疾卒，年四十六。”③ 丁希亮，字少詹，卒年四十七，叶适也为撰墓志铭。丁希亮转益多师，除叶适外，还学于陈亮、吕祖谦，与朱熹有文字往来。因此，叶适以“四尽”称之：“尽师硕儒，尽友良士，尽闻名言，尽求别义。”④

叶适学派的第二代传人主要是陈耆卿的弟子吴子良和车若水。吴子良，字明辅，号荆溪，临海人。实际上，吴子良既是陈耆卿的弟子，也曾登水心之门。刘克庄挽诗云：“水心文印虽传嫡，青出于蓝自一家。尚意祥麟来泰畤，安知怪鹏赋长沙。忤因宫妾头无发，去为将军手汙靴。他日史官如立传，先书气节后辞华。”⑤ 在刘克庄看来，吴子良是得了叶适的嫡传，且青出于蓝。“先书气节后辞华”，吴子良在当时是以气节和文辞名世。所谓气节，指的是他居官有节，忤权相史嵩之而罢官。所谓文辞，叶适在世时即有称许：“往陈寿老言其表弟齿甚少，文墨颖异，超越辈流，思见未获也。忽承枉示笺翰，兼惠篇什，意特新，语特工，韵趣特高远，虽昔之妙龄秀质，其终遂以名世者，不过若是，何止超越辈流而已

① （宋）王汶：《水心先生墓下作》，《全宋诗》第五二册，北京大学出版社 1991 年版。
② （宋）戴复古：《东谷王子文死读其诗文有感》，《全宋诗》第五四册，北京大学出版社 1991 年版。
③ （宋）叶适：《宣教郎夏君墓志铭》，《全宋文》第二八六册，第 352 页。
④ （宋）叶适：《丁少詹墓志铭》，《全宋文》第二八六册，第 183 页。
⑤ （宋）刘克庄：《哭吴卿明辅二首》，《全宋诗》第五八册，北京大学出版社 1991 年版。

哉！”[①] 吴子良对文章有自己的看法，他曾说：“为文大要有三，主之以理，张之以气，束之以法。”[②] 吴子良有诗话论著《荆溪林下偶谈》四卷，其中多有对时人的诗进行点评，如评老师叶适的诗：“水心诗蚤已精严，晚尤高远。古调好为七言八句，语不多而味甚长。其间与少陵争衡者非一，而义理尤过之。”[③] 黄岩人车若水，初师陈耆卿，陈耆卿卒后师事乡前辈杜范。杜范为南湖学派黄岩人杜煜的从孙，得家学之传。《宋元学案》有“南湖学案”一节。杜范有相才，曾官至右丞相兼枢密使。《宋元学案》将车若水置于“南湖学案”中予以介绍。车若水对理学也有很高的兴趣，与传朱熹之学的“北山四先生”之一王柏有来往。黄宗羲云：“鲁斋以知止为格致之传，发自玉峰。凡玉峰之所论著者，鲁斋未尝不叹服其学力也。玉峰于鲁斋在师友之间。鲁斋之门，如吉甫、玉峰，皆所谓知过于师，方堪传授耳。”[④] 车若水著有《宇宙略记》《世运录》《道统录》《玉峰冗稿》《脚气集》等，今惟《脚气集》存世。

水心学派传承的第三代人物舒岳祥和第四代人物戴表元，也都是一代之魁杰。舒岳祥出生在南宋末年，因不满贾似道当政，退隐乡里传授执教。戴表元由宋入元，以文章大家名播东南。

三

叶适除了在台州接引弟子、传道授业外，他与朱熹在台州黄岩的弟子林鼐、林鼒兄弟也有交往。林鼐，字伯和，乾道八年（1172），举进士，为奉化簿。改定海县丞，知福州侯官县，通判筠州，未行。绍熙三年（1192）七月庚午卒，年四十九。林鼒，字叔和。叶适称其“事父母兄无违志，朋友不倍其言，妻子裕如也，邻里欢如也，其行既修矣。少而广问博请，长而探幽索微，老而愈勤，穷而益信，其学既明矣。”[⑤] 年七十一卒。《台学统》专有“朱子学案”一卷述林氏兄弟行迹。

朱熹对于林氏兄弟的教导，似乎在持敬省察、躬身践履一路。如朱熹对林鼐教导云：

---

① （宋）叶适：《答吴明辅书》，《全宋文》第二八五册，第 134 页。

② （清）王棻辑：《篔窗初集跋》，（清）王棻辑《台学统》卷五十八《叶水心学派上》，续修四库全书本。

③ 吴子良：《水心诗》，《荆溪林下偶谈》卷四，四库全书本。

④ 《宋元学案》卷六十六，第 2128 页。

⑤ （宋）叶适：《草庐先生墓志铭》，《全宋文》第二八六册，第 287 页。

为老兄今日之计，莫若且以持敬为先，而加以讲学省察之助。盖人心之病，不放纵即昏惰。如贤者必无放纵之患，但恐不免有昏惰处。若日用之间，务以整齐严肃自持，常加警策，即不至昏惰矣。讲学莫先于《语》《孟》，而读《论》《孟》者又须逐章熟读，切己深思，不通然后考诸先儒之说以发明之。如二程先生说得亲切处，直须看得烂熟，与经文一般成诵在心，乃可加省察之功。盖与讲学互相发明，但日用应接、思虑隐微之间每每加察，其善端之发，慊于吾心而合于圣贤之言，则勉厉而力行之；其邪志之萌，愧于吾心而戾于圣贤之训，则果决而速去之。大抵见善必为，闻恶必去，不使有顷刻悠悠意态，则为学之本立矣。异时渐有余力，然后以次渐读诸书，旁通当世之务，盖亦未晚。今不须预为过计之忧，以失先后之序也。若不务此而但欲为依本分、无过恶人，则不惟无以自进于日新，正恐无本可据，亦未必果能依本分、无过恶也。无由面谕，姑此布万一，幸试留意焉。①

如对于林鼐，朱熹教导他：“须平视彼已，公听并观，兼取众长，以为己善，不可遽是此非彼，入主而出奴也。”又云：“此心此理，随处操存，随处体察，无往而非。学只在日用间，常切警省，勿令昏惰耳。”又云：“道理只就自己身上体认，便自见得。”及别，请一言为终身归宿之地。晦翁曰：“若根本上欠工夫，终无归宿处。且如读书，应事接物，固当用工。不读书，不应事接物时如何？此须当深思而自得之，便是归宿之地。”②

林氏兄弟虽然为朱熹的弟子，但与叶适的关系非常好。他们死的时候，都是叶适为他们撰写墓志铭和祭文。叶适曾说：“初，余年未冠，识伯和兄弟，勇不自抑，数为言古人之道，或显或晦，当世之学有是有非。伯和喜，游日以亲。”③叶适曾写信给兄弟俩：

上覆元秀、国材二兄：尊友姚君俞之行，附讯必达。忽领来教，慰喜不可言也。冬中凝沍，伏惟侍奉有相，尊履万福。侯官事简，而闽中县多佳，非江、浙费力之比，但益入南，非有志者所宜往耳。……添创屋已毕否？且喜国材亲事有期，见从黄岩来者，皆云国材近日学问之规模甚严，而此讯乃不曾说及，何耶？向亦曾说及子静事，不知曾记忆否？世之所谓无志者，混然随流俗，颓堕于声利而已矣。及其有志，则又以考之不详，资之不深，随其所

① （宋）朱熹：《答林伯和书》，《台学统》卷十四《朱子学案》，续修四库全书本。

② （宋）叶适：《草庐林叔和先生鼐》，《台学统》卷十四《朱子学案》，续修四库全书本。

③ （宋）叶适：《林伯和墓志铭》，《全宋文》第二八六册，第202页。

论，牵陷于寡浅缺废之地，此自古之所患，是与无志者同为流俗也。与二君亲厚，非复他人之比，每愿相聚数日，讲学其所当言。而事役参差，竟不一遂，将如之何……改习《尚书》甚好，取人差宽，又省力耳。[①]

在这封信里，叶适对林氏兄弟的生活和学习充满了关切。林鼐在福建做官，虽然那里多佳山水，但离家乡越来越远，叶适认为非有志者所宜往。对于林鼒，叶适关心他的婚事及学问，为他的进步感到高兴。叶适还谈了流俗的两种表现，一是“混然随流俗，颓堕于声利”，二是“又以考之不详，资之不深，随其所论，牵陷于寡浅缺废之地”。叶适坦诚“与二君亲厚，非复他人之比，每愿相聚数日，讲学其所当言。”遗憾公事繁忙，不能常如所愿。

林鼐早卒，叶适与林鼒继续保持着亲密的关系。叶适曾说：“我于君弟，如我与君。”[②] 可见叶适与林鼒的关系不逊于他与林鼐的关系。正是有这一层关系，林鼒曾为黄岩县令杨圭造利涉桥事而请叶适撰文。叶适欣然命笔，为其撰写了《利涉桥记》。在文章里，叶适回忆年少时与林氏兄弟在黄岩游玩的情景，“余少从叔和兄弟游，每为余言：‘县直北山，爽气浮动，花柳之丽，雪月之胜，无不在江北。’余间至程头，必徘徊瞻顾，辄阻江而返屡矣。今既施桥，而叔和与邑人日曳杖娱嬉于北山，潮生汐落，随江降升，悠然如泳汉浴沂，以咏歌令君之遗德。而余已老，不复有四方之事，徒慨想而不能从也。因附见之，亦以志余之不忘斯游尔”。[③]

林鼒年寿长，因此与叶适的交游时间久。晚年，林鼒曾到温州拜访叶适，叶适深情回忆了两人从“狂心蚤探索”到“相视各华颠”时达四十年的交友经历和人生感慨：

与子异州壤，取友四十年。狂心蚤探索，出语乾道前。向来朱建安，拊手笑渊源。小心承父昆，刻意睎回骞。不求垄断登，有路直如弦。计其所不为，敌富逾百千。众骏跨险远，独鹄超眇绵。谓当共骖服，可以争联翩。谁知竟大谬，寸影孤云边。南省无姓名，俯眉自愁煎。家蔬仅掩豆，野蝗来蔽天。过我城西隅，相视各华颠。寒菊已收花，枯井未回泉。人生寓地上，蚁垤交折旋。中间较得失，区区等浮烟。喜君佳儿侄，放笔追奔川。许身若卧龙，斩蛟透重渊。所虞气力豪，未受规矩镌。过翁非止肖，奕世始称贤。从

① （宋）叶适：《与黄岩林元秀书》，《全宋文》第二八五册，第125页。

② （宋）叶适：《祭林伯和文》，《全宋文》第二八七册，第52页。

③ （宋）叶适：《利涉桥记》，《全宋文》第二八六册，第95页。

今掩蓬荜，同赋归来篇。[①]

对于林氏兄弟的死，叶适充满悲伤：“祸难之来，东陨西倾，四山合颓，棺椁复萦。欲以情推，天不我应；欲力以救，则非我能。”[②]“噫昔追随五十年，近离远合交倾宣。一札不至奄重泉，矢词如忘徒泫然。”[③]。

林氏兄弟是朱熹践履思想的实践者，他们没有什么著述流传于世，但叶适并不因此而轻视他们、排斥他们，反而与他们结下了深厚的友情，叶适对林氏兄弟敬爱有加。从这个意义上来说，朱熹当年对他们的教导是成功的。但有一点奇怪的是，叶适为林氏兄弟写的墓志铭，都没有提到他们的师学源流，不知是叶适有意略去还是无意疏忽了。“向来朱建安，拊手笑渊源”，叶适只是在《林叔和见访道旧感叹因以为赠》诗中提及林鼒曾师事朱熹的事实。另外，据《台学源流》，林氏兄弟在师事朱熹之前，曾去江西上饶向陆九渊求学，但“意见差异，乃与伯和及赵几道、杜良仲昆弟受业晦翁之门”。这也表明，陆九渊的心学难以在台州传播。

四

从以上的考察我们可以得知，宋乾道后，浙江大地上虽然有陆九渊的心学、朱熹的理学、吕祖谦的性理之学、唐仲友的经制之学、叶适的事功之学等学派，但在台州，主要传的是叶适的事功之学，其次是朱熹的理学。叶适与台州人士来往密切，为台州地方的人、事撰写了大量的传记和序跋文章，因此，受到了后来台州人士的尊崇。叶适死后的三年，黄岩县令朱日新就建了三贤祠，祀谢伋、叶适、徐中行，叶适弟子陈耆卿撰写祠记。《万历黄岩县志》中云：“三贤祠：在学宫，宋宝定二年（1226）令朱日新建。祀谢伋、叶适、徐中行，秘书陈耆卿记。后改为先贤祠。益以杜范、徐庭筠、赵师渊、戴良齐、车若水、黄超然、盛象翁，今并入乡贤祠。”[④]三贤祠的设立，使叶适的思想和事迹很快进入民间，对地方的民间文化产生了重要的影响。在今天路桥区罗洋（芦阳）一带，称叶适为“叶大侯王”，将其神圣化，至今香火不绝，尸祝不断。这已属于民间文化范畴，此处不展开讨论。但这里要说明的是，台州地方的一些志书及宗谱，存在着一些失实或杜撰的记

① （宋）叶适：《林叔和见访道旧感叹因以为赠》，《全宋诗》第五〇册，北京大学出版社 1991 年版。

② （宋）叶适：《祭林伯和文》，《全宋文》第二八七册，第 52 页。

③ （宋）叶适：《草庐先生墓志铭》，《全宋文》第二八六册，第 287 页。

④ 《万历黄岩县志》卷二《祠庙》，明万历刻本。

载，这是需要我们引起注意的。譬如《大岙应氏宗谱》记载：

> 大岙始祖登显公长子，讳伊训，字光谕，号卑斋。公于南宋咸淳擢湖广道在京御史，廉慎端严，为大为都御史康公天锡所器重。帝嘉其忠鲠，诏封三代以奖之，转江右南康太守，所至有政声，人皆服其德焉。时胡元猖獗，解印南旋，有不仕元之志。赘居大岙，开创鸿基，葺奉先庵，以祀祖先，建绮春阁以延社友，设馆以课子，著述为事，徜徉风月以终其身，大岙之有应，断以公为始迁焉。夫人叶公待制女，讳淑娘，有淑德，生卒失考，合葬在大坟山之麓。

宗谱说叶适有一个女儿叫淑娘，嫁给黄岩大岙的应伊训。这显然是不符合历史史实的。叶适的儿子叶寀在《叶文定公墓碑记》中提到叶适的子嗣情况云："男三：长宜；次寀，承务郎，新知台州天台县丞；三宓，承务郎，早卒。女一人适宣教郎新知庆元府定海县吴舜龙。"叶适自撰的《媛女瘗铭》云："媛女始生能谁认，俄病痫不省忆，四年而夭。将绝，忽左右顾，应答累累，长忾泪下，与其母诀。余多险艰，垂四十矣。初有二女，连岁皆失之，故与高氏颇自伤，又伤媛之难成也。"[①] 叶氏自撰的文章提到的三个女儿，均早卒。叶寀的《墓碑记》记载一个女儿嫁给定海县吴舜龙，《叶适年谱》作者周梦江认为"系后人所抄录，疑有误"，不管如何，都没有一个女儿叫淑娘的记载。关键的是，淑娘的丈夫应伊训却活到了元朝，"时胡元猖獗，解印南旋，有不仕元之志"，从年龄推断，也是不可能的。叶适的妻子高氏卒于嘉定四年（1211）十二月初十日，年五十二。[②] 时叶适六十二岁。如果高氏最晚的生育时间断在四十五岁左右，上推七年，是为嘉泰四年（1204）。应伊训公于南宋咸淳年间才擢湖广道在京御史，咸淳元年为公元1265年。也就是说，这一年淑娘已六十一岁，而其丈夫应与她年龄相仿或更大。哪有到了快退休的年龄才出任第一个官职的？又说应伊训出任南康太守，查《江西通志》和历代南康府县志，宋代南康军没有一个叫应伊训字光谕的官员。因此，叶适有女嫁应伊训的记载显然是后人杜撰的。

与婺州学派相比较，宋元时期台州的学术总体上不如婺州发达。婺州的朱熹之学在元以后受到朝廷的表彰，被视为朱熹的嫡传。吕祖谦之学也代有传人。元代义乌黄溍、浦江柳贯名列"儒林四杰"。同时，婺州文人是辅佐朱元璋平定天下的重要文士，金华宋濂是"开国文章之首臣"。婺州文人经学、史学、文学都有

---

① （宋）叶适：《媛女瘗铭》，《全宋文》第二八七册，第152页。

② （宋）叶适：《高令人墓志铭》，《全宋文》第二八六册，第267页。

可观的著述传世，俨然成为浙江乃至全国学术之中心，这一些都是同期台州学术无法望其项背的。叶适的弟子后世名声不彰，一方面与著述未能大范围刻印传播有关系。临海靠海，地势低平，历史上发生多次海水倒灌现象，以至文人的著述未及刻印而散佚，因此，宋元时期台州文人传世的著述不多。此外，叶适的弟子受叶适功利思想的影响，更强调经世致用的“治效”，而无意于著书立说的名山事业，在一定程度上也影响了台州学术的地位。另一方面，台州与温州一样，关注民生，注重实效，不尚空谈，改革开放后，经济迅速发展。这是否与叶适的事功思想有关系，值得我们进一步去研究。

叶适与台州：由台州地方志文献所见

何善蒙

历史上台州与温州有着特殊的文化地理关系，叶适本人也曾寓居台州，这就使得叶适与台州之间有着非常深厚的渊源关系。清代王棻编撰的一百卷的《台学统》中就用了三卷的篇幅来呈现水心之学在台州的发展，这也可以从一个角度说明叶适在台州所具有的深刻影响力，所谓“永嘉之学，前梅溪，后水心，皆台学渊源所自”（《台州府志·寓贤》）。这当然是跟叶适曾经有一段时间寓居在台州有关：

> 叶适，字正则，永嘉人。淳熙五年进士第二人，累官权吏部侍郎兼直学士院，终宝文阁学士，卒谥忠定。〔《宋史·儒林传》〕尝寓黄岩，〔《嘉定志》〕与林鼐兄弟游，〔叶适《利涉桥记》〕往来温岭之丁园，〔陈耆卿《松山林壑记》〕一时如临海陈耆卿、王象祖、吴子良，黄岩王汶、丁希亮、夏庭简、戴许、蔡仍，皆受业于适。〔《宋元学案》〕永嘉之学，前梅溪，后水心，皆台学渊源所自。其外又有王成叟，亦在台授业。〔《台州外书》〕（《台州府志（民国铅印本）》卷九十九《寓贤录》）
>
> 叶适，号水心，永嘉人，淳熙进士，寓居黄岩。雄文奥学，推重当世，以经济自负。绍熙中，遍历华选，尝助赵汝愚定策，上疏辩朱熹之诬。终宝谟阁学士，谥忠定，从祀乡贤祠。（《黄岩县志·人物志下·寓贤》）

那么，作为一种历史事实，叶适和台州究竟有着怎样的关联呢？本文希望通过对地方志文献的梳理，来呈现一种关于叶适影响的历史性记忆。对于叶适与台州关系的考察，笔者主要以《台州府志》、《黄岩县志》以及《路桥志略》为依据。笔者通过大致的检索，发现这些书中有近九十处相关材料，其中以《台州府志》为主（八十二条），而《黄岩县志》和《路桥志略》相对较少，均有三条。笔者将以这些材料为基础，对叶适与台州的相关交往作一番考索。

一、叶适及其台州的弟子们

叶适以其极高的天分，在南宋学界别树一帜，其学可以视为永嘉功利之学的典范形态，全祖望在《宋元学案》中曾经作如是评价：

> 水心较止斋又稍晚出，其学始同而终异。永嘉功利之说，至水心始一洗之。然水心天资高，放言砭古人多过情，其自曾子、子思而下皆不免，不仅如象山之诋伊川也。要亦有卓然不经人道者，未可以方隅之见弃之。乾、淳诸老既殁，学术之会，总为朱、陆二派，而水心断断其间，遂称鼎足。然水心工文，故弟子多流于辞章。（《水心学案》上）

水心之学在南宋乾、淳之后，可以与朱陆鼎足而立，这可见叶适个人之天分以及为学之特色，全氏称"然水心工文，故弟子多流于辞章"，这也是对于水心的特色及其弟子的概括。而在全氏的《水心学案》中，所列举的水心门人，即是以台州的陈耆卿、王象祖、王汶以及丁希亮为开端的，这从一定程度上表明了水心的事功之学对于台州有着重要的影响[①]，所以前面我们列举的王棻的百卷《台学统》中也对水心之学有比较多的涉及。

而在台州的地方志文献中，对此也有着比较直接的呈现。从《台州府志》的相关记载中，我们就可以看到叶适台州弟子的基本状况：

> （一）《嘉定赤城志》四十卷，耆卿受学于叶适，文章法度，具有师承。（《台州府志·艺文略六》；**耆卿学于水心**者也。（《台州府志·艺文略三》）
>
> （二）戴木，字子荣，复古族孙也。（《石屏集附录》）**与同县葛绍体、郑大惠，皆师事永嘉叶适**，学有根据。尝汇聚古今奇词伟论为《类事蒙求》三十卷，绝出唐宋类书之右。（林昉《类事蒙求跋》）；（《台州府志·人物传十七文苑一》）
>
> （三）谢铎《赤城续志》载有：**葛绍体**字元承，家于黄岩，**尝师事永嘉叶适**，得其指授。（《台州府志·艺文略十二》）
>
> （四）**王象祖**，字德父，临海人，居大田，人称大田先生，衙之孙。……**既而学于永嘉叶适**。（《台州府志·人物传二十二隐逸一》）
>
> （五）（**王**）**汶字希道，与同县戴许、蔡仍往永嘉**，师事王绰。未几，绰

---

① 这种影响首先是一种地缘的关系所致的，正如前文所言，水心往来温、台之间，这种独特的地理优势，使得水心之学的传播有了天然的优势；其次，台州文化中和合包容的特质，也促进了台州学者对于永嘉之学的接纳。

赴江右聘，**遂同受业叶适门**。适告之曰："《易》蒙之象曰：山下出泉。泉之始发甚小，其终为江海而莫能御，故君子观其象而果行育德。"〔叶适送序〕。(《台州府志·人物传十七文苑一》)

（六）**吴子良**，字明辅，临海人，宝庆二年进士第。……**年十六从耆卿学，二十四从叶适学**。〔自撰《篑窗续集序》〕。(《台州府志·人物传十七文苑一》)

（七）《荆溪林下偶谈》，四卷，宋吴子良撰。子良有《荆溪集》，已著录，是编皆杂论诗文之语。……又陈栎勤有《堂随录》曰："陈篑窗，名耆卿，字寿老。吴荆溪，名子良，字明辅。**二人皆宗水心为文**。"(《台州府志·艺文略二十一》)

（八）**丁希亮**，字少詹〔叶适撰墓志〕。黄岩人，今隶太平，朗族子。〔康熙志〕少自负，慕为豪杰非常之行，出语惊世俗。〔叶适答少詹书〕**闻叶适授经乐清，往受学**〔墓志〕。(《台州府志·人物传十七文苑一》)

（九）（**葛**）**绍体**，字元承，**师事叶适**，博学善属文。(《台州府志·人物传十七文苑一》)

（十）（**夏**）**庭简**登庆元五年进士第，补定海尉，改长溪簿。明习今古，亲仁爱士。林鼒、赵师渊皆爱重之。庭简往来长溪，必过叶适。〔叶适撰墓志〕**遂受业其门**〔宋元学案〕。

（十一）一时如临海**陈耆卿**、**王象祖**、**吴子良**，黄岩**王汶**、**丁希亮**、**夏庭简**、**戴许**、**蔡仍**，皆受业于适。〔宋元学案〕(《台州府志·寓贤录》)

（十二）（**丁**）**木**（希亮从子）字子植，世雄子〔叶水心集〕，**从永嘉叶适、王绰游**。〔赤城集〕。(《台州府志·人物传十七文苑一》)

上述十余条《台州府志》中的记载，都是跟师事叶适相关，涉及的人物有陈耆卿、王象祖、吴子良、王汶、丁希亮、丁木、夏庭简、戴许、蔡仍、戴木、葛绍体、郑大惠等十二人[①]，如果以籍贯来区分，黄岩有九人，临海有三人，黄岩明显较多。这个原因主要是有两个方面，首先是黄岩在地理位置上更近温州，而叶适也曾经寓居于黄岩；其次，临海一直是台州的文教中心，文人会聚之所，叶适门人中较

① 在很多介绍文献中，均会提及丁希亮的堂兄弟丁世雄为叶适弟子，然从《台州府志》的记载来看，并没有说明这一点，而其子丁木则曾"从游叶适"，可以算作是叶适的门人。另外，黄岩柯大春也在不少文献中会被作为叶适的弟子，但是，根据《台州府志》记载，"柯大春，字德华，自号大雷山民，黄岩人。五岁入小学，即愤悱求大义。闻叶适名，往谒之，叶介绍于林略之门。"(《台州府志·人物传二十二隐逸一》)可见柯大春并非叶适弟子，而是林略弟子。至于叶适的再传弟子，限于篇幅，本文不作考察。

有影响力的陈耆卿、王象祖、吴子良三人都来自临海。

二、叶适与台州士人的交游、诗文应和

叶适在温州，邻近台州，又曾寓居台州，由此与很多台州的士人之间有着密切的交游关系以及诸多诗文应和之作。淳熙八年（1181）发生在黄岩圣水寺的一次聚会，可以作为一个很好的例子。圣水寺在圣水山，该山系白云山西南诸山峰之一，与黄茅山相望，黄茅山上有古道，是旧时螺洋、鉴湖一带民众南下温岭大溪、温州乐清的必经之地。南宋淳熙八年（1181），在圣水寺的圣池边，迎来了在当时台州乃至全国闻名的一场文人聚会。为了调解陈亮与谢希孟的矛盾，由叶适主持，特地邀请陈亮、谢希孟等到螺洋，作陪的有徐宜、赵师渊兄弟、林鼐兄弟、刘允济兄弟、郑大惠，台州知府唐仲友等。一众文友饮宴赋诗，叶适拿出赠给陈亮、谢希孟的诗，共话曾经的友谊，殷殷恳切之情，使陈亮、谢希孟大为感动，于是两人冰释前嫌。[①] 如果此段记载属实，则当时叶适与台州士人之间交游之盛，也是可见一斑。

当然，如果我们今天去翻阅叶适的《水心集》，我们可以很清楚地看到很多叶适当时与台州士人之间的诗文唱和以及他为台州所撰写的各种文字，这表明，就叶适本人现存的作品来看，也可以很直接地反映出当时交友之多、诗文应和之作颇为常见。那么，在台州地方志文献中，关于这一类的记载又是如何的呢？根据对《台州府志》的检索，涉及这个话题的主要有以下记载：

（一）《方岩文集》，十卷，宋王居安撰。居安，黄岩人，今隶太平，事迹具《名臣传》，是集见《明一统志》。其子畴所编《嘉庆太平志》称"居安豪迈有奇节，诗文亦如之。叶适尝和其作云：'侍郎盖代豪，平蛮蚤垂名。览书五行下，援笔千人惊。'可谓倾倒至矣。"（《台州府志·艺文略十二》）

（二）罗适，字正之，宁海人。成童时好读书，乡无文籍，从乡先生朱绛得《论语》《毛诗》，皆无注解，手写读之，未知义理。……太守尤袤为立祠于学，与侍郎陈公辅、詹事陈良翰并祠，曰三老堂。〔叶适《三老祠堂记》〕（《台州府志·人物传五儒林一》）

（三）叶适《水心集》有《赠绍体诗》云："数年之留能浩浩，一日之别还草草。念子身名两未遂，令我衰病无一好。"又云："不愁好龙龙不下，只愁

① 见余喜华：《800年前的圣水寺·一众大咖开了场和合笔会》，《台州日报·人文周刊》2017年12月16日。

爱玉酬石价。”(《台州府志·艺文略十二》)

(四)刘允济，字全之，黄岩人……在永嘉，与通判陈子云、知县胡衍道等僚属，一心利兴弊革，远近称治，周纯臣叹为“永嘉人有福”，叶适作诗纪之。(《台州府志·人物传七宦业一》)

(五)留耕堂，《叶水心集》：君姓葛氏，名自得，字资深。曾祖及，祖藻，父天民，由福建徙黄岩，蓄书千卷。君喜为方所处，疗十得八九，名其居曰留耕。(《台州府志·古迹略上》)

(六)吴子良，字明辅，临海人，宝庆二年进士第。……适称其文，意特新，语特工，韵趣特高远〔水心集〕。(《台州府志·人物传十七文苑一》)

(七)王衜，字夷仲，临海人，绍兴二十七年进士。……乾道三年卒，年六十一。子三人，似之、应之、棐。绍熙末，(棐)为太学生。值光宗不过重华宫，谏者盈庭，中外汹汹。未几，寿皇将大渐，诸臣计无所出。时叶适为司业，黄度为御史。度使棐密问适曰：“今若不成服，当何如？”适曰：“如此则是独夫也！”棐归以告。度大悟，而内禅之议起于此。〔林下偶谭〕(《台州府志·人物传七宦业一》)

(八)赵潜夫，字景寿，〔嘉定志〕号鹤所，〔台州外书〕宋宗室。父彦肅，字国器，居黄岩。登乾道五年进士，终处州通判〔嘉定志〕。潜夫早岁以经学名〔书外〕，永嘉叶适、章泉赵蕃，交以诗经荐〔葛绍体澉水思贤碑〕。(《台州府志·人物传七宦业一》)

(九)谢直，初名希孟〔三台诗录〕，字古民〔嘉定志〕，号晦斋，黄岩人，伋之孙。……有时名，抗直使气，晚节益蹇。叶适赠诗有“白头趋幕府，早已负平生”之句，直读之，为怆然〔诗录传〕。(《台州府志·人物传十七〔文苑一〕》)

(十)(林)鼐弟鼒，鼒字叔和，永嘉叶适一见即定交，与定海沈焕、奉化舒璘友善。因言象山陆氏之学，走上饶求之意见差异，乃与兄鼐及赵师渊、杜曄兄弟同受业于朱子门。及别，请一言为终身归宿地，朱子曰：“若根本上欠，工夫终无归宿处。如读书应事接物，固当用功。不读书不应事接物时如何？此须深思而自得之。便是归宿之地！”鼒凛然有省。〔台学源流〕(《台州府志·人物传五〔儒林一〕》)

(十一)利涉浮桥，在拱宸门外永宁江上，旧为江亭渡。……津南有黄山楼，为台温通衢要路，永嘉叶适记。(《台州府志·建置略三》)

(十二)丁希亮，字少詹〔叶适撰墓志〕。黄岩人，今隶太平，朗族子〔康熙志〕。少自负，慕为豪杰非常之行，出语惊世俗〔叶适答少詹书〕……叶适挽诗，所谓“吟成绝妙惊人句，散尽粗浮使鬼钱”者也〔水心集〕……木（希亮从子）字子植，从永嘉叶适、王绰游，先补承信郎，干办仪銮司阁门班〔嘉庆太平志〕，登嘉定四年进士第〔嘉定志〕……其父有幽栖之所曰松山林壑，时称丁园。一时闻人，如陈亮、叶适皆常歌诵于其间，至木益衍之，临海陈耆卿为之记〔赤城集〕。(《台州府志·人物传十七〔文苑一〕》)

（十三）葛应龙，字元直，黄岩人〔东山诗选〕。器姿朴重，高洁安贫，言行不苟，为文以先贤为准的，不事举子业……永嘉叶适、四明袁燮皆重之。(《台州府志·人物传十七〔文苑一〕》)

（十四）谢克念，字任伯，上蔡人，显道次子〔康熙志〕。显道遭党禁，未解而卒，诸子避虏迸逸，克念流落台州。绍兴六年，给事中朱震奏官之寻，卒有子偕，偕三子，无衣食，替人承符养母。嘉定五年，太守黄畬修郡志，访得之，给冠带钱米买田宅祠，显道于学〔叶适上蔡祠堂记〕。(《台州府志·寓贤录》)

（十五）杨圭，字国瑞，建安人〔叶适利涉桥记〕。(《台州府志·名宦传上》)

（十六）柯大春，字德华，自号大雷山民，黄岩人。五岁入小学，即愤悱求大义。闻叶适名，往谒之，叶介绍于林略之门。(《台州府志·人物传二十二隐逸一》)

（十七）黄氏读书堂，在洞山黄轲读书之所。永嘉叶适诗：“谁能采桑谈，谁能带经锄。古人读书地，妙理出穷闾。矧今治华室，山翠涌前除。风烟聚景趣，花竹成画图。主人乌纱帢，子弟绣罗襦。新装茧纸印，上记开辟初。展卷忽有得，欣如奏齐竽。勉哉造其微，勿逐皮毛粗！”(《台州府志·古迹略上》)

（十八）《台州州学三老先生祠堂记》，叶适撰。祠为淳熙间郡守尤袤建，祀罗提刑适、陈侍郎公辅、陈参事良翰，见《嘉定志》。是记作于嘉定十二年八月，文载《水心集》，碑佚。(《台州府志·金石考八〔佚目一〕》)

（十九）项采，字文卿，号竹坡，黄岩人……著有《饭牛集》。真德秀《跋》称“得天地清气，读之如咀冰雪。”〔西山集〕叶适题其诗卷云：“经明先入韦平室，句好还升李杜堂。”〔水心集〕(《台州府志·人物传二十二隐逸一》)

（二十）《种德庵记》，叶适撰。庵为郭晞宗墓庐，在仙居莲堂，嘉定八年十一月，文载《水心集》，碑佚。(《台州府志·金石考八佚目一》)

（二十一）《重修中津桥记》，叶适撰。在州城南一里，记嘉定六年，郡守俞建修桥事，文载《水心集》，碑佚。（《台州府志·金石考八佚目一》）。

从上述材料来看，跟叶适有着密切交往的人物，有王居安、葛绍体、刘允济、葛自得、吴子良、王衜、王棐、赵潜夫、谢直、林鼒、林鼐、丁希亮、丁木、陈耆卿、葛应龙、谢克念、杨圭、柯大春、黄轲、尤袤、项采、俞建等，除了杨圭、尤袤和俞建是当时的官员之外，其他基本上是临海、黄岩两地的士子（尤其以黄岩为主）。除了交游应和之外，上述文字之中，比如《台州州学三老先生祠堂记》《利涉桥记》《留耕堂记》《种德庵记》《重修中津桥记》等等，也都是基于交游而产生的作品。而且，更为重要的是，《台州府志》所记载的这些叶适所作的文字，在《水心集》中都得到了很好的保留。两者可以相互印证，表明这样多层次、多维度的交游行为在当时确实是存在的，而叶适作为一个知名的学者，在当时台州士人中间有着较高的威望和影响力。

三、叶适所撰写的序跋文章

除了上述诗文唱和作品之外，叶适和台州士人之间的交游活动，还表现在他为很多台州士人（尤其是他的弟子们）的作品都撰写了序、跋文字，这些文字，也可以很清楚地呈现叶适和他们之间的关联，据《台州府志》，相关的文献如下：

（一）《兰亭博议》，十五卷，宋桑世昌撰，世昌淮海人，徙居天台，事迹具《寓贤传》。是书见《书录解题》《文献通考》，有高文虎序，**叶适跋**。书成未刊，文虎子似孙删改为《兰亭考》，原本佚。（《台州府志·艺文略八》）

（二）《篔窗集》，十卷，宋陈耆卿撰。耆卿有《论孟纪蒙》，已著录。赵希弁《读书附志》载："《篔窗初集》三十卷，《续集》三十八卷。"《弘治志》称："内阁有刻本，不言卷数。"是本从《永乐大典》中辑出。《四库全书》著录，今临海叶氏有排印本。**叶适题后**。（《台州府志·艺文略十二》）

（三）《四库全书提要》：吴子良荆溪《林下偶谈》云："叶适汲引后进，以文字之传，未有所属。晚得耆卿，即倾倒付属之。时士论犹未厌，适举东坡太息一篇为证，谓他日终当论定。其后才十数年，世上文字日益衰落，而耆卿卓然为学者所宗。"又云："耆卿四六理趣深而光焰长，以文人之笔藻立儒者之典型，合欧、苏、王为一家。适深叹赏之！"校以**适所作《耆卿集序》**，称许甚至！知子良所言为不诬！（《台州府志·艺文略十二》）

（四）《论语纪蒙》，六卷；《孟子纪蒙》，十四卷。宋陈耆卿撰，耆卿临

海人，事迹具《文苑传》。《书录解题》云："**水心叶适为之序**。"(《台州府志·艺文略三》)

（五）《陈枢密文集》，宋陈骙撰，骙有《檀弓评》已著录，是集见《嘉定志》，**叶适有序**，见《水心集》。今佚。(《台州府志·艺文略十二》)

（六）《药寮丛稿》，二十卷，宋谢伋撰。伋，上蔡人，参政克家子。绍兴初，随父迁居黄岩。事迹具《寓贤传》。是集见《宋史·艺文志》《书录解题》《文献通考》，今佚。〔**叶适序**〕(《台州府志·艺文略十二》)

（七）王木，字伯奇，号桂山，黄岩人……四子汶、澄、浚、汲。汶字希道，与同县戴许、蔡仍往永嘉，师事王绰。未几，绰赴江右聘，遂同受业叶适门。适告之曰："《易》蒙之象曰：山下出泉。泉之始发甚小，其终为江海而莫能御，故君子观其象而果行育德。"〔**叶适送序**〕(《台州府志·人物传十七文苑一》)

（八）陈骙，字叔进，临海人，绍兴二十四年试春官第一。……骙负绝类资，不以己形物，后生片善，答奖不容口，荐引甚众。除授破资格，视所宜充。国有大事，议定俄顷，无缩瑟顾望。〔**叶适《陈公文集序》**〕……骙通前代故实，宋时宪令文词，古雅不名一体。谢归后，独处一室，勘整旧书，讲绎不少厌。〔**叶适序**〕(《台州府志·人物传七宦业一》)

（九）谢子伋，字景思，上蔡人，参知政事克家之子，官至太常少卿。绍兴初，侍父寓黄岩。〔嘉定志〕……自号药寮居士，有文集，**叶适为之序**〔嘉定志〕。(《台州府志·寓贤录》)

（十）《梅岩文集》，宋丁希亮撰。……有**叶适序**，戴复古跋，今佚。(《台州府志·艺文略十二》)

（十一）《石庵藏书目一卷》，宋蔡瑞撰，瑞黄岩人，承奉郎。是书有**叶适序**，见《水心集》，今佚。(《台州府志·艺文略八》)

从上述材料来看，叶适为台州士人撰写文集的序、跋文字的行为还是比较普遍的，这充分说明叶适在台州士人心目中的地位。尤其是对于他的弟子，叶适也多有提携。特别是陈耆卿，几乎他所有的作品都有叶适的序或者跋。叶适对陈耆卿特别看重。同样是叶适弟子的吴子良曾说过："叶适汲引后进，以文字之传，未有所属。晚得耆卿，即倾倒付属之。时士论犹未厌，适举东坡《太息》一篇为证，谓他日终当论定。其后才十数年，世上文字日益衰落，而耆卿卓然为学者所宗。"从这个角度，我们也可以看出叶适对于他的台州弟子的重视。

四、叶适所撰墓志铭

在《台州府志》中，有大量叶适撰写墓志铭的记录。墓志铭作为一种特殊的文体形式，一般都是请德高望重者或者是与死者有密切交往关系的知名人士撰写。这也可以非常直观地反映叶适在当时所具有的重要地位和影响力。《台州府志》中所涉及的文献大概如下：

（一）林仲谦，以父鼒恩补迪功郎，授隆兴府司户，见叶适《林伯仲墓志》。旧志字子柄，缙云令。(《台州府志·恩泽表中〔荫叙〕》)

（二）周光，洎曾祖恭城县丞，见叶适撰《国子监主簿周公墓志铭》。(《台州府志·选举表八杂选》)

（三）黄畚，字子耕，分宁人。尝从郭雍、朱子学，朱子深许之。举太学进士，累官军器监丞丐外〔叶适撰墓志〕。(《台州府志·名宦传上》)

（四）林兴祥，鼒父，赠宣义郎，见叶适、林伯和墓志，有传。(《台州府志·恩泽表上封赠》)

（五）蔡待时，镐父，封忠翊郎。见叶适撰墓志。(《台州府志·恩泽表上封赠》)

（六）彭仲刚，字子复，平阳人〔叶适撰墓志〕。(《台州府志·名宦传上》)

（七）王枏，字木叔，永嘉人。登乾道丙戌进士，第历婺州推官。〔叶适撰墓志〕(《台州府志·名宦传上》)

（八）高松，长溪人，绍熙元年进士，据叶适、高光中墓志补。(《台州府志·职官表八》)

（九）赵汝泌，见叶适、黄云行状，旧志失载。(《台州府志·职官表八》)

（十）惠纯夫，毗陵人，司法参军。见叶适撰《惠哲墓志》。(《台州府志·职官表一》)

（十一）陈耆卿……寻教授舒州〔叶适《陈处士姚夫人墓志》〕；(《台州府志·人物传十七文苑一》)

（十二）蔡镐，字正之，黄岩人〔叶适撰墓志〕。(《台州府志·人物传七宦业一》)

（十三）陈增〔永嘉人，进士。见叶适《陈民表墓志》，旧志失载〕。(《台州府志·职官表三》)

（十四）周淳中，七年得祠案，字仲古，瑞安人。见叶适撰墓志。(《台

州府志·职官表三》)

(十五)蔡待时,字元晦,黄岩人。〔叶适撰墓志〕(《台州府志·人物传二十四〔一行一〕》)

(十六)郑噩,字仲酉,平阳人,进士。见叶适所撰墓志。旧志失载,今补。(《台州府志·职官表八》)

(十七)宋傅,字岩老,平阳人,是年(绍兴二十四年)进士。见叶适所撰墓志。旧志失载。(《台州府志·职官表八》)

(十八)丁世雄,字少云,黄岩人〔叶适撰墓志〕。(《台州府志·人物传二十四》)

(十九)王衜,字夷仲,临海人,绍兴二十七年进士。……乾道三年卒,年六十一。子三人,似之,应之,棐〔叶适撰墓志铭〕。(《台州府志·人物传七〔宦业一〕》)

(二十)王衜女,临海人,宋宗室、知池州赵善临妻也。……〔叶适撰墓志〕。(《台州府志·列女传一贤孝》)

(二十一)周泊妻王氏,临川名家女也。通习经史,能文,工诗。敬夫之孝友,奉命惟恐不至,家人无间言。及卒,其姑痛惜曰:"吾妇贤,谁当继者?惟其兄弟为可!"故复室王氏〔叶适《周泊墓志》〕。(《台州府志·列女传一贤孝》)

(二十二)毛仁厚,字及之,黄岩人,今隶太平。娶戴丁女〔叶适《戴佛墓志》〕。(《台州府志·人物传二十四》);

(二十三)林鼒,字伯和,一字元秀,黄岩人〔叶适撰墓志〕。(《台州府志·人物传五儒林一》)

(二十四)丁希亮,字少詹〔叶适撰墓志〕。黄岩人,今隶太平,朗族子〔康熙志〕。少自负,慕为豪杰非常之行,出语惊世俗。〔叶适答少詹书〕闻叶适授经乐清,往受学〔墓志〕。……时希亮年已三十一,同门之士〔宋元学案〕以其年老读书有数而议论夸大,相与背笑之。希亮知而不愠〔墓志〕,自悔少学不力,竭昼夜读书为文〔叶适丁世雄墓志〕。(《台州府志·人物传十七〔文苑一〕》);

(二十五)王棐母唐氏,临海王衜妾,宁海农家女也。〔叶适撰墓志〕(《台州府志·列女传二节烈一》)

(二十六)王梦龙妻赵氏,名汝议,字履巽,宋宗室善临女也〔叶适撰墓志〕。(《台州府志·列女传一贤孝》)

(二十七)葛自得,字资深,黄岩人。世儒,家蓄书千卷,皆祖父手笔。……子长自能向学，则谢医不复行。田园甚狭，力治不少惰，人颇笑之。则曰："古人言方寸地，谓此心也。吾得留遗，子孙足矣！何以多为！"因名其居曰留耕，永嘉叶适为之记，复铭其墓〔水心集〕。（《台州府志·人物传二十六方伎》）

（二十八）刘祐妻钱氏，临海人，三王之女孙也。……卒年八十。叶适铭其墓，称其为女孝、为妇顺、为母智而明。（《台州府志·列女传一贤孝》）

（二十九）杜椿，字大年，黄岩人，孝子谊之孙。先世居京兆樊川，因自号樊翁。……淳熙十五年卒，年七十四。〔叶适撰墓志〕。（《台州府志·人物传二十四》）

（三十）陈昺妻姚氏，临海人，耆卿之母也〔叶适撰墓志〕。（《台州府志·列女传一》）

（三十一）高松，字国楹，长溪人。绍熙元年中，第授临海主簿、青田尉，皆不赴。教授台州，故例博士撰解训一二通，据案抗声读，诸生俯首听。……寻病卒〔叶适撰墓志〕。（《台州府志·名宦传上》）

（三十二）戴秉器，黄岩人，居南塘〔叶适、戴龟朋墓志〕。（《台州府志·人物传二十四〔一行一〕》）

（三十三）丁世雄妻戴氏，黄岩人……卒年四十七〔叶适撰墓志〕。（《台州府志·列女传一〔贤孝〕》）

（三十四）夏庭简，字迪卿，黄岩人，父思恭〔叶适《夏迪卿墓志》〕。（《台州府志·人物传十七〔文苑一〕》）

（三十五）林兴祥妻戴氏，黄岩人。……卒年八十二〔叶适林鼒墓志〕。（《台州府志·列女传一〔贤孝〕》）

（三十六）丁朗，字明仲，黄岩人，今隶太平，自号温峤散人。……客死钱塘，无子，叶适为志墓，陈傅良书其后。（《台州府志·人物传十七〔文苑一〕》）

（三十七）林兴祥，黄岩人，生平质实，少贫，……卒年八十四，子鼐、鼒〔叶适、林伯和墓志〕。（《台州府志·人物传二十四〔一行一〕》）

（三十八）姜仲思，其先淄州长山人，父筠官朝奉大夫，避乱居临海。〔叶适《姜处度墓志铭》〕。（《台州府志·寓贤录》）

（三十九）林伯和叔和宅，旧县志在邑东景贤巷。二林，黄岩之大儒，鼐字伯和，鼒字叔和。令表其所居，曰景贤坊。宋林伯和叔和墓，在善化乡樟槿山，叶适为之铭。（《台州府志卷九十四古迹略上》）。

从这些数量众多的墓志铭,我们可以很清楚地看出叶适在当时士人心目中所具有的地位。从这些墓志铭的撰写中,我们除了可以看出叶适的交游情况,也可以很好地理解当时叶适和台州士人之间亲密的关系。而另外一些墓志铭,比如《林伯仲墓志》《陈民表墓志》《惠哲墓志》《周淳中墓志》《郑噩墓志》《宋傅墓志》等,则是让我们能够对台州地方官员的履职情形有更为准确的把握。这对于完善地方社会和文化的研究来说,有着重要的意义。

此外,叶适还为陈处士姚夫人、王衜女、王棐母唐氏、王梦龙妻赵氏、刘祐妻钱氏、丁世雄妻戴氏等女性撰写墓志铭[①]。这些人实际上也都是因为其家人跟叶适有着密切的关系,或为师友,或为同僚。

五、叶适的墓地以及祠祀

台州地方志文献中还涉及叶适的墓地和祠祀问题。墓地和祠祀毫无疑问都是在死后才发生的,这两者(尤其是祠祀)的存在表明叶适在死后得到了民众的普遍认可与追忆,从而以一种特殊的形式进入了民众信仰的世界,这也是叶适在当地影响力的一种表现。

关于叶适的墓,在《路桥志略》中有明确的记载,"叶适墓,在大岙山之麓。适字正则,门人称曰水心先生,永嘉人"。按照《宋史》本传的记载,叶适"嘉定十六年(1223),卒,年七十四。赠光禄大夫,谥文定"。此时叶适当在永嘉,故张义德的《叶适年谱》称:"嘉定十六年(1223),七十四岁,叶适退居水心村后凡十六年,著《习学记言序目》五十卷。病逝于水嘉。赠光禄大夫,谥文定。"[②]从这个角度来说,叶适的墓自然就是在永嘉无疑,这一点,浙江以及温州的地方文献都有明确的记载,比如《敕修浙江通志》称"宋宝文阁学士谥文定叶适墓,在城内慈山"。《大清一统志》称"叶适墓,在永嘉县东慈山"。从这些记载来说,叶适墓在永嘉慈山无疑。但是,为什么《路桥志略》称叶适之墓"在大岙山之麓"呢?按照路桥当地的说法,"嘉定十六年,叶适病故于大岙,后归葬于温州海坛山南麓慈山,在螺洋大岙留有叶适衣冠冢,后叶适墓被毁,今存一叶适墓残碑保存在螺洋莲花山青龙宫内"[③]。青龙宫即青龙寺,在毓英庙(罗洋街叶适讲学处),曾奉

---

① 此外如周洎妻王氏、林兴祥妻戴氏等则是在其他相关墓志铭中出现,非叶适单独为其所作,故这里不计算在内。

② 张义德:《叶适评传》,南京大学出版社 1994 年版,第 371 页。

③ 见余喜华:《800 年前的圣水寺·一众大咖开了场和合笔会》,《台州日报·人文周刊》,2017 年 12 月 16 日。

祀叶适为“叶大侯王”[1]，所谓叶适墓残碑，传言从慈山移至青龙寺，“高 1.5 米，宽 0.8 米的墓碑，上书‘叶大侯王墓’”[2]。从这个角度来说，慈山的叶适墓为其衣冠冢是可以成立的，叶适之病死大岙，也是一种可能性。[3] 但是，此事无疑表明叶适跟台州关系之密切。

关于叶适的祠祀，台州地方志文献中总共出现了三次，具体如下：

> （一）（黄岩县学）乡贤祠三间〔在棂星门内西〕。祀宋征士徐中行、乡贡徐庭筠、布衣左纬、太常卿谢伋、侍郎叶适、太常丞赵师渊、少保王居安、东阳簿杜晔、丞相杜范、布衣车卿、秘书少监戴良齐、司农卿杜浒、布衣车若水、浦城尉车若绾〔光绪邑志〕。
>
> （二）三贤祠，在县学。宋绍定元年，赵令汝驷建，祀谢良佐、叶适、徐中行临海陈耆卿记，见《光绪邑志》。后改为乡贤祠。（《台州府志·祠祀略一》）
>
> （三）毓英庙，在罗洋街，祀永嘉叶水心先生。适，宋淳熙进士，官至宝文阁待制，卒谥忠定。曾讲学于此，后人即其地立庙祀之。（《路桥志略·叙地》）。

以上第一、二条所言，实际上是同一件事情，就是黄岩在县学为叶适立三贤祠（谢良佐、叶适、徐中行并祀），这是对于叶适之学问的认可。叶适作为在当时可以和朱、陆鼎足而立的学者，又在当地有着极高的声誉，当之无愧。值得注意的是，后来三贤祠改为了乡贤祠，而从第一条所列来看，大抵均是当地的人物。乡贤，即品格学问皆为乡人所推重的人。按照清制，乡贤殁后，由大吏题请祀于其乡，称为乡贤祠。从这个角度来说，黄岩对于叶适的认可程度是极高的，或者说，他们从来就没有把叶适看成是外人。

第三条毓英庙的记载更加值得我们重视。首先，毓英庙是叶适当年讲学的地方，是跟叶适在历史上的具体活动直接联系在一起的；其次，这对于当地民众来

---

① 侯王是当地的一种民间信仰。这说明叶适在当地确实有着较大的影响力，民间对于叶适有较为广泛的接受。

② 吴小谦：《叶适在台州》，《浙江方志》，2001 年 2 月，第 33 页。

③ 余喜华在《800 年前的圣水寺·一众大咖开了场和合笔会》（《台州日报·人文周刊》2017 年 12 月 16 日）一文中提到：“少年叶适随父母定居螺洋大岙，叶父去世后，叶适母亲继续居住在大岙，二十八岁那年，叶适娶永嘉高子莫女为妻，又把妻子安置在大岙，侍奉母亲。后来，叶适将一个女儿嫁给大岙应氏始迁祖应伊训为妻，此事《大岙应氏宗谱》有记载。因此晚年叶适罢官后，仍常居住在大岙，与女儿一家生活在一起。”

说，民间信仰中对于叶适的接纳，大概就是源于毓英庙的祀奉。此处记载和前面所有叶适在台州活动最大的差别在于，此前的所有记载，都是侧重叶适作为一个著名学者在台州区域所具有的学术影响力，无论是师友交往、诗文唱和，还是撰写墓志铭，抑或是讲学等等，都是从纯粹学术的立场来说的。但是，叶适作为一种文化现象之所以可以长久延续，很重要的一点就是他借助毓英庙这种形式（变身为叶大侯王）进入了民众的日常生活，这是叶适形象在台州的重要转变，也是具有重要意义的点。

六、结语

通过上述我们对台州地方志文献中关于叶适相关问题的简单梳理，我们可以很清楚地看到叶适在台州历史文化中留下了鲜明的印记，概而言之，叶适对台州的影响，可以从以下几个方面来看待：

首先，叶适与台州士人之间深入而普遍的交往，这是一种文化地理上的相似性（共通性）所导致的。也就是说，地缘文化因素在这个过程中起到了比较重要的作用。这实际上也在告诉我们，就传统而言，温州和台州在文化形态、文化特质上具有更多的相似性。

其次，叶适在台州的交游，促进了永嘉学说在台州的传播，也形成了具有台州特色的学术风格。从叶适的台州门人以及再传门人那里，我们可以很清楚地感受到永嘉学传播的独特的效果。台州区域学术思想在此影响之下，极其重视事功，这里可以找到永嘉学术的影子。当然，对于台州思想文化来说，其和合包容的特点，也是在这种相互交流中更加彰显出自身的特色的。

再次，叶适在台州期间以及与台州士人之间交往所留下的种种文化遗迹，无论是诗文创作，还是一些具体的历史遗迹，既是研究叶适的重要资源，也是台州历史文化的重要组成部分，有着深远的影响力。

最后，对于台州来说，我们关注叶适与台州的相关研究，可以主要侧重在叶适的学术思想对于台州思想传统的影响（即叶适所代表的永嘉事功精神是如何作用于台州并形成台州独特的思想文化内涵）。另外一个方面，我们也需要更多从叶适作为一种民众日常信仰形式的角度来加深对于叶适的研究和理解。作为一种信仰形式的叶适在台州（尤其是路桥区域）有着明显的表达，深入研究这种信仰形式，将有助于我们更好地挖掘叶适对于台州的当下意义。

叶适寓居黄岩考辨及其相关问题

周明初

南宋时的台州黄岩，包括了现今的台州市黄岩、路桥两区和温岭市的全部以及椒江区的一部分，与温州乐清接壤。叶适年轻时曾在乐清执教多年，在此期间结识了黄岩籍友人，接收了黄岩籍弟子，并且到过黄岩。由此，叶适是否寓居黄岩是值得思考的问题。

一、地方志中叶适寓居黄岩的记载及其史源

据现存资料，最早记载叶适曾寓居黄岩的是《（万历）黄岩县志》卷六《人物志·寓贤》：

> 叶适，号水心，永嘉人。淳熙进士。寓居黄岩。雄文奥学，推重当世，以经济自负。绍熙中，遍历华选，尝助赵汝愚定策，上疏辩朱熹之诬。终宝谟阁学士。谥忠定。从祀乡贤祠。①

后来《（光绪）黄岩县志》卷二一《人物志·寓贤》中的《叶适传》延续了这一说法，其文几乎照搬万历县志，仅在“号水心”前增加了“字正则”三字，“绍熙中”作“绍兴中”。② 绍兴为宋高宗年号，叶适生于绍兴二十年（1150），可知作“绍兴中”，误。

此外，《（光绪）台州府志》卷九九《寓贤录》也说叶适“尝寓黄岩”：

> 叶适，字正则，永嘉人。淳熙五年进士第二人。累官权吏部侍郎兼直学士院，终宝文阁学士。卒谥忠定。（《宋史·儒林传》）尝寓黄岩。（《嘉定

---

① 《（万历）黄岩县志》，《天一阁藏明代方志选刊》第一八册，上海古籍出版社1981年版。

② 《（光绪）黄岩县志》，《中国地方志集成·浙江府县志辑》第五一册，江苏古籍出版社1993年版，第424页。

志》）与林鼐兄弟游。（叶适《利涉桥记》）往来温岭之丁园。（陈耆卿《松山林壑记》）一时如临海陈耆卿、王象祖、吴子良，黄岩王汶、丁希亮、夏庭简、戴许、蔡仍，皆受业于适。（《宋元学案》）永嘉之学，前梅溪、后水心，皆台学渊源所自。其外，又有王成叟，亦在台授业。（《台州外书》）[①]

该府志上注明了叶适“尝寓黄岩”的材料来源是《嘉定志》。《嘉定志》是指修于南宋嘉定年间的《赤城志》，这是现存最早的台州总志，后人一般称为《（嘉定）赤城志》。而嘉定这个年号一共也就用了十七年，叶适则卒于嘉定十六年（1223），也就是说这部《赤城志》问世时，叶适很可能还在世。而且，这部《（嘉定）赤城志》的主纂者陈耆卿又是叶适晚年最得意的台州籍学生。如此看来，叶适曾经寓居黄岩似乎是铁板钉钉的事实了。

不过，查《（嘉定）赤城志》，虽然有多处提到叶适为黄岩及台州其他地方的人和事作序跋、作记、作铭的记载，却没有一处提到叶适曾寓居黄岩甚至台州其他地方。看来，《（光绪）台州府志》所说的材料来源于《（嘉定）赤城志》，是不确切的。而南宋林表民所编的《赤城集》卷八中收有陈耆卿所作的《黄岩县学三贤祠记》，里面提到当时黄岩县学中所奉祠的“三贤”之一即为叶适。《（嘉定）赤城志》的主纂者是陈耆卿，而《赤城集》中则收入了陈耆卿所作的《黄岩县学三贤祠记》，这两种书里面都有关于叶适的记载，因此，《（光绪）台州府志》很可能是将《赤城集》误成了《赤城志》。

据陈耆卿《黄岩县学三贤祠记》，可知这三贤祠所供奉的是谢良佐（文中称“上蔡”）、叶适（文中称“龙泉”，盖叶适祖籍龙泉，后来才迁居瑞安及定居永嘉）和徐中行（文中称“八行”）三人。按这篇文章的说法，谢良佐、叶适列入三贤祠，是因为他们两人为“天下之师”，而徐中行则为黄岩一乡之私师，文中说：“绍定改元十月，赵令汝驷始祠于学，且曰：‘吾不止崇一乡之师也，崇天下之师矣。’因上蔡之殁，其子尝庐于此，诸孙育于此；龙泉之生身尝游于此，其友朋又多出于此，遂合以祠焉。”[②] 由此文可知，叶适奉祀于黄岩三贤祠，是因为他不仅是“天下之师”，而且曾经游于黄岩，并且有许多黄岩籍朋友的缘故。

这样问题就来了，陈耆卿《黄岩县学三贤祠记》中只是说叶适“尝游于此”，并没有说“尝寓于此”。一个人到过某地，并不等于这个人寓居于某地。因为到过某地，可能仅仅是短暂停留，而寓居某地，是指在此地居留过较长的一段时间。

① 《（光绪）台州府志》，民国间铅印本。

② （宋）陈耆卿：《黄岩县学三贤祠记》，（宋）林表民编《赤城集》卷八，《北京图书馆古籍珍本丛刊》第114辑，书目文献出版社1998年版，第93页。

这两者其实还是有很大区别的。因为叶适曾经到过黄岩，就说他曾经寓居黄岩，其实理由并不充分。实际上，《黄岩县志》《台州府志》中仅仅是因为叶适曾经到过黄岩，就将他列入《寓贤传》的。这在《（光绪）黄岩县志》卷二一《人物志·寓贤》的序里其实说得很明白了：

寓贤之例有三焉。《赤城志》云“不生长于此而居焉者，为侨寓；其子若孙生长于此而有科名者，入仕进”，此始迁者也；《浙江通志》云“《春秋》纪寓公之文，迁《史》著客卿之号”，此宦游者也；旧志云“依刘作赋，栖迟多风韵之遗；客楚题崖，笑语壮山川之色”，此游迹所至者也。考旧志所载，始迁则有谢伋，宦游则有于恕，游迹所至则有叶适诸人。今因其例，更考群书，补所未备，然必名登国史、事炳他书者，始著录焉。不然，则旅食之俦，幕游之士，淹在此土者多矣夫，固不能悉载也。[①]

文中所引《赤城志》之言见《（嘉定）赤城志》卷三四《人物门三·侨寓》之序言，正是依照这个“不生长于此而居焉者”的原则，嘉定志中并没有将叶适列入“侨寓”中，因为叶适虽然到过台州，但不符合“居焉者”的标准。而《（光绪）黄岩县志》则依照旧志的记载及体例，将仅仅是“游迹所至”的叶适列入了寓贤者中。这里的旧志，当是万历之后的某一《黄岩县志》，或是康熙志，或是乾隆志，因为万历志中虽已将叶适列入寓贤中但没有上文所引的这几句话。

二、《叶适集》中只记载他本人到过黄岩而没有寓居的迹象

《黄岩县志》《台州府志》中一方面说叶适曾经寓居黄岩，另一方面又仅仅是因为叶适曾经到过黄岩而将他列入《寓贤传》中。那么，叶适究竟有没有寓居过黄岩呢？这自然得从叶适本人留下来的文字中去寻找答案。

叶适的著作，现存的有《水心文集》《水心别集》和《习学记言》。《习学记言》是对经史百家著作的辑录和评论，对考证叶适生平关涉不大，可以不管。而《水心文集》和《水心别集》，今人整理归并为《叶适集》出版。《叶适集》中，有几处提到了曾经到过黄岩，不过没有一处表明他曾经寓居于黄岩。

叶适《与戴少望书》中称：“十日前及陈傅良遇于黄岩，说足下决以此月初

① 《（光绪）黄岩县志》，《中国地方志集成·浙江府县志辑》第五一册，江苏古籍出版社 1993 年版，第 422 页。

三日行天下，求世外之道，欲抵书已无及，徒益怅恨。”[①] 戴少望即戴溪，温州永嘉人，年轻时与叶适同学于瑞安陈傅良。这是明确的叶适曾经到过黄岩的证据，不过具体的时间很难确考。周梦江《叶适年谱》将此信系于淳熙三年（1176），谓作于叶适授徒乐清时[②]，今从之。

叶适在乐清执教多年，其间应当多次到过黄岩。嘉定四年（1211）二月，黄岩建成浮桥，知县杨圭通过叶适的好友林鼐（字叔和）请求已家居多年的叶适作记文，同年六月叶适作《利涉桥记》，文中云：“余少从叔和兄弟游，每为余言：‘县直北山，爽气浮动，花柳之丽，雪月之胜，无不在江北。’余间至程头，必徘徊瞻顾，辄阻江而返屡矣。”[③]“程头”是指路程之尽头，也即路程的起讫之处，文中“间至程头”，是说自己偶尔来到了黄岩县城永宁江的南岸路程尽头。可知叶适年轻时与林鼐兄弟交游时，曾经到过黄岩县城。林鼐兄长林鼒（字伯和），绍熙三年（1192）卒，叶适为其作《林伯和墓志铭》，文中也谈到了与林氏兄弟早年交游的情况：“初，余年未冠，识伯和兄弟，勇不自抑，数为言古人之道，或显或晦，当世之学有是有非。伯和喜，游日以亲。”[④] 又叶适在《白石净慧院经藏记》中说：“乐清之山，东则雁荡，西则白石……北山有小学舍，余少所讲习之地也。”[⑤]可知叶适结识黄岩林鼒、林鼐兄弟，正是叶适在乐清白石北山小学舍任讲习期间。据周梦江《叶适年谱》，叶适在乐清北山任讲习在乾道元年（1165）至乾道四年（1168）之间，而结识林氏兄弟在乾道三年（1167）[⑥]。其时叶适正当十六岁至十九岁之时，正是叶适所自称的少时或“年未冠之时”。可知叶适在乐清讲习于小学舍这段时间里，结识林氏兄弟后，应邀游历了与乐清相邻的黄岩。因为叶适在乐清有讲习任务，不可能长时间留在黄岩，因此他在此期间寓居黄岩的可能性不大。

叶适在乐清执教期间，有多个学生来自黄岩。他几次去黄岩，有时是应学生邀请之故。叶适在《丁少詹墓志铭》中说：“少詹生二十九年，余遇之于钱塘……后二年，余教诸生于乐清，少詹始来……又明年，变名字，从陈同甫于龙窟。”[⑦] 据

---

① （宋）叶适：《与戴少望书》，《叶适集》卷二七，中华书局 1961 年版，第 548 页。此集题目仅作《戴少望书》，校记云疑脱“与”字，《宋元学案》卷五五所引则不脱，今补。

② 周梦江编：《叶适年谱》，浙江古籍出版社 1996 年版，第 47 页。

③ （宋）叶适：《利涉桥记》，《叶适集》卷十，第 170—171 页。

④ （宋）叶适：《林伯和墓志铭》，《叶适集》卷一五，第 289 页。

⑤ （宋）叶适：《白石净慧院经藏记》，《叶适集》卷九，第 137 页。

⑥ 周梦江编：《叶适年谱》，第 24—29 页。

⑦ （宋）叶适：《丁少詹墓志铭》，《叶适集》卷一四，第 268 页。

该墓志铭，丁希亮卒于绍熙三年（1192），卒年四十七，可知其人生于绍兴十六年（1146），比叶适还大四岁。其人三十一岁时师从叶适，当在淳熙三年（1176），而其时叶适仍在乐清执教。由此也可知叶适从教于乐清，似乎并不仅限于在乾道年间这段时间内，在淳熙五年（1178）二十九岁考中进士之前，他应当断断续续地在乐清执教多年。丁希亮有堂兄世雄（字少云），筑有别墅，称“松山林壑”。陈耆卿《松山林壑记》云：“松山林壑者，丁君少云幽栖之所也。余闻丁园名素著，又以趾其园者多伟人，遂益著……盖君兄弟所从游如叶水心、陈龙川，正伟人之尤者。皆尝与之婆娑偃仰、咏歌讲诵于其间。其笻影屐声，龟鹭犹能认忆也。”① 可知叶适、陈亮等人，都曾到过他们的别墅中。

丁氏兄弟之出生地及其松山林壑所在地，在今温岭市境内。明成化五年（1469），析黄岩南境，置太平县。民国三年（1914），改称温岭县，境内有温峤岭，也称“温岭”，故名。《（嘉靖）太平县志》卷六《人物传》有丁世雄、丁希亮兄弟之传记，其《丁世雄传》称：“丁世雄，字少云，温岭人。”② 而《（光绪）台州府志》卷一一六《人物传》一七有传：“丁希亮，字少詹。黄岩人，今隶太平。”③ 上文引此府志卷九九《寓贤传》，云叶适“往来温岭之丁园”。两处之“温岭”正是指太平县境内之温峤岭而言。由此，可知叶适不仅到过当时黄岩的县城，还到过今温岭市温峤岭一带。其实，这很好理解，今温岭市境与乐清接壤，比黄岩和路桥两区离乐清更近。

据《（民国）路桥志略》，叶适还到过今路桥一带。该志卷一《叙地》云：“毓英庙，在罗洋街。祀永嘉叶水心先生适。宋淳熙进士。官至宝文阁待制。卒谥忠定。曾讲学于此，后人即其地立庙祀之。”④ 此条记载在时间上偏迟，也不知此“毓英庙”建于何时，何人所建。此条谓叶适曾来黄岩境内路桥一带讲学，也缺乏史料依据。不过，叶适到过路桥，应当是很有可能的。据《（嘉定）赤城志》卷七《公廨门》四“场务”：“路桥镇在县东南三十里，旧名新安，后省罢。”⑤ 可知路桥在南宋时已经设镇，它在黄岩县城东南三十里，是从乐清到黄岩县城的必经之地。叶适既然到过黄岩县城，也应当从路桥经过。

---

① （宋）陈耆卿：《松山林壑记》，（宋）林表民编《赤城集》卷一五，《北京图书馆古籍珍本丛刊》第114辑，第168页。

② 《（嘉靖）太平县志》，《天一阁藏明代方志选刊》第一七册，上海古籍出版社1981年版。

③ 《（光绪）台州府志》，《中国方志丛书·华中地方》第七四号，台湾成文出版社1970年版，第1578页。

④ 《（民国）路桥志略》，《崇雅堂丛书》本，民国二十五年（1936）铅印本。

⑤ 《嘉定赤城志》，《中国方志丛书·华中地方》第五六〇号，台湾成文出版社1983年版，第7116页。

综上，从叶适本人留下来的文字，结合其他史料，我们能够得知，叶适在早年执教乐清时，曾经几次到过当时的黄岩。在现在的黄岩、路桥、温岭三地，都留下了自己的足迹。不过，叶适本人的文字中没有可以证明他曾经寓居过黄岩的材料。

三、叶适在台州的踪迹与当时的交通问题

以上就是《叶适集》中叶适到过黄岩的记录。从这些记录来看，叶适到过黄岩，时间是在淳熙五年（1178）举进士之前。此后，再也没有叶适到过黄岩的记录。在执教乐清的日子里，他不光到过黄岩，还到过当时的台州州治临海。叶适作有《中奉大夫太常少卿直秘阁致仕薛公墓志铭》，传主为卒于嘉定五年（1212）的永嘉人薛绍。据该墓志铭，薛绍登乾道二年（1166）进士第，授台州推官。在薛绍任职期间，叶适"从公游"①，可知叶适到过台州州城，时间正是在乾道年间讲习于乐清白石北山小学舍时。

除此之外，我们很少能够在《叶适集》里见到他在台州境内活动过的踪迹。叶适是淳熙五年（1178）的进士，在举进士之前的乾道九年（1173）至淳熙元年（1174），他就已在临安活动过一年多时间。在出仕之后，他在临安与温州之间又往返过多次。那么，叶适是如何往返于临安与温州的呢？这就涉及当时的交通问题。唐宋以来，从温州到杭州，其实是有两条路可以走的。一条从温州出发，经台州、绍兴到达杭州，沿途所经有乐清、黄岩、临海、天台、新昌、上虞、绍兴、萧山，其中从临海到绍兴这一段，也正是现在唐代文学研究者所说的"浙东唐诗之路"。这一条路，要过雁荡山、天台山、天姥山、四明山等，虽然自杭州过钱塘江至上虞有浙东运河，上虞至新昌有剡溪，可以走水路，但大部分情况下，是在山岭中穿行，整个行程比较艰苦，通常较少有人选择这样走。另一条从温州出发，经处州（今丽水）、婺州（今金华）到达杭州，自温州至婺州段，途经青田、婺州州治丽水、缙云、武义、永康、婺州州治金华，如果走水路，可以自温州溯瓯江而上到达缙云，其中温州至青田段称瓯江，青田至丽水为瓯江的上游大溪，自丽水折向东北至缙云称为好溪。到达金华后，又可分出两条线路：一条途经义乌、诸暨、萧山到达杭州，这条线路基本上与我们现在的浙赣铁路杭州至金华段相重合；另一条途经兰溪、建德、桐庐、富阳到达杭州，这条线路基本可以走水路，金华至兰溪为金华江，兰溪至建德为兰溪江，自建德经桐庐、富阳称桐江、富春江，

---

① （宋）叶适：《中奉大夫太常少卿直秘阁致仕薛公墓志铭》，《叶适集》卷一九，第366页。

以下便是我们通常所说的钱塘江了。相对来说，走处州、婺州这条线路，需要穿越山岭的路程要少些，很大部分路程可以选择走水路，整个行程比较轻便。即使走陆路，自缙云经永康、金华、兰溪，道路比较平坦，只是缙云至丽水段比较崎岖难行，此为著名的括苍古道，其中桃花岭（也称冯公岭）最为险隘。在古代交通远没有现在这样发达的情况下，北方依靠车马、南方依靠舟楫，是较为普遍的交通选择。尤其南方丘陵地区，不选择水路而走陆路，比平原地区艰辛得多。即使到了我们这个时代，在高铁到来之前，从温州至杭州，我们也会选择走丽水、金华而不是台州、绍兴。因此二十多年前，温州利用民间力量修筑了金温铁路，用以沟通浙赣线。而金温铁路的沿线，正是与千年以来从温州经丽水到达金华这一线路基本重合。①

从《叶适集》中，我们可以看出，他多次从温州往返杭州，选择的正是经过处州、婺州这条路。《叶适集》卷六至卷八为诗歌作品，其中有《上滩》："篙师上滩时，面作石皤样。及其进尺寸，乃在一偃仰……身在乱石中，倾覆堪指掌。谁云荷天衢，鼠径断还往。"② 这首诗描写山溪中逆流而上的艰难情景，应当作于丽水一带的溪中。《叶适集》诗歌部分的第一首《冯公岭》则写行于处州境内的情景。③ 冯公岭，又称木合岭、桃花岭，在缙云县城西南三十里，是丽水、缙云两县交界处。《宿石门》首句云："好溪泻百壑，南北倾万峰。"④ 好溪也称"丽水"，是瓯江的主要支流之一，流经缙云，至处州州治丽水注入大溪。可知此处之"石门"是指青田境内的石门洞。作于处州境内的诗作还有《陈伯明建读书堂于仙都岩，盖缙云最胜特处。市书名田，役大费巨，当用众力，一家不能专也。余为作〈仙都行〉以坚其成》《题处州翔峰阁》等⑤。这些诗歌所作年份不详，是叶适历次往返温州、临安之间途中所作，则是可以肯定的。

又有多篇诗文作于婺州境内。《陈同甫抱膝斋二首》当为叶适途经永康拜访

---

① 关于南宋时温州至临安的交通线路，可参徐望法主编：《浙江古代道路交通史》，浙江古籍出版社1992年版，第69—83页；张锦鹏：《南宋交通史》，上海古籍出版社2008年版，第50—51页。不过，前一书只介绍了睦州（即严州）至婺州、处州、温州之古道，后一书只指出了温州经过处州至婺州而分出的两条线路，以及从台州经过绍兴到达临安的线路。实际上自台州至温州也有线路可通，从温州经过台州、绍兴同样可达临安。甚至从临安经过绍兴、明州（今宁波），再由明州至台州，也可到达温州，这条道路与现在高铁从杭州经宁波、温州至厦门的走法相一致，但太过迂远，古人一般不会这样走，故不作介绍。

② （宋）叶适：《上滩》，《叶适集》卷七，第88页。

③ （宋）叶适：《冯公岭》，《叶适集》卷六，第35页。

④ （宋）叶适：《宿石门》，《叶适集》卷六，第46页。

⑤ （宋）叶适：《陈伯明建读书堂于仙都岩，盖缙云最胜特处。市书名田，役大费巨，当用众力，一家不能专也。余为作〈仙都行〉以坚其成》《题处州翔峰阁》，《叶适集》卷七，第74、86页。

陈亮时所作[①]，其《月谷》诗云："昔从东莱吕太史，秋夜共住明招山。"[②]明招山，在武义东二十里，在武义、永康交界之处，吕祖谦（号东莱）有祖茔在此地。乾道二年（1166）吕祖谦母亲去世，他回家归葬母亲并守孝，故叶适诗中所述与吕祖谦秋夜共住明招山，应当是吕祖谦为母守孝期间，叶适曾拜访他。《吕子阳辞兰谷家园却就石泉精舍》也当作于永康[③]，因为吕子阳为永康人，家于永康，此由《送吕子阳自永康携所解〈老子〉访余，留未久，其家报以细民艰食，急归，发廪赈之》可知[④]。又《姚君俞墓志铭》中言"余二十许，客乌伤"[⑤]，结识义乌(别称乌伤）人姚献可(字君俞)，《郑仲酉墓志铭》中言"余昔识君于武义"[⑥]，平阳人郑噩(字仲酉）时任武义县丞。以上所举地名，均在婺州境内，且处于自处州经婺州到临安的沿途，可知这些诗文应当是不同时期叶适往返临安、温州途中顺道访亲问友所作。

周梦江《叶适年谱》谓叶适在乾道四年（1168）离开乐清，游学于婺州，一直至乾道八年（1172)，乾道九年（1173）至淳熙元年（1174）在临安。[⑦]其谓叶适曾游学于婺州，是根据旧谱来的，其实并无史料上的确切依据，因此非常怀疑叶适是否真有游学婺州这样一段经历。而谓叶适乾道九年（1173）至淳熙元年（1174）在临安，有《丁少詹墓志铭》证之："少詹生二十九年，余遇之于钱塘。"[⑧]《上西府书》又有"某瓯粤之鄙人，行年二十有五"[⑨]。但叶适是什么时候到达临安，又是什么时候离开的，其实已无法考证。

叶适往返临安、温州是从处州、婺州这一路经过的，其实是有确切的证据的。淳熙五年（1178）四月叶适中进士后，于回家省亲途中携吕祖谦书信及香茶等礼物，过永康访问陈亮，见陈亮《与吕伯恭正字》第三书："正则来，又承专书，副以香茶之贶，甚珍。"据书末所署，此书作于初秋。第二书则言："即日首夏清和，伏惟编摩，有相台候万福。廷试揭榜，正则、居厚、道甫，皆在前列。自闻差考

---

① （宋）叶适:《陈同甫抱膝斋二首》,《叶适集》卷六,第37页。

② （宋）叶适:《月谷》,《叶适集》卷六,第47页。

③ （宋）叶适:《吕子阳辞兰谷家园却就石泉精舍》,《叶适集》卷六,第50页。

④ （宋）叶适:《送吕子阳自永康携所解〈老子〉访余，留未久，其家报以细民艰食，急归，发廪赈之》,《叶适集》卷七,第80页。

⑤ （宋）叶适:《姚君俞墓志铭》,《叶适集》卷一四,第269页。

⑥ （宋）叶适:《郑仲酉墓志铭》,《叶适集》卷一五,第272页。

⑦ 周梦江:《叶适年谱》,第29—37页。

⑧ （宋）叶适:《丁少詹墓志铭》,《叶适集》卷一四,第268页。

⑨ （宋）叶适:《上西府书》,《叶适集》卷二七,第541页。

官，固已知其如此……正则才气，俱不在人后，非公孰能挈而成之？”第四书《戊戌冬书》则谈到了叶适于该年闰六月丁母忧事：“叶正则闰月二十三日丁忧，尝遣人慰之。”[①] 三封书信前后相连，自首夏、初秋至冬天，所谈均涉及叶适事。“戊戌”也正是淳熙五年（1178），该年闰六月。叶适参加礼部试及殿试时，吕祖谦担任考官，故第二封书信中陈亮猜测吕祖谦对叶适有所提携。[②]

那么叶适有没有走过台州、绍兴这一线路呢？他应当还是走过的，不过不是去临安，而是去绍兴。他的《剡溪舟中》诗云：“浙江大浪如履空，镜湖挟天雨复风。我行独到勾践国，寒溪一溜蜿蜒通。”[③] 勾践国即春秋时越国，建都于绍兴，故这里指称绍兴。剡溪为曹娥江之上游，与钱塘江相通。剡溪舟行可到达绍兴。这首诗当是淳熙四年（1177）所作。据周梦江《叶适年谱》，该年叶适以翰林学士周必大门客名义得到推荐，参加两浙东路转运使司类试（也称漕试），得以“发解”，从而有资格参加次年的礼部试。[④] 两浙东路治所在绍兴，故浙东转运使司所在地也在此。他到绍兴的目的，正是参加漕试。因淳熙三年（1176）他在乐清教书，可知他是从乐清经台州后，通过剡溪水路到达绍兴的。不过在《叶适集》中，除了这一首诗，并没有其他作品记载这次行踪了。

四、叶适与台州文化事业之建设

虽然叶适没有在黄岩寓居过，他仅仅几次到过黄岩，在台州其他地方留下的踪迹也很少，但他对台州的文化建设有着不可磨灭的贡献和影响。事实上，叶适与台州文化事业建设之间的关系也是双向的。一方面，叶适培养了一大批台州籍学生，其思想学说深深影响着台州，成为“台学”渊源之一；另一方面，也正是叶适的台州籍学生，将叶适的学说发扬光大，扩大了叶适“事功”思想的影响力。

叶适早年在乐清执教多年，他的弟子中就有来自台州的。如上文中已经提到的黄岩温岭（今温岭市温峤镇）人丁希亮即是其中的一个。这时期他的学生主要来自邻近乐清的黄岩，特别是黄岩南部今属温岭一带。随着叶适学问、功名的逐渐增大，师从他的学生也就越来越多。特别是在他的晚年，自嘉定元年（1208）落职回乡，至嘉定十六年（1223）去世，他一直定居在永嘉，过着养病、

① 陈亮：《与吕伯恭正字》，《陈亮集》卷一九，中华书局 1974 年版，第 261—263 页。

② 周梦江：《叶适年谱》，第 56 页。

③ （宋）叶适：《剡溪舟中》，《叶适集》卷六，第 60 页。

④ 周梦江：《叶适年谱》，第 49 页。

著述、讲学、授徒的生活。前来师从的学生，除温州当地人外，也以台州人为多。如黄岩人夏庭简、戴许、蔡仍、王汶、戴木等，临海人陈耆卿、王象祖、吴子良等，都是这一时期的学生。

这里有必要对叶适晚年之黄岩籍学生作些辨析。周梦江《叶适年谱》将戴许、蔡仍、王汶三人来学系于淳熙三年（1176）叶适执教于乐清时[①]，但并未提供有力的证据，猜测的成分很大。其实，《（光绪）台州府志》卷一一六《人物传》有《王木传》附《王汶传》，据此传，王汶之父王木"淳熙间，年甫冠"，可知王木与叶适年相若，其子不可能在淳熙年间即师从叶适，而王汶"与陈耆卿、吴子良友"[②]，可知王汶也是叶适晚年居家讲学时之学生。叶适在《送戴许蔡仍王汶序》中说："戴许、蔡仍、王汶来自黄岩，从王成叟学。未久，成叟为有力者挟之江西。三士失所依，束书将归，请质于余。"[③]可知戴许、蔡仍与王汶一样，同为叶适晚年学生。

台州一地，直到叶适生活的南宋时代，在文化事业各方面还比较落后，表现在科举方面，能够考中进士的人数极少。叶适在《宣教郎夏君墓志铭》中说："黄岩，浙河东大邑，赋当其州太半，鱼稻之饶被邻境，喜让善施，温克多异材。然自隋、唐设进士诸科，而其地寂寥湮没，无以名称者。宋兴且百年始一见，又百年始再见。又或始二人，或越数举，积而至于君，然后始赢十人。呜呼！何其少而难也！"[④]黄岩的情况可以说是当时整个台州的一个缩影。从自然条件上来说，黄岩的大部分地处平原地带，"赋当其州太半，鱼稻之饶被邻境"，是台州诸县中经济最好的，黄岩的科举尚且如此，其他诸县除了州治所在的临海外，恐怕更加不堪了。而师事叶适的台州籍学生中，有多个是进士。除夏庭简在师事叶适之前的庆元五年（1199）已成进士外，陈耆卿是嘉定七年（1214）进士、吴子良是宝庆二年（1226）进士，均是在师事叶适之后考中进士的，而吴子良的学生、宁海人舒岳祥为宝祐年间进士。

由于叶适以及同时代的朱熹、陆九渊等人的讲学活动，吸引了包括台州在内的大批学生，台州的文化事业也开始兴盛起来，并且形成了一种带有台州地方特色的文化学术——台学。而以叶适为代表的"永嘉学派"的学说和思想，正是台学的渊源之一。正如《（光绪）台州府志》卷九九《寓贤录》所言："永嘉之学，

① 周梦江：《叶适年谱》，第47页。

② 《（光绪）台州府志》，《中国方志丛书·华中地方》第74号，第1578页。

③ （宋）叶适：《送戴许蔡仍王汶序》，《叶适集》卷一二，第217页。

④ （宋）叶适：《宣教郎夏君墓志铭》，《叶适集》卷二三，第442页。

前梅溪、后水心，皆台学渊源所自。”[①] 正因为叶适对台州文化发展所作出的巨大贡献，南宋绍定元年（1228）黄岩县学设立三贤祠，其中所奉祠的对象之一即是叶适。

叶适著名的学生，以台州人为最多。可以说，正是叶适的台州籍学生，才将叶适的学说发扬光大的。正如吴子良卒后，车若水挽诗中所说“水心气脉近三台”[②]。《宋元学案》卷五四《水心学案上》中“水心学案表”及卷五五《水心学案下》中“水心门人”，依次所列、排在前四的陈耆卿、王象祖、王汶、丁希亮，无一不是台州籍学生。[③] 而陈耆卿则是叶适晚年最为欣赏、并将其学说发扬光大的学生。先师事陈耆卿、后又师事叶适的弟子吴子良在《荆溪林下偶谈》卷二“知文难”条中说：“往时，水心先生汲引后进如饥渴，然自周南仲死，文字之传未有所属。晚得筼窗陈寿老，即倾倒付嘱之。时士论犹未厌，水心举《太息》一篇为证，且谓他日之论，终当定于今日。今才十数年，世上文字日益衰落，而筼窗卓然为学者所宗。”[④] 可以毫不夸张地说，正是有了像陈耆卿这样的台州籍学生，以叶适为代表的永嘉学派的事功学说，才在温州以外的地方能够扎下根来。叶适因为在当时南宋境内许多地方担任过官职，在任职的同时不废讲学，所以他的弟子也就遍布了各地。不过，他的外地弟子，均没有能够很好地将叶适的学说传播下去，只有陈耆卿这一支，还往下传了三代：第一代有吴子良及车若水，第二代由吴子良传至舒岳祥和刘庄孙，第三代由舒岳祥传至戴表元和林处恭，不仅在台州一带扎下了根，还传至邻近地区，如戴表元即为庆元府奉化（今属宁波）人。这一脉，在入元之后才逐渐湮没。

台州与温州“壤地同，乡里接”[⑤]，地缘近、人缘亲，有着共同的瓯越文化背景，因此以叶适为代表的永嘉学派学说，容易吸引台州一带的学生，并且能在此地扎下根来。二十世纪八十年代以来，浙江的民营经济异常发达，而最有特色、最具代表性的即是温州、台州两个地区的民营企业，形成了名扬一时的“温州模式”。其实，这个“温州模式”更确切地应该称为“温台模式”，它之所以成功，其实正是有着以叶适为代表的事功思想的文化底蕴所在。

---

① 《（光绪）台州府志》，《中国方志丛书·华中地方》第 74 号，第 1393 页。

② （清）陆心源辑：《宋史翼》卷二九《文苑四·吴子良传》，中华书局 1991 年版，第 313 页。

③ （清）黄宗羲：《宋元学案》，中华书局 1986 年版，第 1735、1806—1808 页。

④ （宋）吴子良：《荆溪林下偶谈》卷二，影印文渊阁《四库全书》第 1481 册，台湾商务印书馆 1986 年版，第 496 页。

⑤ （宋）叶适：《陈处士姚夫人墓志铭》，《叶适集》卷二五，第 493 页。

水心文脉近三台：叶适之学在南宋台州的传播

熊恺妮

一、叶适台州门人简述

作为永嘉学派集大成者，叶适继薛季宣、陈傅良之后，将事功之学系统化，构建了功利之学的理论基础，又对程朱理学的思想渊源和理论基础进行了系统深入的批判。因此，全祖望称“乾、淳诸老既殁，学术之会，总为朱陆二派，而水心断断其间，遂称鼎足”[①]。鼎足一方的叶适很早就开始授徒讲学，从学者众多。叶适与台州名士林鼐、林鼒、王居安等来往密切。叶适晚年落职回乡后，曾寓居黄岩、温岭一带讲学，“台州临海、黄岩等地来温州向叶适受学的士人很多”[②]。故叶适被视作“台学渊源所自”[③]。

据《宋元学案》，其门人中台州籍共十二人。分别为陈耆卿、王象祖、王汶、丁希亮、夏庭简、戴许、蔡仍、吴子良、车若水、舒岳祥、刘庄孙、林处恭。通过考证，后人学者在学案基础上有所增益：王棻《台学统》“水心叶氏学派”另增林师蒧、林表民、王澄、王濬、葛绍体、葛应龙、舒叔献、方岳六人。周梦江《叶适门人考略》将台州戴木、郑大惠、柯大春、丁木、二陈秀才等纳入叶适门人之列。杨万里《宋代台州地域文学创作研究》又据《黄岩县志》以黄岩赵潜夫为叶适门人。

陈耆卿（1180—1236）	临海	字寿老，号篔窗，嘉定七年（1214）进士。十年（1217）为青田县主簿。十一（1218）年自青田至永嘉求学于叶适。端平元年（1234），兼国史馆编修，除将使少监，终国子司业。有《篔窗集》。

① （清）黄宗羲原著，全祖望补修，陈金生、梁运华点校：《宋元学案》卷五十四，中华书局2013年版，第1735页。

② 周梦江：《叶适门人考略》，《温州师院学报》1989年第4期，第76页。

③ 《台州府志》卷九十九“寓贤录”，成文出版社1970年版，第1393页。

续表

吴子良（1197—1256）	临海	字明辅，号荆溪。保庆二年（1226）进士。陈耆卿表弟。历国子学录、司农寺丞。淳祐二年（1242）除秘书丞，提举淮东。四年（1244）召赴都省禀议，再除秘书丞。五年（1245）为两浙转运判官，提学两道。六年（1246）除侍左郎官。八年（1248）以朝散大夫除直敷文阁、江南西路转运判官，兼权隆兴府。寻为湖南运使、太府少卿。今存《荆溪林下偶谈》。
王象祖（1164—1239）	临海	字德甫，号大田。水心门人。生有异质。学于永嘉叶适，与同县陈耆卿为友。自试礼部归，即谢客杜门不出。嘉熙三年（1239）卒，年七十六。
丁希亮（1146—1192）	黄岩	字少詹。绍兴三十一年（1161）从叶水心学于乐清，颇自悔少学不力，竭昼夜读书为文。次年变名字，至永康求学陈亮。未几，至明招山求学于吕祖谦。有《梅山文集》。
丁木	黄岩	字子植，丁希亮侄。嘉定四年（1211）进士。十五岁从叶适受学。《黄岩县志》有传。
夏庭简（1173—1218）	黄岩	字迪卿。庆元五年（1199）进士。补定海尉，改长溪簿。往来长溪，必过叶适。遂受业其门。调监临安府都盐仓，未几卒。叶适铭其墓，杨简为之书。
郑大惠	黄岩	周梦江先生《叶适与门人考略》著为郑柬之。据《民国续修台州府志·人物传》："郑大惠，字柬子，号谷口，黄岩人。"又卷一百十六："戴木……与同县葛绍体、郑大惠皆师事永嘉叶适，学有根据。"则柬之应为柬子，名郑大惠。有《饭牛集》。
柯大春	黄岩	字德华，号大雷山民，闻水心名，往谒。叶适晚年学生。《黄岩县志》有传。
葛应龙	黄岩	字元直，性朴重，安贫守义，言行不苟。为文章以先贤为准的，叶适重之。任国子监校勘、庆元司户。
葛绍体	黄岩	字元承，师事叶适。得其指授。博学善诗文。著有《四书述》《东山集》。
二陈秀才	黄岩	生平不详。周梦江先生《叶适门人考略》著为叶适门人。
戴木	黄岩	字子荣，号渔村。与同县葛绍体、郑大惠皆师事永嘉叶适，学有根据。有《渔村集》。
赵潜夫（？—1227）	黄岩	字景寿，自号鹤所。嘉定十六年（1223）进士，宝庆二年（1226）监海盐澉浦税，三年（1227）卒于官，葛绍体撰词招之。"屡以经学为叶水心、赵章泉所荐"，盖尝学于水心。
刘庄孙	宁海	字正仲，号樗园。其文学与舒岳祥齐名，吴子良弟子。所著有《刘黄陂集》，与舒岳祥同避地于奉化。今但存姓氏于《剡源集》。

续表

林处恭	临海	性行醇笃，受业于舒岳祥。所著有《四书指掌图》。
林师蒧（1140—1214）	临海	字咏道。自号竹村居士。《台学统》著为水心叶氏学派。
林表民	临海	字逢吉，字玉溪。师蒧子。承家学，与陈筼窗、吴荆溪诸公游。尝同筼窗修《赤城志》，又自为《续志》《三志》。
方岳	宁海	字元善，号菊田。经明行修，隐居不仕，以诗名世。有《深雪偶谈》。《台学统》著为水心叶氏学派。
车若水（1210—1275）	黄岩	字清臣，号玉峰山民。初事陈耆卿学古文。陈耆卿独称若水，一时翕然。后从杜范游，听其议论，大悔前日所为，遂造性理之学。有《脚气集》。
舒岳祥（1219—1298）	宁海	字舜侯，一字景薛，宁海人也。宝祐进士，仕终承直郎。受文法于吴子良。荆溪序其集，以异禀灵识称之。宋亡，避地四明之奉化，与戴表元相友善。今存《阆风集》。
舒叔献	宁海	舒岳祥子。《台学统》著为水心叶氏学派。

值得注意的是，《台州府志》《宋元学案》以王汶、戴许、蔡仍为叶适门人，有误。叶适在《送戴许蔡仍王汶序》中已明确指出：“戴许、蔡仍、王汶来自黄岩，从王成叟学。未久，成叟为有力者挟之江西，三士失所依，束书将归，请质于余。”① 根据叶适的描述，王绰赴任江西，三人“失所依，束书将归”。三人只是在临行前“请质于”叶适，而不是“同受业叶适门”。叶适还指点三人“无师莫如师心”“无师非所患也”。② 在叶适看来，王绰离去后，三人从“求师”变成“无师”的状态。可知，叶适并不把王汶、戴许、蔡视为弟子。《台州府志》称三人“师事王绰，未几绰赴江右聘，遂同受业叶适门”③，不符合事实。《宋元学案》称王汶“常师事水心，又师王诚叟”④ 更是谬以千里。《台学统》中将王汶弟王澄、王濬同视为叶适门人，也无法成立。

综合古今研究者对叶适门人的考证，叶适台州籍门人共二十二位。《宋元学案》称：“水心之门，有为性命之学者，有为经制之学者，有为文字之学者。”⑤“性命之学”“经制之学”即叶适学术思想，“文字之学”即叶适文章之学。叶适台州门人推崇叶适文章之学；在学问上有所偏离，不认可叶适的学术思想。

① （宋）叶适：《叶适集》，中华书局 2010 年版，第 217 页。

② （宋）叶适：《叶适集》，中华书局 2010 年版，第 217 页。

③ 《台州府志》卷一百十六《人物传》，第 1585 页。

④ 《宋元学案》卷五十五，第 1807 页。

⑤ 《宋元学案》卷五十五，第 1816 页。

二、台州门人对叶适文章之学的传承

叶适弟子以文名者颇多，台州、温州最盛。如果说叶适在温州的文学影响主要体现在诗歌上（叶适推举、标榜温州门人赵师秀、徐照、徐玑、翁卷为“永嘉四灵”，并作《四灵诗选》），那么在台州的文学影响则表现在文章之学上。

细考叶适与其台州弟子的交往，会直观地发现，他们多是因文学而结缘。陈耆卿是台州传承叶适文章之学的首要人物。他以理学之士自居，不屑为词章，“当涵浸乎义理之学时，词章之习，不惟不敢，亦不暇”①。话虽然说得很绝对，但对于一个受过文学熏陶的人来说，其实内心很难完全割舍对文学的喜爱。所以在他接触到叶适文章之学时，就顿时为之折服，成为叶适文章之学的忠实追随者。吴子良曾指出：“自元祐后，谈理者祖程，论文者宗苏，而理与文分为二。吕公并其然，思会融之，故吕公之文早葩而晚实。逮至叶公，精妙卓特，备天地之奇变，而只字半简无虚设者。寿老一见，亦奋跃，策而追之，几及焉。”②继吕祖谦之后，叶适融会文理。陈耆卿“一见，亦奋跃，策而追之”③。而叶适对陈耆卿文章的文学性也不吝称赞。嘉定十一年（1218），陈耆卿以《篔窗初集》求教于叶适。叶适“见之惊诧起立，为序其作”④，称赞其文“绵涉既多，培蕴亦厚，幅制广而密，波游浩而平，错综应会，纬经匀等”⑤。叶适对陈耆卿大加推举，称“余求近世文人，可以继元祐并称者，得陈君耆卿”⑥。同时以“文字之传未有所属。晚得篔窗陈寿老，即倾倒付嘱之”⑦。

陈耆卿在继承叶适的文章学观念的基础上，一改理学家刻板固执的面目，坦然将文学纳入了自己的理想追求之中，“以文人之华藻，立儒者之典刑”⑧。这种转变也体现在他的文学创作中。后世均认为“篔窗学古文于水心叶氏适而得其传者也”⑨，推崇陈耆卿承自叶适的文章法度。“水心既殁，先生（陈耆卿）之文

---

①（宋）陈耆卿：《篔窗集自序》，《篔窗集》卷首，文渊阁四库全书本。

②（宋）吴子良：《篔窗续集序》，《全宋文》第341册，上海辞书出版社、安徽教育出版社2006年版，第19页。

③《篔窗续集序》，第19页。

④《宋元学案》卷五十五，第1806页。

⑤（宋）叶适：《题陈寿老文集后》，《全宋文》第285册，第197页。

⑥（宋）叶适：《叶适集》，第493页。

⑦（宋）吴子良：《荆溪林下偶谈》卷二，王水照主编《历代文话》第一册，复旦大学出版社2007年版，第550页。

⑧《荆溪林下偶谈》卷二，第555页。

⑨《宋元学案》卷六十六，第2128页。

遂岿然为世所宗”。[①]《台学统》“水心叶氏学派”中首列陈耆卿，充分说明陈氏承叶适文章之学，在台州有巨大影响。

《宋元学案》称：“自水心传于筼窗（陈耆卿），以至荆溪（吴子良），文胜于学，阆风（舒岳祥）则但以文著矣。”[②]叶适在台州的第二代弟子吴子良已经呈现出“文胜于学”的状况，而到舒岳祥就直接“以文著”，成为一个文章之家。

吴子良是台州传承叶适文章之学最为关键的人物。吴子良是陈耆卿表弟。嘉定七年（1214）从学陈耆卿，嘉定十五年（1222）受业叶适。吴子良自称“余十六从筼窗，二十四从叶公，公亦以其嘱筼窗者嘱予也”[③]，强调自己的嫡传身份。论及古文创作，吴子良称自己“得法于筼窗，然才短终不能到也”，亦以传承者自居。不同于陈耆卿悔恨沉溺文章的消极态度，吴子良以极大的热情学习文章之学。吴子良总结了不少叶适、陈耆卿的文论主张与文法，如“为文须遇佳题伸直笔”“水心与筼窗论四六”“水心文不为无益之语”“水心文本用编年法”“水心可资为史”等。[④]

叶适曾称赞吴子良“年少笔老，脱似王逢原”，“意特新，语特工，韵趣特高远”[⑤]的特点，也指出了吴子良有“好骂、气未平”的问题。吴子良经过两年磨砺气渐平，“知好骂乃文字之大病。能克去，此等气象不特文字进，其胸中所养，亦宏矣”[⑥]。后来吴子良提出为文应“张之以气”的主张，与叶适的教导不无关系。

不仅如此，吴子良还自觉传播叶适文章之学。这一点在他弟子舒岳祥身上得到充分的体现。舒岳祥“弱冠识筼窗先生陈公，公以语荆溪先生”。[⑦]淳祐三年（1243）秋，舒岳祥从学吴子良，“癸卯秋八月，（吴子良）乃始得舒生，首示余两编”[⑧]。吴子良读后惊喜万分，“恨得之晚”，称赞舒岳祥“气豪骨老”并教导他作文应以孔孟为正宗，“趋平实则一祖孔氏”“务正大则一宗孟氏”，避免高论工辞的流弊，“论太高者奇胜正，其于行流之狂，辞太工者华掩质，其于学失之赘”[⑨]。吴子良对舒岳祥的教导，与叶适的主张一脉相承。他不仅自觉地以所传

---

① 《宋元学案》卷五十五，第1806页。

② 《宋元学案》卷五十五，第1825页。

③ 《台州府志》卷七十五《艺文略》，第1585页。

④ （宋）吴子良：《舒阆风文集序》，《全宋文》第三四一册，第23页。

⑤ 《叶适集》，第554页。

⑥ 《荆溪林下偶谈》卷四，第580页。

⑦ 邱鸣皋：《舒岳祥年谱》，上海古籍出版社2012年版，第127页。

⑧ 《舒阆风文集序》，第23页。

⑨ 《舒阆风文集序》，第23页。

属之门人，而且希望弟子能够“追前哲而启后来者”，[①] 继续传承、发扬叶适文章之学。舒岳祥也不负期望，为文“刊黜浮华，本之于道。”[②] 最终“以文章大家，师表一世”，[③] 在宋末文坛享有盛誉。故《学案》称“天台学者皆袭篔窗、荆溪之文统”。[④]

叶适文章之学在台州得到了较多认可。陈耆卿、吴子良功不可没。尤其是吴子良自觉传承叶适文脉，极好地促进了叶适文章之学在台州的传承。

三、台州门人对叶适学术思想的偏离

不同于文章之学，叶适的学术思想在台州地区没有得到广泛的认可和传播。

这种情形早在丁希亮身上就初显端倪。淳熙三年（1176），叶适在温州乐清首次讲学，丁希亮就前来受学。丁希亮年长叶适 4 岁。他质疑叶适在学问上有所隐瞒，不愿与自己切磋琢磨。对此，叶适在《答少詹书》中作了详尽的解答。

叶适强调“中庸之德”，认为“安其质而流于偏，故道废；尽其性而归于中，故道兴。”[⑤] 他表示“自少粗闻义理之大方，所愿守常道，不逾乎中庸之德。虽其间气质有偏，不能尽合，然要当修为充扩，勉而中道。”[⑥] 而丁希亮“自负太过”，“轻鄙中正平易之论，而多为惊世骇俗绝高之语”。[⑦] 这无疑有悖于叶适“守常道，不逾乎中庸之德”的求学方法。叶适希望丁希亮“只循常理，有日新之功”，丁希亮却“以机变为经常，以不逊为坦荡，以窥测隐度为义理，以见人隐伏为新奇，以跌荡不可羁束为通透，以多所疑忌为先觉”。在叶适看来，“此道德之弃材也。为之必不成，行之必不遂。”[⑧] 叶适视丁氏为“异材异质”，苦口婆心地告诫他“千万为学自爱”，而丁希亮“既未能从人而舍己，又疑人之不相与而以为外己，所以枝叶横生，意见多疑。”[⑨] 因此，叶适无奈地表示：“夫不能共由此道，则当各

① 《舒阆风文集序》，第 23 页。

② 《舒岳祥年谱》，第 137 页。

③ （元）黄溍：《黄溍集》，浙江古籍出版社 2013 年版，第 897 页。

④ 《宋元学案》卷六十六，第 2122 页。

⑤ 《习学记言序目》卷八，第 109 页。

⑥ 《习学记言序目》卷八，第 109 页。

⑦ 《叶适集》，第 550 页。

⑧ 《叶适集》，第 550 页。

⑨ 《叶适集》，第 550 页。

行其志而已。"[1]

次年，丁希亮转师陈亮，后又转师吕祖谦，"尽师硕儒，尽友良士，尽闻名言，尽求别义"[2]。叶适与台州弟子的首次接触，以丁希亮转事他师告终。

如果说丁希亮与叶适的分歧主要表现为治学方法的不同，那么陈耆卿、吴子良与叶适在学术上的分歧，体现在对程朱理学的态度上。作为叶适嫡传，陈耆卿、吴子良对程朱学派的性理之学推崇备至。

《论孟纪蒙》是陈耆卿研读《论语》《孟子》之作。陈耆卿曾回应创作此书的目的："非有甚异乎诸老先生之说"，"订于诸老先生之说以会其归，反于吾之心以求其实"。[3]"诸老先生"即二程、游、杨、尹、谢、张、吕、朱氏等理学家。陈耆卿少壮时就已经"远参洙泗，近探伊洛"，自言"当涵浸于义理之学"。显然，他的创作目的不是推翻程朱学派的义理之学，而是"会其归"，归纳总结"诸老先生之说"。叶适作《题陈寿老论孟纪蒙》，态度颇富意味。他站在义理与功利相结合的立场，否定了陈耆卿"《论》《孟》之说……迄于我朝，诸老先生然后论定……至矣、尽矣"[4]的观点，认为程朱学派不过是"各有论述，自名其宗，而未闻与众出之以扶翼教"。[5]评价此书时，叶适只是着力夸赞陈耆卿的学术造诣："非熟于其统要者不能入……非博于其伦类者不能推……非老于其家室者不能守……非妙于其功用者不能化"。[6]对书中言论，叶适则表示出自己"素无其质，终不足以进此道"[7]的态度。这种态度与其说这是谦虚，倒不如说是对陈耆卿著述的委婉否定。足见，陈耆卿在学术上倾向程朱学派，与叶适要求的"以扶翼教"有所区别。

"在叶适的哲学批判之中，最值得重视的是他对'道统说'的批判"。[8]叶适反对程朱学派以道统正宗自居，否定曾子独得孔子之道而传的道统谱系。叶适曾对吴子良说："道学之名，起于近世儒者，其意曰：'举天下之学皆不足以致其道，独我能致之。'故云尔，其本少差，其末大弊矣。"[9]叶适批判"近世儒者""独我能致之"，就是批判程朱学派的"道统说"。他有意教导吴子良要"以学致道而

① 《叶适集》，第550页。

② 《叶适集》，第267页。

③ （宋）陈耆卿：《篔窗集自序》，文渊阁四库全书本。

④ 《叶适集》，第607页。

⑤ 《叶适集》，第607页。

⑥ 《叶适集》，第607页。

⑦ 《叶适集》，第607页。

⑧ 董平：《叶适对道统的批判及知识论》，《孔子研究》1994年第1期，第67页。

⑨ 《叶适集》，第554页。

不以道致学”，认清道统渊源。但是，这一观点未被吴子良接受。吴子良曾在《三先生祠》中完整描述了自己对道统谱系的理解：

> 圣道公溥，不可以专门；私学深远，不可以方册。既贯群圣贤之旨，可以会一身心之妙；充一身心之妙，可以补群圣贤之遗。孰为异？孰为同哉？合朱、张、吕、陆之说，溯而约之于周、张、二程；合周、张、二程之说，溯而约之于颜、曾、思、孟。合颜、曾、思、孟之说于孔子，则孔子之道即尧、舜、禹、汤、文、武之道，孔子之学即皋、益、伊、仲、傅、箕、周、召之学。百圣而一人，万世而一时，尚何彼此户庭之别哉？①

与叶适不同，吴子良描述的尧、舜、禹、汤、文、武，孔、孟、思、曾、颜，二程、张、周，朱、张、陆、吕这一道统谱系，正是程朱理学所倡导的道统正宗。显然，陈耆卿、吴子良在学术上不独尊叶适，表现出“远参洙泗，近探伊洛”的倾向。

如果说陈耆卿、吴子良还只是表现出倾向程朱理学的态度，那么到了车若水，已成为标准的朱熹后学。车若水，临海人。弱冠时登陈耆卿之门，为叶适再传。陈耆卿去世后，车若水师事杜范，“痛改旧习”。②

《习学记言序目》为叶适晚年所著，是永嘉学派的集大成之作。车若水认为此书“黜《十翼》，骂《中庸》，贬曾、孟，笑濂洛”，③进行了猛烈抨击。而怀疑《易传》非孔子所作，否认《中庸》乃孔子原意，否定程朱学派的道统谱系，是叶适批判精神的集中体现。车若水视之为奇辞异说，直言“此书可隐也，不然删存可也”④。不仅如此，车若水对叶适的学术思想也多有曲解。叶适曾对《系辞》“崇高莫大乎富贵”⑤句提出疑问，认为《诗》《书》不曾有此义。车若水极力反驳：“叶水心辟系辞，得‘崇高莫大乎富贵’一句，以为奇货，屡屡言之，谓为语言大病。若据说，似亦惑人，崇高莫大乎富贵，有甚怪异？辨上下，定民志，天大地大王亦大，富贵极于君，崇高莫大于君，初非异说。”⑥以至全祖望都为叶适辩驳：“车玉峰谓水心此言太过，予谓水心以富贵必由道德而成，其崇高亦自有义。”⑦

不论是对《习学记言序目》否定还是对叶适原意的曲解，都充分表现出车若

① （宋）吴子良：《三先生祠记》，《全宋文》第 341 册，第 38 页。

② （宋）车若水：《脚气集》，文渊阁四库全书本。

③ （宋）车若水：《答箕窗先生书》，《全宋文》第 346 册，第 189 页。

④ （宋）车若水：《答箕窗先生书》，《全宋文》第 346 册，第 189 页。

⑤ 《周易正义》卷第七，北京大学出版社 1999 年 12 月第 1 版，第 289 页。

⑥ （宋）车若水：《脚气集》，文渊阁四库全书本。

⑦ 《宋元学案》卷五十四，第 1755 页。

水对叶适的学术思想的厌弃。无怪乎《台学统》将车若水著录在"性理之学",归为"朱子学派"。《宋元学案》中车若水仅以名字列《水心学案》,传记则见于《南湖学案》。足见车若水脱离了水心阵营,完成了从叶适后学到朱熹后学的身份转换。

四、小结

叶适台州门人共22人。其中,黄岩11人,临海6人,宁海5人。叶适文章之学在台州门人中得到了较好的传承,与叶适一代文宗的身份密切相关。"南渡文章之柄,自东莱短死,水心实擅之。"[①]《四库全书总目提要》称"适文章雄赡,才气奔逸,在南渡后卓然为一大宗。"[②]叶适论文兼顾理学和文学,其要旨在"由文合道",[③]既要求文章明实理,切实用、又要有益于经世,有助于教化。据统计,叶适文集约有文章400篇,其中政论文、碑志文、序跋文备受好评,成就极高。这是叶适文章之学广受推崇的首要原因。再者,浙东科举学兴盛。从陈傅良、吕祖谦到叶适均是科举时文高手。他们钻研文法,从事科举教学,吸引了大批士人。台州陈耆卿、吴子良、丁木、夏庭简、柯大春、舒岳祥均为进士。叶适曾说"余久居水心村落,农蓑圃笠,共谈陇亩间。有士人来,多言场屋利害破题工拙而已。"[④]也表明大部分人是来向叶适学习科举文法。故叶适的文章之学得到了当时广泛的推崇,台州地区自然也不例外。全祖望称"水心工文,故弟子多流于辞章。"[⑤]这种倾向在台州门人身上得到了集中的体现,直接导致了台州叶适门人"文胜于学"的局面。

然而,由于台州学术生态的影响,叶适台州门人较多倾向程朱学派。台州有"小邹鲁"[⑥]之称:"台州僻处东南海隅,晋始启化。赵宋南渡都杭州,为畿辅。朱子提举浙东,又奉祠来台,学者从之,一时称盛。"[⑦]乾道九年(1173)至淳熙十年(1183)间,朱熹两次主管台州崇道观,前来拜访的台州学者络绎不绝。应恕、徐大受、林鼐、赵师渊、赵师夏、池从周、林恪、杜烨等均师从朱熹,《台学统》归

① 《宋元学案》卷五十四,第1755页。

② 《钦定四库全书总目》卷一六〇《水心集提要》,中华书局1997年版,第2145页。

③ 《习学记言序目》卷四个七,第696页。

④ 《叶适集》,第602页。

⑤ 《宋元学案》卷五十五,第1738页。

⑥ (清)王舟瑶:《台学统序》,《台学统》,嘉业堂刊本。

⑦ (清)章镂:《台学统序》,《台学统》,嘉业堂刊本。

为“朱子学派”，其下又有杜氏学、车氏学、鲁斋王氏学派等。咸淳五年（1269），朱熹后学王柏主讲台州上蔡学院。台州人王棻更是旗帜鲜明地表示：“性理之学”“固众学之大成者”，“欲别黑白而定一尊，则固当以程朱为高”。[①] 至于台州地区的陆学、叶适之学，“宋之然道（赵师雍）、詠道（赵师蒧）并及象山之门，筼窗（陈耆卿）、荆溪（吴子良）兼受永嘉之学”，[②] 不能与朱学之势相较。随着淳祐元年（1241）程朱理学被扶为官学，风行天下。其他学派的生存空间被进一步挤压。叶适之学也不例外。从这一点来看，台州叶适门人大多倾向程朱学派，不太认可叶适的学术思想。

车若水曾有诗云“水心气脉近三台”，[③] 用以形容叶适在台州的影响。就叶适及其台州门人关系而言，更确切的说法应该是水心文脉近三台。这既是台州之幸，也是叶适之幸。

---

① （清）王棻：《性理之学叙录》，《台学统》，嘉业堂刊本。

② （清）王舟瑶：《台学统序》，《台学统》，嘉业堂刊本。

③ （宋）车若水：《挽吴明辅》，《全宋诗》第六十四册，北京大学出版社 1998 年版，第 40428 页。

叶适散文的台州书写

娄欣星

叶适（1150—1223），字正则，号水心居士，温州永嘉人，南宋著名思想家、文学家。历仕孝宗、光宗、宁宗三朝，历官平江府观察推官、太学博士、尚书左选郎、国子司业、知泉州、兵部侍郎等职，著有《水心先生文集》《水心别集》《习学记言》等。作为永嘉学派集大成者，叶适主张功利之学，反对空谈性命，与当时朱熹的理学、陆九渊的心学并列为“南宋三大学派”，在宋代思想史及学术史上占有显著地位。

在文学史上，叶适是南宋著名的散文家，“永嘉文派”的领袖人物，具有明确的创作理念：从事功思想出发，注重“文”的教化即政治功能；强调文章本身的艺术价值，重视文学整体的审美功能；崇奉“文必己出”的原则，认为“片辞半简必独出肺腑，不规仿众作”[①]。其散文创作几乎诸体兼备，包括奏札、奏议、书启、序、记、墓志铭、祭文、疏、铭等十几种体裁，“精诣处有韩、柳所不及，可谓集本朝文之大成者矣”[②]。其中涉及台州的散文就有近五十篇，体现了叶适与台州的深厚渊源。

一、序体文：以作者为主，重个性

唐宋是序体散文的昌盛期，“唐代赠序兴盛而宋代书序发达。书序本为序体正宗，汉以后……惜无大的发展，名家如韩愈，集中竟无一篇书序，这就为宋人留下了开拓的空间。”[③] 到了南宋，时人著述、典籍整理、刊刻蔚然成风，因此书序的数量明显增长，其文学性也有了进一步的发展。其中叶适的序体散文创作颇具代表性，主要包括文集序和赠序两种。

---

① （宋）叶适：《叶适集》，中华书局 2010 年版，第 216 页。

② （宋）叶绍翁撰，沈锡麟、冯惠民点校：《四朝闻见录》，中华书局 1989 年版。

③ 杨庆存著：《宋代散文研究》，人民文学出版社 2003 年版。

文集序是序的正体，一般重在介绍文集的写作目的、过程与特色，其次简要介绍作者其人。而叶适的文集序注重对作者的介绍和描写，实现了对序的正体以书为主的变革，而且内容丰富，体现了叶适在文体创新方面的成就。如《石庵藏书目序》：

> 石庵书若干卷，承奉郎蔡君瑞藏之。始，蔡君之伯父曰居士，葬母，因其地为庐居。绍兴十九年，大旱饥，谷石五千二百足钱。居士将以所余谷散之，而患无名。时庵傍有石，冒土而奋，如蟠根丛萌，欲发而尚郁者。遂为万夫佣，使出之。高二丈，广可三之。石温润如玉质，故名石庵云。蔡君念族人多贫，不尽能学，始买书置石庵。增其屋为便房，愿读者处焉，买田百亩助之食。呜呼！蔡君可谓能教矣！富者知损其赢，以益市书与田，而收恤其族人，则无富之过；贫者随聪明之小大，以书自业，而不苟恃衣食，则无贫之患。教成义立，而族多材贤，则玉石之祥，其遂酬乎！君之从孙武学谕镐，与余同寮，以请而序之。淳熙十五年三月日。①

除第一句提及所序书名外，序通篇记录的是作者蔡君瑞的性格、经历、评价，重点刻画了蔡君以万贯家财，买书教化族人，使得“富者知损其赢，以益市书与田，而收恤其族人，则无富之过；贫者随聪明之小大，以书自业，而不苟恃衣食，则无贫之患。”赞扬了其“富而能教”的德行，最后达到了“教成义立，而族多材贤”的目的。用散文来写人物，通过选取一两个典型的事例勾勒出人物的轮廓和主要的个性精神，人物生动形象，给读者留下了深刻印象。

叶适文集序个性特征鲜明，文学色彩浓厚，如《谢景思集序》：“谢公尚童子，脱丱髦，游太学，俊笔涌出，排迮老苍，而不能受俗学熏染，自汉、魏根柢，齐、梁波流，上溯经训，旁涉传记，门枢户钥，庭旅陛列，拨弃组绣，考击金石，洗削纤巧，完补大朴。”刻画了谢公从学漫长艰辛的经历。对其《药园小画记》的评价，“盖谢灵运山居之约，言志洁而称物芳，无忧愤不堪之情也”②，可谓精当。

二、题跋文：以作品为主，重评价

明徐师曾《文体明辨序说》云：“题跋者，简编之后语也。”③ 即写在书后、文

① （宋）叶适：《水心文集》卷一二，《全宋文》第二八五册第 150 页。

② （宋）叶适：《水心文集》卷一二，《全宋文》第二八五册第 160 页。

③ （明）徐师曾：《文体明辨序说》，人民文学出版社，1982 年版。

后的说明文字或议论文字。有学者将题跋作品分为两类：以研讨学问为主的学术类题跋和以抒写性情为主的文学类题跋。“题跋兴于唐而成于宋，宋代题跋不仅数量惊人，而且形式灵活、内容丰富，且宋人对此文体多有创见。从题材、体式、功能、文学性等诸方面对题跋进行了发展革新。北宋诸公确定了题跋文的范式，宋室南渡后，题跋基本上沿着欧、苏、黄的道路走，多感时忧国之作。”而叶适的题跋题材广泛，内容丰富，立意新颖，突破以往以感时忧国的传统，转而以品诗论文为主，主要体现在文学类题跋中，取得了较高成就。如《题陈寿老文集后》：

> 今陈君耆卿之作，驰骤群言，特立新意，险不流怪，巧不入浮，建安、元祐，恍焉再睹，盖未易以常情限也。若夫出奇吐颖，何地无材，近宗欧、曾，远揖秦、汉，未脱模拟之习，徒为陵肆之资，所知不深，自好已甚，欲周目前之用固难矣，又安能及远乎！君之为文，绵涉既多，培蕴亦厚，幅制广而密，波游浩而平，错综应会，纬经匀等，膏润枯笔之后，安徐窘步之末，若是，则荐之庙郊而王度善，藏之林薮而幽愿惬矣。若又审其所从，不求强同，贵其所与，毋为易得，趋舍一心之信，否臧百世之公，则何止于建安、元祐之文也！①

从立意、师承、内容、深度等方面高度评价了陈耆卿作品特立新意、绵涉既多、培蕴亦厚的特点。

此外，《题张君所注佛书》：“今观张君贯穿出入，证会反复，悉从旧文，不以私意为之说也。至于要言微趣，人所难知，往往迎刃冰解，则多自得之矣。按《四十二章》，质略浅俗，是时天竺未测汉事，采摘大意，颇用华言以复命，非浮屠氏本书也。”② 从可信度、语言特色等方面肯定了张君所注佛书语言的合理性与通俗性。

三、记体文：以记事为主，重议论

“记”始于记事，本属应用文字，“《禹贡》《顾命》乃记之祖，记所以叙事识物，非尚议论。”③ 唐代韩柳之后，记突破了原来“叙事识物”的范围，工于景物刻画，议论感慨皆有。到了宋代，记体文的文学因素进一步加强，社会内容含量也

① （宋）叶适：《水心文集》卷二九，《全宋文》第二八五册，第 197 页。

② （宋）叶适：《水心文集》卷二九，《全宋文》第二八五册，第 184 页。

③ （南朝梁）任昉：《文章缘起》，丛书集成初编本。

逐渐增大，成为文学散文的一种重要形式。关于记体，叶适曾论云：

> 韩愈以来，相承以碑志序记为文章家大典册，而记，虽愈及宗元，犹未能擅所长也。至欧、曾、王、苏，始尽其变态，如《吉州学》《丰乐亭》《拟岘台》《道州山亭》《信州兴造》《桂州新城》，后鲜过之矣。[①]

追溯了北宋以来记体文的发展，肯定了北宋诸家对记体文做出的贡献。叶适在继承优良传统的基础上，精心创作以阐发与议论故事背后所蕴含的人生哲理为特色的记体文。

如《留耕堂记》以“但存方寸地，留与子孙耕”[②]开篇，以留耕堂的创建来阐发“故广欲莫如少取，多贪莫如寡愿，有得莫如无争。货虽不留，心足以留也”的道理。《利涉桥记》首先阐明了利涉桥对于当地百姓生活的重要性：“盖奔渡、争舟、倾覆、蹴蹋之患既免，而井屋之富，廛肆烟火，与桥相望不绝，甚可壮也！”进而讲到利涉桥从无到有的艰辛建造历程。“古无而今有，难也；桥于江之险，又难也；台州有桥自唐守始，君一县作之，抗其力如州，倍难也”，得出“君之力虽尤难，而承其后者易矣。易则思，思无穷，而桥可恃以常存也”[③]的结论。《郭氏种德庵记》重在阐明立家之本与兴家之根在于种德的道理。何为“种德”，其要旨在于：“为其厚不为其薄，治于己不治于人，宁散无积，宁俭无忲，皆所以种而不敢毁也。朝种暮获，市人之德也；时种岁获，农夫之德也；种不求获，不敢毁，不敢成，圣贤之德也；冲漠之际，万理炳然，种者常福，毁者常祸，天地之德也。郭氏其知所以种矣。知所以种，则知德矣。”[④]从不同的角度揭示了知德、种德的重要性。

四、碑志文：以志人为主，重实录

墓志铭是叶适最为擅长也最负盛名的文体，“碑版之文，照耀一世，几与韩、欧诸家将……嘉言懿行，多足与史传相参证”[⑤]。钱基博亦赞叶适“碑版之作，尤极铿锵鼓舞，如奔风逸足，和以鸣鸾，而俯仰于节奏之间，篇有余态，事可考信。”[⑥]足见后人对于叶适碑志文实录特质的肯定。在叶适为台州人物撰写的墓

① （宋）叶适：《习学记言序目》，中华书局 1977 年版，第 733 页。
② （宋）叶适：《水心文集》卷一〇，《全宋文》第二八六册，第 89 页。
③ （宋）叶适：《水心文集》卷一〇，《全宋文》第二八六册，第 95 页。
④ （宋）叶适：《水心文集》卷一一，《全宋文》第二八六册，第 109 页。
⑤ （清）孙诒让撰：《温州经籍志》，续修四库全书本。
⑥ 钱基博：《中国文学史》，中华书局 1993 年版。

志碑传中，鲜明体现出以下特色：

其一，以人物对话为主体。墓志以墓主生前与相关人物的对话或者以墓主朋友的回忆性话语为主要内容，通过他人的话语，阐发相关议论，总结与歌颂墓主优秀品格。如《忠翊郎致仕蔡君墓志铭》：

> 间为余言其详曰："非我之能，吾父实教之。"镐初为武学谕，适有执政与父旧，故乡人以贺父，父笑不应，戒镐曰："汝谨自守，无以利灭命也。"镐果逐去，则曰："我固知当如是也。"比复召，而劾镐者方陪国柄，镐将避不赴，父怒曰："天子呼汝，不以大臣为嫌。汝不誓死报上恩，而暇自嫌耶！"镐之接伴虏使也，父问曰："汝行，于国大事何所得？"镐曰："筑瓦梁堰，全修楚州城，皆不便，而正使曰非使指，疑未奏。"父曰："传不云'皇皇者华，臣获五善'乎？何得言非使指也！急奏之！"镐迫面对，五夜漏将上，属稿不能脱，请俟送伴回。父曰："使命事关国信，有不如意，国北门可复入耶？"自秉烛，趣镐写札子已，乃睡。后镐以上奖谕告，父叹曰："臣子之于君父，其义一也，所知不隐。我余年岂待汝禄活，期汝者名节尔。"镐又曰："子一日尝过我，父自屏窥之，曰：'此可与友也，汝善亲之，吾去汝归耳。'"①

通过这段蔡镐与叔父蔡待时之间的故事，重在阐明蔡君治家严谨、不慕荣利、忠君爱国的品质。

其二，叙事与议论相结合。如《忠翊郎武学博士蔡君墓志铭》以"信义"为墓主的人生关键词，阐发了"君之贤，在明大义于君亲"的道理："约规矩绳墨以自严兮，不决骤而横陈。挺球玉之纯美兮，就巧琢而齐均。骥之德实良兮，非行王路而后服驯；木受地之正命兮，枝叶华实皆成熟而蔚彬。听天命以生死兮，辨异端而脱幽沦。相灵芝与醴泉兮，固突出而无因；其偶然而瑞世兮，亦或终閟而不伸。"②

其三，女性墓主形象鲜明。叶适撰写的台州女性墓志有《戴夫人墓志铭》《太孺人唐氏墓志铭》《夫人钱氏墓志铭》《夫人王氏墓志铭》《陈处士姚夫人墓志铭》《赵孺人墓志铭》等6篇，突出墓主的性格特征与重要的家庭贡献。如写戴夫人（丁世雄妻）持家有道："夫人整坐里向，杯酒瓯羹，凡赠遗之物，亲自经手。饮散，少云鼻息鼾鼾，夫人吹灯起，检料内外，复治具如昨日矣。"③太孺人唐

---

①（宋）叶适：《水心文集》卷一四，《全宋文》第二八六册，第169页。

②（宋）叶适：《水心文集》卷一四，《全宋文》第二八六册，第170页。

③（宋）叶适：《水心文集》卷一七，《全宋文》第二八六册，第244页。

氏（王棐母）洁身自好，独身抚子，教导有方："每戒棐，禄料未易消，当谨身报国而已"，"太孺人始也劳而后食尔。暨失主单特，空手鞠孩孺，心教意饬，隐然律程，日就岁成，使夷仲之世再显"[①]。赞誉赵孺人："忘其为贵宗室女，乐其为贫士人妻，见桑而求蚕，行田而学稼。巷婆里嫂，偶坐无作色；疏翁族姆，却立无惰容。葵糈瓠菹，枯羸仅足，而名人胜士邂逅集语，辄重觞累俎，殷勤劝劳，客惊喜留连不忍去也。其规虑深密，以力自致"[②]。赵善临妻王氏"非世俗间子妇比也"[③]等。

其四，二人合碑是叶适对碑志文体形式的重要创新。"古人有合传，而未有两人墓而合志者，自适创之矣"[④]。如《陈处士姚夫人墓志铭》是叶适为门生陈耆卿父母所作之墓志铭。陈耆卿的博学能文在很大程度上受到家庭的影响："义诚之乡，戏龙之山；陈氏自古，族冢居间。吁嗟叔明！手栽桧杉。印须室人，一往不还。独遗厥子，翠竹孔鸾；其文烂烂，永也不刊"[⑤]，总结了陈昮勤学深思、敏于辞赋，姚夫人以俭治贫、以豫治猝的优秀品质。

叶适兼顾经史、核义理与见事功并重的方法，也是贯穿其整体治学的重要方法。叶适正是以此道治经明理，确立了永嘉学派"通世变、见事功"的核心思想。表现在文学创作上，"读书不知接统绪，虽多无益也；为文不能关教事，虽工无益也；笃行而不合于大义，虽高无益也；立志不存于忧世，虽仁无益也。"[⑥]倡导文关教治，反对华辞艳语，被看作是叶适文学思想的核心，与其学术思想是息息相关的。叶适的学术思想强调的是要即其事以达其义，通过对具体事件的实践、考察来明了"道"，而不是以体悟来实现对"道"的理解。自周敦颐提出"文以载道"的文学观念以来，文学与学术的关系日趋紧密。但是，文学与学术的结合通常只是以文学形态表达学术思想，更多停留于内容层面。而叶适的散文创作，例如碑志文对人物事件的拣择详略则属于"文学形式"的问题。"近时水心一家，欲合周程欧苏之裂"[⑦]，叶适希望将欧苏为代表的文人之文与周程为代表的道学家之文合二为一，提倡文章思想性与艺术性的统一，这种新变似乎暗示着一种南宋文学与学术关系的新形态的形成。

---

① （宋）叶适：《水心文集》卷二二，《全宋文》第二八六册，第342页。

② （宋）叶适：《水心文集》卷二五，《全宋文》第二八七册，第34页。

③ （宋）叶适：《水心文集》卷二四，《全宋文》第二八七册，第1页。

④ 钱基博：《中国文学史》，中华书局1993年版。

⑤ （宋）叶适：《水心文集》卷二五，《全宋文》第二八七册，第26页。

⑥ （宋）叶适：《水心文集》卷二九，《全宋文》第二八七册，第195页。

⑦ （宋）刘埙：《隐居通议》，四库全书本。

叶适思想研究

还理于象

——叶适易学的破与立

何　俊

宋代理学以易学为理论架构，但因其立论不同，易学的论述便有重大分歧，构成了各派思想的基础性理论。就永嘉学派而言，其集大成者叶适对易学具有最全面而系统的论述。《习学记言序目》前四卷专门论述《周易》经传，占专论五经共九卷之近半，可知易学在叶适思想中的重要性。此外尚有《水心别集·进卷》中一专文《易》，以及散见于《文集》与《序目》中的论述。在《习学记言序目》专论《周易》经传的四卷中，前三卷对六十四卦逐一进行诠释，后一卷专论上下《系辞传》与《序卦传》。全祖望尝曰：

> 乾、淳诸老既殁，学术之会总为朱、陆两派，而水心龂龂其间，遂称鼎足。①

学界就叶适易学而专论永嘉事功学对朱、陆两派的分歧，似尚不多见。② 本文希望由此切入，以窥叶适易学作为永嘉事功学基础理论的性质与特征。

一、对程朱易学的否定

叶适晚年尝批评近世之学：

> 古人多识前言往行，谓之畜德。近世以心通性达为学，而见闻几废，为

① （清）黄宗羲：《宋元学案》卷五四《水心学案上》，《黄宗羲全集》第五册，浙江古籍出版社 2012 年版，第 106 页。

② 朱伯崑《易学哲学史》（北京大学出版社 1988 年版）与蒋伟胜《叶适的习学之道》（中国社会科学出版社 2009 年版）都辟有专节与专章叙述叶适的易学思想。

其不能畜德也。然可以畜而犹废之,狭而不充,为之病矣。[①]

“古人多识前言往行,谓之畜德”,出自《易·大畜》的《象传》:

天在山中,大畜。君子以多识前言往行,以畜其德。

近世之学中的“狭而不充”与“见闻几废”之病,分别指朱、陆之学。[②]这段话既表征了叶适易学的根本,又彰显了叶适易学与朱、陆两家的分歧。所谓叶适易学的根本,主要包含了三层意思:一是易学的精神在“畜德”,二是畜德的路径在“多识前言往行”,三是叶适解易推重《象传》。这三层意思,后文再作申述,此处先论叶适易学与朱、陆之学的分歧。

朱、陆虽有理学与心学的区分,但两家在易学上都承继程颐义理易学的基本立场,不同的是朱熹在方法上兼取象数易学,希望融汉宋易学于一体,确立起理的形上本体,而象山则将易学所阐扬的义理归于一心;朱、陆相较,程朱易学因其思想关系而自为一派。[③]叶适易学的基本立场也是义理易学,但是路径与结论却与程朱、象山迥异。象山以心为本,强调心悟,“见闻几废”,于“畜德”无从谈起。在论及《礼记·檀弓》“墟墓之间,未施哀于民而民哀;社稷宗庙之中,未施敬于民而民敬”时,叶适转论象山心学,曰:

夫墟墓则固已施哀,而社稷宗庙则固已施敬,不啻谆谆然矣,岂为末哉?……余记陆氏兄弟从朱、吕氏于鹅湖寺,争此甚切。其诗云:“墟墓生哀宗庙钦,斯人千古最明心。大抵有基方作室,未闻无址可成岑。”噫!徇末以病本,而自谓知本,不明乎德而欲议德,误后生深矣![④]

象山以心为本,在叶适看来,诚为“徇末以病本”,因此,叶适对象山心学的极不认同,不待赘述。

叶适针对的重心,主要还是程朱理学。叶适曰:

---

① (宋)叶适:《水心文集》卷二九《题周子实所录》,《叶适集》第二册,中华书局 1961 年版,第 603 页。

② 何俊:《叶适的士风与学风》,《事与心:浙学的精神维度》,北京大学出版社 2013 年版,第 85—88 页。

③ 周予同指出:“就哲学言,朱熹为程颐之继承者,故治思想史者每以程、朱并称;顾就经学之《易》学言,则程、朱不无敌派之嫌。”(《周予同经学史论著选集》第 150 页,上海人民出版社 1996 年版)所谓”不无敌派之嫌“,自不免过甚,但周先生所言的确指出了程朱在思想与易学上的复杂关系,拙稿恰又合思想与易学而论之,故特引以标示。

④ (宋)叶适:《习学记言序目》上册,中华书局 1977 年版,第 99 页。

> 按程氏答张载论定性“动亦定，静亦定，无将迎，无内外”；“当在外时，何者为内”？“天地普万物而无心，圣人顺万事而无情”；“廓然而大公，物来而顺应”；“有为为应迹，明觉为自然”；“内外两忘，无事则定，定则明”；“喜怒不系于心而系于物”；皆老、佛、庄、列常语也。程、张攻斥老、佛至深，然尽用其学而不自知者，以《易·大传》误之，而又自于《易》误解也。[①]

此处虽然只提程、张，其实统指程朱理学；当然如细论，叶适易学针对的主要是程颐的《周易程氏传》。在叶适看来，程朱理学的宗旨在于斥佛老，而其理论则与佛老似异而实同，究其原因正在于程朱理学的理论基础是易学，即所谓“以《易·大传》误之”。不过，叶适并不一概否定《易·大传》，他只是否定《程氏易传》对《易·大传》的理解存在着根本问题，即末句所谓“又自于《易》误解也”。

《程氏易传》究竟对《易·大传》作了怎样的误解呢？叶适从两方面给予了回答。其一是从理论本身指出《易》所承载的周孔圣人之道与佛老有本质的分歧，而程朱易学“自坐佛老病处”。叶适曰：

> 佛老之学所以为不可入周孔圣人之道者，盖周孔圣人以建德为本，以劳谦为用，故其所立能与天地相终始，而吾身之区区不与焉。佛老则处身过高，而以德业为应世，其偶可为者则为之，所立未毫发，而自夸甚于丘山。至其败坏丧失，使中国胥为夷狄，安存转为沦亡而不能救，而亦不以为己责也。嗟夫！未有自坐佛老病处，而揭其号曰“我固辨佛老以明圣人之道者”也。[②]

儒佛分歧在入世与出世，建德与劳谦是儒之根本与功用。程朱理学阐易斥佛，而实质上只是援佛入儒，结果不仅是混淆了儒佛，而且也是误解了《易》。叶适曰：

> 本朝承平时，禅说尤炽，儒释共驾，异端会同。其间豪杰之士，有欲修明吾说以胜之者，而周、张、二程出焉，自谓出入于佛老甚久，已而曰：“吾道固有之矣”，故无极太极、动静男女、太和参两、形气聚散、絪缊感通、有直内、无方外，不足以入尧、舜之道，皆本于《十翼》，以为此吾所有之道，非彼之道也。及其启教后学，于子思、孟子之新说奇论，皆特发明之，大抵欲抑浮屠之锋锐，而示吾所有之道若此。[③]

---

① 《习学记言序目》下册，第 751 页。

② 《习学记言序目》下册，第 751—752 页。

③ 《习学记言序目》下册，第 740 页。

在叶适看来，程朱理学所阐扬的性命理气之学，虽基于《易传》的论说，但其精神内涵不过是佛老之道的转述，同时附着于子思、孟子的“新说奇论”。

其二是进一步对《易》本身作出区分，尤其指出程朱易学“不悟《十翼》非孔子作，则道之本统尚晦，不知夷狄之学本与中国异”，[①] 从文本上彻底推翻程朱易学的立论基础。叶适曰：

> 《易》不知何人所作，则曰“伏羲画卦，文王重之”。按周“太卜掌《三易》，经卦皆八，别皆六十四”，则画非伏羲，重非文王也；又，周有司以先君所为书为筮占，而文王自言“王用享于岐山”乎？亦非也。有易以来，筮之辞义不胜多矣，《周易》者，知道者所为，而周有司所用也。孔子独为之著《彖》《象》，盖惜其为他异说所乱，故约之中正以明卦爻之指，黜异说之妄以示道德之归。其余《文言》《上下系》《说卦》诸篇，所著之人，或在孔子前，或在孔子后，或与孔子同时，习《易》者会为一书，后世不深考，以为皆孔子作也，故《彖》《象》掩郁未振，而《十翼》讲诵独多。魏晋而后，遂与老庄并行，号为孔老。佛学后出，其变为禅，喜其说者以为与孔子不异，亦援《十翼》以自况，故又号为儒释。[②]

这段论述涉及易学史的两个重要问题。其一是易更三圣的问题。《汉书·艺文志》提出《易》更三圣的说法，确立起《易》的完成经过了伏羲画卦、文王演卦立辞、孔子作传三个阶段的叙说。后来治易学虽有象数与义理的偏重，但朱熹经过释证，对易更三圣的问题作了三圣一贯的阐明，朱熹曰：

> 《易》之为书，更历三圣，而制作不同。若庖牺氏之象，文王之辞，皆依卜筮以为教，而其法则异。至于孔子之赞，则又一以义理为教，而不专于卜筮也。是岂其故相反哉？俗之淳漓既异，故其所以为教为法者不得不异，而道则未尝不同也。然自秦、汉以来，考象辞者，泥于术数，而不得其弘通简易之法；谈义理者，沦于空寂，而不适乎仁义中正之归。求其因时立教，以承三圣，不同于法而同于道者，则惟伊川先生程氏之书而已。[③]

朱熹的阐明不仅对于文本有了一个恰当的释证，还为义理易学与象数易学

---

① 《习学记言序目》下册，第 740 页。

② 《习学记言序目》下册，第 740 页。

③ （宋）朱熹：《朱子文集》卷八一《书伊川先生易传板本后》，《朱子全书》第二四册，上海古籍出版社、安徽教育出版社 2002 年版，第 3842 页。

的调和作了文本的支持。叶适依据《周礼》,否定易更三圣的观念,尤其是否定伏羲与文王这两个阶段。叶适曰:

> 按易之初一画,卦分而为十二,二卦对立而为六十四,画之始终具焉。圣人非罔民以自神者,而学者多异说,不知过也。按班固用刘歆《七略》记《易》所起,伏羲、文王作卦重爻,与《周官》不合,盖出于相传浮说,不可信。[①]

叶适的论断,旨在从根本上否定象数易学,甚至在一定程度上也消解了占筮之《易》,强调“圣人非罔民以自神者”,祛除《易》的神秘性。所谓“《周易》者,知道者所为,而周有司所用也”,明确地将《易》确定为阐明道理、示人以道德之归的经典。其二是《十翼》,即《易传》的作者问题。自欧阳修对《易传》作者提出疑问开始,宋儒即有讨论,叶适持论更为决绝。叶适曰:

> 言“孔氏为之《彖》《象》《系辞》《文言》《序卦》之属”,亦无明据。《论语》但言“加我数年,五十以学《易》”而已,《易》学之成与其讲论问答,乃无所见,所谓《彖》《象》《系辞》作于孔氏者,亦未敢从也。然《论语》既为群弟子分别君子小人无所不尽,而《易》之《象》为君子设者五十有四焉。《彖》《象》辞意劲厉,截然著明,正与《论语》相出入,然后信其为孔氏作无疑。至所谓《上下系》《文言》《序卦》,文义复重,浅深失中,与《彖》《象》异,而亦附之孔氏者,妄也。[②]

叶适从君子小人的核心内涵与辞意劲厉的修辞风格两方面论证了《十翼》中只有《彖》《象》是与《论语》一贯,从而论定为孔子所作,其余都只是附于孔子名下而已。

在上述两点的基础上,叶适着重否定《序卦传》,这可以说是完全针对《周易程氏传》的。程颐在传统释易的辞、变、象、占四种路径中,推重辞的路径,以能够依靠语言的逻辑力量来确立起理学体系;与此相应,程颐在《十翼》中尤重《序卦传》,因为《序卦传》对六十四卦的次序赋予了内在逻辑,阐明六十四卦不是随机的罗列,从而与理相吻合。对《序卦传》的重视可以说是程氏易学显著而

① 《习学记言序目》上册,第35页。

② 《习学记言序目》上册,第35页。

重要的特征，亦是程氏易学由易学转出理学的关键。[1]而叶适对《序卦传》的否定则可谓不遗余力，除了在《习学记言序目·周易四》中专列《序卦》一条外，对《序卦传》的批评在六十四卦的释传中随处可见。这里只引《周易四》的《序卦》条以见叶适的判识，叶适曰：

> 按《上下系》《说卦》浮称泛指，去道虽远，犹时有所明，惟《序卦》最浅鄙，于《易》有害。按诸卦之名，以象取之，与文字错行于世者少，圣人重复殷勤其词以训释之，多至数十百言而未已，盖其难明如此。今《序卦》不然，以是为天地万物之所常有也，鳞次栉比而言之，以是为铅椠篆籀之常文也。嗟乎！使其果若是，则束而联之，一读而尽矣，奚以易为！学者尺寸不辨，而谓有见于无穷，吾不知也。[2]

叶适讲得很清楚，《序卦传》的根本问题就在于把《易》所呈现的事物及其义理的多样性归约为一种逻辑，表面上使得《易》上升为某种理论，而实质上是消解了《易》的丰富性，也使得《易》所蕴含的真正精神被彻底遮蔽。因此，“惟《序卦》最浅鄙，于《易》有害”。与此相反，如前所引，叶适以为“《周易》者，知道者所为，而周有司所用也”，《易》的精神正在于现实生活的具体指导，而现实生活并不是纯粹的逻辑，而是复杂多样的存在。因此，在《十翼》中，叶适最重视的是《象》，其次是《彖》，以为只有它们与《论语》的精神是高度吻合的。

二、对《系辞传》的否定

由于叶适以为程朱理学的易学理论基于《易传》，而其中“惟《序卦》最浅鄙，于《易》有害”，故除了上引这条专辟《序卦》外，叶适更于六十四卦的经解中不时点出，不一而足，亦不必一一举证。叶适在对六十四卦作出自己正面解释的基础后，他对程朱易学的驳斥便聚焦在对上下《系辞传》的评论。叶适曰：

> 自有《易》以来，说者不胜其多，而淫诬怪幻亦不胜其众。孔子之学，无所作也，而于《易》独有成书，盖其忧患之者至矣。不幸而与《大传》以下并行，学者于孔氏无所得，惟《大传》以下之为信。虽非昔之所谓淫诬怪幻者，

---

① 何俊:《由易学转出理学——〈周易程氏传〉的传释模式、理的性质以及延异》,《哲学研究》2019 年第 1 期。

② 《习学记言序目》上册，第 50 页。

然而依于神以夸其表，耀于文以逞其流，于《易》之道犹曰出入焉而已。[1]

这里讲的《大传》以下，即是指上下《系辞传》。叶适强调，依据《大传》以下来阐发，都未能真正承续孔子易学的精神，即“于《易》之道犹曰出入焉而已”，而其表征则在两点，即“依于神以夸其表，耀于文以逞其流”。

先看叶适对“依于神以夸其表”的批评，兹举三条为证。一是论揲蓍成卦。《系辞上》“大衍之数五十”章专述揲蓍成卦，以为成卦是用蓍草五十，实用四十九，分为二而挂一以象征天地人三材，以及揲四以象征四时，又有归奇再扐一闰再闰，从而形成特定的数字，以此“当万物之数也”，表征易数“显道神德行，是故可与酬酢，可与祐神矣”。故“大衍之数五十”章可谓“依于神以夸其表”的典型。叶适曰：

按《易》之始，有三而已，自然而成八；有六而已，自然而成六十四；一成一反，象类晓然而名义出焉，非四十九所能用，非挂非归非再扐所能通也。然则自乾而至未济，皆已具矣，已具则必有起数，故筮人为是以起之，云“得某爻，爻成当某卦，某爻当变，变当之某卦”而已，此《易》之浅事。《易》成在先，卦起在后，今《传》之言若是，是不知《易》之所以成，而即以筮人之所起者为《易》，无惑乎《易》道之不章也。又谓象三材四时，一闰再闰，愈浅末矣。[2]

叶适的评断完全祛除附于筮占上的神秘性，他指出易象由阴阳二爻叠三而得八卦，叠六而得六十四卦，每两卦又成正反之象，完全是一个自然的形成过程，数只是存于其中的形式，而不是反过来，卦象据于数而成。筮人为了彰显易卦的神秘性，着意于数的彰显，衍生出种种占筮的形式，看似玄妙，实则浅末，而且与易道相背离。

二是驳太极的概念。易象众多，数亦繁复，《系辞上》“天一地二”章在进一步阐明易寓于数以后，指出“是故，易有太极，是生两仪，两仪生四象，四象生八卦，八卦定吉凶，吉凶生大业”，从而将易象与数的繁复多样统一于太极，以建构起秩序性。这一逻辑正符合理学的诉求，故“太极”成为理学形上维度的重要概念，也可以说是“依于神以夸其表”的另一种形式。叶适对此深不以为然，叶适曰：

---

① 《习学记言序目》上册，第 39 页。

② 《习学记言序目》上册，第 45 页。

“易有太极”，近世学者以为宗旨秘义。按卦所象惟八物，推八物之义为乾、坤、艮、巽、坎、离、震、兑，孔子以为未足也，又因《彖》以明之，其微兆往往卦义所未及。故谓乾各正性命，谓复见天地之心，言神于观，言情于大壮，言感于咸，言久于恒，言大义于归妹，无所不备矣；独无所谓“太极”者，不知《传》何以称之也？①

显然，叶适从根本上反对建构形而上的抽象图式，强调一切都应还原在现象层面上加以认识与体会。八卦指称的物象及其义涵不足以穷尽现象世界，故孔子“因《彖》以明之”，从而通过六十四卦的阐发来穷尽对现象世界的认识。叶适举乾、复、观、大壮、咸、恒、归妹诸卦为例，即揭明易学就物象而言理的基本精神。至于“太极”这个概念及其所蕴含的观念，既不见于六十四卦，亦不见于《彖》《象》，故不属于孔子的思想。叶适进一步指出：

自老聃为虚无之祖，然犹不敢放言，曰“无名天地之始，有名万物之母”而已。至庄、列始妄为名字，不胜其多，故有“太始”“太素”“未始有夫未始有无”茫昧广远之说，传《易》者将以本原圣人，扶立世教，而亦为太极以骇异后学，后学鼓而从之，失其会归，而道日以离矣。又言“太极生两仪，两仪生四象”，则文浅而义陋矣。②

“太极”一说，完全是由老子虚无之说衍化而来。换言之，程朱理学，亦即“近世学者”所推崇的“易有太极”，以及据此而建构的理学形上之说，完全是援道入儒手法。理学的形上建构，看似广远，其实是故弄玄虚，“文浅而义陋矣”。③

三是斥“一阴一阳之谓道”的微言。在易学史上，乾坤阴阳的关系存有争议，崇阳抑阴与崇阴抑阳都可以在《易经》中找到依据，而《系辞》主张“一阴一阳之谓道”，取阴阳并重的立场。周敦颐《太极图说》认同阴阳之动静互为其根，但又强调“主静立人极”，实有崇阴抑阳的偏向；二程以持敬修正了主静，并强调格物致知，才能真正根据“一阴一阳之谓道”而推衍相应的理学思想。但叶适以为阴阳并重不足以真正引导人的行为，而只能引来难以说明与践行的神秘，所谓“阴阳不测之谓神”。叶适曰：

“一阴一阳之谓道，继之者善也，成之者性也，仁者见之谓之仁，智者见

---

① 《习学记言序目》上册，第 47 页。

② 《习学记言序目》上册，第 47 页。

③ 由对揲蓍成卦与太极的破斥，亦足证叶适对程朱易学是视为一体而加以破斥的。

之谓之智，百姓日用而不知，故君子之道鲜矣。”后世以是为微言之极也。一阴一阳，氤氲渺微，至难明也。善为之继，而综统之机难执，性所以成，而归全之本易离，仁智皆道之偏也。①

叶适阴阳并举，将极至的微言作了精妙的阐扬，但由于一阴一阳互为其根的机理隐于氤氲渺微之中而极难明白，因此所谓的继善成性或难以把握，或易偏离，即便仁与智也都只能是一种有所偏离正道的结果。由此，叶适明确提出：

道者，阳而不阴之谓也，一阴一阳，非所以谓道也。②

道不是一阴一阳，而是阳而不阴。崇阳抑阴固然也有难以阐明的问题，但叶适以为相对于“一阴一阳之谓道”却要容易把握许多，故孔子终究还是通过《彖》对于易道作了多视角的阐述。叶适曰：

虽然，圣人之于道，盖难乎言，其言之者有矣，曰“天道下济而光明”，“天道亏盈而益谦”；曰“刚浸而长，说而顺，刚中而应，大亨以正，天道也”；又曰“观天之神道而四时不忒”；又曰“天地之道，恒久而不已也”。

《彖》对天道的这些阐述，虽然仍只是天道的部分特征，天道本身的完美尚超溢出圣人的阐述，故仁者、智者也难以完全体察天道，但仁终究是仁、智也终究是智。放弃仁与智这样着实的君子之德，而去追求虚无缥缈的，既难言说，更复难行的一阴一阳之道，实为孔子所强调的君子所不以为贵的。故叶适接着讲：

夫天与人不相接，而其好恶消长，如影响符契之相答然，此其所以有贵于圣人之言道也。……仁者不忧，智者不惑，于见道莫察焉。如使谓仁而非仁，谓智而非智，则毫芒之眊，何止于寻丈之迷，而君子不贵也。③

如果说“依于神以夸其表”是《系辞传》之易学的理论姿态，那么“耀于文以逞其流”可以说是其理论的言说风格。所谓“耀于文以逞其流”，乃指放弃《彖》对卦义的质实之释，转而依托浮夸之言而敷衍成说。《系辞传上》“《易》有圣人之道四焉”章，在陈述了辞、变、象、占四种解易之道的路径后，对解易作了玄妙而夸张的颂赞，其曰：

① 《习学记言序目》上册，第 42 页。

② 《习学记言序目》上册，第 42 页。

③ 《习学记言序目》上册，第 42 页。

是以君子将有行也，问焉而以言，其受命也如响，无有远近幽深，遂知来物，非天下之至精，其孰能与于此！参伍以变，错综其数，通其变，遂成天地之文；极其数，遂定天下之象；非天下之至变，其孰能与于此！《易》，无思也，无为也，寂然不动，感而遂通天下之故，非天下之至神，其孰能与于此！夫《易》圣人之所以极深而研几也。唯深也，故能通天下之志；唯几也，故能成天下之务，唯神也，故不疾而速，不行而至。子曰《易》有圣人之道四焉者，此之谓也。

但在叶适看来，这样的虚张夸大之说，与孔子《彖》的释卦之质实全然不同。叶适曰：

按《易》以《彖》释卦，皆即因其画之刚柔逆顺往来之情，以明其吉凶得失之故，无所谓"无思无为""寂然不动""不疾而速、不行而至"者。[①]

不仅如此，而且《系辞传》的这些虚张之说，实际上与佛教的言说很相近，或者只不过是卜筮者的故弄玄虚。叶适曰：

余尝患浮屠氏之学至中国，而中国之人皆以其立言，非其学能与中国相乱，而中国之人实自乱之也。今《传》之言《易》如此，则何以责夫异端者乎？至于"问焉而以言，其受命也如响，无有远近幽深，遂知来物"，真卜筮之所为，而圣人之所黜尔，反以为有圣人之道，可乎？[②]

这便是明确指出了程朱易学所寄望于依据《系辞传》的论说来建构拒斥佛教的理论，只能是援佛入易，完全自乱于孔子所阐明的易道，或者是流于圣人所黜的卜筮。无论是佛教的异端之说，还是卜筮所为，其呈现的风格都是故弄玄虚。

叶适进一步指出，"耀于文以逞其流"的言说风格，表面上呈现为易道的玄远隐微，究其实则排除了人的理性认知，最终无益于人的践行。叶适曰：

"天下同归而殊途，一致而百虑"，以为不足思，不足虑也。然言"日月相推而明生"者，是不知明之所由生；"寒暑相推而岁成"者，是不知岁之所由成也；因其往来之已然，而遂欲利用安身于其间者，是不知德之所由崇也；然则曾"憧憧往来朋从尔思"之未及，而尚何以穷神而知化乎！故《传》

① 《习学记言序目》上册，第 46 页。

② 《习学记言序目》上册，第 46 页。

之义多似于深而其实浅者，亦学者之所不可不知也。[①]

认识到“日月相推而明生”与“寒暑相推而岁成”的现象，并不等于认识到“明之所由生”与“岁之所由成”。从知其然到知其所以然，须是一个经过人的艰苦认知的结果，绝非不思不虑可轻松获得。如果仅知其然而不知其所以然，那么处身于变化之中的人，实质上是不足以真正把握到如何“利用安身”的，“德”也不可能真正获得培植；至于“穷神而知化”更是无稽呓语。因此，《系辞传》所阐扬的玄远宏阔之论，实无足取，所谓“《传》之义多似于深而其实浅者”。叶适进而指出，与《系辞传》所阐扬的“不足思”“不足虑”相反，《象》的宗旨是要人努力知其所以然，尽管《象》深知人对易道的认识存在着种种限制。叶适曰：

故《象》以为未光大，而不以为不当思，使其感人心而天下和平，则虽憧憧而不为己私，然乌有安其固然而不知所由来者哉！[②]

三、对《彖》《象》的揭明与阐扬

对上下《系辞传》《序卦传》的否定是叶适着意于彻底推倒程朱理学建构形而上学所基于的易学理论，而永嘉事功学的核心理论则基于叶适对《象》的肯定与阐扬。叶适推断《彖》《象》皆为孔子所撰，但比较起来，他对《象》更为重视，其中的原因实在于《象》更吻合事功学“内外交相成”的精神，而《彖》重在由卦名来阐发卦义，与现实的具体事仍有一间之隔，故叶适对《象》的肯定重在揭明卦义后起于事象的性质。关于内外交相成的精神，叶适在引述孟子“先立乎其大者则小者弗能夺也，此为大人而已矣”后作了阐述：

按《洪范》，耳目之官不思而为聪明，自外入以成其内也；思曰睿，自内出以成其外也。故聪入作哲，明入作谋，睿出作圣，貌言亦自内出而成于外。古人未有不内外交相成而至于圣贤，故尧、舜皆备诸德，而以聪明为首。[③]

德非空言，须内外交相成。由于强调内外交相成，因此，由事见理而成德乃叶适思想的基础理论。而且，叶适强调的由事见理既不是由一个设定的形上观念作逻辑推出，也不是因一事而能见得众理，而是须使自己始终处于对象性的践

① 《习学记言序目》上册，第 48 页。

② 《习学记言序目》上册，第 48 页。

③ 《习学记言序目》上册，第 207 页。

行中，才是成学养德的根本路径。就由事见理而言，与程朱强调的格物穷理似亦相近，但因对形上观念有着存在与否的取舍，故事功学的由事见理与程朱的格物穷理便有根本的分歧。叶适在评论《曲礼》时详尽指出：

《曲礼》中三百余条，人情物理，的然不违，余篇如此要切言语，可并集为上下篇，使初学者由之而入。岂惟初入，固当终身守而不畔；盖一言行则有一事之益，如鉴睹象，不得相离也。古人治仪，因仪以知义，曾子所谓"笾豆之事"，今《仪礼》所遗与《周官》戴氏杂记者是也。然孔子教颜渊"非礼勿视，非礼勿听，非礼勿言，非礼勿动"，盖必欲此身常行于度数折旋之中。而曾子告孟敬子，乃以为所贵者"动容貌、出辞气、正颜色"三事而已，是则度数折旋皆可忽略而不省，有司徒具其文，而礼因以废矣，故余以为一贯之语虽唯而不悟也。今世度数折旋既已无复可考，则曾子之告孟敬子者，宜若可以遵用；然必有致于中，有格于外，使人情物理不相逾越，而后其道庶几可存。若他无所用力，而惟三者之求，则厚者以株守为固，而薄者以捷出为伪矣。①

在这段论述中，除了对内外交相成之道作出"必欲此身常行于度数折旋之中"，"必有致于中，有格于外，使人情物理不相逾越，而后其道庶几可存"的阐述外，叶适重在指出曾子对孔子"吾道一以贯之"虽自以为接受而其实未必领悟，从而否定程朱理学所建构的道统。程朱理学强调曾子得孔子之统绪，在叶适看来，其实是徒恃一己之心性，违背了内外交相成之道，最终在实践上使得秉性厚重者以株守冥顽为德性坚固，至于秉性轻薄者更是投机取巧，行伪作诈。故叶适断曰：

盖以心为官，出孔子之后，以性为善，自孟子始；然后学者尽废古人入德之条目，而专以心性为宗主，致虚意多，实力少，测知广，凝聚狭，而尧、舜以来内外交相成之道废矣。②

摈弃程朱理学所建构的"专以心性为宗主"的道统，返回"尧、舜以来内外交相成之道"，则孔子所撰《象》便是最足以彰显这一精神的易学著作。在逐一释传六十四卦后的《上下经总论》中，叶适开宗明义，不嫌其细烦，抄录《象》为君子所设诸德五十四条，进而申明其精神。只有尽列诸德之详，才足以见得叶适易

---

① 《习学记言序目》上册，第 95 页。

② 《习学记言序目》上册，第 207 页。

学的宗旨，故此亦照引之，叶适曰：

日与人接，最著而察者八物，因八物之交错而象之者，卦也，此君子之所用，非小人之所知也。故乾“以自强不息”，坤“以厚德载物”，屯“以经纶”，蒙“以果行育德”，需“以饮食物燕乐”，讼“以作事谋始”，师“以容民畜众”，小畜“以懿文德”，履“以辨上下，定民志”，否“以俭德避难”，同人“以类族辨物”，大有“以遏恶扬善，顺天休命”，谦“以裒多益寡，称物平施”，随“以向晦入宴息”，蛊“以振民育德”，临“以教思无穷，容保民无疆”，贲“以明庶政，无敢折狱”，大畜“以多识前言往行以畜其德”，颐“以慎言语，节饮食”，大过“以独立不惧，遁世无闷”，坎“以常德行，习教事”，咸“以虚受人”，恒“以立不易方”，遁“以远小人不恶而严”，大壮“以非礼弗履”，晋“以自昭明德”，明夷“以莅众用晦而明”，家人“以言有物而行有恒”，睽“以同而异”，蹇“以反身修德”，解“以赦过宥罪”，损“以惩忿窒欲”，益“以见善则迁，有过则改”，夬“以施禄及下”，萃“以除戎器，戒不虞”，升“以顺德积小以高大”，困“以致命遂志”，井“以劳民劝相”，革“以治历明时”，鼎“以正位凝命”，震“以恐惧修省”，艮“以思不出位”，渐“以居贤德善俗”，归妹“以永终知敝”，丰“以折狱致刑”，旅“以明慎用刑而不留狱”，巽“以申命行事”，兑“以朋友讲习”，节“以制数度，议德行”，中孚“以议狱缓死”，小过“以行过乎恭，丧过乎哀，用过乎俭”，既济“以思患豫防”，未济“以慎辨物居方”：皆因是象，用是德，修身应事，致治消患之正条目也。观孔子与群弟子分别君子小人甚详，而正条目于《易》乃明著之，又当于其间择其尤简直切近者，孟子所谓左右逢其原，而近世亦有求端用力之说。夫力则当用，而端无事于他求也，求诸此足矣。此学者参前倚衡之要道也，与夫意测声随而宛转于枝叶之外者殊绝矣。①

《象》释传六十四卦，皆据一卦象以说明一德之用，但叶适所录仅其中五十四卦，其原因即前文尝引及的“《论语》既为群弟子分别君子小人无所不尽，而《易》之《象》为君子设者五十有四焉”，即他认定《论语》中孔子所教的重心在君子小人之别，而《象》中就君子言者共有五十四条，乃是对《论语》君子之教的进一步申说。至于其他十卦的《象》释，叶适没有抄录，则是因为《象》对此十卦的释传没有针对君子，而是针对“先王”“后”“大人”。全祖望尝谨案予以说明：

① 《习学记言序目》上册，第 34—35 页。

水心所引五十四条，而曰"先王""后"、曰"大人"者，皆不豫焉。①

换言之，叶适取《象》以解《易》，重在寻常人生，而非君王权贵。因此，叶适细引《象》五十四条，表征寻常人生成就君子之学，源于一事一物之德的累积，而不只在抽象的普遍原则，即所谓"常德"的把握，只有这样的累积之德，才是养成君子的"实德"。叶适在释《屯》《蒙》二卦时，对"常德"与"实德"作有阐明。叶适曰：

刚柔未交，健者为乾，顺者为坤，循于常德而已；刚柔既交，明者为屯，昏者为蒙，德虽有常而不可常矣。圣人之于《易》也，不以一德御众变，《书》《诗》异指者，自此以往，诸卦皆然也，此德之应于物者也；若其有诸己也，则一而已矣。《传》曰："《易》之为书也不可远，其为道也屡迁，变动不居，周流六虚，上下无常，刚柔相易，不可为典要，唯变所适，其出入以度，外内使知惧，又明于忧患与故，无有师保，如临父母。"呜呼！使于其卦必有稽也，吾何间焉！以其泛于言也，则变动周流，微者为象，粗者为数，而君子之实德隐矣。②

乾坤之健顺虽为常德，但天地阴阳交感而生物，便进入流变之中，"德虽有常而不可常"，故"圣人之于《易》也，不以一德御众变"，只有于现实的境遇中，"唯变所适，其出入以度"，才足以养成"君子之实德"；倘若自以为"循于常德"即可，其实质只是"一而已矣"，君子之实德最终被湮没。叶适更借《蒙》卦的《象》释"山下以泉，蒙；君子以果行育德"，指出：

观蒙之《象》"以果行育德"，夫以其义险而止，则果行可也，以其卦山下出泉，则育德可也。山之为水也必达于海，即蒙而治蒙，则养正者圣人之功也。③

叶适将"果行"与"育德"分而释之，强调"育德"重于"果行"。他以"山下出泉"之物象为喻，指出人的成长，正如山泉奔流至海一般，非一日之功，必须不断学习以治蒙昧，而果行乃是基于治蒙的结果，最终养成圣人之德。概言之，追求具体的经验与知识的获得，并基于这样的获得而展开践行，乃是叶适易学取《象》为理论基础的宗旨，而正是这一易学思想，构成了永嘉事功学的理论依据。

① 《宋元学案》卷五四《水心学案上》，《黄宗羲全集》第五册，第125页。

② 《习学记言序目》上册，第3页。

③ 《习学记言序目》上册，第2页。

在充分明确了叶适以《象》为基础的易学思想，以及获知了永嘉事功学因事言理的祛除形而上的理论特质之后，则须进一步指出，叶适易学并未因此而对义理本身弃而不论，或只是停留于现象之事。在《上下经总论》最后一部分，叶适围绕着《彖》，全面阐明了义理与事象的关系。叶适曰：

> 书文训故，莫知所起之时，盖义理由此而出。以《易》考之，有即其所称不待解释而明者，如屯、泰……如此类者，必当时人所通知，故不复解释，止于核卦象而已。有虽其所义不随见，必待训释而通者，如“山下有险，险而止，蒙”……需之为须，师之为众……必非其当时所通知，或虽通知而字与义不偶，故必以后字明前字，转相足而后著也。又有义不止于卦名者，如天为乾而象乃为健……有虽卦所取名，《彖》所训义，而后世犹不能从者，如坤、小畜……有虽卦所取名，《彖》所训义，而义理终微小不与卦并行者，如屯、需、渐是也。

义理是后于生活现象的，这是叶适开宗明义的观点。当人们在生活现象中提炼出义理而呈现为语言，即所谓“书文训故”，其呈现亦是多样的，有些“不待解释而明”，有些“必待训释而通”；而在后者中，又有种种不同。正是在这样的种种不同中，由生活所转出的义理变得繁复多样而歧见纷呈。毫无疑问，如果人们纠缠于这些由生活转出的种种义理而希望理出头绪，然后返归真实的生活本身，恐怕将不胜其失。叶适曰：

> 夫人之一身，自仁义礼智信之外无余理，形于世故，自六十四卦之外无余义，学者溯源而后循流，则庶几得之，若沿流而求源，则不胜其失。

叶适难以认同程朱理学所追求的玄远形上之论，坚持儒学在生活现象层面上的仁义礼智信诸德。这落在易学上，便是要以呈现事的卦象为根本，进而因卦名而通其义，即《象》《彖》才是易学之本源，而上下《系辞传》《序卦传》只是导人不胜其失之流。故对于自己的易学思想，叶适一言以概之：

> 故余谆谆焉以卦象定入德之条目而略于爻，又以卦名通世故之义训而略于卦者，惧沿流不足以求源也。[1]

① 《习学记言序目》上册，第35—37页。

叶适《周礼》记言管窥

陆敏珍

一

事功作为永嘉学派的宗旨，一直是人们观察该学派的关键词，不过，同样也应看到，从宋代开始，事功并非永嘉学派唯一的解读视角。比如，黄震在总结南宋时期各家学术时，曾讲：

> 乾、淳间，正国家一昌明之会，诸儒彬彬辈出，而说各不同。晦翁本《大学》致知格物，以极于治国平天下，工夫细密。而象山斥其支离，直谓即心是道。陈同甫修皇帝王霸之学，欲前承后续，力拄乾坤，成事业而不问纯驳。至陈傅良则又精史学，欲专修汉唐制度吏治之功。其余亦各纷纷，而大要不出此四者，不归朱则归陆，不陆则又二陈之归，虽精粗高下难一律齐，而皆能自白其说，皆足以使人易知。独水心混然于四者之间，总言统绪，病学者之言心而不及性，则似不满于陆，又以功利之说为卑，则似不满于二陈，至于朱，则忘言焉。水心岂欲集诸儒之大成者乎？然未尝明言统绪果为何物，令人晓然易知如诸儒者，尝略窥其所指为统绪者，似以礼为主，故其言曰：学必始于复礼，礼复而敬立矣，安上治民莫善于礼。若然，则又似专言推行于文物制度之礼，以防民之非者也，非吾夫子所指根本于吾内心之礼，使克去己私而复之者也。①

所谓的南宋诸儒四家之说，究竟是否得当，这里可存而不论。值得注意的是，黄震将叶适“统绪”指为以“礼”为主，又在自己关于礼的概念范畴之中，将

① 黄震:《黄氏日抄》卷六八，《读文集十 · 叶水心文集 · 敬亭后记》，《四库全书》第七〇八册，第639页。

叶适之礼分析为“文物制度之礼”而非“克去已私而复之者”的内心之礼。除了将叶适学术宗旨指为礼学之外，黄震又讲：“公（按：叶适）尚礼学，而尤精究财赋本末，欲起而救之，至切也。”[①]换言之，在他看来，叶适的礼学并非只是学究式的探研，而是切用救世之学。到了清代，全祖望概括叶适学问宗旨时，曾引其所论《周礼》中关于“道则兼艺”“儒以道得民”“至德以为道本”最为切要的说法[②]，并将叶适列举的两句，改写为“今且当以《周礼》二言为证，庶学者无畔涣之患，而不失古人之统也”，认为此乃“永嘉以经制言学之大旨”，[③]直接以《周礼》作为其学术的思想来源。

需要指出的是，从礼的角度来解释永嘉学者的学术宗旨，并非只限于叶适一人。[④]同样，宋代永嘉学者对《周礼》的关注亦不只是个体的学术兴趣，而是颇具集聚效应的群体取径，他们或编撰有关《周礼》的专著，或曾为《周礼》的相关著述撰写序文以讲明大旨。在叶适之前，郑伯熊有“《周礼》讲解”，其弟郑伯谦有《太平经国书》七卷，薛季宣有“《周礼》释疑”，陈傅良撰有《周礼说》三卷，又曾为会稽籍进士夏休所撰《周礼井田谱》二十卷作序；陈傅良的学生曹叔远有“《周礼》地官遂人至稿人讲义”；而叶适本人的《习学记言序目》除了有《周礼》记言外，还有为黄度所撰《周礼说》的序言；叶适学生孙之宏有“《周礼》小集”。[⑤]永嘉学者关于《周礼》的讲解、释疑、解说、记言、小集，或曾单独刊行存世，或仅散见于他人的集释、订义之中，或仅存名目于书目之中。一个地域内的学者群体，隔着时间的距离，持续地对一本礼书的关注，这一历史现象亦构成了我们今天观察叶适记言《周礼》的起点。

二

《习学记言》中，叶适对三礼均有解说，其中《周礼》《仪礼》合为一卷，《礼记》一卷。在不长的篇幅中，叶适涉及了《周礼》的许多经典话题。比如，关于《周礼》作者的问题，叶适讲：

---

① 《黄氏日抄》卷六八，《读文集十·叶水心文集·奏议》，《四库全书》第七〇八册，第638页。

② （宋）叶适：《习学记言序目》卷七《周礼》，中华书局1977年版，第86页。

③ （清）全祖望：《宋元学案》卷五四《水心学案上》，沈善洪、吴光主编：《黄宗羲全集》第五册，浙江古籍出版社2002年版，第130页。

④ 比如，全祖望曾评价薛季宣“其学主礼乐制度，以求见之事功”。见《宋元学案》卷五二《艮斋学案》，《黄宗羲全集》第五册，第50页。

⑤ （宋）陈振孙撰，徐小蛮、顾美华点校：《直斋书录解题》卷二《礼类》，第45页。

《周官》独藏于成周，孔子未之言，晚始出秦汉之际，故学者疑信不一。好之甚者以为周公所自为，此固妄耳。其极尽小大，天与人等，道与事等，教与法等，粗与细等，文与质等，无疏无密，无始无卒，其简不失，其繁不溢，则虽不必周公所自为，而非如周公者亦不能为也。[①]

宋代关于《周礼》作者的论争中，非周公所为，但出于类周公者所为的观点并不少见，朱熹就曾说过相同的话，认为“《周礼》规模皆是周公做，便其言语是他人做。今时宰相提举敕令，岂是宰相一一下笔？有不是处，周公须与致”，“《周礼》毕竟出于一家。谓是周公亲笔做成，固不可，然大纲却是周公意思”；“未必是周公自做，恐是当时如今日编修官之类为之”。[②] 朱熹采用以今论古的观察视角，从当下制度编修的现状中去推导《周礼》与周公的关联性。但记言中，叶适采用的是文本阅读的方式，根据《周礼》的体系与构架，从所列制度详细、精粗、简繁等角度来说明可能的作者。

又如，对郑玄以汉制释《周礼》的解读路径，叶适与永嘉学者陈傅良、郑伯谦一样，表达了其中的不满。叶适曾用十分激烈的词汇说郑玄所注《周礼》为“糠秕尔”[③]。他列举郑玄释大宰“九赋敛财贿”条下称：

郑玄以为：“赋，口率出泉。今之算泉，民或谓之赋，此其旧名与？”尧舜三代之治法，任民以地而不责其身，故用民之力，丰年无过三日，其爱惜之如此。且赋口率出泉，后世之暴敛，玄乃举以为此。玄虽博洽群书，训释经义，而不知帝王大意，随文彼此，辄形笺传以误后世，其害甚矣。[④]

三

宋人对《周礼》评价较为多样，肯定赞美者有之，否定贬之、认为不当为经者亦有之。朱熹认为“《周礼》一书好看，广大精密，周家法度在里”；“《周礼》一书，也是做得缜密，真个盛水不漏！”[⑤] 叶适对《周礼》一书评价也甚高，他讲：

以余考之，周之道固莫聚于此书（按：《周礼》），他经其散者也；周之籍

---

① 《习学记言序目》卷七《周礼》，第 83 页。

② （宋）黎靖德编，王星贤点校：《朱子语类》卷八六《礼三·周礼》，中华书局 2020 年版，第 2203 页。

③ 《习学记言序目》卷七《周礼》，第 84 页。

④ 《习学记言序目》卷七《周礼·天官冢宰》，第 85 页。

⑤ 《朱子语类》卷八六，《礼三·周礼》，第 2204 页。

固莫切于此书，他经其缓者也。公卿敬，群有司廉，教法齐备，义利均等，固文、武、周、召之实政在是也。[①]

《周礼》既是周道之所在，又是经由文、武、周、召检验的实政。但是，他却并不主张《周礼》用于后世。这与朱熹认为周礼一书好看，“但未敢令学者看”的提法如出一辙。[②]

在叶适看来，周之所以能致盛治，全在于其典法之完备与事理之粹精，但是，《周礼》作为一种历史文本，并没有保存全部的盛治细则，他讲：“余所疑者，周都丰镐，而其书专治洛邑；然则乡遂郊野，兴贤劝甿，凡国之政将一断于是书，而旧都莫之用耶？或旧都固自有法，而一畿之内可以两治耶？书之所不言，不可得考，而周之所以致盛治，则犹有不尽具者，此其为深可惜也。”[③]

与此同时，后人对《周礼》的注疏，“不过能折衷俗儒之是非尔”，不仅无助于此书的完整性，而且“奈何使降为度数事物之学哉”[④]。后世之人以为《周礼》可用，却在应用中对礼书造成了连续性的破坏。他讲：

《周官》晚出，而刘歆遽行之，大坏矣，苏绰又坏矣，王安石又坏矣。千四百年，更三大坏，而是书所存无几矣。《诗》《书》《春秋》皆孔子论定，孟轲诸儒相与弼承，世不能知而信其所从；井洌于逵，众酌饮焉，惟其量尔，故治虽不足而书有余也。孔子未尝言《周官》，孟子亦以为不可得闻，一旦骤至，如奇方大药，非黄帝、神农所名，无制使服食之法，而庸夫鄙人妄咀吞之，不眩乱颠错几希，故用虽有余，而书不足也。[⑤]

在叶适看来，行于《周礼》者，“非德有余天下，何以致之！”[⑥]世变时变，时代的不可复制性亦是周礼不可行于世的重要原因，他讲：

古者天子自治止一国，又有圣贤为之，臣久于官而不去，其为地狭为民寡，治之者众，行之以诚，故米盐靡密，无不尽。今也包夷貊之外，以为域事，虽毫发一自上出，法严令具，不得摇手，无圣贤为之臣，不久于其官，而又有

① （宋）叶适著，刘公纯、王孝鱼、李哲夫点校：《叶适集》，中华书局 2010 年版，第 219—220 页。

② 《朱子语类》卷八六《礼三·周礼》，第 2204 页。

③ 《习学记言序目》卷七《周礼》，第 83—84 页。

④ 《叶适集·水心文集》卷一二《黄文叔周礼序》，第 220 页。

⑤ 《叶适集·水心文集》卷一二《黄文叔周礼序》，第 220 页。

⑥ 《习学记言序目》卷七《周礼》，第 90 页。

苟简诈伪之心，乃欲靡密无不尽以求合周礼，此人情不安，而至于乱也。[①]

这段论说见于黄震《黄氏日抄》中，黄震对于《周礼》一书的观感异于叶适，他不仅认为《周礼》不可用世，而且周礼一书“恐不可以其名列于经”，从黄震的视角来看叶适《周礼》记言，他评价说，叶适所谓“《周礼》不可行于后世，此则善为《周礼》解嘲，盖未有过水心者也”[②]。

---

① 《黄氏日抄》卷六八《读文集十·叶水心文集·周礼》，文渊阁四库全书本。

② 《黄氏日抄》卷六八《读文集十·叶水心文集·周礼》，文渊阁四库全书本。

崇义与养利：叶适礼学思想的一个新视角

廖春阳

一、引言

近年来学界对叶适思想的研究渐趋丰富，围绕其事功学说，学者们对叶适思想的方方面面展开了讨论。但关于其礼学思想，当前学者们却涉及得不多，这主要是由于叶适并不以经学家、礼学家著称。实际上，叶适在《习学记言序目》中对三礼特别是《周礼》和《礼记》进行了大量讨论，在其他著作中，关于“礼”的内容也时常可见。他主张人应该“皆以礼义自安”[①]，而黄震亦指出“先生……总言统绪为何物？似以礼为主，‘礼复而敬立矣’”[②]。可以说，叶适虽不时时言“礼”，但他的核心思想均与“礼”有着密切的联系。后世学者们对叶适之礼学思想又未及细论，故而对此一问题进行深入研究，揭示其中的思维脉络，有着较大的价值和必要。

徐远和先生曾指出叶适十分注重儒家礼乐思想，在《叶适礼乐思想初探》一文中，他从礼与道、情与伪、行与宜等角度对叶适的礼乐思想做了较为全面的整理，并认为功利主义是叶适礼乐思想的基本立场[③]。沈松勤教授同样认为“礼”在叶适思想中占有重要地位，其《叶适“复礼”说的哲学依据与现实意义》一文以叶适的“复礼”思想为核心，认为对礼的归复是立敬、成圣之前提，且以复礼作为叶适区别于程朱的关键之处[④]。二位前辈皆认为叶适的礼学思想体现了永嘉功

① （宋）叶适.《习学记言序目》，中华书局 1977 年版，第 217 页。

② （宋）黄震：《黄氏日抄》卷六十八《读叶水心集》，《四库全书》第七〇八册，第 342 页。

③ 徐远和：《叶适礼乐思想初探》，见张义德、李明友、洪振宁主编：《叶适与永嘉学派论集》，光明日报出版社 2000 年版，第 281—291 页。

④ 沈松勤：《叶适“复礼”说的哲学依据与现实意义》，《杭州师范大学学报（社会科学版）》2011 年第 1 期。

利之学的独特之处。相比之下，萧公权先生则认为："论治术之专主礼乐，大违永嘉宗旨，而重入传统儒学之藩篱，此皆水心学说之糟粕。"① 也即礼学思想以仁义为内核，对礼乐的重视是叶适与永嘉相离心而趋向于"何必言利"的传统儒家之处。

在笔者看来，"礼"是儒家思想中贯通内外的核心概念，对礼学的讨论当然会与吾儒之本色密切相连；同时水心之学秉承薛季宣、陈傅良以来的永嘉传统，功利思想必然对其礼学的建构产生重大影响。前者表现为叶适礼学"崇义"的一面，后者则决定了"养利"亦是叶适礼学所讨论的关键问题，"崇义"与"养利"相互依托、彼此促进，构成了叶适礼学的基本脉络。

一、义利之圆融

宋明理学推崇孟子，孟子有着将义、利相对立的倾向，他认为"王何必曰利？亦有仁义而已矣……上下交相利，而国危矣。"② 以利为谋则国之危，以义为谋则国将安。至南宋朱子，同样主张重义轻利，"但只要向义一边去，更不通思量第二著"③，以此为基础，"循天理，则不求而自无不利"④。也就是说，唯有"义"是我们所应当追求的，"利"虽不为我们所重视，但在追求"义"的过程中"利"会以副产品的形式出现。⑤

相比之下，叶适却并不把义、利相对来谈，而是以"害"作为"利"之对待，所谓"永嘉之学，专在利害上计较。"⑥ 叶适主张，"必尽知天下之害，而后能尽知天下之利"⑦，利与害相对立，故知害则知利，分辨利害是为了趋利避害，"非先尽其害，则不能得其利，害尽去则利见矣。"⑧ 就此而言，人类的现实行为是为了在权衡利害的基础上使害尽去而利得见，这与思孟、程朱去求利之心而存义、无视利害

① 萧公权：《中国政治思想史》，商务印书馆 2011 年版，第 442 页。

② （宋）叶适：《习学记言序目》，中华书局 1977 年版，第 324 页。

③ （宋）朱熹：《朱子全书·朱子语类》，上海古籍出版社、安徽教育出版社 2002 年版，第 1681 页。

④ （宋）朱熹：《四书章句集注》，中华书局 1983 年版，第 202 页。

⑤ 近年来一些学者指出，朱子的义利观并非简单地把义、利对立起来，而是主张"义中自有利"，在一定程度上认为二者相统一。（参见乐爱国：《从〈易传〉"利者义之和"看儒家的义利之辨——以朱熹理学的观点为中心》，《学习与实践》2020 年第 4 期。）但本文依然认为朱子倾向于重义轻利，因为朱子所主张的道德行为是出于动机而非结果，利虽随义而至，但所求者非利，义和利并不具有同等的地位。

⑥ （宋）朱熹：《朱子全书·朱子语类》，上海古籍出版社、安徽教育出版社 2002 年版，第 1375 页。

⑦ （宋）叶适：《叶适集》，中华书局 1961 年版，第 817 页。

⑧ （宋）叶适：《叶适集》，中华书局 1961 年版，第 768 页。

问题而专注道德动机的思路有着明显的差异。因此，叶适对宋代理学极度厌恶功利的态度表示反对[①]，他认为："'仁人正谊不谋利，明道不计功'，此语初看极好，细看全疏阔。古人以利与人而不自居其功，故道义光明。后世儒者行仲舒之论，既无功利，则道义者乃无用之虚语尔。"[②]也就是说，古人之所谓"不计功"，是利于他人而不计自身之功，道义之彰显自在其间；今人既耻于言利，则无功于黎民，道义胡为乎来哉？但叶适对于利害问题的关注亦非独立于道德之外，正如周梦江教授所说，"他提倡功利，也没有忘记道义"[③]，如云：

> 人心，众人之同心也，所以就利远害，能成养生送死之事也。是心也，可以成而不可以安；能使之安者，道心也，利害生死不胶于中者也。[④]

叶适主张趋利避害，是因为这是人类共同的本性，也即所谓"人心"，由养生送死等构成的现实生活之所以能够存在，也正是依赖与物欲相勾连的人心。但仅有人心还不足以构成人类现实生活的全部，因为物欲使人类得以成，而道德则使人类得以安，需要有道心对人心所代表的物欲进行调节，人类才能区别于禽兽，才能在趋利避害的同时符合社会伦理与中和之道。

道心代表了人类趋向于"义"、趋向于道德的一面，从这个意义上看，叶适把利、害对立起来，同时又将义、利统合起来，如云"成其利，致其义"[⑤]，功利之获取也就是道义之实现，"古人之称曰'利，义之和'；其次曰'义，利之本'；其后曰'何必曰利'。然则虽和义犹不害其为纯义也，虽废利犹不害其为专利也，此古今之分也。"[⑥]就二者的关系来看，义虽与利相和，但并不会使道义变得污浊；利虽以义为本，但不会有损于功利之获取。两者圆融，互不相害，可以说，义为利之本，利为义之文，这里的利指涉及天下民生的公利，而非个人之富贵荣华的私利。所谓"利"的获取也就是为万民求福祉，而道义的实现就体现在此种活动之中。对此，张义德曾指出："叶适主要研究利害，主张兴利除害，但他并不主张单纯寻利，而是注意把义和利结合起来，以义来约束、规范利。"[⑦]

---

① 周梦江、陈凡男：《叶适研究》，人民出版社 2008 年版，第 158 页。

② （宋）叶适：《习学记言序目》，中华书局 1977 年版，第 324 页。

③ 周梦江：《宋代义利之辩与叶适对朱熹的批评——兼论温州商业社会与永嘉学派的关系》，《温州师范学院学报（哲学社会科学版）》2004 年第 1 期。

④ （宋）叶适：《习学记言序目》，中华书局 1977 年版，第 52 页。

⑤ （宋）叶适：《习学记言序目》，中华书局 1977 年版，第 299 页。

⑥ （宋）叶适：《习学记言序目》，中华书局 1977 年版，第 155 页。

⑦ 张义德：《叶适评传》，南京大学出版社 1994 年版，第 31 页。

在此意义上，叶适主张"崇义以养利，隆礼以致力"①。以"养利"为核心的社会政治活动需要通过对礼义的强调来加以节制，二者的圆融使"崇义"有所依托，而不致口耳悬空；使"养利"有所归本，而不致流于聚敛，这也就是叶适之学对"礼"尤为看重的原因。从子思、孟子到宋代理学之所以要与功利保持距离，是因为趋利避害作为人的动物本性有其难以控制的一面，容易使人沉湎于物欲而趋向于禽兽，故而叶适的礼学思想强调通过"礼"对养利行为进行规范，如云"天地之初，皆夷狄也，相攘相杀，以力自雄，盖其常势，虽炎黄以道御之，不能止也。及尧舜以身为德，感而化，物远近丕变，功成治定，择贤退处，不为己，而忠信礼让之俗成矣，夫先人后己，徙义远利，必出于心之自然而明于理之不可悖"②。人类社会刚刚形成的时候，人们往往只知功利不知道义，尧舜之世之所以能够成功地将人们的求利行为规范起来，就是因为礼义之确立。礼义的建立是否真的始于尧舜，这是不必深究的，但通过礼可以使人们徙义远利，能够赋予养利活动以崇义的道德意味，却是可以肯定的。

以对义利的讨论为基础，叶适区分了"礼之实"和"礼之文"，"使耳目口鼻百体之须必皆有待于礼，则礼者欲而已矣。且颜子箪食瓢饮陋巷，不改其乐，孔子亟称之，故独许以复礼。今为费以求多于礼，筋骸通塞，纷纷乎豢养于外物之不暇，而安所复哉？然则养者，礼之文也，非礼之实也。"③针对荀子"礼者养也"的观点，叶适认为礼的核心应在于礼之实，也即"礼义"，复礼者复礼义也。满足了人的口体之欲的外物之豢养只是礼之文，也即"礼仪"，礼仪只是复礼的手段，"这种含义的礼与天理是一种本末、体用的关系"④。礼之实偏向对人的内在心理进行调适，礼之文则是对人的外在行为进行规范。就礼学本身而言，应追求实与文的一时并在，但当二者不可得兼的时候，应以更具根本性的礼义为先，故而叶适反对将礼规定为豢养，同时对颜回之乐表示认可，孔子所谓"礼云礼云，玉帛云乎哉？乐云乐云，钟鼓云乎哉？"⑤也正是此意。

有学者曾指出："在儒者的事业中，内圣之学与外王之学是始终交织在一起的，是互为对待的。"⑥就叶适礼学之"崇义"与"养利"的双重面向而言，礼之实面向人心，指通过礼仪活动实现人的道德完满，即所谓"崇义"；礼之文指向外

① （宋）叶适：《叶适集》，中华书局1961年版，第674页。

② （宋）叶适：《习学记言序目》，中华书局1977年版，第528页。

③ （宋）叶适：《习学记言序目》，中华书局1977年版，第651页。

④ 惠吉兴：《宋代礼学研究》，河北大学出版社2011年版，第77页。

⑤ 程树德：《论语集释》，中华书局1990年版，第1216页。

⑥ 王宇：《永嘉学派与温州区域文化》，社会科学文献出版社2007年版，第231页。

物，指通过《周礼》以来的儒家制度之学追求国家的富强，即所谓“养利”。但叶适的“崇义”并非徒然地追求先验的道德本体，而是在功利主义的意义上以“利”之实现为“义”；“养利”也并非徒然追求聚敛，而是在区分公利与私利、聚敛与理财的基础上，寻求合“义”之“利”。

二、复礼以养利

叶适非常注重“复礼”，这是对孔子“克己复礼”说的发挥，他认为“学必始于复礼”[①]。复礼也就是克制自身的私欲，使自身不合礼之处渐合于礼，故云：“耳目百体瞿瞿然择其不合乎礼者，期去之，昼去之，夜去之，旦忘之，夕忘之，诚使非礼之毫发皆尽，则所存虽丘山焉，殆无往而不中礼也，是之谓礼复，礼复而敬立矣。”[②]也就是说，礼仪节文的外在规范，使人的行为中与礼不合的地方逐渐改变，最终视听言动尽皆与礼相契，从心所欲而无所逾越。复礼的实现，不仅是外在行为的规范化，还与人的道德意识相关，故礼复而敬立。这种通过外在规范调节内在情感的观点，有些类似于理学家们对“复礼”的认识，如朱子便认为，“克己是大做功夫，复礼是事事皆落腔窠。克己便能复礼，步步皆合规矩准绳，非是克己之外别有复礼工夫也。”[③]也即通过言行中矩来克己复礼，对此，惠吉兴教授指出：“理学家讲求的天道性命是以洒扫应对为基础为依托的，心性修养一刻也不能脱离博文约礼的实践工夫。”[④]但值得注意的是，朱子所谓复礼实际上是下学而上达，旨在与作为天理之流行发用的节文度数相统一，进而体认天理，故其复礼要以主敬涵养为前提。叶适则不然，黄震称：“谓程氏诲学者先以敬为非，当先复礼，盖水心之学然也。”[⑤]即叶适以复礼为先，认为复礼则自然能敬。叶适这种看法体现出永嘉功利之学与程朱性理之学的重要差异。朱子基于天理人欲之辩，企图在复礼的过程中实现人欲之灭与天理之存。叶适则认为这种观点不仅否认了物质生活的必要性，还容易形成空谈道德的口耳悬空之学。因此，叶适的“复礼”说以“养利”为依托和目的，所谓“夫衣食逸则知教，被服深则近雅。”[⑥]礼乐教化与物质生活相辅相成，衣食住行是人类基本的物质需求，对普通人而言，只

① （宋）叶适：《叶适集》，中华书局1961年版，第163页。

② （宋）叶适：《叶适集》，中华书局1961年版，第164页。

③ （宋）朱熹：《朱子全书·朱子语类》，上海古籍出版社、安徽教育出版社2002年版，第1452页。

④ 惠吉兴：《宋代礼学研究》，河北大学出版社2011年版，第87页。

⑤ （宋）黄震：《黄氏日抄》卷六十八《读叶水心集》，《四库全书》第七〇八册，第501页。

⑥ （宋）叶适：《叶适集》，中华书局1961年版，第209页。

有在满足这些需求之后，才能很好地接受教育。

叶适与朱子在修养工夫方面之区别有其更深层次的心性论上的根源。程朱所强调的天理人欲之辩基于《礼记·乐记》，所谓：“人生而静，天之性也；感于物而动，性之欲也。物至知知，然后好恶形焉。……人化物也者，灭天理而穷人欲者也。于是有悖逆诈伪之心，有淫泆作乱之事。”[①]这里区分了人之得自于天的性和感物而动的欲，按照朱子的理解，性与天理相贯通，是绝对至善的，天理具体到人类社会中也就是“礼”和“三纲五常”；人欲则与“恶”相联系，是一切不合于礼的行为之根源。[②]叶适则对此持否定态度，他认为：“但不生耳，生即动，何有于静？以性为静，以物为欲，尊性而贱欲，相去几何？”[③]人类永恒地处于活动之中，故感物而动的人欲之存在是不可避免的，同时以“静”为前提的人性天理之至善也就难以成立。在此意义上，“以天理人欲为圣狂之分，其择义未精也”[④]，以善恶对天理和人欲进行分判亦成了一个值得质疑的问题。在叶适看来，“人欲”应被理解为情感和欲望诉求，人欲在合于礼义时是正常的欲求，是人的自然本性，不合于礼义时，方是私欲，“凡人心实而腹虚，骨弱而志强，其有欲于物者势也”[⑤]，对于这种势必存在的物欲，应当加以满足，而不是进行压制。程朱所批判的，其实应是有违道德的私欲，而不是正常的人欲、物欲。由于这种合于礼义的物欲是应该满足的，而这种物欲又同天下苍生的衣食住行等基本生活需求相联系，因此叶适所主张的养利，也就直接指向万民之物欲的满足，有功、有利于万民，便谓之义。

与此同时，对与伦理道德相背离的“私欲”，叶适同理学家一样主张将其破除，“欲之未遂也，无不用其极，既遂，则举而弃之，犹刍狗然，是以‘止而乱’也……而所欲既得，则患之始而乱之所由生也”[⑥]，叶适所认同的物欲是饥之欲食，腹实则止，而私欲则表现为各种不合礼的、超出正常需求的欲望，当私欲不被满足时，人们会使用有违仁义道德的手段去追求私利，当私欲得到满足后，又将会是更大的忧患之开端。私欲的存在使人类的伪与情不合于中和之道，故圣人作礼乐以节之，叶适在讨论春官宗伯时认为：

---

① （唐）孔颖达：《礼记正义》，中华书局2008年版，第1459页.

② 杨燕：《〈朱子语类〉经学思想研究》，东方出版社2010年版，第246页。

③ （宋）叶适：《习学记言序目》，中华书局1977年版，第103页。

④ （宋）叶适：《习学记言序目》，中华书局1977年版，第24页。

⑤ （宋）叶适：《习学记言序目》，中华书局1977年版，第211页。

⑥ （宋）叶适：《习学记言序目》，中华书局1977年版，第33页。

司徒“以五礼防万民之伪而教之中，以六乐防万民之情而教之和”；而宗伯“以天产作阴德，以中礼防之；以地产作阳德，以和乐防之”。……伪不可见而能匿情，故为阴；情可见而能灭伪，故为阳；礼乐兼防而中和兼得。则性正而身安。此古人之微言笃论也。[①]

这里的“伪”指外在的待人接物等行为；“情”指内在的喜怒哀乐等情感及此等情感于耳目口鼻上的表现。人的伪与情皆有正与不正之分，所谓不正即是私欲影响下之行为与情感不符合正确的节文度数，此时的“伪”会隐匿情感，使合理的情感无法表达；“情”则会干扰行为，使人的行为表现出非理性、有损道义的一面。对待这种情形，就需要以礼防伪、以乐防情，使伪得以中，都符合道德规范；又使情得以和，即喜怒哀乐皆因物而生，不存在“小我”的私情私欲。也就是说，“有已则有私，有私则有欲，而既行之于事矣，然而知仁义礼乐之胜己也，折而从之，则圣人之治也佚”[②]。对普通人来说，私欲的存在是难以避免的，因而需要依据圣人所创制的礼乐来克己复礼，使言行得以中矩，使德性得以超越。

由此可见，“复礼”是为了让行为与情感符合中和之道，但这样的心性修养却绝不是一座形而上的脱离现实的空中楼阁，德性的提高必然要在人民之大利的实现中得以彰显，正如徐远和先生所说，“在叶适看来，礼教既关乎群体利益，又关乎个人修养，社会的和谐与秩序有赖于礼教予以维持”[③]。叶适通过心性论的考察承认了人欲的合理性，以满足万民之基本欲望为“利”，将视线投入养利中去。同时叶适又强调崇义与养利的统一，因而物欲的满足和功利的获取须由仁义礼乐来节制。

三、理财以崇义

叶适在伦理道德范围内的养利可以具体地表现为以“理财”为核心的制度建设，故叶适又多言《周礼》，“与理学学者对《周礼》或攻击或避而不谈不同，永嘉之学从薛季宣到陈傅良、叶适都表现出经纶以通世变、务实求治的态度，积极学习、运用《周礼》之学”[④]。叶适的“理财”并非简单地追求财货，而是在伦理道德

① （宋）叶适：《习学记言序目》，中华书局1977年版，第87—88页。

② （宋）叶适：《叶适集》，中华书局1961年版，第701页。

③ 徐远和：《叶适礼乐思想初探》，见张义德、李明友、洪振宁主编：《叶适与永嘉学派论集》，光明日报出版社2000年版，第281—291页。

④ 殷慧：《朱熹礼学思想探微》，中华书局2019年版，第63—64页。

的规范下进行“养利”，同时又通过养利彰显仁义，因而可以谓之“理财以崇义”。

关于理财是否能够体现崇义之精神，其重点在于理财活动中是否以礼义为主导，以及理财是为了私利还是公利。在叶适看来，这中间的差异实际上表现了理财与聚敛之不同。宋代自北宋以降便有着三冗、土地兼并严重等政治经济问题。至南宋，由于金国之在侧，朝廷又被迫养百万之兵以待强虏，经济问题愈发严重。[①] 为了应对此种状况，王安石曾借助《周礼》展开熙宁变法，以求务财用而治国家，后来亦有颇多经济之臣，致力于财政收入的增加，但在叶适看来，这些人的理财之法皆非正道，不合周公之旨：“自王安石始正言财利……前有薛向，后有吴居厚，可谓刻薄矣。蔡京继之，行钞法，改钱币，诱赚商旅，以盗贼之道利其财，可谓甚矣。”[②] 他们的“理财”政策因为种种原因未能真正地为国家谋取福祉，就其根源而言，其共同之处都在于与民争利，其着眼点不在于如何增加整个社会的财富，而在于如何将万民之产集中到政府手中。在叶适看来，这不是理财，而是聚敛，所谓“理财与聚敛异，今之言理财者，聚敛而已矣。”[③] 政治经济政策的制定须以利民为本，藏富于民而国家自有财用，假若竭泽而渔，便会使整个国家的经济体系遭到破坏，虽为多取但久则财源枯竭。[④] 故聚敛者，敛之于民而聚之于朝，最终却会导致财政收入的减少；理财者，理之者君子聚之者天下，最终财用足而民风淳。具体而言，“以损之道言之，惟在我者可自损以益人”“以益之道言之，必在上者自损而后可以益下”[⑤]，理财就损益之道而言，强调损上益下，但由于民惟邦本，实际上所益者既已得益，而所损者终未自损也。

就《周礼》而言，行聚敛者只是把《周礼》看作一本专言形下的制度之书，而叶适所崇尚的理财则是真正地发挥周孔之礼义精神，“治教并行，礼刑兼举，百官众有司虽名物卑琐，而道德义理皆具。”[⑥] 理财虽为寻求功利之庶务，但遵照礼制、心怀礼义，便是圣人之事。此外，叶适虽强调理财以崇礼，但并非机械地主张遵照古礼行事，而是注意考察古今之异同，在“不易”和“变易”中寻求统一，如云：

> 工人之为器也，得规矩以通之天下之器，其可方可圆可觚可椭者，皆规

① （宋）叶适：《叶适集》，中华书局 1961 年版，第 664 页。

② （宋）叶适：《叶适集》，中华书局 1961 年版，第 775 页。

③ （宋）叶适：《叶适集》，中华书局 1961 年版，第 657 页。

④ 朱晓鹏：《试论叶适的经济思想及其现代意义》，《温州大学学报》2001 年第 2 期。

⑤ （宋）叶适：《习学记言序目》，中华书局 1977 年版，第 23 页。

⑥ （清）黄宗羲、全祖望：《宋元学案》，中华书局 1982 年版，第 1746 页。

矩之类也。故法存于心，巧形于物，器成而天下利，未有尽待其法而尽用其巧者也。有贱工焉，执三代之器而用今之材，闭户而摹之，出户而示诸人，人不能识也，则强之而莫之售，是其材非不美也。①

天下有“器”有“用”，器者如《周礼》之制度，用者即与器相适应的时间地点，如三代与赵宋。“贱工”不懂得举一反三，习得一种制度后便以为放之四海而皆准，遂不加改变妄图将三代之制度复制于当代②；而叶适所推崇的理国者，则是如同能工巧匠一般，在了解一种制度的时候能够体悟到制度之变易与“规矩”之永恒，遂能执环中以应无穷，以“中和”之道为依据深入考察制度与时代的契合性，可行则行之，不行则改之，以求在折中义理的基础上有益于治道。③

例如，对于井田制的问题，当时学者们或以为确实可行，或以为应行而难行，唯叶适提出井田制不必施行，“虽得天下之田尽在官，文、武、周公复出而治天下，亦不必井。何者？其为法琐细繁密，非今天下之所能。”④以往通常认为井田之难行在于土地私有，但叶适指出即使该问题得到解决，井田可以施行于天下，亦没有真正施行的必要，因为细密的周代田制早已不能适应当时的社会经济条件：“夫畎、遂、沟、洫，环田而为之，间田而疏之，要以为人力备尽，望之而可观，而得粟之多寡则无异于后世耳。大陂长堰，因山为源，钟固流潦，视时决之，法简而易周，力少而用博，使后世之治无愧于三代，则为田之利，使民自养于中，亦独何异于古！故后世之所以为不如三代者，罪在于不能使天下无贫民耳，不在乎田之必为井、不为井也。”⑤也就是说，当时的理田之法相比于三代优越得多，因为其所产的粮食与上古无异，但法度简易而周全，较为节省民力。当时的国家与民众之所以不够富足，问题在于管理不善，蠹虫硕鼠钻营其间，使制度之优越性无法充分展现出来，并非制度本身有什么问题。如此则设为井田而依然不善，反而更会加剧国家的危难。此外，叶适关于“什一税”的看法，亦可体现他这种时代与制度相统一的倾向，他认为“什一税”与三代之社会发展相适应，但于宋代却不然，“以司徒教养其民，起居饮食待官而具，吉凶生死无不与偕，则取之虽或不止于十一，固非为过也。后世刍狗百姓，不教不养，贫富忧乐，茫然不知，因其自有

---

① （宋）叶适：《叶适集》，中华书局1961年版，第163页。

② 如张载坚定地主张推行三代遗法，认为井田、封建、宗法等制度均可施行于宋代。（参见刘丰：《北宋礼学研究》，中国社会科学出版社2016年版，第474—480页。）

③ 殷慧：《朱熹礼学思想探微》，中华书局2019年版，第614页。

④ （宋）叶适：《叶适集》，中华书局1961年版，第656页。

⑤ （宋）叶适：《叶适集》，中华书局1961年版，第656页。

而遂取之，则就能止于十一，而已不胜其过矣，亦岂得为正中哉！"[①]"什一税"之所以在西周以前可以作为仁政之体现，是因为当时的经济体制为公有制；而宋代的私有经济已经较为发达，人民之养生丧死皆由自己承担，如此则"什一税"对人民来说负担太重，遂成与民夺利的聚敛之法[②]。

由此可见，叶适之学重视《周礼》之理财，主张"以天下之财与天下共理之"[③]，但其理财思想强调礼义之节制，因而在"理财以崇礼"的意义上强调理财与聚敛之区别。由此种重视道义的崇礼精神为基础，叶适的理财思想并不拘泥于古代制度，而是积极地寻求不易和变易的协调，正如孔子所说"君子之于天下也，无适也，无莫也，义之与比"[④]。

四、结语

潘斌教授认为"永嘉学人叶适主张在六经中发掘功利思想，使浙东功利之学接受了经学的洗礼"[⑤]。叶适之前的永嘉诸子较为注重以功利为核心的制度之学，至叶适则以六经之礼义调和之，认为"盖其得之未尝以智力，其守之未尝不以礼义"[⑥]。对一个国家来说，智力之谋划与礼义之尚德均是不可缺少的。就三礼而言，叶适较为注重《周礼》和《礼记》[⑦]，前者偏重制度，后者则更加强调礼义之发挥，这与叶适礼学中崇义与养利相统一的基本精神相呼应。叶适的崇义主要针对礼义道德而言，在他看来，"义"就意味着家国天下之"利"的实现，意味着万民之保暖安居；其养利主要针对理财制度而言，但理财并非贪得无厌地攫取财货，而是在儒家伦理的主导下损上益下、利国利民。崇义通过养利得以彰显，养利又以崇义为内在理路，二者的统一是叶适礼学得以成立之前提。

---

① （宋）叶适：《习学记言序目》，中华书局 1977 年版，第 85—86 页。

② 张家成：《析叶适的重商思想》，《中国哲学史》2005 年第 2 期。

③ （宋）叶适：《叶适集》，中华书局 1961 年版，第 658 页。

④ 程树德：《论语集释》，中华书局 1990 年版，第 274 页。

⑤ 潘斌：《宋代"三礼"诠释研究》，人民出版社 2018 年版，第 254 页。

⑥ （宋）叶适：《习学记言序目》，中华书局 1977 年版，第 90 页。

⑦ 在《习学记言序目》中，叶适对《周礼》和《礼记》的讨论较为丰富，于《仪礼》则浅尝辄止。

叶适“习学”工夫的内涵与历史合理性

蒋伟胜

叶适代表作《习学记言序目》中的“习学”二字出自《论语》首章“学而时习之”一句。“习学”二字的含义为实践和学习，是儒家工夫论范畴的概念，“学之为言效也”，“习，鸟数飞也”①，把学习的内容落实到实践中，并对其产生喜悦、爱好之情，涵泳其中，逐步提高修养境界，“既学而又时时习之，则所学者熟，而中心喜说，其进自不能已矣”②。叶适从儒家经典中拈出“习学”二字来命名其著作，是深有用意的，他用这种方式强调学习和实践工夫在儒家学术体系中的地位，“学而时习之，不亦说乎！有朋自远方来，不亦乐乎！人不知而不愠，不亦君子乎！前乎孔子，圣贤之所以自修者无所登载，故莫知其止泊处；若孔子成圣之功，在此三语而已，盖终其身而不息也”③。叶适认为，孔子之前的圣人如何成圣，文献阙如，人们不能妄加揣测，但是孔子的成圣之功是很明确的，就是《论语》首章三句话所揭示的习学工夫，这是孔子能够达到圣人地步的原因。因此《论语》首章的意义，不应只做初学入德之门看，这是孔门开宗明义展示儒家精神要义的章节，《论语》通过把“学而时习之”五个字放置在卷首的方式，表明“学之功用大矣”④，儒家的实践精神具体表现为习学工夫，儒家之道就是习学之道，就体现在人们的学习和实践活动之中。

一、工夫内涵

叶适的习学工夫有着明确的内涵，学是学习六经，习是实践礼乐。

《大学》和《中庸》是《礼记》中的两篇文章，是礼学研究的对象，也是理学经

---

① （宋）朱熹：《朱子全书》第六册，上海古籍出版社、安徽教育出版社 2002 年版，第 67 页。

② （宋）朱熹：《朱子全书》第六册，上海古籍出版社、安徽教育出版社 2002 年版，第 67 页。

③ （宋）叶适：《习学记言序目》，中华书局 1977 年版，第 175 页。

④ （宋）叶适：《习学记言序目》，中华书局 1977 年版，第 189 页。

典“四书”中的两部。叶适在早年著作《进卷》中，以程朱理学的观点对这两部经典的思想做过阐述，[①] 但在《习学记言序目》中，他一反过去的观点，对《大学》《中庸》的心性论解读展开质疑，他说：

（《大学》）其修身、齐家、治国、平天下之条目，略皆依仿而云也。然此篇以致知、格物为大学之要，在诚意、正心之先，最合审辨。[②]

《大学》格致正诚修齐治平八条目中，叶适认可修身、齐家、治国、平天下等四条目的意义，但是否定“修身以上，明明德之事也”的内圣工夫的合理性，因为“程氏言格物者，穷理也。按此篇，心未正当正，意未诚当诚，知未至当致，而君臣父子之道各有所止，是亦入德之门尔，未至于能穷理也。若穷尽物理，矩矱不逾，天下国家之道已自无复遗蕴，安得意未诚、心未正、知未至者而先能之？”[③] 程颐训格物为穷理，穷理意味着对天理的完全把握，那就没有必要再进行致知、诚意、正心的工夫了，因此《大学》内圣工夫存在着逻辑矛盾。但是修身、齐家、治国、平天下诸条目，因为与礼乐实践有关，叶适以为“发明功用至于国家天下，贯穿通彻，本末全具”[④]，具有积极意义。

道学把《中庸》视为“明乎性命道德之归”“孔门传授心法”，叶适却从字义解释上提出不同的见解。

大抵为用、为利、为实、为常之义。《周官》‘以乐德教国子：中、和、祗、庸、孝、友’，然则中庸之为德，岂其此类也欤？[⑤]

他认为“庸”应该解释为“用”“利”等含义，反对把“中庸”作心性论的解释。而《中庸》说的已发、未发、中和等问题，则是人们开展礼乐实践之后达到的性情状态和习学工夫之后的修养境界。

礼乐兼防而中和兼得。[⑥]

---

① 叶适哲学思想的形成经历了前后两个阶段，前一个阶段以《进卷》为代表，大约写于淳熙五年（1178 年）至淳熙十一年（1184 年）之间，作品以程朱理学的观点为主；以后一个阶段以《习学记言序目》为代表，写于嘉定元年（1208）至嘉定十六年（1223）之间，形成了自己的哲学主张。

② （宋）叶适：《习学记言序目》，中华书局 1977 年版，第 113 页。

③ （宋）叶适：《习学记言序目》，中华书局 1977 年版，第 113 页。

④ （宋）叶适：《习学记言序目》，中华书局 1977 年版，第 113 页。

⑤ （宋）叶适：《习学记言序目》，中华书局 1977 年版，第 111 页。

⑥ （宋）叶适：《习学记言序目》，中华书局 1977 年版，第 185 页。

性合而中，物至于和。[①]

于未发之际能见其未发，则道心可以常存而不微；于将发之际能使其发而皆中节，则人心可以常行而不危；不微不危，则中和之道致于我，而天地万物之理遂于彼矣。[②]

已发、未发、中和等问题讨论的都是习学工夫与性情中和的关系问题。因此，《中庸》的意义有二：一是强调了礼乐实践对于性情中和的根本性意义，"夫发于劲挺，孰若称于中和；华其文辞，孰若厚其根本！根本，学也；中和，道也"[③]，通过习学工夫才能实现中和之道；一是进一步把"中"的概念作外向性的推展，与"天下之大本也""天下之达道"的社会规则以及"天地位焉，万物育焉"的自然规律联系在了一起，为人的情感之中和、社会生活中的中和之道提供了宇宙论的依据。

学习六经、实践礼乐的目的是一致的，都是为了实现儒家价值理想。叶适概括"学"的工夫目标说："学者，所以至乎道也"[④]，"余为言学之本统，古今伦贯，物变终始，所当究极……从门而入，识益增，智愈长"[⑤]，"学"的工夫就是为了实现道。"习"的工夫也是如此，叶适说道：

克己，治己也，成己也，立己也；己克而仁至矣，言己之重也，己不能自克，非礼害之也；故曰"一日克己复礼，天下归仁焉，为仁由己，而由人乎哉！"此仁之具体而全用也。视听言动，无不善者，古人成德未有不由此；其有不善，非礼害之也；故孔子教颜渊以非礼则勿视听言动。诚使非礼而勿视听言动，则视听言动皆由乎礼，其或不由者寡矣，此其所以为仁也；一日则有一日之效，言功成之速也。[⑥]

克己复礼的礼乐实践可以成就个人的仁德，达到理想的修养境界，"仁者，人之所以为人之实也，不求仁则失其所以为人"[⑦]，通过礼乐实践可以成就人格，获得人之为人的根据。

---

① （宋）叶适：《习学记言序目》，中华书局 1977 年版，第 185 页。

② （宋）叶适：《习学记言序目》，中华书局 1977 年版，第 108—109 页。

③ （宋）叶适：《叶适集》，中华书局 1961 年版，第 195 页。

④ （宋）叶适：《叶适集》，中华书局 1961 年版，第 490 页。

⑤ （宋）叶适：《叶适集》，中华书局 1961 年版，第 409 页。

⑥ （宋）叶适：《习学记言序目》，中华书局 1977 年版，第 731 页。

⑦ （宋）叶适：《叶适集》，中华书局 1961 年版，第 145 页。

叶适由此认为"学以致道",即以习学工夫实现儒家价值理想。他说:

> 士在天地间,无他职业,一徇于道,一由于学而已。道有伸有屈,生死之也。学无仕无已,始终之也。集义而行,道之序也;致命而止,学之成也。①

士大夫生于天地之间就是要以习学的方式求道不已,学而不求道,或求道不由学,都不是学者应有的态度。叶适以孔门弟子为例,说道:"余尝考次洙泗之门,不学而任材者,求也;遗学而求道者,参也;学而近于名者,商也;学而近于利者,师也。呜呼!余无以命之矣。"②《论语》中孔子曾评价他的几个弟子,说"求也艺""参也鲁""师也过""商也不及",冉求、曾参、子夏、子张等人都有各自的不足。叶适认为,孔子批评这些弟子的原因是这几个人没有能够把习学工夫与求道目标结合起来,"孔氏之所称,颜回而已",只有颜回做到"克己复礼为仁"的实践,视听言动都能遵循礼仪,所以得到孔子的赞许。

习学工夫也是士大夫唯一能够"得道"的方式。叶适以车行道路作比喻,说道:

> 行者以不得乎道也,故陷于迷;学者以不得乎道也,故趋于谬;是则道者限也,非有不通而非无不通也。道一而已,无正也,无他也,自行而言,车航混混,不舍昼夜,虽不得其道犹至也;自学而言,车航混混,不舍昼夜,苟不得其道皆迷也。③

人们行车没有走在正确的道路上就会迷路,人们学道没有正确的工夫方法就会迷道,只有习学工夫才是学道的正确方式。

由此,叶适对"道学"之名作出了新的解释。淳熙十五年(1188)因为兵部侍郎林栗弹劾朱熹,叶适上《辩兵部郎官朱元晦状》,为朱熹辩护,其中提到时人对"道学"的认识是:"见士大夫有稍慕洁修,粗能操守,辄以道学之名归之"④,人们认为道学就是追求品格高尚,行有操守的人。但是这样不免落人口实,以为道学就是专务虚名的"伪学"。叶适也以"道学自名",但是他理解的道学是"学以致道"。坚持以习学工夫追求道的人"仁义礼乐,是为道;问辨讲习,是为学;人有不知学,学有不闻道,皆弃材也。古人同天下而为善,故得谓之道学,名之至

① (宋)叶适:《叶适集》,中华书局1961年版,第193页。

② (宋)叶适:《叶适集》,中华书局1961年版,第491页。

③ (宋)叶适:《习学记言序目》,中华书局1977年版,第659页。

④ (宋)叶适:《叶适集》,中华书局1961年版,第19页。

美者也”[①]，道学就是学道，以学闻道，通过习学的方式追求道。叶适重新解释了当时已经被污名化了的道学，试图为百余年的道学发展史正名。

至于心性学者念兹在兹的持敬工夫，叶适并不否认其在个体价值自觉的修养工夫中的意义。但是他认为持敬要服从“习学”根本工夫，先开展“克己复礼为仁”的习学工夫，然后才有可能进行“敬以直内，义以方外”的持敬修养。叶适说道：“学有本始，如物始生，无不懋长焉，不可强立也……复礼者，学之始也；敬者，德之成也。学必始于复礼，故治其非者而后能复，礼复而后能敬。”[②]他解释学习工夫比持敬工夫更具有根本性的原因，说道：

> 未能复礼而遽责以敬，内则不悦于己，外则不悦于人，诚行之则近愚，明行之则近伪；愚与伪杂，则礼散而事益繁，安得谓无！此教之失，非孔氏本旨也。[③]

没有克己复礼的习学工夫，缺乏对礼乐精神的价值认同，行为举止不能合乎礼仪规范，内不能悦己，外不能悦人，勉强教人开展持敬工夫，要么不明所以近于愚，要么装模作样近于伪，都有失儒家本旨。先习学而后持敬的工夫逻辑却非常明确，叶适说：

> 非礼则不以视听言动，而耳目百体瞿瞿然择其不合乎礼者期去之。昼去之，夜去之，旦忘之，夕忘之，诚使非礼之豪发皆尽，则所存虽丘山焉，殆无往而不中礼也，是之谓礼复。礼复而敬立矣，非强之也。[④]

在克己复礼为仁的长期工夫实践中，逐步祛除不合乎礼节的行为，言行举止“无往而不中礼”，自觉遵守礼仪规范，谨慎约束个体行为，“敬”就自然地确立起来了。叶适说的“敬”是以“礼”为对象的“敬礼”工夫，具有外在对象的指向性，而非心性学者所谓“敬所谓一者，无适之谓一”的内在心理状态。

二、理论可行性

宋代学者探索出了两条实现理想生命境界的途径。一条是以朱熹理学与陆

① （宋）叶适：《叶适集》，中华书局 1961 年版，第 382 页。

② （宋）叶适：《叶适集》，中华书局 1961 年版，第 163 页。

③ （宋）叶适：《叶适集》，中华书局 1961 年版，第 164 页。

④ （宋）叶适：《叶适集》，中华书局 1961 年版，第 164 页。

九渊心学为代表的先验主义路径。冯友兰概括朱陆之学的异同说：“朱子言性即理，象山言心即理，此言虽只一字之不同，而实代表二人哲学之重要差异。盖朱子以心乃理与气合而生之具体物，与抽象之理完全不在同一世界之内，心中之理即所谓性，心中虽有理而心非理。依朱子之系统实只能言性即理，而不能言心即理也。”① 虽然冯先生说的是朱子理学与象山心学的差异，实际上也揭示了朱陆之学的相同之处，那就是它们都在人身上预置了一个先验的道德本体，心学与理学的差异无非是对这个道德本体有不同的认定，象山以为是心，朱子认为是性。如果再往里追究一步，可以发现朱陆二人说的其实是同一个东西，因为象山说的心不是形下的气血之心，而是天赋的本心，其性质恰与朱子说的性完全相同。至于朱子说的心，象山则不讲而已，朱子说的心中包含了气的内容，在象山看来是应该被祛除的“蔽障”。

朱陆哲学的成圣工夫，人们认为存在着“尊德性”与“道问学”的区别，但其中也有共同之处，都是为了发明先验的道德本体，差别在于象山的“格物明心”工夫以“存心”“养心”“求放心”为具体内容，因为道不外于心，所以“格此物致此知”②，格的是心中的物欲，推广的是心中之道，其工夫讲究的是在《大学》中的内圣本原处，分辨天理人欲，工夫的方向是反身向内，并排除了向外探索具体事物之理的必要性。

朱子的“格物”则比象山的心学工夫要复杂一些，“所谓致知在格物者，言欲致吾之知，在即物而穷其理也。盖人心之灵莫不有知，而天下之物莫不有理，惟于理有未穷，故其知有不尽也。是以《大学》始教，必使学者即凡天下之物，莫不因其已知之理而益穷之，以求至乎其极。”③ 格物工夫是在接触事物过程中，穷尽事物之理，把握事物之性，然后以在物之理来印证在己之理，认识到在物之理与在己之理都是天命下贯后天理在各自身上的表现，虽然表现形态上有所差别，但本质上具有同一性，再然后把对在己之理的认识推广出去，把握天地万物之理与在己之理的一致性，从而体会到世间万物与自己的一体无间关系，达到“万物一体”的神秘体验境界。朱熹的格物工夫经历了从外向探索事物之理的经验积累，到反身切己的内向心性体验，再由内而外的知识扩充、体验推广的过程，他所指示的成圣路径中既有探索在物之理的经验成分，更多的是反省在己之理的内在体验因素。

---

① 冯友兰：《中国哲学史》下，华东师范大学出版社 2000 年版，第 281 页。

② （宋）陆九渊：《陆九渊集》，中华书局 1980 年版，第 228 页。

③ （宋）朱熹：《四书章句集注》，中华书局 1983 年版，第 6—7 页。

由于人性中预设了先验的道德本体作为个体道德自觉的内在根据，先验主义的成圣路径不仅使格物致知或格物明心的心性学工夫具有明确的对象，还保证了工夫的效验。只要持续开展对心性本体的格致诚正或存养工夫，就一定能实现体认天理或恢复本心，并从道德层面由内而外扩充到政治领域，实现内圣外王的理想人格境界。

另一条是以王安石、叶适等人为代表的经验主义路径。《尚书·太甲上》："兹乃不义，习与性成。"汉孔安国注曰："言习行不义，将成其性。"[①] 他们认为背离仁义的习惯和行为会发展为恶性，习行仁义则养成善性，人性与实践经验相关。唐代孔颖达的疏也作这样的理解："习行此事，乃与性成。"[②] 人性是在习行实践中成就的，是后天培养的结果。他们的观点基本代表了汉唐注家"习以成性"的思想，认为人性是经验的产物，反映了宋代以前人们对于人性问题的基本看法。

宋代新儒学兴起之后，张载、二程等人借鉴佛家的佛性论观念提出儒家的人性论主张，认为人具有天地之性的先验善性，并援引《周易》《孟子》《中庸》等经典作为依据，把性善论的观点论证为儒家传统，上溯《诗》《书》时代。但是新儒家中依然有学者坚持"习行成性"的思想，宋学开拓者之一的王安石就是其中的一个，他在《性说》中说："习于善而已矣，所谓上智者；习于恶而已矣，所谓下愚者；一习于善，一习于恶，所谓中人者。"[③] 王安石认为人性有"才性""气性""气质之性"等的区分，而没有"天命之性"与"义理之性"的不同，他把道德意义上的智愚等同于人性的善恶，上智之人性善是因为习于善，下愚之人性恶是因为习于恶，人性善恶是个人所习内容造就的，是习行实践的产物。王安石的人性论观点前后不一，经历了性善论、性有善有恶论、性无善无恶论等不同的认识发展阶段，但是不论是主张性有善有恶，还是主张性无善无恶，王安石人性论的逻辑起点都是从客观的、现实的经验世界出发，从而形成了他的自然人性论观点，把人性看成是在经验生活中自然形成的，不存在普遍、统一的抽象人性。以自然人性论为基础，他非常重视后天的人为教养作用，主张在后天的"习行"实践中培养道德君子，"道有本有末。本者万物之所以生也，末者万物之所以成也。本者出之自然，故不假人之力而万物以生也；末者涉乎形器，故待人力而后万物以成也……昔圣人之在上而以万物为己任者，必制四术焉。四术者，礼乐刑政是也，所以成万物者也"[④]，人作为万物之一，人性之本出于自然，具有"无为"

① （唐）孔颖达：《尚书正义》，北京大学出版社 1999 年版，第 210 页。

② （唐）孔颖达：《尚书正义》，北京大学出版社 1999 年版，第 210 页。

③ （宋）王安石：《王安石全集》第 6 册，复旦大学出版社 2016 年版，第 1235 页。

④ （宋）王安石：《王安石全集》第 6 册，复旦大学出版社 2016 年版，第 1230 页。

的特点，没有善恶的属性。成就人性善恶的因素是后天的"人力"，礼乐刑政的实践造就了人性善恶。

王安石在儒学复兴、宋学兴起与发展中具有举足轻重的影响，钱穆评价说："荆公思想，对当时有大贡献者，举要言之，凡两项。一为王霸论，二为性情论。"[①] 这两项内容也是宋学持续讨论的话题，其中的性情论更是心性之学的核心。王安石虽然认为人性是经验的产物，但是并没有深入分析"习行成性"的理论可能性。而区分天理之性与气质之性，把"天理之性"论证为绝对的、最高的、至善的实体，恰恰就是心性之学建构儒家道德本体论的主旨。关洛学者在天理之性的实体基础上构筑了本体、工夫、境界一体的新儒学，而王安石的人性论却缺乏理论的系统性。因此，有学者认为他的理论不能称为"人性论"，而只是人性思想。[②]

论证在经验中可以成就理想人格的工作是由叶适完成的。为了证明"习行成性"路径的理论可能性，叶适提出了以人的认识能力"衷"为根据，以"思学兼进""内外交相成"的方式成就内圣理想的哲学理论。

按照叶适的理解，儒家经典中的心性概念只具有经验意义，人受之于天的心性、义命等内容都应该在经验的层面上加以解释。他阐述"天命之性"的命题，认为命是自然生命，性是"若有恒性"（《尚书·汤诰》），属于人的意志品质，并发挥《汤诰》"惟皇上帝降衷于下民"一句的含义，特别指出"天降之衷"在"习以成性"中的基础性作用，创造性地提出"衷"是人们开展习学活动实现价值自觉的认识能力。他说：

> 《书》称"惟皇上帝降衷于下民"，即"天命之谓性"也，然可以言降衷，而不可以言天命。盖万物与人生于天地之间，同谓之命；若降衷则人固独得之矣。降命而人独受则遗物，与物同受命，则物何以不能率而人能率之哉？盖人之所受者衷，而非止于命也。[③]

命是天地之间人与万物所共有的自然生命，把人与万物区别开来的内容，是人独受于天而万物所不具有的"衷"。学者一般把"衷"解释为"善"[④] 或"中"[⑤]，是人受之于天的先验道德属性。但是叶适根据其一贯的哲学立场，赋予这个概

① 钱穆：《中国学术思想史论丛》，台北联经出版事业股份有限公司 2003 年版，第 6—13 页。

② 关素华：《王安石的人性论新探》，《南昌大学学报（人文社科版）》，2018 年第 1 期。

③ （宋）叶适：《习学记言序目》，中华书局 1977 年版，第 659 页。

④ （唐）孔颖达：《尚书正义》，北京大学出版社 1999 年版，第 199 页。

⑤ （宋）蔡沈：《书集传》，见《朱子全书外编》第一册，华东师范大学出版社 2010 年版，第 91 页。

念以经验的意义，认为"衷"是人所具有的学习、实践、思考的能力，人们凭借这种能力在习学实践和思维活动中认识事物，理解义理，把握儒家当然之道，"盖已受其衷矣，故能得其当然者。"[①]叶适认为，是否获得天降之衷的习学和思维能力正是区别人与物的标志。人既受命又受衷，既具有生命活力，又具有习学和思维能力的实践主体，能够在实践活动中把握"天之当然"，也就是儒家义理和道德世界的本然状态。而万物则只受命而不受衷，因而没有思维能力，"若止受于命，不可以知其当然也。"[②]

"衷"的习学能力从耳目之官的经验开始，通过经验知识的积累逐步上升为德性智慧。叶适在为友人彭子复作的墓志铭中说道：

> 常左经而右律，目验而耳核，考实以任重，先难以致远。非其心之所通，虽诚闻之，不苟从也；非其行之所至，虽审知之，犹置之。……嗟夫！不同其所趋而不异其所合，宁少于其意而致多于其事，徒辛苦于所难而不敢安乐于所易也，何子复之用心勤行之笃哉！昔孔子谓"无能一日用其力于仁"，而又曰"未见力不足者"。然则以力而不以意，岂古人亦以为难也！[③]

叶适称赞墓主重视"目验耳核"的经验，对于事物都保持谨慎的态度，甘愿忍受辛苦也要获取事物的经验知识。叶适认为这种认识态度符合孔子推崇的"无能一日用其力于仁""未见力不足者"的实践精神。在叶适看来，"为学之方"就是从耳目经验开始的，"耳目之官不思而为聪明，自外入以成其内也"[④]，耳目之官以聪明能力获得经验知识，为"思"的统合作用提供感性材料。

叶适认为德性智慧是感性知识积累的结果，他说："智者知之积，一粒之萌芽，一缕之滋长，以教天下"[⑤]，一粒一缕的知识经验积累可以转化为德性。"学修而后道积也……学明而后德显也"[⑥]，在知识积累中成就德性是教化天下，劝导百姓，使之同趋于道的基本方法。

把经验知识转化为德性智慧，叶适以为需要在"思"的思辨统合作用下开展，他说：

---

① （宋）叶适：《习学记言序目》，中华书局 1977 年版，第 107 页。

② （宋）叶适：《习学记言序目》，中华书局 1977 年版，第 107 页。

③ （宋）叶适：《叶适集》，中华书局 1961 年版，第 273—274 页。

④ （宋）叶适：《习学记言序目》中华书局 1977 年版，第 207 页。

⑤ （宋）叶适：《习学记言序目》中华书局 1977 年版，第 28 页。

⑥ （宋）叶适：《叶适集》，中华书局 1961 年版，第 554 页。

> 作圣实本于思。其他哲、谋、肃、乂，随时类而应，则思之所通，诚一身之主宰，非他德可并而云也。[①]

“思”的思辨统合作用是感性经验向德性智慧过渡的心理机制，通过“思”的心理活动，其他如哲、谋、肃、乂等认识活动，都被统一到成圣的努力中来。叶适的这一思想，一是源于《尚书·洪范》篇的思想，《洪范》曰：“五事。一曰貌，二曰言，三曰视，四曰听，五曰思。貌曰恭，言曰从，视曰明，听曰聪，思曰睿。恭作肃、从作乂，明作哲，从作谋、睿作圣。”[②]《洪范》五事要求容貌恭敬，言论正当，观察明白，听闻广远，思考通达。因为容貌恭敬才能严肃，言论正当才能治理，观察明白才能昭晰，听闻广远才能善谋，思考通达才能圣明。按照《洪范》篇的解释，在貌、言、视、听的经验基础上，通过“思”可以成就圣明的品德。这就与叶适的哲学主张相一致。根据叶适“物之所在，道则在焉”的道物关系理论，价值存在于事物之中，因此通过习学实践，运用貌、言、视、听的感官能力，“随时类而应”感受事物，可以获得关于事物的经验性知识，然后运用“一身之主宰”的思维活动的统筹能力，就能从知识中抽象出价值意义的精神内涵，达到对当然义理的体验式把握。

二是发挥了《论语》中关于“思”的思想作用。叶适把孔子讨论“思”的内容进行了总结，说道：

> 孔子告颜渊“非礼勿视，非礼勿听”，学者事也，然亦不言思，故曰“学而不思则罔，思而不学则殆”；又曰“吾尝终日不食，终夜不寝以思，无益，不如学也”；季文子三思而后行，子闻之曰：“再，斯可矣。”……夫古人之耳目，安得不官而蔽于物？而思有是非邪正，心有人道危微，后人安能常官而得之？[③]

在“非礼勿视，非礼勿听”的习学实践中，耳目之官获取感性经验，“思”则负责分辨经验知识“是非邪正”的真实性与正当性，总结概括其中体现思想睿智的价值性内容，如此这般“由思得睿，由睿得圣”[④]，不断推进，修养至于圣贤境界。叶适认为，习学工夫与“思”相结合，是儒家基本的修养实践工夫，“思学

---

① （宋）叶适：《习学记言序目》，中华书局1977年版，第186页。

② （宋）叶适：《习学记言序目》，中华书局1977年版，第303页。

③ （宋）叶适：《习学记言序目》，中华书局1977年版，第207页。

④ （宋）叶适：《叶适集》，中华书局1961年版，第594页。

兼进者为圣……孔子教人以求圣者，其门固在是矣"[①]，"思曰睿，睿作圣，人固能之"[②]。

人有"天降之衷"，通过习学工夫获取感性材料，在对材料的思辨统合中成就圣贤境界，是一条行之有效的成圣路径。他说：

> 耳目之官不思而为聪明，自外入以成其内也；思曰睿，自内出以成其外也。故聪入作哲，明入作谋，睿出作圣，貌言亦自内出而成于外。古人未有不内外交相成而至于圣贤，故尧舜皆备诸德，而以聪明为首。[③]

"天降之衷"的能力包括"习学"实践能力和"思"的思辨统合能力，习学活动获得经验"外入以成其内"，"思"的思维能力"内出以成其外"，二者相互作用，"内外交相成"，形成聪明睿智。通过"衷"的习学实践能力，可以做到事无不通，物无不遂，修养达到圣贤境界。

"思学兼进者为圣"，致道成圣要求学与思两者不可偏废。对于废学或废思的结果，叶适说道：

> 学而不思，思而不学，孔子之时，其言必有所指。由后世言之，其祖习训故，浅陋相承者，不思之类也；其穿穴性命，空虚自喜者，不学之类也；士不越此二涂也。[④]

废学或废思是导致汉学与宋学各自偏颇的方法论原因。汉学专注于笺注训诂，又有家法、师法的禁锢，造成"浅陋相承"的思想局促，其原因在于"不思"；宋学空谈性命义理，学者"务立自说"，导致"空虚自喜"的学术贫乏，其原因在于"不学"。汉学、宋学不能互补其偏，原因就在于不能做到"学思兼进"。

"物之所在，道则在焉"，道就在感性事物之中，是耳目之官的经验对象，人们可以运用"天降之衷"，通过习学工夫在"学思兼进"中加以把握。经过叶适的论证，"习以成性"的经验主义工夫成为具有普遍性和必然性的儒家成圣路径，为后来王廷相、颜元、王夫之、章学诚等明清儒者坚持从习行实践的经验过程中解释人性问题，开启了新思路。

而心性之学的先验主义成圣理论，把道描述成"架虚行危，纵横倏忽"[⑤]的神

① （宋）叶适：《习学记言序目》，中华书局 1977 年版，第 186 页。

② （宋）叶适：《习学记言序目》，中华书局 1977 年版，第 736 页。

③ （宋）叶适：《习学记言序目》，中华书局 1977 年版，第 207 页。

④ （宋）叶适：《习学记言序目》，中华书局 1977 年版，第 176 页。

⑤ （宋）叶适：《习学记言序目》，中华书局 1977 年版，第 744 页。

秘存在，背离了道的经验性特征；把认识道的工夫说成"心悟独见，异于庸众"[①]的独特体验过程，以为道不可教、不可传，"既得者无传，未得者无教"[②]，只能靠个人心领神会，违反了工夫方法的普遍性要求。叶适认为造成先验主义工夫方法缺陷的原因是"怠而不思，弃而不求，其道废绝，故有此论"[③]，没有遵循"学思兼进"的习学工夫，不能把握道，只能故弄玄虚。

三、历史合理性

为进一步从经验主义的角度论证习学工夫的合理性，叶适认为儒家历史上存在着两个"一以贯之"的传统，一个是"一贯之道"的精神传统，一个是"一贯之学"的工夫传统。叶适说道：

> 天有常道，地有常事，人有常心，于《书》见之，孔氏索焉，不可不考。《书》称"若稽古"四人，孔子言："大哉尧之为君也"，"舜有天下而不与焉"，"禹吾无间然矣"。子夏曰："舜举皋陶，不仁者远矣。"故考德者必先四人，其次汤伊尹，又次文武周公，世有差降，德有出入，时有难易，道有屈伸，孔氏以是为学之统绪。[④]

叶适遵循"以经解经"的经典解读方法，把《尚书》与《论语》进行相互参照，从中解读出了一个以实践为内涵的儒家道统。《尚书》前四篇依次是《尧典》《舜典》《大禹谟》和《皋陶谟》，且都是以"曰若稽古"为开头展开经文，意思是说尧、舜、禹、皋陶等四人能"顺考古道而行之"，是上古文化的继承者、实践者。巧合的是《论语》中也提到了这四位上古圣人，孔子、子夏对他们赞赏有加，而且除了这四位之外，《论语》中再没有提及其他上古圣人。叶适认为两部经典都提到这四个人，这不是纯粹的偶然，《书》把与尧、舜、禹、皋陶等四人相关的文献放在前四篇的位置，以显示他们在儒家道统中的特殊地位，让后人永志不忘他们开创儒家之道的功绩，"凡天下义理，始于尧、舜、禹、皋陶，使其见义不明，析理不精，安得致唐虞三代之治？孔孟犹是祖述之尔"[⑤]，他们对儒家义理有深切的理解，并把义理运用到治理天下的实践之中，实现了三代之治，是孔子、孟子遵循的

---

① （宋）叶适：《习学记言序目》，中华书局 1977 年版，第 337 页。

② （宋）叶适：《习学记言序目》，中华书局 1977 年版，第 337 页。

③ （宋）叶适：《习学记言序目》，中华书局 1977 年版，第 337 页。

④ （宋）叶适：《习学记言序目》，中华书局 1977 年版，第 60 页。

⑤ （宋）叶适：《习学记言序目》，中华书局 1977 年版，第 420 页。

对象，从而形成了儒家一贯之道，“尧舜禹汤文武周公至于孔子，一道也”①，道始于尧舜，至于孔子，一以贯之。

儒家道统的内涵，学者一般根据《论语·里仁》篇孔子与曾子的对话解释为忠恕之道：“子曰：‘参乎，吾道一以贯之。’曾子曰：‘唯。’子出，门人问曰：‘何谓也？’曾子曰：‘夫子之道，忠恕而已矣。’”如何晏注、刑昺疏的《论语注疏》说：“夫子之道，唯以忠恕一理，以统天下万事之理”②，朱熹《四书章句集注》说：“尽己之谓忠，推己之谓恕……夫子之道一理浑然而泛应曲当”③，意思是说，孔子以忠恕之理贯穿思想言行，身心修养意义的忠恕之道是儒家思想的核心，相应地，儒家思想也应该侧重于伦理道德层面的建构。

但是叶适对此提出了异议，他说：

> 自尧、舜、禹、汤、文、武、周公、孔子，所传皆一道，孔子以教其徒，而所受各不同。以为虽不同而皆受之于孔子则可，以为尧、舜、禹、汤、文、武、周公、孔子之所以一者，而曾子独受而传之人，大不可也。孔子尝告曾子“吾道一以贯之”，曾子既唯之而自以为忠恕……传之有无，道之大事也。世以曾子为能传而余以为不能。④

叶适认为曾子把一贯之道解释为“忠恕”，是在孔子走出去之后，曾子对别的弟子说的话，这一解释没有得到过孔子的认可，因此不可以作为标准答案，“忠以尽己，恕以及人，虽曰内外合一，而自古圣人经纬天地之妙用固不止于是，疑此语未经孔子是正，恐亦不可便以为准也”⑤。曾子的解释只是曾子体会的孔子之道，是他个人心目中道的内涵，而非上接尧舜的儒家传统之道，“以为曾子自传其所得之道则可，以为得孔子之道而传之，不可也”⑥，不可以以此为根据，把一贯之道的内涵确定为“忠恕”。

叶适认为，儒家“尧、舜、禹、汤、文、武、周公、孔子所以一者受而传之”的道，侧重的是“经纬天地”的外王事业，曾子的忠恕之道，强调的是“君子所贵乎道者三”，讲究的是“动容貌而远暴慢，正颜色而近信，出辞气而远鄙倍”，关注的是个人的身心修养，至于儒家一向重视的政治活动领域，则认为“笾豆之事则有

① （宋）叶适：《习学记言序目》，中华书局 1977 年版，第 245 页。

② （唐）孔颖达：《尚书正义》，北京大学出版社 1999 年版，第 51 页。

③ （宋）朱熹：《四书章句集注》，中华书局 1983 年版，第 72 页。

④ （宋）叶适：《习学记言序目》，中华书局 1977 年版，第 188—189 页。

⑤ （宋）叶适：《习学记言序目》，中华书局 1977 年版，第 178 页。

⑥ （宋）叶适：《习学记言序目》，中华书局 1977 年版，第 188 页。

司存",被曾子主动放弃了。概言之,曾子把"一贯之道"解释为"忠恕",只体现了道所包含的内圣工夫,而遗落了道的内涵中本来具有的外王事业,因此不能反映儒家之道的传统,只能算是曾子个人的"意见",是曾子"不本诸古人之源流,而以浅心狭志自为窥测"[①]的结果。所以叶适明确说"世以曾子为能传而余以为不能",认为曾子不传孔子。曾子之后的子思、孟子对儒家之道的理解,自然就偏离了孔子的本意,"轲喜于自异而乐称之,岂孔子之所敢安哉?不敢安,则所学者皆意之而非其,而孔子之道远矣"[②],曾子之学得自孔子,但是曾子所学之于孔子所教,为一变;孟子之学得自曾子弟子子思,孟子又"喜于自异",孟子所学之于曾子所传,又为一变。至于孟子之后的儒家对孔子之道的理解,更是愈去愈远。

叶适认为,儒家一贯之道的内涵不是忠恕,而是"克己复礼为仁"的习学工夫。他援引孔子对颜子说的话,力图以孔子的语录来证明自己的观点,他说:

> "克己复礼为仁",举全体以告颜渊也。孔子固未尝以全体示人,非吝之也,未有能受之者也。颜子曷为能受之?得全体而能问其目故也。全体因目而后明,凡孔子之言仁,凡弟子之问仁,未有的切明白广大周遍如此者。世谓孔子语曾子一贯,曾子唯之,不复重问,以为心悟神领,不在口耳。呜呼,岂有是哉,一贯之指,因子贡而粗明,因曾子而大迷。[③]

孔子多处言仁而各不相同,是因为孔子因材施教,那些关于仁的具体说法都是随机应答,阐述了仁的某一方面内容。唯有颜渊资质过人,所以孔子告之以"克己复礼为仁",体现了孔子思想的"全体"。"克己复礼为仁"有体有目,体是"为仁"的工夫实践,目是视、听、言、动不逾礼的具体行动,这才是孔子一贯之道的全部内涵,"体孔子之言,要须有用力处。克己复礼,为仁由己,其具体也;出门如宾,使民如祭,其操术也;己欲立而立人,己欲达而达人,又术之降杀者。常由此用力,而一息一食无不在仁,庶几可以言知矣。"[④]开展"克己复礼""为仁由己""出门如宾,使民如祭""己欲立而立人,己欲达而达人"的工夫,并要"常由此用力",把工夫实践作为儒家之道的内涵,才算是真正知道了"一贯之道","庶几可以言知矣"。

叶适说,儒家历史上不仅有以克己复礼为内涵的一以贯之的"道统",还有一

① (宋)叶适:《习学记言序目》,中华书局1977年版,第189页。

② (宋)叶适:《习学记言序目》,中华书局1977年版,第245页。

③ (宋)叶适:《习学记言序目》,中华书局1977年版,第192—193页。

④ (宋)叶适:《习学记言序目》,中华书局1977年版,第178页。

个一以贯之的“学统”。

《论语·卫灵公》中孔子与子贡有一段对话：“子曰：‘赐也，汝以予为多学而识之者欤？’子贡曰：‘然。非与？’曰：‘非也，予一以贯之。’”历代注家都注意到了此章与《里仁》“一以贯之”章之间的关系，以为两个“一以贯之”说的是同样的意思，讲的内容都是“忠恕一贯”。如《论语注疏》注此章曰：“用一理以贯通之，以其善有元，事有会，知其元则众善举矣”[①]，与《里仁》“一以贯之”章的解释基本没有差别，都是说以忠恕之道贯穿、统领万事之理，就能开展各种善事。朱熹注此章时则直接说：“说见第四篇，彼以行言，而此以知言”[②]，两句“一以贯之”说的是一回事，讨论的都是忠恕之道，只不过《里仁》说的是忠恕之行，这里说的是忠恕之知，侧重点不同罢了。

叶适在否定《里仁》的“一贯之指”为“忠恕”之后，对此章也提出了不同的见解。他把此章的“一以贯之”解释为“一以为学”，与“里仁”篇曾子阐述的“忠恕一贯”大不相同。他说：

> 子曰：“赐，汝以予为多学而识之者欤？”子贡曰：“然。非与？”曰：“非也，予一以贯之。”一以为学，古圣人未之及也，而独见于孔子，曾子徒唯而子贡疑之。[③]

叶适在解释一贯之道的内涵不是忠恕，而是克己复礼的习学工夫的时候，曾提到“一贯之指，因子贡而粗明”，因为子贡的发问，孔子才把一贯之道明确为“一以为学”，这是古圣前贤没有阐述过的观点，孔子发前人之所未发，子贡也与有荣焉。而孔子的孤明独发恰恰概括了儒家一以贯之的传统，叶适说道：

> “参乎，吾道一以贯之。”“赐也，汝以予为多学而识之者欤？”曰：“然，非欤？”曰：“非也。予一以贯之。”夫斯文兴丧之异，由于一贯迷悟之殊，或者统纪之学几在是耶？[④]

儒家的“统纪”就在“多学而识之”的习学工夫之中，许多孔门高士都没能认识到这一点，因为子贡曾说“夫子之文章，可得而闻也；夫子之言性与天道，不可得而闻也”，没有认识到学习文章是达到性与天道的阶梯，“分截文章、性命，

---

① （唐）孔颖达：《尚书正义》，北京大学出版社 1999 年版，第 208 页。

② （宋）朱熹：《四书章句集注》，中华书局 1983 年版，第 161 页。

③ （宋）叶适：《习学记言序目》，中华书局 1977 年版，第 658 页。

④ （宋）叶适：《习学记言序目》，中华书局 1977 年版，第 245—246 页。

自绝于其大者而不敢近"，所以孔子才"丁宁告晓，使决知此道未尝离学"[①]，告诉子贡通过学习、理解文章中的价值意涵，可以把握性与天道。以习学工夫实现天道，是儒家一以贯之的传统。

叶适认为，曾子把一贯之道理解为忠恕，纯粹是一个误会，这个误会没有得到孔子的纠正，人们还相信了这就是孔子之道的内涵。不仅如此，人们又再次误会了孔子对子贡所阐述的"一以为学"的"一贯之指"，以为两个"一以贯之"都是指忠恕，终于导致"一贯之学"隐晦不显，"忠恕之指"谬种流传，而且愈演愈烈，"近世之学，但夸大曾子一贯之说，而子贡所闻者殆置而不言，此又余所不能测也"[②]。对此，叶适呼吁："人有不知学，学有不闻道，皆弃材也"[③]，人要知学，学要闻道，人们应该回到通过"一以为学"体会儒家之道的正确道路上来。

叶适认为儒家一贯之学的历史源远流长，可以上溯至《诗》《书》时代，他说：

> "学如不及，犹恐失之"，傅说"终始典于学"，《颂》"学有缉熙于光明"，言学之功用大矣，然未有如此其急；如此其急自孔子始也。时习，节也；如不及，节之峻疾者也；非如不及不足以得之也。[④]

《尚书·说命下》中的"终始典于学"之学、《诗经·敬之》中说的"学有缉熙于光明"之学，《论语·泰伯》"学如不及，犹恐失之"之学，思想一脉相承，形成了一个学统，前两部经典讨论了"学"的重要性，孔子则用"一以贯之"的方式把"学"的思想系统化。叶适因此告诫学者，道学"以学致道……有志于古人，当以《诗》《书》为正"[⑤]，有志于道的学者必须以经典为依据，认可这个"一以贯之"的学统。

叶适说，虽然一贯之道和一贯之学作为儒家传统一直存在于历史之中，但是由于道统不明，学统隐晦，所以彼此独立，互不相涉。经过孔子对道统和学统的阐述，尤其是把"一以为学"明确为儒家传统之后，结束了两个传统的隔绝状态，两个"一以贯之"结合为一个整体，形成道统和学统二而一，一而二的关系。他说：

> 至孔子，于道及学始皆言一以贯之……道者，自古以为微渺难见；学者，自古以为纤细难统。今得其所谓一，贯通上下，应变逢原，故不必其人之可化，不必其治之有立，虽极乱大坏绝灭蠹朽之余，而道固常存，学固常明，不

---

① （宋）叶适：《习学记言序目》，中华书局 1977 年版，第 178 页。

② （宋）叶适：《习学记言序目》，中华书局 1977 年版，第 179 页。

③ （宋）叶适：《叶适集》，中华书局 1961 年版，第 382 页。

④ （宋）叶适：《习学记言序目》，中华书局 1977 年版，第 189 页。

⑤ （宋）叶适：《叶适集》，中华书局 1961 年版，第 554 页。

以身没而遂隐也。[①]

孔子之前，此道“微渺难见”，此学“纤细难统”，经过孔子的阐扬，一贯之道与一贯之学才得以“常存”“常明”，并“得其所谓一，贯通上下”，统一成为以学为内涵的整体之道，“此道虽未尝离学，而不在于学，其所以识之者，一以贯之而已”[②]，学是工夫，道是价值，是有区别的；同时工夫实现价值，价值就在工夫之中，二者又是统一的。道与学以“一以贯之”的方式统一于以习学工夫为内涵的儒家道统之中。

由韩愈正式提出的儒家道统中，“尧以是传之舜，舜以是传之禹，禹以是传之汤，汤以是传之文、武、周公，文、武、周公传之孔子，孔子传之孟轲。轲之死，不得其传焉”[③]，孟子是其中的殿军人物，后来宋代学者在自续道统时，多以上接孟子的儒家精神担当者自任。但是在叶适提出的道统中，“道始于尧，次舜，次禹，次皋陶，次汤，次伊尹，次文王，次周公，次孔子……自是而往，争言千载绝学矣”[④]，却没有孟子的地位，孔子之后道统就断绝了，“争言千载绝学矣”。叶适把孟子排除在儒家道统之外，是因为孟子提出性善说，倡言心性之学，开启了儒学形而上学化的端绪，导致儒学的发展背离了实践传统，不再践行习学工夫。“呜呼！道果止于孟子而遂绝耶？其果至是而复传耶？孔子曰‘学而时习之’，然则不习而已矣。”[⑤] 孔子之后道统断绝，就是因为没有传习“学而时习之”的道统精神。学者要接续儒家道统，就应该放弃以言语辞辩说明儒家之道的努力，回归孔子以习学实践为内容的儒家精神上来，“学者苟知辞辩之未足以尽道，而能推见孔氏之学以上接圣贤之统，散可复完，薄可复淳矣”[⑥]。

儒家的习学工夫之道经历了孔子的阐扬、曾子以后的晦暗，再到叶适的重新发现，这是一个肯定、否定、否定之否定的辩证发展过程，因此叶适于儒林功莫大焉。他的学生孙之弘认为乃师是孔子之后的儒家第一人，“独先生之书能稽合乎孔氏之本统者也”[⑦]，依据就是叶适坚持并弘扬了这个“学必待习而后成，因所习而记焉”[⑧] 的习学工夫道统。

---

① （宋）叶适：《习学记言序目》，中华书局 1977 年版，第 178 页。

② （宋）叶适：《习学记言序目》，中华书局 1977 年版，第 179 页。

③ 《韩愈文集汇校笺注》第一册，中华书局 2010 年版，第 4 页。

④ （宋）叶适：《习学记言序目》，中华书局 1977 年版，第 735—739 页。

⑤ （宋）叶适：《习学记言序目》，中华书局 1977 年版，第 741 页。

⑥ （宋）叶适：《习学记言序目》，中华书局 1977 年版，第 654 页。

⑦ （宋）叶适：《习学记言序目》，中华书局 1977 年版，第 759 页。

⑧ （宋）叶适：《习学记言序目》，中华书局 1977 年版，第 759 页。

传承叶适思想　弘扬事功学说

——纪念叶适诞辰 870 周年

叶文清

南宋大儒叶适（1150—1223），字正则，学者称水心先生，祖籍龙泉（今属浙江丽水）。宋高宗绍兴二十年五月初九日（1150 年 5 月 26 日），出生于瑞安县城内。叶适少时家境贫困，父亲是个“教数童子以自给”的蒙师，从少受父母教育。明嘉靖《温州府志》记载，叶适自幼“资禀茂异，风度澄肃，十岁能属文”。十三岁时随父母迁居永嘉，居无定所。青少年时求学于陈傅良、陈武、王楠、戴溪、郑伯熊、郑伯英、刘愈、刘夙、刘溯等名士。从游学中结识著名学者陈亮、吕祖谦，亦师亦友，博学多才。承继学统，成为学问大家。

宋孝宗淳熙五年（1178），榜眼及第。官泉州知州、兵、工、吏三部侍郎，建康知府兼沿江制置使、宝文阁待制兼江淮制置使、宝文阁学士、正议大夫。叶适为官刚正廉洁，慷慨有大志，素以经世济民为己任。主张改革政治、经济、军事上的积弊以求裕民强国。力求恢复故土，临危受命抗金，开禧北伐击退金兵。收复失地功绩卓著，后遭投降派诬陷落职。

庆元四年戊午（1198），叶适定居于永嘉城郊松台山下水心村（现温州市鹿城区水心街道）。嘉定元年（1208），落职回永嘉水心村居住，讲学授徒，潜心著述十六年，奉祠禄十三年。叶适至七十多岁，请辞致仕，亦未准许。嘉定十六年（1223）正月二十日卒，享年七十四岁，追赠光禄大夫，从二品，谥号文定。墓位于温州市海坛山。著有《水心文集》二十九卷、《水心别集》十六卷、《习学记言序目》五十卷等。

《宋史》本传称叶适“为文藻思英发”。宋人叶绍翁说：“水心先生之文，精诣处有韩、柳所不及，可谓集本朝文之大成矣”。清《四库全书总目提要》赞叶适：“文章雄赡，才气奔逸，在南渡卓然为一大家”。据《温州府志》记载：“名重当世，四方学者仰之如山斗，咸称水心先生，远自高句丽捐其币购买其文”。可见叶适在南宋时名声已远播海外。

叶适是南宋著名的思想家、政治家、哲学家、文学家、教育家、军事家、改革者，是永嘉学派集大成者和主要代表。叶适继承并发展了薛季宣、陈傅良的事功思想，主张功利主义，提倡务实，修实政、行实德、建实功。建立起永嘉事功学说体系，使永嘉学派成为南宋时期与朱熹的道学、陆九渊的心学鼎立的三大学派之一，确立了永嘉学派在中国思想史上占有重要的地位。宋陈傅良称叶适“当今良史之才，莫如朱熹、叶适”。明代思想家李贽称叶适为“经世名臣”。明清之际思想家黄宗羲指出：“永嘉之学，教人就事上理会，步步著实，言之必使可行，足以开物成务”。全祖望评论：“水心较止斋又稍晚出，其学始同而终异。永嘉功利之学，至水心始一洗之。乾、淳诸老既殁，学术之会，总为朱、陆二派，而水心断断其间，遂称鼎足”。清代学者孙诒让称叶适：“水心论学，在宋时自为一家，不惟与洛、闽异趋，即于薛文宪、陈文节平生所素与讲习者，亦不为苟同”。著名哲学史家侯外庐评论叶适是一位“有理论、有纲领、有事功、有思想的政治家和思想家”。史学家徐规称：“叶适是南宋的进步思想家、爱国政论家和博洽学者。他集永嘉事功之学的大成，为中国历史上温州地区最杰出的人物”。

叶适一生立德、立功、立言、为国为民，在历史上有着重要的地位。叶适教导学生薛仲庚说：“读书不知接统绪，虽多无益也；为文不能关教事，虽工无益也；笃行而不合于大义，虽高无益也；立志不存于忧世，虽仁无益也。”这也是他一生的写照。

2000年，叶适先后被温州、瑞安评为十大杰出历史人物。后被龙泉评为十大历史名人。2000年11月，中国社会科学院等单位与温州市政府在温州联合举办“纪念叶适诞辰850周年暨永嘉学派国际学术研讨会”。来自国内外的八十多位专家学者对叶适的思想和永嘉学派在中国思想史上的地位及现代价值贡献进行了多角度、多方位的学术研讨。在探索温州模式发展之文化底蕴时，无不论及叶适的事功学说。中国社会科学院研究所徐远和说：“叶适作为一个事功学派的集大成者，他的思想是很丰富的，他当时跟朱熹的理学、陆九渊的心学是鼎足而三的，在中国哲学史上有很高的地位，而且他的事功思想可以说在中国古代哲学史上是独树一帜的。”

宋史专家周梦江先生研究叶适与永嘉学派长达四十多年，周先生说：“叶适学术思想，影响最深的是他的事功思想”。《叶适与永嘉学派论集》收录研讨会近五十篇论文，由光明日报出版社出版。

在纪念叶适大会的感召下，叶适后裔为缅怀先祖，教育后人，传承历史文化，弘扬先祖思想，决定自发集资建馆。本人带领众族人于2001年6月12日在瑞安市莘塍东街洛川河上开工建设叶适纪念馆。承蒙政府、社会各界的帮助和支持，一座六层三间、建筑面积达一千多平方米、造价约两百万元的叶适纪念馆得以建成。收集叶适纪念馆布展资料时，宋史专家周梦江《叶适年谱》说“叶适墓在大岙山之麓”。于是在2002年上半年，我和叶适纪念馆几位同事去了台州路桥罗洋乡毓英庙考察，庙内竖有一块高1.5米，宽0.8米的“叶大侯王墓”碑。据说此碑从大岙山移至此。当时我们也到了大岙山，没有找到叶适的衣冠冢。

经瑞安市文物馆策划，2003年7月4日落成开馆，叶适后裔举民间之力建成叶适纪念馆意义重大。以史鉴今，以史育人。本馆为传承先祖思想，弘扬事功学说，注重文化品位和宣传教育功能。开馆以来，“免费开馆，以馆养馆”的先进办馆理念得到社会各界的好评，众多新闻媒体纷纷报道。中央电视台《走遍中国》栏目组来馆采访拍摄，在国内外引起强烈反响，叶适纪念馆令世人瞩目，叶适思想弘扬世界！

2010年11月，由浙江省儒学学会、温州市委宣传部、瑞安市委联合主办，温州市社科联、瑞安市委宣传部承办，叶适纪念馆协办的“纪念叶适诞辰860周年学术研讨会”在永嘉学派发祥地、叶适故里瑞安举办。来自全国各地六十五位专家学者参加了学术研讨会，深入挖掘和总结叶适功利思想、探讨事功学说的精神内涵。时任浙江省儒学学会会长卢文舸在贺信中说：“南宋大儒叶适，继承薛季宣、陈傅良的永嘉经制之学，独辟蹊径，成就了中国思想史上著名的永嘉学派，在中国儒学史上影响巨大。叶适与永嘉学派所倡导的‘务实不务虚’‘崇义养利’的价值观念既是古代浙学的优良传统，也是丰富当代浙江人文精神内涵、开创浙学新局面的思想资源”。时任瑞安市委书记蒋珍明在叶适诞辰860周年纪念大会上致辞说：“我们要进一步研究探讨以叶适为代表的永嘉学派的事功理论，汲取其思想理论精华，注入全新的时代内涵，将功利主义升华为一种事业成就感和社会责任感，将重商意识升华为一种工业精神和实业精神，不断丰富提升瑞安人的精神特质，使之成为推动瑞安科学发展的强大内在动力”。时任温州市委常委、宣传部部长曹国旗在纪念大会上说：“永嘉学派的核心思想是经世致用、义利并举，基本精神是求实功、做实事、修实德。永嘉学派的这一学术思想和精神对现代温州人思想和温州人精神的形成具有十分重大的影响。”

研讨会告诉你一个更全面的叶适。研讨会四十九篇论文被列入温州研究集刊《叶适与永嘉学派》。2013年12月，时任浙江省委常委、温州市委书记陈一新作出重要指示，要启动以刘伯温、叶适为重点的名人文化工程建设。遵照陈一新书记的指示，2014年10月25日，瑞安党校成立了叶适与永嘉学派研究会，创办了相关刊物，推动和促进了温州地区对叶适与永嘉学派的研究。叶适思想在八百多年的时间里影响着一代一代的温州人。吃苦耐劳、务实创新、敢为人先、特别能创业的温州人精神，推动了温州的经济发展。

为纪念叶适诞辰 870 周年，欣闻中共路桥区委宣传部在路桥隆重举办“叶适事功学说与台州经济发展学术研讨会”，我谨代表瑞安市叶适纪念馆表示热烈祝贺。2017 年上半年，我和叶适纪念馆五位同事曾到路桥区拜访两位姓余的宗亲，余氏宗谱内记载叶适对余氏和路桥办学讲课的重大影响。路桥叶适讲学处建毓英庙，塑“宋大侯王”金身纪念。可见路桥民间对叶适的敬仰。今天，叶适思想使温台二地的文化与经济紧密相连。这次活动对研究和弘扬叶适事功思想和创新精神，促进台州路桥科学发展、经济发展具有十分重要的意义。借此，让我们把温台两地文化交流活动推向更新的阶段！一代鸿儒八百年经济事功泽隆瓯甸，千秋大业二十九卷水心文集光被神州！

叶适事功学说与新时代经济伦理建构

王　瑜

南宋时，政治、文化和经济重心南移，浙东的农工商贸迅速崛起，其经济发展一度位于全国之首。在经济繁荣发展的环境中，儒家形成了以陈亮、叶适为代表的浙东事功学派，其中叶适为事功学派集大成者。全祖望曾对叶适有很高的评价："乾、淳诸老既殁，学术之会，总为朱、陆二派，而水心断断其间，遂称鼎足。"虽说浙东经济蒸蒸日上，但就整个南宋经济发展来说，却是积贫积弱。国家还外临侵扰，内生败乱，在国家面临存亡之际，叶适提倡务实事、重利发展经济以改革南宋弊政。

一、道器不离

叶适之学本自儒学，其言儒家道统在于"内外交相成之道"，他的学说也旨在对儒学"内圣外王"理路进行完善。叶适适逢家国存亡之际，谈论"内圣外王"便偏重"外王"的一面，以冀去陋儒空谈心性之风而务实事。叶适说："今世议论胜而用力寡，大则制策，小则科举……皆取则于华辞耳，非当世之要言也。虽有精微深博之论，务使天下之义理不可逾越，然亦空言也。盖一代之好尚既如此矣，岂能尽天下之虑乎？"①在他看来，乱世之时若儒学还多停留于普遍、绝对的"天理"论证上，即使能发展出华丽工巧的辞藻，或是"精微深博"的论说，皆为于世无用之说。他反感任何脱离实际的谋划与论述，甚至认为有些看似精辟之言论是在"妄推天意"："奇谋秘画者，则止于乘机待时；忠义决策者，则止于亲征迁都；沈深虑远者，则止于固本自治；高谈者远述性命，而以功业为可略；精论者妄推天意，而以夷夏为无辨。"②

① （宋）叶适：《叶适集》，中华书局 2010 年版，第 759 页。

② （宋）叶适：《叶适集》，中华书局 2010 年版，第 31—32 页。

因此，叶适提出了“务实而不务虚”。他曾奏议：“臣闻欲明大义，当求公心；欲图大事，当立定论。自献者追愤，自安者忘仇，非公心也。勇者惟欲进，怯者惟欲止，非定论也。善为国者，务实而不务虚，择福而不择祸。条目先定，而始末不差，斯所谓定论矣。”[①] 他认为国家治理重在确立能实现“公”的定论，而定论之立须“条目先定”“始末不差”，即要立于严谨务实、细致准当之论上。所以叶适主张儒家要以经制言事功，其言从上古圣人伏羲到孔子“道始存于经”，从孔子至今则是“其经始明，有能施之治，殆庶几乎”。也即是说，经制要施用于国家治理上，儒家要发扬儒家精神、剖析儒家义理去处理亟待解决的国家和社会的现实问题。

叶适认为其时的理学家大都高谈心性之说，一味关注以内反为主的个体精神修养，多流入空疏之谈，故而其言：“盖以心为官，出孔子之后，以性为善，自孟子始。然后学者尽废古人入德之条目，而专以心性为宗主，致虚意多，实力少，测知广，凝聚狭，而尧舜以来内外交相成之道废矣。”[②] 叶适认为从孟子主张性善的学说之后，儒学便成了专于心性而疏于对外在客观世界探寻的学问，上古圣人所倡导的“内圣外王”之道便不复存在。

有鉴于此，叶适更为强调“天理”不可离“器物”，不谈“理”的普遍绝对性，而谈道在物中，他说：“按古诗作者，无不以一物立义，物之所在，道则在焉，物有止，道无止也，非知道者不能该物，非知物者不能至道；道虽广大，理备事足，而终归之于物，不使散流，此圣贤经世之业，非习为文词者所能知也。”[③] 即道与理虽至上而为万事万物之本，但离物却无道亦无理，儒学之经典言论之所以论理言道，乃是为落实作用于物事上的，若仅是穷究文词训诂，便是不明圣人之深意。而物之道亦非固而不化之物，其随物之变而变，叶适说：“其道在于器数，其通变在于事物。”叶适所论的道更多的是指事物的特性、规则等，其言：“无验于事者其言不合，无考于器者其道不化，论高而实违，是又不可也。”[④] 道只有验证且变通于具体的物事上，才有讨论的意义，否则道便沦为看似高深却迂阔偏颇的谈资而已。

叶适认为对个体修养而言，乃“道之极也，圣人之终事也”，修道成圣是其身为儒士的最高追求。然何以修道？叶适之所以论“道器不离”，便旨在言人“因物见理”而修道。其引《中庸》的“诚者物之终始，不诚无物”一句，强调“君子

① （宋）叶适：《叶适集》，中华书局 2010 年版，第 617 页。

② （宋）叶适：《习学记言序目》，中华书局 1977 年版，第 207 页。

③ （宋）叶适：《习学记言序目》，中华书局 1977 年版，第 702 页。

④ （宋）叶适：《叶适集》，中华书局 2010 年版，第 694 页。

不以须臾离物”，只有不离物才是“知之至”和“物格之验”，他说：“有一不知，是吾不与物皆至也；物之至我，其缓急不相应者，吾格之诚也。”在他看来，作为八条目之端的格物致知，核心在致知的过程须臾与物相即。认知主体与对象不可脱离，而要随时都在感通交感之中，方能落实格物致知，其余条目之意诚心正、齐家治国平天下，亦与格物致知一般，不离物而论。因此，“性命道德未能超然遗物而独立者也”，成圣之人必然是能内圣外王者，即唯有性命道德与事功皆落实于一身之人方可为圣。

同时，叶适认为圣人理想德性之“中庸”，亦是内圣外王的体现。“中庸”不可如二程“不偏之谓中，不易之谓庸。中者，天下之正道；庸者，天下之定理”①的训释，即“中庸”不可完全本体化、形上化，而应遵古训：“庸字古称‘弗询之谋勿庸’‘自我五礼有庸哉’，‘生生自庸’‘庸庸祗祗’……《丧服四制》‘此丧之中庸’，大抵为用、为利、为实、为常之义。《周官》‘以乐德教国子，中、和、祗、庸、孝、友’，然则中庸之为德，岂其此类也欤？”②即叶适突出“庸”的“用”之义，以明中庸体用为一之论，重视“中庸”对现实生活中实际效用的关注。正由此，他批评道：“后世无所据执而以意言之，虽服膺拳拳，不敢失坠，而以义理为空言之患未忘也，此亦学者之所当思也。”③即后儒虽重视敬畏中庸学说，但却将中庸义理化而使之多陷于“空言”中去了。

叶适意识到儒学有重“内圣”而轻“外王”的走向，故他一再强调个人外在事功的重要。他认为万物与人生于天地之间是谓“命”，人与天地万物由“命”而有统一性、关联性，但“降命而人独受则遗物，与物同受命，则物何以不能率而人能率之哉？盖人之所受者衷，而非止于命也”，即人之异于物，便是人有主观能动性，能不“止乎命”而寻得自身生命的价值。理学家大多强调人最高的生命价值，在于通过变换后天的“气质之性”，以回归天赋人性的至善“天地之性”，论说重点偏于“天地之性”而言“性只是理”，突出人性天赋之至善。而叶适说：“人心，众人之同心也，所以就利远害，能成养生送死之事也。是心也，可以成而不可以安，能使之安者，道心也，利害生死不胶于中者也。”④他同理学家一般，讲“人心”与“道心”，但其突出的却是人心本自“就利远害”的一面，类似于荀子以人生来具有的自然属性、本能欲望来规定人性。其言：“凡人心实而腹虚，骨弱而志强，其有欲于物者势也，能使反之，则其无欲于物者亦势也。圣人知天下之所欲，

① （宋）程颢、程颐：《二程集》，中华书局2004年版，第100页。

② （宋）叶适：《习学记言序目》，中华书局1977年版，第111页。

③ （宋）叶适：《习学记言序目》，中华书局1977年版，第112页。

④ （宋）叶适：《习学记言序目》，中华书局1977年版，第52页。

而顺道节文之使至于治。”[①] 他认为人天生之欲本为客观趋势，但人可以通过后天的“顺道节文之使至于治”，而将“无欲”变为趋势，强调外在礼义法度对人性规整改造的重要作用，主张人于后天事物上修养自身，故黄宗羲评叶适教人“就事上理会，步步著实，言之必使可行，足以开物成务”。[②]

对于国家治理来说，叶适认为须“建皇极”以达儒家的“外王”。“皇极”语出《尚书·洪范》，叶适所谓的“建皇极”，即建立一个最为可靠和大公的礼义法度规则。皇极依器物建立，又规定超越器物，叶适说：“夫极非有物，而所以建是极者则有物也。君子必将即其所以建者而言之，自有适无，而后皇极乃可得而论也。”只有建立在事物上的皇极，才是“道德之本，众理之会”，即众人须持同一极则规约自身，才可内圣而外王。叶适总结道：“耳目聪明，血气平和，饮食嗜好，能壮能老，一身之极也；孝慈友弟，不相疾怨，养老字孤，不饥不寒，一家之极也；刑罚衰止，盗贼不作，时和岁丰，财用不匮，一国之极也；越不瘠秦，夷不谋夏，兵革寝伏，大教不爽，天下之极也。”[③] 即个人修养、宗族和睦和国家安泰的推进，由皇极的建立得以保障和施行。

二、义利相合

正是由于叶适主张儒学当看重事功，因而他言儒学不可脱离与事功息息相关的“利”。他批评董仲舒“轻利重义”说道：“仁人正谊不谋利，明道不计功，此语初看极好，细看全疏阔。古人以利与人而不自居其功，故道义光明。后世儒者行仲舒之论，既无功利，则道义者乃无用之虚语尔；然举者不能胜，行者不能至，而反以为诟于天下矣。”[④] 在他看来，“昔之圣人，未尝吝天下之利”，后世不当遵从董仲舒“不谋利”之说，圣人从未吝于、耻于言利，而“陋儒不晓，一切筑垣而封之，反以不言利自锢”，即陋儒才会割裂义利，讳言利而故步自封。

首先，儒学向来肯定人的正常欲望。孔子便言富与贵乃“人之所欲”，荀子更说人生而“饥而欲食，寒而欲暖，劳而欲息，好利而恶害”[⑤]。理学家二程亦肯定了圣人不能“全不较利”，朱子更直接指出欲望乃人之常情，“君子未尝不欲利”，君子、小人在“欲富贵而恶贫贱”上是一致的。叶适反对人性本静之说，其云：

---

① （宋）叶适：《习学记言序目》，中华书局 1977 年版，第 211 页。

② （清）黄宗羲：《宋元学案》，中华书局 1986 年版，第 1696 页。

③ （宋）叶适：《叶适集》，中华书局 2010 年版，第 728 页。

④ （宋）叶适：《习学记言序目》，中华书局 1977 年版，第 324 页。

⑤ （战国）荀子：《荀子》，中华书局 2015 年版，第 45 页。

“‘人生而静，天之性也，感于物而动，性之欲也’，但不生耳，生即动，何有于静？以性为静，以物为欲，尊性而贱欲，相去几何。”① 即言人性表现出“动”的生命力而不可言“静”，动与物相接则生欲，故人性存欲本即合理之事，不可“尊性而贱欲”。叶适赞同人正常的逐利行为，认为“其途可通而不可塞，塞则沮天下之望；可广而不可狭，狭则来天下之争”，蔽塞于利反而是狭隘的认识，只会引来更大的争端。

其次，儒家论“利”是与“义”紧密相连的，义被视为利的限制，使利在义的管摄、约束下方能不戕害人心。孔子说：“今之成人者何必然？见利思义，见危授命，久要不忘平生之言，亦可以为成人矣。”（《论语·宪问》）孔子提出了“见利思义”之说，强调在得利时，不忘提醒自己所得是否符合“义”的要求，其言：“不义而富且贵，于我如浮云。”《论语·述而》。在荀子看来，义必然要成为前提，利必须遵从义，利以义为本，“先义而后利者荣，先利而后义者辱”（《荀子·荣辱》）。面对欲利时，也必须“前后虑”，即详尽地考量其有无“可恶”“可害”的不合义处。二程亦指出，虽说人如无利便“直是生不得”，如人若因坐椅子而安逸为自然之“利”，但若“求安不已”，如要求褥子以求温暖而“无所不为”，继而夺之于君、父，这便“趋利之弊”。此即十分明确地解释了什么样的利才是符合义的，也就是当利不妨害自身德性修养和他人的时候，义利才是统一的，因而程子总结说：“圣人于利，不能全不较论，但不至妨义耳。”②

叶适说：“古人之称曰：‘利，义之和。’其次曰：‘义，利之本。’其后曰：‘何必曰利？’然则虽和义犹不害其为纯义也，虽废利犹不害其为专利也，此古今之分也。”③ 即古时言义为逐利所本，义利相合不可割舍，而今却妄作分别。在论义利的关系时，就“私利”而说道：“有己则有私，有私则有欲，而既行之于事矣，然后知仁义礼乐之胜己也，折而从之。”④ 即“义”来限制自身私利私欲的膨胀。孔子说：“富而可求也，虽执鞭之士，吾亦为之。”其间“可求”之利，即为合乎义之利。所以叶适认可的利便是利而“不自居其功”，即义利相合之利。正由于此，叶适阐释《周易·系辞上》中的“崇高莫大乎富贵”时说：“是以富贵为主，至权与道德并称，《书》《诗》何尝有此义，学者不可从也；从之，则富贵不足以成道德，而终至于灭道德矣。”⑤ 虽得利不足以成义，私利泛滥还会泯灭义，但名利富贵与道德修

① （宋）叶适：《习学记言序目》，中华书局1977年版，第103页。

② （宋）程颢、程颐：《二程集》，中华书局2004年版，第396页。

③ （宋）叶适：《习学记言序目》，中华书局1977年版，第155页。

④ （宋）叶适：《习学记言序目》，中华书局1977年版，第155页。

⑤ （宋）叶适：《习学记言序目》，中华书局1977年版，第47页。

养却也是并重的。他还举孔子“饭疏食，饮水，曲肱而枕之，乐亦在其中矣。不义而富且贵，于我如浮云”一句，言古人所尚之德，乃“欲德兼物，不能兼则舍物而自乐也”，突出了利义并重的观点。

再者，叶适认为天地本以“大利”而润泽万物，圣人明之而论义利相合来治理民众。孔颖达曾注疏《易》中有关“利”的语句：“天能利益庶物，使物各得其宜而和同也。”“君子利益万物，使物各得其宜，足以和合于义，法天之利也。”[①]此即言君子可效仿天，使万物合乎义而可各得其宜，天下可得平和顺调。程颐亦言“利”有“万物之遂”之义，认为义利相和方能“利物”，“岂有不得其宜而能利物者乎”。叶适指出，在“天地之初，皆夷狄”的时候，为争利而“相攘相杀，以力自雄，盖其常势，虽炎黄之道以御之，不能止也”，直到尧禹“以身为德，感而化物，远近丕变，功成治定，择贤退处，不为己有，而忠信礼让之俗成矣”，即制定了可规约逐利泛滥的“忠信礼让”，为解决争利引发的乱世，圣人“先人后己，徙义远利”。

叶适虽说圣人“徙义远利”，却是达成了合乎义的“大利”。他说：“必尽知天下之害，而后能尽知天下之利。”为治“天下之害”而徙义远利，实际是为了满足“天下之利”。何为天下之利？他阐释乾卦之“乾，元亨利贞”时，说：“乾始能以美利利天下，不言所利，大矣哉。”在他看来，乾道大化流行而润泽施利万物，天地间的气象万千、生生不息便是“大利”。而上古圣人便是致力于效法天之大利，“《诗》《书》所谓稽古先先民者，皆恭俭敬畏，力行不息，去民之疾，成其利，致其义”[②]。所以叶适指出，虽要强调仁义而“而讨除天下不仁不义之人”，亦认识到逐利存在潜在的忧患，但不当“放绝屏远而不言”，反而言利而能“虽酒食之微而皆不得以自肆”，使得“上下习为辞逊而不可争”，人人可在正常范围内即在“义”中逐利，便可成“天下大利”。[③]

因此，叶适主张国家治理要以天下之利为出发点：“唐之太宗……利在仁义而行仁义，利在兵革而用兵革，利在谏诤则听谏诤，惟所利而行之。”在上者要“惟所利而行之”，政策举措的制定皆须落实于民利上，将民利视为第一要务。但国家的惟利而行也要以“义”作为规范，其言：“盖唐、虞、夏、商之事虽不可复见，而臣以《诗》《书》考之，知其崇义以养利，隆礼以致力。”[④]统治者亦始终以“义”要求自身，他以农种举例指出，君子义先而小人利先：“义勇而先，利怯而

---

① （清）阮元校刻：《十三经注疏》，中华书局1980年版，第15页。

② （宋）叶适：《习学记言序目》，中华书局1977年版，第322页。

③ （宋）叶适：《叶适集》，中华书局2010年版，第706页。

④ （宋）叶适：《叶适集》，中华书局2010年版，第674页。

后，君子也；小人反是。然则廉者种之，贪者毁之也……为其厚不为其薄，治于己不治于人，宁散无积，宁俭无忕，皆所以种而不敢毁也。朝种暮获，市人之德也；时种岁获，农夫之德也；种不求获，不敢毁，不敢成，圣贤之德也；冲漠之际，万理炳然，种者常福，毁者常祸，天地之德也。"[①] 他认为小人贪得无厌，只会毁利而常伴灾祸；而在上者应如君子舍过剩之私利，最终以其德、其义而成就天下之利，此便同于荀子"利而不利，爱而不用"的治国主张，是为"义以生利"的彰显。

三、农商并重

叶适认为若要以利治国，则必须将农业与工商一同重视起来。古代一直存在"重农抑商"的政治举措，这在一定程度上压制了私有经济的发展。传统上认为私人工商业会对小农经济、专制经济体系造成严重的破坏，如荀子说："工商众则国贫。"所以他们主张"驱民归农"并"轻徭薄赋"，使民安于专制下的小农经济。在上述原因和儒家精神影响之下，传统政治重仁义道德之专制，限制了私有经济的发展。因此，直到清朝，在所有职业中，从事商业与手工业的人数占比依旧是最少的。

叶适正是看到了重农抑商之弊，故说："按《书》'懋迁有无化居'，周讥而不征，春秋通商惠工，皆以国家之力扶持商贾，流通货币，故子产拒韩宣子一环不与，今其词尚存也。汉高祖始行困辱商人之策，至武帝乃有算船告缗之令，盐铁榷酤之入，极于平准，取天下百货自居之。"[②] 即古时儒家并未抑制商贾发展，而直到汉高祖之时才有"困辱商人之策"，取民之利来满足自己的私欲。所以叶适十分反对在上者以"抑"来制定政策，来限制工商民利，"臣以为必有不抑天下之道，而使之知其上有皆欲与之之心""凡天下之治出于抑者皆过矣"，过分抑制工商只会适得其反，使民众无法正常合理地得利。

他认为世有"四民"，即士、农、工、商四种职业划分，其中农业不可被看作"日用之粗"，他认同周公以农业为"王业"的观点，"古人未有不先知稼穑而能君其民，能君其民未有不能协其居者"，这也是延承以农为本的政治立场。然而他反对古之以工商为末，而"抑末厚本"的举措，其言："夫四民交致其用而后治化兴，抑末厚本，非正论也。使其果出于厚本而抑末，虽偏，尚有义。若后世但夺

① （宋）叶适：《叶适集》，中华书局2010年版，第184页。

② （宋）叶适：《习学记言序目》，中华书局1977年版，第273页。

之以自利，则何名为抑？恐此意迁亦未知也。”[①] 也就是说，虽抑末厚本之论在明义方面有可取之处，但后世通过此论而竞相夺利，便生许多祸端。所以四民是不同且不分轻重的社会分工，社会发展需四民“交致其用而后治化兴”，不可厚此薄彼而要使之各司其职。在叶适之前，范仲淹曾写《四民诗》：“吾商则何罪，君子耻为邻。”陈亮也曾因王安石“青苗之政惟恐富民之不困也；均输之法，惟恐商贾之不折也”[②]，而反对王安石新法。这也说明，叶适实际也是顺应了前人要求重商贾的时代诉求。

之所以要重商，一方面是工商业可为国家带来强劲的财力支撑。叶适说：“今事之最大而当极论之，论之得旨要而当先施行者，一财也，二兵也。”即国家的经济发展、财政管理、军事治理，皆为当前国家政策最需关注讨论且最先落实施行的。其中，他指出财用如果枯竭，则国家必然衰弱而后颓败，故其言：“财用，今日大事也，必尽究其本末而后可以措于政事。欲尽究今日之本末，必先考古者财用之本末。”[③] 儒学要对政事本末进行考究，便需先循古财用之道，以解决“今日大事”。

另一方面，民众有自利的合理性和必要性，其言：“夫山泽之产，三代虽不以与民，而亦未尝禁民以自利。”即古之圣人便未曾限制民众自利，“古人以利和义，不以义抑利”，国家不当抑制私人工商业的发展。以儒家内圣学说而言，无论从事何种职业皆无妨圣修。后世王阳明提出“古者四民异业而同道”，其言：“士以修治，农以具养，工以利器，商以通货，各就其资之所近，力之所及者而业焉，以求尽其心。其归要在于有益于生人之道，则一而已。”[④] 儒家不曾割裂圣修与职业化的关系，主张“虽终日做买卖，不害其为圣为贤”。孔子曾指出，为政者“因民之所利而利之”，可“惠而不费”，即不妨民自利而惠民。孟子更反对在上者对经济进行垄断，认为“贱丈夫”才会破坏民众正当的商业利益。叶适亦言“工必官府，是使余民艰于器用也”，即政府应放松对经济的全面垄断，给予私有工商业独立发展的空间，甚至还要以“国家之力扶持商贾，流通货币”。

叶适提出了几点重商治国的措施：第一，国家需理财而不可敛财。叶适指出“理财”与“聚敛”有所区别：“自周衰而其义失，以为取诸民而供上用，故谓之理财。而其善者，则取之巧而民不知，上有余而下不困，斯其为理财而已矣。”[⑤] 国家

① （宋）叶适：《习学记言序目》，中华书局 1977 年版，第 273 页。

② （宋）陈亮：《陈亮集》，中华书局 1974 年版，第 6 页。

③ （宋）叶适：《叶适集》，中华书局 2010 年版，第 770 页。

④ （明）王守仁：《王阳明全集》，上海古籍出版社 1992 年版，第 24 页。

⑤ （宋）叶适：《叶适集》，中华书局 2010 年版，第 657—658 页。

善于理财，是指虽取财于民而使国库余足，但民却不因此而困苦。他推崇的是大禹、周公的“以天下之财产与天下共理之者”，天下之人不可没有“衣食之具”，而人们各自拥有的衣食之具又存在“此有而彼亡”“彼多而此寡”“不求则伏而不见”“无节则散而莫收”“消削而浸微”“少竭而不继”等问题，而问题缘由便在“浚导之无法，则其流壅遏而不行”，在上者不善理财，没有建立健全合宜的经济法度，而圣君贤臣也必然是善理财之人，“若是者，其上之用度，固已沛然满足而不匮矣”。

第二，“因时施智，观世立法”。叶适认为要建立健全合宜的经济法度，要参考国情而应时立法。在他看来，现今的国家财用之急，较之古代尤为严峻，同时南宋又受金的侵犯威胁，国家赋敛骤增使得百姓不堪重负，“经总制钱不除，一则人才日衰，二则生民日困，三则国用日乏”[①]。再而由于南宋人口众多，本当促使南宋全盛而“众强富大之形宜无敌于天下”，但却是“偏聚而不均，势属而不亲，是故无垦田之利，无增税之入，役不众，兵不强，反有贫弱之实见于外，民虽多而不知所以用之，直听其自生自死而已”的国情，人口偏聚而分布不均，土地开垦和人力运用都没能充分调动，便“使之穷苦憔悴，无地以自业……有田者不自垦而垦者非其田，此其所以虽蕃炽昌衍而其上不得而用之者也”。[②]故叶适提出要使民可辟地而税增，从而“居则可以为役，出则可为兵”，增强国力。

但叶适也考虑到，今世不同古时，古时赋税保障民众的内容很多，但后世敛税而对百姓“不教不养，贫富忧乐，茫然不知，因其自有而遂取之”，所以应“轻徭薄税”而减轻民众经济负担，破除陈旧之税制而保障经济发展的和谐。

第三，支持富人商贾。叶适指出，民众利益的掌控不仅出自政府，“夫天下所以听命于上而上所以能制命者，以利之所在”，亦出自富人之“善役使贫弱者，操其衣食之柄”。其言：“今天下之民，不齐久矣。开阖、敛散、轻重之权不一出于上，而富人大贾分而有之，不知其几千百年也，而遽夺之，可乎？”[③]正是富人千百年间左右着国家经济发展，所以在上者不可遵从“俗吏”提倡的“破富人以扶贫弱者”。

叶适之所以为富人商贾辩护，是因为他认为富人可养小民以减轻政府的负担，其言：“小民之无田者，假田于富人；得田而无以为耕，借资于富人；岁时有急，求于富人；其甚者，庸作奴婢，归于富人；游手末作，俳优伎艺，传食于富人

① （宋）叶适：《叶适集》，中华书局 2010 年版，第 776 页。

② （宋）叶适：《叶适集》，中华书局 2010 年版，第 659 页。

③ （宋）叶适：《叶适集》，中华书局 2010 年版，第 659 页。

而又上当官输，杂出无数，吏常有非时之责无以应上命，常取具于富人”[①]。正由此，富人的作为便支撑了州县经济、益于国家经济，即“州县之本，上下之所赖”，故叶适指出，富人“为天子养小民，又供上用”，即使其“厚取赢以自封殖”，分有厚利多权，也应“计其勤劳亦略相当矣”。

当然，叶适也意识到富人之中有“豪暴过甚兼取无已者”，对于这种为富不仁之人，应由官吏进行教戒惩处，使其改过自新。但其认为今“州县狱讼繁多，终日之力不能胜，大半为富人役耳；是以吏不胜忿，常欲起而诛之……不宜豫置疾恶于其心，苟欲以立威取名也。夫人主既未能自养小民，而吏先以破坏富人为事，徒使其客主相怨，有不安之心，此非善为治者也”[②]，即政府不可因仇富而对所有富人施行惩抑之策，否则不仅使富人对社会民众做出的贡献大打折扣，又使政府与富人之间相怨不和，对社会安稳和经济发展来说危害甚重。

在叶适看来，当世儒者一味追求复兴井田古制这种不切实际的想法，又“今之制度又不复立，虚谈相眩，上下乖忤，俗吏以卑为实，儒者以高为名”[③]，国家得不到好的经世之法。为了“因时施智，观世立法”，他认为应鼓励富人商贾积极从事贸易贷放经营，并以此制定相关法令，可“十年之后，无甚富甚贫之民，兼并不抑而自已，天下速得生养之利”，即民利得以“均”，国家经济可速得高效发展。

叶适的事功学说中重利重商的思想，受到了黄宗羲、孙诒让等学者的重视，他们继承了叶适的思想，使得永嘉学派在浙东地区产生了深远的影响，得到了广泛的传播。叶适之说有几方面可取之处：一是践行了义利间的均衡。马尔库塞曾指出，在资本主义市场经济条件下，物质利益驱使着主体成了只追求物欲满足而失却了精神和艺术追求的“单向度的人”。不能片面且工具式地追求自身利益的最大化，而要以“义利合一”的精神指导经济行为，将经济发展与道德修养相结合。二是实现了传统经济伦理的创造性转换。我们走中国特色社会主义现代化道路，实现中华民族伟大复兴，就要继承和弘扬中华民族的优良文化传统。叶适经济伦理中存在诸多可供借鉴的优秀思想资源，能为当今经济伦理建构和保障“商业生态系统”提供重要启示。第三，推进形成“亲”“清”新型政商关系。叶适强调务实发展经济，鼓励私有经济发展，可助力新时代“亲”“清”新型政商关系的建构。

① （宋）叶适：《叶适集》，中华书局 2010 年版，第 657 页。

② （宋）叶适：《叶适集》，中华书局 2010 年版，第 657 页。

③ （宋）叶适：《叶适集》，中华书局 2010 年版，第 657 页。

叶适文学研究

论永嘉文化场域与叶适诗歌的互动

陶　然　邵瑞敏

地域之于文学之影响，不仅仅在于作品中所体现的“文学空间形态，同时也蕴含着地域文化精神”，由此“逐步深入于文化地理的精神本原，并着力探索和揭示彼此的内在关系”，其核心价值指向是“‘地理’之于‘文学’的‘价值内化’作用”①。而引入“文化场域”的意义在于，在文学地理研究中的地域存在，是由自然地理、价值观念等互为关联所组成的一个虚与实、时与空结合的有机整体。读叶适诗歌可以发现，永嘉在其作品中是一个非常显性的存在，不管是当地的风俗景观、还是叶适在当地所进行的一系列人事交往活动，抑或是受到永嘉学脉影响下的文学思想，在叶适的诗歌创作及诗学理论中比比皆是。从地域文化场域的角度去研究叶适的诗歌创作本身及其给当时永嘉甚至南宋诗坛带来的影响，是非常有必要的。

一、叶适在永嘉的活动轨迹

永嘉为浙东名郡，宋代隶属于两浙路瑞安府，统辖永嘉、平阳、瑞安、乐清。叶适祖籍处州龙泉（今属浙江丽水），其族于叶适曾祖一代迁居瑞安。因家境贫寒，居无定所，之后又仕宦游历，因此有必要对叶适在永嘉生活的具体时间地点进行一番梳理，据周梦江《叶适年谱》大致如下：

（一）十三岁之前：绍兴二十年（1150）至绍兴三十二年（1162），据叶适在《母杜氏墓志》中自述云：“叶氏自处州龙泉徙于瑞安，贫匮三世矣。……连困厄，无常居，随僦辄迁，凡迁二十一所。”十三岁左右，叶适随父定居永嘉县城。

① 梅新林：《文学地理学的学科建构》，《华中师范大学学报（人文社会科学版）》2012年第4期，第95页。

（二）十四岁：隆兴元年（1163），在永嘉楠溪求学。

（三）十六岁至十八岁：乾道元年（1165）至乾道三年（1167），在温州乐清县白石北山小学舍讲习。

（四）二十五岁至二十六岁：淳熙元年（1174）至淳熙二年（1175）秋，外出游学回到永嘉。

（五）二十七岁：淳熙三年（1176），在乐清雁荡山僧舍讲学授徒。

（六）二十九岁至三十一岁：淳熙五年（1178）至淳熙七年（1180），丁母忧。

（七）四十八岁至五十一岁：庆元三年（1197）至庆元六年（1200），罢职归家，庆元四年定居永嘉县城郊生姜门外之水心村。

（八）五十五岁至五十六岁：嘉泰四年（1204）至开禧元年（1205），丁父忧。

（九）五十九岁至七十四岁：嘉定元年（1208）至嘉定十六年（1223），落职回乡，奉祠居家。嘉定十六年正月二十日卒，年七十有四。

叶适虽然一生仕途较为坎坷，但其人生轨迹却与永嘉有着密切联系。永嘉作为其幼时启蒙、成年依傍以及晚年定居之地，贯穿了叶适的一生。南宋时期的永嘉作为一个相对明确的地域概念，具有相对稳定的地理属性和文化属性。二者互为表里，构成了永嘉文化场域这样一个有机整体。它既为叶适提供了认知、感受及交际的空间，从而为其诗歌创作提供了书写素材，也使得叶适接受了永嘉学脉渊源的滋养，并赋予了更为鲜活具体的诗学思想创新和实践。与此同时，在文学研究中，"空间活动或空间存在，不仅可以成为文学所使用的象征工具，也可被当成角色认知的领域。"[①] 叶适作为永嘉学派的代表人物，文学活动及诗歌创作不可避免地会对永嘉文化场域产生反向的影响与成就，这也体现了永嘉本身所具有的文化张力。

相较于对叶适称著于世的散文的推崇，历来学者对其诗歌的评价不一。叶适《水心文集》中存诗三卷，约357首诗，数量并不算多，主要有赠别诗、悼挽诗、题纪诗、风俗田园诗、酬唱诗等。其诗歌作品与永嘉文化场域在景俗、人事以及学理等方面都形成了良性的互动关系。

---

① 王瑷玲：《〈空间与文化场域：空间移动之文化诠释〉导言》，《中国文哲研究通讯》2009年第3期，第128页。

二、作为景俗场域的永嘉在叶适诗歌创作中的体现

永嘉东南临海，三面环山，“当瓯越之冲，负山海之隘”，这使得永嘉保留了独特的地域景观和风土人情。叶适常年辗转永嘉各地，自然对当地的风俗民情和田园风光都有深切的了解和感受，因此在他的诗歌作品中常常能够看到诸多永嘉风物民俗的展现和记录，在这一过程中，叶适的诗歌创作也愈发进益，通过创新诗歌体例不仅扩大了永嘉景俗的知名度，而且赋予了作品独特的个人情思和艺术风貌。

（一）三塘梅林：一洗今古诗人寒俭之态

《瓯海轶闻》卷五十有记载：“永嘉有上塘、中塘、下塘，故云三塘，皆在瓯江之北。”[①] 三塘梅林，尤以中塘梅花最盛。叶适曾作《中塘梅林天下之盛也聊伸鄙述启好游者》，描绘永嘉绵延三塘的梅林盛景：

> 幽花表穷腊，病叟行村墟。所欣一蕊吐，安得百万株！上下三塘间，萦带十里余。荒茨各尊贵，野径争扶疏。愁云忽返旆，急霰仍回车。苍然岁将晚，陡觉天象舒。群帝胥命游，众仙俨相趋。龙鸾变化异，笙笛音制殊。物有据其会，感召惊堪舆。妙香彻真境，态色疑虚无。问谁始种此，岂自开辟初！至今阙胜赏，浩劫随荣枯。儿童候黄堕，捧拾纷筐盂。熏蒸杂烟煤，转卖倾江湖。胭脂蘸罗縠，终艳生裙襦。和羹事则已，甘老山中臞。以兹媚妇女，又可为嗟吁。夜阑烛烬短，月淡意踌躇。林逋与何逊，赋咏徒区区。[②]

叶适好友戴栩作《赏梅游中塘分韵得影字呈水心》与之唱和。不久之后，叶适故地重游，作《余顷为中塘梅林诗他日来游复作》：

> 侧闻中塘好，曾赋劝游篇。凌江入枉浦，聊复信所传。化工何作强，耿耿不自怜！山山高相映，坞坞曲相穿。林光百道合，花气千村连。风迎乱駊騀，日送交婵媛。天回徂阴后，地转升阳前。初如别逃秦，疏附耻独贤。又疑未兴周，掩拥欣俱全。惜哉见之晚！重寻畏凋年。一省三叹息，十步九折旋。诗家诧梅事，槁干陋肥鲜。常于寒角晓，爱彼明冰悬。疏枝涩冷艳，小窗露孤妍。吟悲炙留嗛，句喜珠离渊。忽兹遇众甫，欲彀羞断弦。无以寄美人，千室炊莫烟。明朝指行处，雾雨空迷田。[③]

---

① （清）孙衣言撰：《瓯海轶闻》，上海社会科学院出版社 2005 年版，第 1422 页。

② （宋）叶适：《叶适集》，中华书局 2010 年版，第 54 页。

③ （宋）叶适：《叶适集》，中华书局 2010 年版，第 55 页。

这两首诗对永嘉三塘梅花的景色进行了细致的刻画，“荒茨各尊贵，野径争扶疏”，“山山高相映，坞坞曲相穿”，叶适漫步在蜿蜒曲折的梅径上，“林光百道合，花气千村连。风迎乱駊騀，日送交婵媛”，诗人欣赏着光影交错下花枝颤动的梅花，沉浸在清冷幽美的梅香中，十分陶醉。除了对梅林本身的描写之外，诗人在第一首诗中还融入了当地百姓的日常生活，儿童捧拾满筐梅花、梅枝熏蒸烟煤、晕染胭脂裙襦、以盐梅和羹等等，将永嘉梅林与当地百姓的日常浑然结合在一起进行描写，整首诗充满了世俗烟火气息，也凸显了三塘梅林在永嘉的特殊地位。第二首则一反宋代诗家赏梅的常态，打破了梅花惯常以疏枝冷艳姿态出现在诗歌作品中的定式。梅花在大多数诗人的笔下是孤绝而内向的，但是在叶适笔下，在永嘉梅林，梅花的美是热烈而炫目的，这既是永嘉梅林的独特之处，也表现出叶适独特的审美情趣。刘克庄对叶适这两首咏梅诗评价云：“水心，大儒，不可以诗人论。其赋《中塘梅林》……此二篇兼阮、陶之高雅，沈、谢之丽密，韦、柳之精深，一洗今古诗人寒俭之态矣。”[①] 永嘉三塘梅林盛景为叶适的诗歌创作提供了素材，但需要指出的是，叶适这两首写梅诗的亮点在于其对宋人梅花审美固化的一种转变，所谓的“高雅”“丽密”“精深”“一洗今古诗人寒俭之态”，是叶适诗歌创作志趣的一种反映。当然，这种创作也将绵延三塘的梅花以及当地百姓的淳朴日常以更加生动精彩的形式去呈现流传。

（二）柑橘：不唱《杨枝》唱《橘枝》

“有林皆橘树，无水不荷花”[②]，柑橘是永嘉特产，梁章钜《浪迹续谈》有一则云：“永嘉之柑，俗谓之瓯柑，其贩之京师者，则谓之春橘，自唐宋即著名。”[③] 孙衣言《瓯海轶闻》中亦说：“永嘉柑为天下冠。”[④] 与叶适同时代的韩彦直著有《橘录》一书，详细记载了永嘉柑橘类果树的品种以及栽培技术等知识。在叶适的诗歌作品中，“柑橘”意象屡见不鲜，如：

> 掩肆花竹秀，排门柑橘馨。（《题柳山人壁二首》其一）[⑤]
>
> 林黄橘柚重，渚白蒹葭轻。（《王简卿侍郎以诗赠王孟同王成叟之侄也辄亦继作》）[⑥]

---

① （清）陶元藻辑：《全浙诗话（外一种）》，浙江古籍出版社 2017 年版，第 362—363 页。

② （宋）叶适：《叶适集》，中华书局 2010 年版，第 94 页。

③ （清）梁章钜：《浪迹续谈》，福建人民出版社 1983 年版，第 56 页。

④ （清）孙衣言撰：《瓯海轶闻》，上海社会科学院出版社 2005 年版，第 1419 页。

⑤ （宋）叶适：《叶适集》，中华书局 2010 年版，第 93 页。

⑥ （宋）叶适：《叶适集》，中华书局 2010 年版，第 54—55 页。

花溪初逢日苦短，橘洲重寻意更长。(《送巩仲同》)[1]

放出江边无数橘，半黄半绿恼骚人。(《送吕子阳二绝》其一)[2]

试割冰鲈犹脆薄，重飧野橘尚甘辛。(《直院中书莫公殂往哀痛不能成文辄留小诗灵几并致鲈鱼金柑为奠》)[3]

从中可以看出，柑橘在永嘉种植规模大，“排门柑橘馨”，出门即能看到柑橘的种植，与永嘉百姓的日常生活紧密联系，在交游、送别、祭祀等寻常活动中也能看到柑橘的出现。“半黄半绿恼骚人”，诗人甚至还借“柑橘”意象表达送别友人时的不舍愁绪，柑橘在叶适诗歌中的表现力可见一斑。叶适有《看柑》诗专门吟咏永嘉柑橘：

窈窕随塘曲，酸甜在橘中。所欣黄一半，相逐树无穷。

习啖成真性，悲歌记土风。惭非美人赠，采摘恣村童。[4]

此诗既描绘了自己所见永嘉种植柑橘规模之大，又表达了自己对酸甜可口的柑橘的喜爱。与其说这首诗是诗人在写自己对于看柑啖橘的感受，不如说是作者尝试以一个普通永嘉百姓的视角来写日常生活中的柑橘。不仅如此，叶适还继承刘白《竹枝词》《杨柳枝词》传统，独创了具有永嘉特色的《橘枝词》，有《橘枝词三首记永嘉风土》：

蜜满房中金作皮，人家短日挂疏篱。判霜剪露装船去，不唱《杨枝》唱《橘枝》。

琥珀银红未是醇，私酤官卖各生春。只消一盏能和气，切莫多杯自害身。

鹤袖貂鞋巾闪鸦，吹箫打鼓趁年华。行春以东峥水北，不妨欢乐早还家。[5]

第一首写冬至前后橘子成熟饱满后，家家户户边采摘“判霜剪露”边高唱《橘枝词》的劳动场景，第二首则写永嘉百姓酿酒、酤酒、劝酒的习俗，第三首则是描绘当地人民载歌载舞、及时行乐的情景，整组诗生动地展现了柑橘成熟后乡间风光以及永嘉百姓的劳动生活和日常相处，充满了清新自然的乡土气息。“不

---

① （宋）叶适：《叶适集》，中华书局2010年版，第71页。

② （宋）叶适：《叶适集》，中华书局2010年版，第135页。

③ （宋）叶适：《叶适集》，中华书局2010年版，第117页。

④ （宋）叶适：《叶适集》，中华书局2010年版，第94页。

⑤ （宋）叶适：《叶适集》，中华书局2010年版，第125页。

唱《杨枝》唱《橘枝》",于《竹枝词》《柳枝词》之外别创《橘枝词》,彰显永嘉本土特色,在一定程度上也提高了永嘉柑橘的知名度,同时反映了叶适在诗歌创作中的创新意识。"水心此诗……改《竹枝》为《橘枝》,以见别出心裁,于是清人纷纷效之。汪钝翁(琬)作《洞庭橘枝词》矣(水心所记,永嘉风俗也,钝翁所记,苏州洞庭山风俗也),顾涑园作《桃枝词》矣(见《耐冷谈》,涑园是号,名待考),又有人记粤东风俗而作《荔枝词》,记日本风俗而作《樱枝词》矣。凡是木名,无不可以借用。皆自叶水心开其端也。"①

(三)端午行:民俗文化的记录

永嘉临海,有很强烈的龙信仰和水神崇拜,加上百姓务实进取、争强好胜的品格,因此端午节是当地最隆重热闹的节日。叶适有《端午行》《后端午行》《永嘉端午行》和《端午思远楼小集》四首作品对永嘉端午习俗进行吟咏。

> 行春桥东峙岩北,大舫移家住无隙。立瓶叵罗银价踊,冰衫雪裤胭脂勒。使君劝客亲付标,两朋予夺悬分毫。起身齐看船势侧,桡安不动涛头高。古来净水斗胜负,湖边常赢岂其数。岸腾波沸相随流,回庙长歌谢神助。只今索莫何能为,败鼓搅壕观者稀。千年风土去不返,醉里冤仇空展转。(《永嘉端午行》)②

仙门汇聚瞿溪、雄溪、郭溪,河面宽阔,河道长直,又位于中心地带,是赛龙舟的理想之所。叶适这一组诗记录了永嘉当地端午节凭吊屈原、龙舟竞渡等习俗,以《永嘉端午行》诗为例,拥挤的人潮,飞涨的酒价,飘扬的罗裙,无不昭显节庆的热闹。接着描写了观众目不转睛关注龙舟竞赛的情景,船舫甚至也跟着倾侧,随后胜负分出,岸上一片沸腾,一派端午官民同乐的和谐景象。除此之外,诗中如"回庙长歌谢神助"就是永嘉赛龙舟特有的习俗,龙舟竞渡活动结束之后,会将龙舟抬上岸,在庙里举行请神仙归位的安神仪式,这叫作"收殇""收香"或"收仙"。除了端午节之外,叶适还有"并将束苇熏天焰,回得阳和捧日轮","艾褐家细阔阔裁,抱孙携子看灯来"③ 描写元宵看灯习俗等等。

永嘉景俗场域以其舒适宜人的自然环境、繁荣安定的社会生态以及安逸积极的生活方式为叶适的诗歌注入了自然物候、风情民俗等素材内容,更重要的是,在这种文化的熏陶下,叶适逐渐形成了一种闲适包容的创作风格,并在此基

---

① 胡怀琛编:《中国文学辨正》,商务印书馆 1927 年版,第 50—51 页。

② 胡怀琛编:《中国文学辨正》,商务印书馆 1927 年版,第 51 页。

③ (宋)叶适:《叶适集》,中华书局 2010 年版,第 124 页。

础上进行发展创新，对当时诗坛表现方式以及诗歌风格等都有所影响。与此同时，叶适通过其诗歌作品记载了永嘉的风物民俗，使其渗透到诗歌中，留下了丰盈的文化记忆，这些作品的流传也反作用于永嘉文化场域，产生了超越时空的影响力。

三、作为交游场域的永嘉与叶适诗学体系的相互促进

两宋以来，浙东地区学术活动活跃，学者辈出，而“温州多士为东南最”，再加上当时书院讲学之风兴起，文人学者交往愈加频繁。叶适在中年定居水心村之前，除了外出游学、做官之外，由于家道贫穷，一直在永嘉各地求学讲学，许多学者都与其有师友关系，处于永嘉文人交游圈中心，叶适诗歌也多是题赠、送别、悼挽之作。因此，永嘉也是叶适人事、学术和文学交游的场域空间，叶适诗学体系的建构和文学创作风格的塑造离不开永嘉文化场域的影响。叶适与他人的各种互动自然也会对此交游场域产生一定的反馈，对永嘉诗学的建立发展也有一定的导向作用。

（一）承教多师：追求平淡质实的诗风

叶适出身贫寒，无法延师教读，只有坚持游学向当地的学者请教问学，因此叶适师友良多，如陈傅良、刘愈、郑伯熊、薛季宣等当地名儒。叶适承教多师，这些儒者的诗学思想也影响着叶适。

据周梦江先生所考，叶适向陈傅良问学大约在叶适少年时期，所作《宝谟阁待制中书舍人陈公墓志铭》中说：“余亦陪公游四十年，教余勤矣。”[①] 在文学创作上，陈傅良主张平淡自然，他指出：“论事不欲如戎兵，欲如衣冠佩玉严整而和平。作文不欲如组绣，欲如疏林茂麓窈窕而敷荣。”“要其归，大抵贵平而恶凿，不以私意传公道。”这一点为叶适所接受，他曾在《题陈止斋帖》中评价陈傅良诗道：“余尝评公不用诗家常律，及其意深意精，自成宫徵，而工诗者反皆退舍，殆过古人矣。然惟公能之，欲学者辄不近也。”叶适受此影响，反对在文学创作中过度修饰，比如他曾经批评屈原的辞赋创作：“而悲愤刻约，琢外巧之卉木，遂变风雅而为丽淫者，亦不自悟其失也。”[②] 叶适曾在郑伯熊门下求学，《宋元学案》中将其视为“郑氏门人”。叶适在《祭郑景望龙图文》中有言：“某之于公，长幼分

① （宋）叶适：《叶适集》，中华书局 2010 年版，第 300—301 页。

② （宋）叶适：《叶适集》，中华书局 2010 年版，第 140 页。

殊，登门晚矣，承教则疏。"[①]虽受教不多，但确曾登门求学。叶适在为郑伯熊所作的《东溪先生集序》中评价其文说："文不为扶疏茂好，惟自根极而成者，无不具也。"即文学应当以内容为根本，不要过度追求文辞的繁复华丽。这一点与陈傅良所推崇的文学风格类似，为叶适所肯定。对文风诗风平淡自然的提倡，最终的指向是质实。以叶适《送郑景望二首》为例：

两地旌旗一闰中，十年监牧九卿崇。安舆遍就东南养，遗俗将陶《雅》《颂》功。爱护元身如宝玉，节宣时序戒瞑鑫。遥知独上千山路，处处梅花逐暖风。

江左诸贤尽凋落，迩来名字未深知。愿公年德加前辈，救世勋庸莫后时。国重四维人建立，天还一统道藩篱。弥纶康济何曾极，自古忠臣不远期。[②]

叶适在诗中并未流露出过多送别时的离愁别绪，相反花了很多笔墨表达对郑景望学术地位的尊崇，同时以一种务实的口吻表达出希望郑景望爱护元身、发扬学统的期待，诗风平淡自然。

（二）好友交谊：对唐诗的扬弃

叶适交游广泛，好友众多，在其交游圈中，永嘉文人占绝大多数，如徐元德、戴溪、王楠、薛叔似、许及之、徐谊、蔡幼学等。在与好友的文学交往中，除了日常人际交往之外，叶适也时常与友人论诗谈道，抒发自己对诗歌创作的观点和看法。

叶适对潘柽文学成就评价极高，韦居安《梅磵诗话》曰："水心先生序其诗集，言德久十五六，诗律已就，永嘉言诗皆本德久。读书评文，得古人深处。"可见对其之欣赏。据《温州府志》记载，潘柽"平生喜为诗，下笔立成，声名籍甚，永嘉言唐诗自柽始"。叶适《送潘德久》一诗：

每携瘦竹身长隐，忽引文藤令颇严。闻道将军如郤縠，不妨幕府有陶潜。江当阔处水新涨，春到极头花倍添。未有羽书吟自好，全提白下入诗奁。[③]

虽然是送别诗，但这首诗主要以论诗为主，叶适在诗中对潘柽的诗极为推崇，认为他是永嘉复行唐体的先驱，充分赞扬了他的诗歌创作成就，从中亦可见

① （宋）叶适：《叶适集》，中华书局2010年版，第564页。

② （宋）叶适：《叶适集》，中华书局2010年版，第111页。

③ （宋）叶适：《叶适集》，中华书局2010年版，第113页。

其对唐诗的肯定态度。但是他在《王木叔诗序》中又写道：

> 木叔不喜唐诗，谓其格卑而气弱，近岁唐诗方盛行，闻者皆以为疑。夫争妍斗巧，极外物之变态，唐人所长也；反求于内，不足以定其志之所止，唐人所短也。木叔之评，其可忽诸！①

从叶适与潘柽、王楠的文学交往中可以看出，叶适认可唐诗“取成于心，寄妍于物，融会一法，涵受万象”的长处，认为唐诗值得推崇，但他对唐诗“格卑而气弱”的短处也有所认知。这段话虽然是其转述王楠的看法，但也反映出叶适本人的诗学思想倾向和喜好。再如叶适《题方武成诗卷》诗中有言：“谩呼贾岛为同社，莫遣陶潜是别宗”一句，劝诫方武成不要以晚唐诗人贾岛为宗，也说明他对唐诗有所扬弃的态度。

叶适与好友进行文学交往的方式主要有酬唱、作序、题诗等方式，不同的作品所体现出叶适的诗学观点有所不同，这看似是一种矛盾，其实不然。一方面，在不同的场合，叶适想要表达的观点的侧重点有所不同，另一方面，叶适正是通过这种文学上的交往切磋，其文学观念和诗学思想才会愈发成熟，表达也更为合理。

（三）讲学执教：对诗学风气的引导

叶适一生都在讲学授徒，曾在乐清、平江、永嘉等多地学塾任教。嘉定元年，叶适落职回乡后，一边著述，一边讲学，“叶水心在永嘉，户外之履常满。”叶适弟子众多，《宋元学案·水心学案》列其门人有三十五人，周梦江又补充十八人。②《瓯海轶闻》中列四十八人。叶适在永嘉讲学，不仅有本地学生，更有外地学子慕名前来，使得当地的教育水平有所提升，也传播了永嘉学派文化、引导了学风。

叶适所收永嘉本地学生有徐玑、薛仲庚、蒋叔舆、钱敬直等。薛仲庚“有俊才，至老不第”，曾两次受教于叶适门下。叶适对薛仲庚非常欣赏，曾为其《覆瓿集》作序，有《送薛子长》诗和《赠薛子长》文。其文有言：读书不知接统绪，虽多无益也；为文不能关教事，虽工无益也；笃行而不合于大义，虽高无益也；立志不存于忧世，虽仁无益也。今世之士，曰知学矣。夫知学未也，知学之难可也；知学之难犹未也，知学之所蔽可也。③这段话从读书、为文、笃行、立志等方面，对薛子长进行教育勉励，希望学生做学问、做人都以合于大义、学以致用为准则。

---

① （宋）叶适：《叶适集》，中华书局2010年版，第221页。

② 周梦江：《叶适门人考略》，《温州师范学院学报（哲学社会科学版）》1989年第4期，第71页。

③ （宋）叶适：《叶适集》，中华书局2010年版，第607—608页。

除了当地学生之外，也有很多外地学生慕名而来，向叶适求学，如丁希亮、陈耆卿、吴子良、王象祖等人。陈耆卿为台州临海人，《林下偶谈》有多条叶适与陈耆卿讲论诗文的记载。如：“水心与篔窗论文至夜半。……（水心）因问篔窗：‘某文如何？’时案上置牡丹数瓶，篔窗曰：‘譬如此牡丹花，他人只一种，先生能数十百种，盖极文章之变者。’水心曰：‘此安敢当。但譬之人家觞客，或虽金银器皿照座，然不免出于假借；自家罗列，仅瓷缶瓦杯，然却是自家物色。’水心盖谓不蹈袭前人耳。瓷瓦虽谦辞，不蹈袭则实语也。”

（四）编选诗集，著书立说

叶适晚年定居永嘉城郊水心村，奉祠居家，有诸多作品问世，包括编选的诗集和自己的学说著述。相较于讲学授徒，诗集和著述是以一种相对静态的方式去凝练和传播思想和立场，从而对其所存在的文化场域形成互动的模式。

吴子良在《林下偶谈》中说：“水心之门，赵师秀紫芝、徐照道晖、玑致中、翁卷灵舒，工为唐律，专以贾岛、姚合、刘得仁为法，其徒尊为‘四灵’，翕然效之，有八俊之目。水心广纳后辈，颇加称奖。”除徐玑以外其他三人是否为叶适门人或许有待商榷，但叶适对四灵诗风的欣赏和对四灵作品的看重是毋庸置疑的。据许棐《跋四灵诗选》中记载：

> 蓝田种种玉，檐林片片香。然玉不择则不纯，香不简则不妙，水心所以选四灵诗也。选非不多，文伯犹以为略，复有加焉。呜呼！斯五百篇，出自天成，归于神识，多而不滥，玉之纯、香之妙者欤？芸居不私宝，刊遗天下后世，学者爱之重之。

可知叶适曾经亲自为永嘉四灵编选诗集，共收录五百篇诗歌，由书商陈起为之刊行，风靡一时。这“出自天成，归于神识”的五百篇诗歌自然也在一定程度上代表和传播了叶适本人的诗学理论思想。叶适晚年撰述完成《习学记言序目》一书，该书作为一部学术札记，共五十卷，分经十四卷、诸子七卷、史书类二十五卷，文集四卷，记载了叶适的读书心得和学术思想，其中卷四十七至卷五十集中就《皇朝文鉴》发表了自己的文学批评观点。“在叶适个人事功思想的影响下，简切与实用也成为叶适鉴赏文学语言与文本价值的重要标准。”①

相对而言，永嘉文化场域为叶适诗学体系的生成提供了建构的路径。作为交游场域的永嘉施加给叶适本人及其思想的一个推动力，讲学执教和著书立说则是叶适诗学体系建构以后向外反馈的一个过程，前者的反馈是动态的，后者是

① 刘园园：《叶适的思想学术与文学》，南京大学 2016 年博士论文，第 153 页。

相对静态的。当然这仅仅是相对来说的倾向，因为在这中间，任何一个活动都不是单向性的，作为交游场域的永嘉与叶适诗学体系的建构一定是相互影响、相互促进的。

四、作为精神场域的永嘉与叶适诗学思想的碰撞

永嘉作为一个精神场域，在其内部包含了众多和而不同的学术思想、文学观念。叶适的诗学思想作为其中之一，自然会与其他思想观念相互影响，有所改造，最终成熟蜕变使之更适应在此精神场域内发展并继续反馈。与此同时，任何一个精神场域都不是孤立存在的，同时也在与其他精神场域中的思想观念发生碰撞融合，体现出叶适在建构自身诗学思想体系时的包容性和灵活性。如此循环往复，保证了永嘉精神场域的稳定性。

（一）事功之学，经世致用

作为永嘉学派的集大成者，叶适集学者、政治家与文学家三种身份于一体，事功与义理是其学术思想的内核，也影响了其诗歌作品的创作。同样作为承载思想主张的载体，文章的实用性显然要高于诗歌，因此，叶适并不热衷诗歌创作，其诗歌成就要逊色于其文章，在同时代诗人中并不算突出，而且其诗歌也以赠别、挽词等具有社交实用功能的作品居多。同时，受永嘉事功学派的影响，叶适在诗歌中常常议论说理，体现出经世致用的文人诗的特点。如《送蔡子重》一诗：

> 怜子昔参江上僚，前功如日鬓萧萧。莫轻小县深谷里，续丝运轸琴方调。薄冰未随野梅结，和风已催山杏发。庚文露巧众术同，一心之纯天与通。①

诗人劝勉即将赴任的蔡子重，不要因为小县偏僻就丧失斗志，小县深谷也要济世进取，积极施展才华，造福一方百姓。可以看出诗人关注现实，颇有经世之志。

更进一步地，叶适认为，与文章一样，诗歌同样需要有社会教化的功能，他在《跋刘克逊诗》中说："自有生人，而能言之类，诗其首矣。古今之体不同，其诗一也。孔子诲人，诗无庸自作，必取中于古，畏其志之流，不矩于教也；后人诗必自作，作必奇妙殊众，使忧其材之鄙，不矩于教也。水为沅、湘，不专以清，必

① （宋）叶适：《叶适集》，中华书局2010年版，第75—76页。

达于海；玉为圭、璋，不专以好，必荐于郊庙。”[①] 诗歌具有包容性和社会性，其表现范围的广泛决定了其教化功能的可操作性。在叶适看来，教化功能应当是文学的主要功能，功利主义色彩浓厚。这一点，还表现在其对诗歌创作主题的选择上，如对国事及百姓的关注等，《齐云楼》[②] 一诗中通过对“穷民一宵灯，细巧杂纹织”“亦已困征税”与“王公占上腴，邸观角奇致，是邦聚璀璨”的鲜明对比，揭示了底层百姓生活的艰难以及统治阶级的腐朽堕落；“因循堕和好，俛仰销年岁”“吁嗟久悒悒，胡为长惴惴。夜闻踏歌喧，激烈动哀思”是对当时内忧外患严重，统治阶级不作为的愤慨和抨击；“吴俗固捷疾，吴兵信蜂利。项梁起雠秦，子弟奋投袂。”作者主张抗战，希望人们树立信心，收复国土，抗敌救国，体现了诗人对国事的关心以及忧国忧民的情怀。

就文体而言，诗歌虽然不是永嘉精神场域影响下文人最合适的表达方式，但作为文学的形式之一，同样是不可或缺的。永嘉学者多倡导功利之学，主张关注社会现实，叶适在诗歌创作中也流露出这种思想。永嘉学派的事功思想为叶适的诗学思想提供了更有力的思想支撑，使得叶适在具体的诗歌创作中得以展现更多内容和形式的可能性。这些可能性最终也成为永嘉精神场域中的一部分，并对其他思想产生影响。

（二）表彰四灵，发扬永嘉诗学

叶适与永嘉四灵，二者诗歌观念上的相似并不是偶然，其一，叶适与四灵均为永嘉人，相同的文化场域之内所孕育的学人在学术观念以及文学创作中存在潜在的相似性。其二，如上文所说，徐玑曾求学于叶适门下。叶适《徐文渊墓志铭》提道：“君与余游最早，余衰甚，朋曹亦落。君将请于朝，弃长泰终从余，未及而死。”[③] 二人在学术上存在着传承关系。事实上，除了徐玑之外，叶适与其他三人均存在着文学交往。叶适曾为徐照作《徐道晖墓志铭》，首次将此四人并列称为“同为唐诗者”，还有《徐师屋广行家集定价三百》《薛景石兄弟问诗于徐道晖请使行质以子钱界之》诗，赵师秀作《叶侍郎送红芍药》，叶适为翁卷《西岩集》作序等都表明叶适与永嘉四灵是存在交往的。这就使得他们之间思想上的碰撞成为可能。

叶适在诗文中多次对四灵诗歌的艺术风格表示很高评价并寄予厚望，将其视为重振诗坛新风的希望。程千帆在其《两宋文学史》中指出：“作为永嘉的宗

① （宋）叶适：《叶适集》，中华书局 2010 年版，第 613 页。

② （宋）叶适：《叶适集》，中华书局 2010 年版，第 40 页。

③ （宋）叶适：《叶适集》，中华书局 2010 年版，第 410 页。

主，叶适的文学思想无疑对四灵有直接的影响，他既反对朱熹的贬抑唐诗，又不满于江西诗派只学老杜一家的局限，因而大力肯定四灵的复尊唐体……所以四灵的出现，实是对江西诗派的反动；但就其思想根源而言，却又和永嘉学派对抗程朱理学有关联。”这段话指出了叶适肯定四灵的原因，即纠正江西诗派以及程朱理学的弊病，也就是说，究其根本，叶适表彰四灵的根本原因，是认为其取法唐诗的主张与自己想要去推动诗歌发展的脉络相契合，二者诗学主张上的相似性使得他们互相吸引与肯定。叶适本人对诗歌创作并不热衷，四灵的出现刚好弥补了永嘉诗歌创作中的空白，加上叶适本人在诗歌创作理论中也有所发挥，援引后学是纠正当时诗风弊病、发扬永嘉诗学最合适的做法。但在肯定永嘉四灵的同时，叶适对四灵诗歌创作并不是全盘接受，他同样指出了其“因狭出奇”的弊病。

永嘉四灵和叶适都是永嘉诗学的组成部分，也是永嘉文化场域的组成部分。作为精神场域的永嘉在发展永嘉诗学的过程中为叶适与永嘉四灵诗学思想的融合提供了精神交融的契机与可能。而从叶适本人来讲，他是在借永嘉四灵为跳板，以我为主，为我所用，以达到发扬永嘉诗学的目的，从而对永嘉精神场域进行反作用。

（三）对江湖诗风的灵活包容

永嘉文化场域对叶适的诗学思想及诗歌创作有着极强的渗透和影响，但与其他文化场域一样，这种渗透并不是完全封闭的，因此不同的文化场域之间总是有着交叉、融合，甚至是对抗。叶适与江湖诗人刘克庄、卢祖皋、徐文卿也有交往。钱钟书《宋诗选注》中甚至将叶适归为江湖派[①]。叶适对刘克庄诗歌也颇为欣赏，有《题刘潜夫诗什并以将行》诗：

> 寄来南岳第三稿，穿尽遗珠簇尽花。几度惊教祝融泣，一齐传与尉佗夸。龙鸣自满空中韵，凤咮都无巧后哇。庾信不留何逊往，评君应得当行家。[②]

叶适将刘克庄与庾信、何逊相提并论，认为刘克庄是继二者之后的诗坛行家。又《题刘潜夫南岳诗稿》云：

> 往岁徐道晖诸人，摆落近世诗律，敛情约性，因狭出奇，合于唐人，夸所未有，皆自号四灵云。于时刘潜夫年甚少，刻琢精丽，语特惊俗，不甘为雁行

① 钱钟书：《宋诗选注》，生活·读书·新知三联书店2002年版，第358页。

② （宋）叶适：《叶适集》，中华书局2010年版，第121页。

比也。今四灵丧其三矣，冢钜沦没，纷唱迭吟，无复第叙。而潜夫思益新，句愈工，涉历老练，布置阔远，建大将旗鼓，非子孰当！①

这段话中，叶适先是概括了永嘉四灵的特点，没有回避其缺点。接着鼓励鞭策刘克庄将超越四灵，开创诗坛新风气。还有《赠卢次夔》《哀巩仲至》等诗。由此可见，即便是非永嘉文化场域的产物，只要思想契合，有共通之处，叶适对于江湖诗风同样持有欣赏的态度。这体现出叶适在建构自身诗学思想体系时的包容性和灵活性。从另一个角度来看，这种灵活与包容恰恰也是永嘉学派事功之学的体现。互融过后的诗学思想在永嘉精神场域中，与其内部其他学术思想观念又产生了新的碰撞。如此循环往复，保证了永嘉文化场域的稳定性。

---

①（宋）叶适：《叶适集》，中华书局 2010 年版，第 611 页。

卓然为宗：叶适的事功之学与大成之文

李建军

叶适（1150—1223），字正则，永嘉人，学界称其为水心先生。叶适是南宋中期杰出的思想家、永嘉学派的集大成者，同时还是著名的文学家、南宋散文的集大成者。这样一位思想巨匠和文学大家，思想的火花常常借助文学的羽翼，而文学的篇章每每蕴含思想的内核。因此，叶适的散文常常不仅具有艺术的维度，也多半具有思想的深度，是真正文质兼美的佳作，值得精细研究。

一、尚实的文道理念

（一）实事实功的思想主张

叶适作为永嘉学派的集大成者，承继了该学派从薛季宣到陈傅良一脉“弥纶以通世变”的学统，并将实事实功的学派主张进一步学理化、体系化，构建起了事功之学的理论大厦。这座大厦有两根支柱，一是“道不离物”的本体论，二是“义利统一”的伦理观。

1. 道不离物故重实物实事

理与物或曰道与器的关系问题是哲学的基本问题，南宋不同学派对此作出了截然不同的回答。理学派指出：“理也者，形而上之道也，生物之本也。”① “未有天地之先，毕竟也只是理。有此理，便有此天地；若无此理，便亦无天地，无人无物。”② 认为“理”独立于天地之外，既先于“物”也高于“物”。心学派指出：“宇宙便是吾心，吾心即是宇宙。”③ 认为心是宇宙万物的本体，心外无物，心外无理。理学派和心学派虽在天地之本究竟是“理”还是“心”上歧见判然，但都否

① （宋）朱熹：《朱文公文集》卷五八，上海古籍出版社、安徽教育出版社 2002 年版，第 2755 页。

② （宋）黎靖德编：《朱子语类》卷一，中华书局 1986 年版，第 1 页。

③ （宋）陆九渊：《陆九渊集》卷二二《杂说》，中华书局 1980 年版，第 273 页。

定了“物”的第一性存在。

与这两派相对立，永嘉学派认为道、理是物之道、物之理，道、理“终归之于物”，肯定了“物”的第一性存在。薛季宣明确指出“（道）则常存于形器之内”，陈傅良也认为“器便有道，不是两样”，都对道器关系作出了唯物的解释。叶适进一步认定了客观世界的物质性，认为“夫形于天地之间者，物也”，[①]并对物与道的关系作了更为透辟的阐发：

物之所在，道则在焉，物有止，道无止也，非知道者不能该物，非知物者不能至道；道虽广大，理备事足，而终归之于物，不使散流，此圣贤经世之业，非习为文词者所能知也。[②]

“道”并非万物之上的独立存在物，而是内存于万物之中，“物在”故有“道在”，而非相反。“物”是不依存于“道”的客观存在，“道”乃是“物”的客观规律，“道虽广大，理备事足，而终归之于物”。因而，“自古圣人，中天地而立，因天地而教、道可言，未有于天地之先而言道者”。[③]这就从根本上否定了万物之上另有本体的唯心论调。

基于“物在”“道在”的唯物认识，叶适特别强调对实物实事的格致而不是对天理心性的探究：

是故君子不以须臾离物也。夫其若是，则知之至者，皆物格之验也。有一不知，是吾不与物皆至也；物之至我，其缓急不相应者，吾格之不诚也。[④]

叶适借用格物致知这一命题，认为“知”乃是“物格之验”，强调对“物”的认知。

叶适“物在”“道在”，道“终归之于物”的本体论思想，奠定了其事功学说的哲学基础，也决定了其重在探究实物实事，而非空谈天理心性的治学路径。

2. 义利统一故重实利实功

叶适肯定人性是天（自然）赋予的，指出人“有欲于物者，势也”，认为“情”“欲”是人的自然本性；“圣人知天下之所欲，而顺道节文之使至于治”，“情”“欲”可以用“顺道节文”的“礼”加以调节，使之合于“理”，“至于治”。[⑤]

---

① （宋）叶适：《水心别集》卷五《进卷·诗》，中华书局 1961 年版，第 699 页。

② （宋）叶适：《习学记言序目》卷四七，中华书局 1977 年版，第 702 页。

③ （宋）叶适：《习学记言序目》卷四七，中华书局 1977 年版，第 700 页。

④ （宋）叶适：《水心别集》卷七，中华书局 1961 年版，第 731 页。

⑤ （宋）叶适：《习学记言序目》卷一五，中华书局 1977 年版，第 211 页。

叶适既肯定"情""欲"的本性，也认为"礼""理"的必要。那么如何处理两者的关系呢？叶适反对将"天理""人欲"对立，指斥"尊性而贱欲"[①]，批评道学家"以天理人欲为圣狂之分者，其择义未精也"[②]，还指出"教人抑情以徇伪，礼不能中，乐不能和，则性枉而身病矣"[③]。叶适主张的是"理"与"欲"的统一。

叶适理欲统一论的逻辑延伸是义利统一论。叶适认为，"人心，众人之同心也，所以就利远害能成养生送死之事也"[④]，肯定"就利远害"乃人的自然本性。叶适既肯定利个人的私利，更强调利天下的公利，"必尽知天下之害，而后能尽知天下之利"[⑤]。同时，叶适又不赞成单纯求利，而是主张"崇义以养利，隆礼以致力"[⑥]，既不以利害义，也不以义抑利，最终达到一种"以利和义"[⑦]的义利统一之境界。叶适指出，义利在古代本来就是统一的，到了后世则被人为地分割开来：

> 古人之称曰："利，义之和。"其次曰："义，利之本。"其后曰："何必曰利？"然则虽和义犹不害其为纯义也，虽废利犹不害其为专利也，此古今之分也。[⑧]

叶适反对不言利只言义的空言"纯义"，也反对只言利不顾义的病民"专利"。叶适所处时代，道学盛行，空言"纯义"大行其道，叶对此论调有透辟入里的解剖：

> "仁人正谊不谋利，明道不计功"，此语初看极好，细看全疏阔。古人以利与人而不自居其功，故道义光明。后世儒者行仲舒之论，既无功利，则道义者乃无用之虚语尔；然举者不能胜，行者不能至，而反以为诟于天下矣。[⑨]

原来后世儒者大讲的道义，乃是"既无功利"的"无用之虚语"，乃是这些道学家不能"以利与人"造福于民却要为己开脱的遮羞布。叶适此论，真是入木三分。叶适一方面批判义利脱节的偏颇，另一方面又阐发义利统一的理想："《诗》

① （宋）叶适：《习学记言序目》卷八，中华书局1977年版，第103页。
② （宋）叶适：《习学记言序目》卷二，中华书局1977年版，第24页。
③ （宋）叶适：《习学记言序目》卷七，中华书局1977年版，第88页。
④ （宋）叶适：《习学记言序目》卷五，中华书局1977年版，第52页。
⑤ （宋）叶适：《水心别集》卷一四，中华书局1961年版，第817页。
⑥ （宋）叶适：《水心别集》卷三，中华书局1961年版，第674页。
⑦ （宋）叶适：《习学记言序目》卷二七，中华书局1977年版，第386页。
⑧ （宋）叶适：《习学记言序目》卷一一，中华书局1977年版，第155页。
⑨ （宋）叶适：《习学记言序目》卷二三，中华书局1977年版，第324页。

《书》所谓稽古先先民者，皆恭俭敬畏，力行不息，去民之疾，成其利，致其义。”[①]

总之，叶适鄙薄义利脱节，既反对不言利只言义的空言“纯义”，也反对只言利不顾义的病民“专利”；主张义利统一，或以利和义，或崇义养利，或成利致义，都是要达到义与利的融合。特别值得一提的是，此处的利不仅是利个人的私利，更是利天下的公利。既然义利统一，“成利”可以“致义”，那么言利言功也就无可厚非。叶适“义利统一”的思想主张为其事功学说奠定了坚实的伦理基础。

叶适崇尚实事实功的思想主张，在强敌压境、国势日蹙的南宋，无疑比泛言天理、空谈心性的道学观点更能呼应时代诉求。也正因为此，叶适和永嘉学派的事功学说博得了后世通儒达人的高度赞誉，明代李贽说：“此儒者乃无半点头巾气，胜李纲、范纯仁远矣，真用得，真用得！”[②] 黄宗羲在《宋元学案》中也对永嘉之学给予了高度评价：

> 永嘉之学，教人就事上理会，步步著实，言之必使可行，足以开物成务。盖亦鉴一种闭眉合眼，蒙瞳精神，自附道学者，于古今事物之变，不知为何等也。[③]

崇尚实事实功的事功学说，乃是叶适思想的核心，这种学说必定会影响到他的文论观点和散文写作。

（二）实理实用的文章观念

叶适讲学重实事、尚实功，论文主张明实理、切实用，两者是一脉相通的。

1. 文以载道明实理

在道与文的关系上，叶适秉承了历代儒生文以明道、文以载道的思想传统，明确主张以道为本。叶适说：

> 盖道无偏倚，惟精卓简至者独造；词必枝叶，非衍畅条达者难工；此后世所以不逮古人也。[④]

此处“词”与“道”相对，叶适把“词”（文）比作树的“枝叶”，那么与之相对的“道”又是树的什么呢？叶适没有明讲。揣摩叶适之意，既然词为枝叶，那么道则为其根本。既然文以道为本，那么为文就要合道，就要明理。叶适《周南

① （宋）叶适：《习学记言序目》卷二三，中华书局1977年版，第322页。

② （明）李贽：《藏书》之《名臣传》卷六《叶适传》，《续修四库全书》本，上海古籍出版社2002年版，第614页。

③ （清）黄宗羲原著，全祖望补修：《宋元学案》卷五二，中华书局1986年版，第1696页。

④ （宋）叶适：《习学记言序目》卷五〇，中华书局1977年版，第744页。

仲文集后序》云：

> 夫文者，言之衍也。古人约义理以言，言所未究，稍曲而伸之尔。其后俗益下，用益浅，凡随事逐物，小为科举，大为典册，虽刻秾损华，然往往在义理之外矣，岂所谓文也！君子于此寄焉，则不足以训德；学者于此习焉，则足以害正；力且尽而言不立，去古人不愈远乎！[①]

叶适肯定“古人约义理以言”，批评后世为文“往往在义理之外”，臧否的标准就是文是否合乎义理。在《习学记言序目》中，叶适更是明确提出了“由文合道”的文论主张：

> 人主之职，以道出治，形而为文，尧舜禹汤是也。若所好者文，由文合道，则必深明统纪，洞见本末，使浅知狭好者无所行于其间，然后能有助于治。[②]

特别值得一提的是，叶适强调的为文需合的“道”、需明的“理”，并非道学家所言抽象的道德性命，而是与实事实物融为一体的实道实理。叶适讲：“欲折衷天下之义理，必尽考详天下之事物而后不谬。”[③]义理存在于事物之中。叶适又讲：“夫形于天地之间者，物也；皆一而有不同者，物之情也；因其不同而听之，不失其所以一者，物之理也。”[④]“理”是物之“理”，并非空泛的天理心性。总之，叶适总是将“道”“理”归结到实物实事上，与之相随，叶适要求为文所合的“道”、所明的“理”就是这些实物实事之中的实道实理，这就与道学家所言的合道明理（涵养道德、吟咏性情）名同而实异了。

2. 文关政教切实用

叶适不仅要求为文合于实道、明乎实理，更要求切于实用，关涉政事，有益教化。叶适对欧阳修的“文学止于润身，政事可以及物”颇为赞同，认为那些“穷力苦心于学问文词者，徒欲藻饰华泽其身而已”[⑤]，看轻那些与政事无涉的纯粹文学。叶适之意，文学应有关涉政事等实用功能，而非“藻饰华泽其身而已”。正是基于这样一种认识，叶适称扬尹洙“早悟先识，言必中虑”“善论事，非擅所长于

---

① （宋）叶适：《水心文集》卷一二《周南仲文集后序》，中华书局 1961 年版，第 219 页。

② （宋）叶适：《习学记言序目》卷四七，中华书局 1977 年版，第 696 页。

③ （宋）叶适：《水心文集》卷二九《题姚令威西溪集》，中华书局 1961 年版，第 614 页。

④ （宋）叶适：《水心别集》卷五《进卷·诗》，中华书局 1961 年版，第 699 页。

⑤ （宋）叶适：《习学记言序目》卷五〇，中华书局 1977 年版，第 752 页。

空文者也”[①]，肯定沈子寿所作“盖宗庙朝廷之文，非自娱于幽远淡泊者也”[②]，赞扬李焘之文“有补于世”[③]，称颂郑伯熊之文“无一指不本于仁义，无一言不关于廊庙”[④]。

叶适主张，写诗为文还应有益教化，《跋刘克逊诗》云：

> 孔子诲人，诗无庸自作，必取中于古。畏其志之流，不矩于教也；后人诗必自作，作必奇妙殊众，使忧其材之鄙，不矩于教也。水为沅、湘，不专以清，必达于海；玉为珪、璋，不专以好，必荐于郊庙。二君知此，则诗虽极工，而教自行。[⑤]

叶适一方面批评“不矩于教”（不合教化）的诗歌，另一方面又称扬“诗虽极工，而教自行”的二君（刘克逊、刘克庄）之诗，抑扬之际依据的都是一个“教”字。叶适在《赠薛子长》中更明确提出“为文不能关教事，虽工无益也”[⑥]，强调为文应关涉教事，有益教化。

因为强调为文切于实用，故而叶适对华而不实之作深为不满。他批评“士大夫以对偶精切、用事精的相夸”的四六之文“最为陋而无用”，[⑦]还批评一些策论“华辞”“空言”：

> 今世议论胜而用力寡，大则制策，小则科举，高出唐、虞，下陋秦、汉，傅合牵连，皆取则于华辞耳。非当世之要言也。虽有精微深博之论，务使天下之义理不可逾越，然亦空言也。[⑧]

也正因为强调为文切于实用，故而叶适还对“以声色臭味自怡悦”之作不以为然，其《巽岩集序》评价李焘之文曰：

> 观公大篇详而正，短语简而法，初未尝藻黼琢镂，以媚俗为意；曾点之瑟方希，化人之酒欲清，又非以声色臭味自怡悦也。独于古文坚学，堂上之

---

① （宋）叶适：《习学记言序目》卷五〇，中华书局1977年版，第746页。

② （宋）叶适：《水心文集》卷一二《沈子寿文集序》，中华书局1961年版，第205页。

③ （宋）叶适：《水心文集》卷一二《巽岩集序》，中华书局1961年版，第210页。

④ （宋）叶适：《水心文集》卷一二《归愚翁文集序》，中华书局1961年版，第216页。

⑤ （宋）叶适：《水心文集》卷二九《跋刘克逊诗》，中华书局1961年版，第613页。

⑥ （宋）叶适：《水心文集》卷二九《赠薛子长》，中华书局1961年版，第607—608页。

⑦ （宋）叶适：《水心别集》卷一三《宏词》，中华书局1961年版，第803页。

⑧ （宋）叶适：《水心别集》卷一〇《始议二》，中华书局1961年版，第759页。

议，起虞造周，如挈裘领振之焉，固遗其下而独至其上者欤！[①]

叶适肯定李焘之文“非以声色臭味自怡悦”，言下之意有其社会功用。关于叶适此序，黄震指出：“愚谓水心此言，亦写胸中之所自得者欤！”[②] 亦即此序也正传达出叶适自己的心声。

（三）实切实信的散文写作

1. 实切的文章功用

叶适为文注重切中时弊、切于实用。特别是他写的奏札有的放矢，不发空言，有很强的针对性。如淳熙十四年（1187）的《上孝宗皇帝札子》，开篇就提出：“臣窃以今日人臣之义所当为陛下建明者，一大事而已；二陵之仇未报，故疆之半未复，此一大事者，天下之公愤，臣子之深责也；或知而不言，或言而不尽，皆非人臣之义也。”提出问题一语中的。接着，针对颇有雄心壮志的孝宗登基二十六年“终未能奋发明诏，有所举动”，叶适归因于“四难五不可”，即“国是难变，议论难变，人才难变，法度难变，加以兵多而弱不可动，财多而乏不可动，不信官而信吏不可动，不任人而任法不可动，不用贤能而用资格不可动”。分析问题也是透辟入里。最后，叶适提出解决问题的思路。叶适的这篇奏札使孝宗深受触动，据《宋史》本传载：“读未竟，帝蹙额曰：‘朕比苦目疾，此志已泯，谁克任此，惟与卿言之耳。’及再读，帝惨然久之。”[③] 叶适此文能让孝宗“惨然久之”，可见其触及了痛处，说到了要害。

叶适的奏议中，不仅有针对某事而写的单篇文章，还有针对全局系统论析的成组文章，此即六卷《外稿》。这组文章有四十五篇，乃是孝宗淳熙十二年(1185)冬叶适应太学正之召自苏州入都为应召对而写就的。这组文章“上考前世兴坏之变，接乎今日利害之实”，[④] 结构严密，条理清晰，浑然一体。该组文章以《始议》发其端，开门见山提出“有天下之大，必尽天下之虑”的宏论，接着用历史经验论证“不尽天下之虑而终失天下之大计”，从而揭示出该文宗旨乃“条列前后之源流，疏陈当今之本务”，亦即鉴往知来，从历史源流的梳理中分析有益于当下的治国之道。接下来，叶适从财、兵、法度、纪纲四项展开详细论述，剖析国蠹时弊，提出改革方案。《财总论》找寻“古者财愈少而愈治，今者财愈多而愈不治”之由，对症下药提出改进之策。《兵总论》揭橥当时“养兵以自困，多兵以自

① （宋）叶适：《水心文集》卷一二《巽岩集序》，中华书局 1961 年版，第 210 页。

② （宋）黄震：《黄氏日抄》卷六八《读文集十·叶水心文集》，文渊阁四库全书本。

③ （元）脱脱：《宋史》卷四三四《叶适传》，中华书局 1977 年版，第 12889—12890 页。

④ （宋）叶适：《水心别集》卷一五《外稿自跋》语，中华书局 1961 年版，第 844 页。

祸，不用兵以自败”之弊，指出军队不宜全部由国家包养，应区别对待。《法度总论》剖析“天下皆行于法度之害而不蒙法度之利”之情，仔细分析人事制度（《资格》）、任官制度（《铨选》《荐举》《任子》）、科举制度（《科举》《制举》《宏词》）、教育制度（《学校》）、差役制度（《役法》）、监察制度（《监司》）等各项基本制度的弊病所在，并提出除弊祛病的政策建议。《纪纲》则比较权力分散与集中的利弊所在，提出了适当分散中央权力的相关举措。最后，这组文章以《终论》七篇结尾。七篇中，前两篇总结上述各项内政改革措施。后五篇专论宋金局势，擘画抗金复国的大政方略，强调“力行今日之实事，以实胜虚，以志胜气，以力胜口”，“以二年之外五年之内责其成功可也”。文章结尾特别指出，“论立于此，若射之有的也”“的必先立，然后挟弓注矢以从之”。①此乃画龙点睛之言，意即该组文章就是要树立一个治国标杆，供为政者镜鉴取用。叶适自己对这组文章颇为看重，自谦说是“粗有益于治道”②，由此可见其切于实用的鲜明倾向。

当然，我们也要看到，叶适也有虚言高论的时候，这主要体现在他的《贤良进卷》。这组进卷乃是叶适为应制科而作的应试策论，共五十篇。开篇为总序，指出《进卷》之宗旨乃是“经国之规，御世之要，切近而不为陋，宏阔而不为迂，盛衰之相因，治乱之相易，若此者臣皆有以发之”③。前二十五篇为时政论，分为君德、治势、国本、民事、财计、官法、士学、兵权、外论九题，每题两三篇不等；后二十五篇为经、史、子及人物论。五十篇文章比较系统地阐发了叶适关于治国理政以及儒家学说、历史文化的观点，充分展示出作者的渊博学识和议论才能。然而这些文章毕竟是为应试而作，所言多有空泛之处，所论常为高蹈之论，针对性不强，操作性不够，更多的是一种意气风发的书生议论，而非老成谋国的嘉言良策。瑕不掩瑜，《贤良进卷》毕竟只是叶适青年时代缺乏从政经验的应试之作，实用价值缺乏是难免的，我们不可求全责备。

综观叶适之文，注重功用，强调切实是其主流。也正缘于此，叶适之文受到后世有识之士的高度赞誉。明代王直说：

> 先生之学，浩乎沛然，盖无所不窥。而才气之卓越，又足以发之。然先生之心，思行道于当时而见之功业，不但为文而已也。观其议论谋猷，本于民彝物则之常，欲以正人心，明天理。至于求贤、审官、训兵、理财，一切施

① （宋）叶适:《水心别集》卷一〇至一五《外稿》，中华书局 1961 年版，第 757—830 页。

② （宋）叶适:《水心别集》卷一五《外稿自跋》语，中华书局 1961 年版，第 844 页。

③ （宋）叶适:《水心别集》卷一《进卷·序发》，中华书局 1961 年版，第 632 页。

诸政事之间，可以隆国礼，济时艰。[①]

充分肯定叶适其人“思行道于当时而见之功业，不但为文而已也”的文道理念和其文“欲以正人心，明天理”“可以隆国礼，济时艰”的实切功用。清代李春龢对《水心别集》中的文章尤为叹服：

> 读之，叹其论治之精，有益于经世……其论宋政之弊及所以疗复之方，至为详备。春龢每读此书，至于资格、铨选、科举、学校、新书、吏胥诸篇，盖未尝不掩卷叹息，以为古今之有同患也。然则先生此书，岂徒以救宋之弊哉！士之有志经世者，诚能熟复而精择之，上观宋政以通之时务，而勿徒悦其文章之工。[②]

李春龢认为叶适之文“论治之精，有益于经世”“岂徒以救宋之弊哉”，更是对叶适之文功用价值的高度认可。

2. 实信的写作态度

叶适为文不仅注重实切，切于实用，同时注重实诚，忠于事实。如果说前者主要体现在奏议上，那么后者则主要体现在碑志上。碑志写作往往是作者受墓主亲朋好友、儿孙后裔或门生故吏之托，故而常常虚其美隐其恶，出现“谀墓”的现象，连韩愈这样的凛凛高士、赫赫大家所写的碑志也免不了“谀墓”之讥。由此可见碑志写作要做到实事求是，确实有难度。但叶适所写的墓碑，却尽可能地忠于事实，难能可贵。

嘉定十三年，叶适曾应时任浙东提点刑狱的汪纲之请，为其曾祖父汪勃撰《故枢密参政汪公墓志铭》，该文还曾引起一些波澜。汪勃乃南宋前期的重臣，曾与奸臣秦桧共事过，关于这段历史，叶适在墓志中这样写道：

> 高宗厌戎马久，思一休息，既定和亲，罢诸将兵，而名士大夫，皆谓“父兄仇未报，兵未当罢”。上患之，择耆艾质厚不与赵、张同好恶者居纪纲地，共持国论。公自御史台检法官为监察御史。[③]

按：根据吴子良《荆溪林下偶谈》，“居纪纲地，共持国论”句乃是后来受汪门之托者篡改的，叶适原句为“佐佑执政，共持国论”。此处的执政指秦桧集团，这几句意即当年高宗擢拔汪勃，就是要其附和秦桧集团的和议主张。查阅相关

---

① （明）王直：《黎刻水心文集序》，中华书局 1961 年版，第 3 页。

② （清）李春龢：《水心别集序》，中华书局 1961 年版，第 629—630 页。

③ （宋）叶适：《水心文集》卷二四《故枢密参政汪公墓志铭》，中华书局 1961 年版，第 480 页。

史料，叶适这样的表述是实事求是的。汪门忌讳此事，提出修改，但遭到了叶适的拒绝，详见吴子良《荆溪林下偶谈》卷二“前辈不肯妄改已成文字”条：

> 水心作《汪参政勃墓志》，有云：“佐佑执政，共持国论。”执政盖与秦桧同时者也。汪之孙浙东宪纲不乐，请改。水心答云：“凡秦桧时，执政某未有言其善者；独以先正厚德，故勉为此。自谓已极称扬，不知盛意犹未足也。”汪请益力，终不从。未几，水心死，赵蹈中方刊文集未就，门下有受汪嘱者，竟为除去“佐佑执政”四字。碑本亦除之。非水心意也。①

汪纲时任浙东提点刑狱，也算一方大员，多次恳求致仕在家的叶适修改墓志中对其曾祖父可能产生负面影响的相关表述，叶适“终不从”，于此可见叶适的骨气，也可窥见叶适“作文之不苟”②，实诚的写作态度。

正因为叶适之文尤其是碑志特别注重忠于事实，所以可证史实，可补史阙，因而具有一定的史料价值，《宋史》中的有些人物传记就是直接采纳叶适所写的墓志。赵汝譡《水心文集序》云：

> 昔欧阳公独擅碑铭，其于世道消长进退，与其当时贤卿大夫功行，以及闾巷山岩朴儒幽士隐晦未光者，皆述焉，辅史而行，其意深矣。此先生之志也。③

欧阳公的碑铭可以“辅史而行”，叶适也有志于此。从今存的叶适所写墓志来看，叶公“辅史而行”的志向得到了落实。又吴子良《荆溪林下偶谈》卷二“水心文可资为史”条云：

> 水心文本用编年法，自淳熙后道学兴废、立君用兵始末、国势污隆、君子小人离合消长，历历可见，后之为史者当资焉。④

“水心文可资为史”这个表述已经阐明了叶适文的历史价值，其实，这种价值也正是对其实诚写作态度最好的犒赏。

---

① （宋）吴子良：《荆溪林下偶谈》卷二，复旦大学出版社 2007 年版，第 559 页。

② （清）永瑢等：《钦定四库全书总目》卷一六〇《水心集提要》，中华书局 1997 年版，第 2145 页。

③ （宋）赵汝譡：《水心文集序》，中华书局 1961 年版，第 1—2 页。

④ （宋）吴子良：《荆溪林下偶谈》卷二，复旦大学出版社 2007 年版，第 560 页。

二、宏肆的美学风格

文道关系上，叶适虽然主张以道为本，却并不轻“文”，从某种意义上讲他是文道并重。叶适既不同于重道轻文的道学家，也有别于文甚于道的文章家，他以思想家兼文学家的双重身份，既重视文章内容的实切，又重视文章艺术的锤炼。叶适曾明确表示要“以文为华”，① 强调文的独立性与艺术性，可以说，叶适的文论主张是道之实与文之华的融合，是内容之实与文辞之工的统一。叶适自己的文章就是这种文论主张的最好体现，赵汝談《水心文集序》称赞道：“盛矣哉其于文乎！粹矣哉其于道乎！”② 道亦粹，文亦盛，叶适之文是真正的文道兼备。由此可见叶适在重“道”之时对“文”的重视，对文章艺术性的追求。

（一）浓烈深厚的情感内涵

叶适之文，尤其是政论文雄肆奔放，呈现出切直快意的情感气势。文如其人，雄肆奔放的文势源于作者浓烈深厚的情感内蕴。而这种情感内蕴与叶适的气质禀赋、学识积养和经世济时的热切愿望息息相关。

叶适出身于一个贫穷的知识分子家庭，从小就聪明颖悟，青少年时代就呈现出不凡的才具。孝宗淳熙五年（1178），二十九岁的叶适以第二名（榜眼）的极佳成绩进士及第，从此步入仕途。叶适俊明颖悟，又潜心学习，转益多师，曾先后师从永嘉名儒郑景望、薛季宣、陈傅良，尽得事功之学的精髓。叶适出经入史，博览群书，培植出深厚的文化底蕴；又秉承事功之学关注时世的传统，揣摩天下大势，研究时弊民瘼，磨砺出敏锐的现实眼光。前者使其学富，后者使其识远，再加上本身俊明颖悟的禀赋，共同孕育出叶适不凡的才具。正是这种不凡的才具，使得叶适具有了写出雄肆奔放之滔滔雄论的可能性。

更为重要的是，叶适一直有建功立业的热切愿望和经世济时的宏伟抱负，这是其写作雄文的心理基础。叶适家境贫寒，先祖原籍处州龙泉（今属浙江丽水），曾祖父曾游太学，可惜无成，家道衰落，徙居瑞安。到叶适父亲，叶家已“贫匮三世”。③ 叶适母亲杜氏，勤俭持家，经常勉励叶适兄弟要奋发有为。叶适后来接触到事功思想，眼界渐宽，志向愈远，遂将“小我”建功立业的热切愿望提升为“大我”经世济时的宏伟抱负。《宋史·叶适传》云“适志意慷慨，雅以经济自负”④，可谓的论。

① （宋）叶适：《水心文集》卷一二《沈子寿文集序》，中华书局 1961 年版，第 205 页。

② （宋）赵汝談：《水心文集序》，中华书局 1961 年版，第 1 页。

③ （宋）叶适：《水心文集》卷二五《母杜氏墓志铭》，中华书局 1961 年版，第 509 页。

④ （元）脱脱：《宋史》卷四三四《叶适传》，中华书局 1977 年版，第 12894 页。

当然，我们更要考虑到时代之于叶适的深刻影响。南宋之时，半壁江山的惨状让仁人扼腕，强敌虎视的危局更让志士揪心。有识之士莫不思发愤图强，恢复中原，以雪国耻。置身于这样的时代，“雅以经济自负”的叶适更是忧心忡忡，发而为文，这种忧患意识就如同火山熔浆喷薄而出，呈现出雄肆激越的非凡气势。

孝宗淳熙元年（1174），时为太学生的叶适大胆上书签书枢密院事叶衡，纵论天下大事，多能切中时弊，提出振兴方略，亦能恰中肯綮，显示出作者的非凡识见。“自以为无三者之患而独有忧世之心”的表白，足见其以天下国家为己任的担当，透露出作者的深深自许。正是这种自许，使其行文透露出一种豪气，蕴含着一种浓烈深厚的情感力量。

实际上，不惟《上西府书》，叶适的其他政论文如《上孝宗皇帝札子》《上宁宗皇帝札子》《上光宗皇帝札子》等都写得情真意切，豪气充溢，其“忠君爱民之诚，蔼然溢于言意之表”[①]，确实具有一种浓烈深厚的情感内蕴，呈现出一种雄肆奔放的情感张力。这种情感张力正是叶适政论文呈现出宏肆风格的力量源泉。

（二）宏阔谨严的谋篇布局

叶适的政论文，从大处看，气势宏伟，从小处看，严谨精细，逻辑严密，结构非常讲究，行文颇有章法。

叶适善于谋篇布局，或用层层递进之法，或用对比映衬之法等等，把文章结构安排得非常工巧。如《国本下》分析用刑、议刑、恤刑之法。开篇提出“其君贤而所任者仁人也，则用刑常轻”“其君不贤而所任者非仁人也，则用刑常重”，同时认为用刑如此，议刑亦如此。这是一般的认知，作者在此基础上进一步阐发道：“然而未也。盖其君贤君也，而用刑不免于过重；其人君子也，而议刑亦不免于过重；以为重刑所以致治，非重刑而天下不可治者，是可叹也！”这是典型的层递法。接下来作者分析秦汉以来的用刑，通过比较，肯定本朝用刑轻于汉唐；然后作者笔锋一转，指出“虽然，今世之用刑，比汉唐为轻，比三代则为重”，通过比较，指出本朝用刑重于三代之由。这是一种层递法。行文最后，作者以“祖宗之恤刑，可谓至矣”激励孝宗承继祖宗善法，“以恤刑之仁行制刑之仁，轻于汉唐而庶几于三代”。该文运用层递法，抽丝剥茧，层层深入，将道理讲得非常透彻。[②]又如《民事上》分析后世治民之难，开篇就一针见血地指出“古者民与君为一”“后世民与君为二”；接着分析古者“君民上下皆出于一本”，故治民之易；然后指出后世“君民上下判然出于二本”，肉食者“变生养之仁为渔食之政”，故

① （明）黎谅：《黎刻水心文集跋》，中华书局1961年版，第5页。

② （宋）叶适：《水心别集》卷二《国本下》，中华书局1961年版，第648—651页。

治民之难；最后得出结论“君民二本，古今异治，而曰‘我无求为唐、虞、三代’，噫！唐、虞、三代其果不足为矣！”[①]该文采用对比映衬之法，层次分明，条理井然，结构谨严。

（三）言之有物的语言表达

叶适的政论散文，在语言表达上很有造诣，集中地体现在两个方面：一是根据作者的情感起伏巧妙运用不同的句式，酿造出文章意势与作者情势桴鼓相应的独特气势；二是大量运用比拟等修辞手法，使论辩非常形象生动，形成感染力，增强说服力。

叶适政论散文在句式运用上非常灵活，或整或散，或长或短，或用陈述，或用质问，或用反问，根据作者的情感起伏而做出相应安排。当文章开始入题和渐次展开，情感相对和缓之时，作者多用散句、长句，纡徐深婉；而当论辩进入焦点，情感激越之时，作者多用整句、短句，有时还用质问、反问等句式，辅以排比手法，酿造出汪洋恣肆的凌厉文势。如淳熙十六年的《上光宗皇帝札子》，将“能先明所以治其国之意”与“不能先明所以治其国之意”对照起来写，文意前后映衬，句式基本整饬，让人印象深刻。当论及“所谓当先明治国之意何也”之时，作者用相当短促且非常整饬的句式，营造出一种排山倒海的雄壮气势，夺人心魄。

叶适的政论散文，风格宏肆，颇有纵横家之气势。其实，纵横家为了增强文章的感染力和说服力，非常注重言之有物，让语言表达得更为形象。叶适之文也常常运用比拟等修辞手法，增强表达的形象性。如《兵权下》[②]为了说明实言与奇言之于国家的实际效用，将实言比作五谷之味，将奇言比作众味，前者虽然其味淡然却不可或缺，后者虽然其味不错却并非必需，故而作者建议君王应多听实言。这样的比喻真是精美绝伦，极有说服力。又如《外论二》用贾谊“厝火积薪”之典故，将偷安之人比作“寝燃火之中，不知奋迅于烈焰以自免而坐待其灼烂者”[③]。再如《外论四》说明为防止藩镇跋扈就不敢授权于将之作法的弊端时特意举例说：“药非乌喙，无以疗吾疾，而乌喙之毒亦能杀人，则善医者制之而已；以其毒而并废其药，而吾之疾不可救矣！”[④]

---

① （宋）叶适：《水心别集》卷二《民事上》，中华书局 1961 年版，第 651—653 页。

② （宋）叶适：《水心别集》卷四《兵权下》，中华书局 1961 年版，第 683 页。

③ （宋）叶适：《水心别集》卷四《外论二》，中华书局 1961 年版，第 688 页。

④ （宋）叶适：《水心别集》卷四《外论四》，中华书局 1961 年版，第 692 页。

三、会通的艺术境界

叶适作为永嘉学派的集大成者，具有一种博采众长的宽阔胸襟和兼容会通的思维方式，这不仅体现在他的思想学术上，也彰显于他的散文写作中。

（一）博采众长与兼容并包

叶适博学多才并在多个领域建树卓异，他不仅在思想学术上颇有贡献，在政治军事上也较有作为，在文学上更是成绩斐然。其实，叶适的博通与其兼容并包的思维方式是分不开的，这体现在其思想学术上最为明显。叶适治学善于博采众长，会通诸家而自出机杼，呈现出一种博通的气象。

南宋乾、淳之际，学术昌明，诸家学说，各擅胜场。朱熹的理学、陆九渊的心学、浙东事功之学，鼎足而三。叶适既秉承事功之学的传统，又对本派前贤之学多有修正，同时又对理学、心学多有批评。其实这些修正和批评正是批判吸收、兼融会通到自出机杼的必经阶段，黄震《黄氏日抄》揣度"水心岂欲集诸儒之大成者乎"[①]，可谓知音之言。

在宋代思想史上，叶适"欲集诸儒之大成"的主观愿望最终实现了。张义德先生认为，叶适"对有宋一代的思想学术作了一个总结"：

> 就我国哲学发展来说，整个中国哲学（思想）史是一个大圆圈，而后期封建社会的哲学（思想）发展是一个小圆圈……宋代哲学（思想）发展又是其中的一个更小的圆圈。在这个圆圈中，张载的唯物主义——程朱和陆氏的唯心主义——叶适的唯物主义；经术和政事结合的经世致用学风——重经术而忽略政事的偏向——经术和政事重新结合的经世致用学风（叶适）；李觏、王安石的义利结合的功利主义思想——程朱、陆氏重义轻利思想——叶适的义理与功利结合的功利主义。在这三个方面的螺旋曲线中，叶适都是处于综合各派思想的位置上，对有宋一代的思想学术作了一个总结。[②]

张先生的概括，高屋建瓴，非常清晰地阐发出叶适兼容会通而集大成的思想史意义。其实，叶适不惟在思想学术上具有博采众长自成一家的重要贡献，在文学上亦是如此。

叶适在文学上也善于博采众长，曾"取近世各公之文，择其意趣之高远，词

---

① （宋）黄震《黄氏日抄》卷六八，文渊阁四库全书本。

② 张义德：《叶适评传》，南京大学出版社 1994 年版，第 343—344 页。

藻之佳丽者”编为《播芳集》，其自序虽然对昔人关于苏洵、欧阳修等优秀作家的指责颇有不平，但也认识到即使优秀作家也确有所短，故而主张“略所短而取所长”①，《播芳集》就是这种思路的产物。

叶适不仅主张对具体作家要略短取长，更主张对每个时代之文学要客观分析，既知其长，也识其短。比如对唐诗，叶适认为：“夫争妍斗巧，极外物之变态，唐人所长也；反求于内，不足以定志之所止，唐人所短也。”②认识非常通达。

叶适在文学发展演进上主张厚古而不薄今，曾在《习学记言序目》中指出，知古诗也应知后世诗，反之亦然。③总之，古今应该会通，贵远不能贱近。正是因为叶适在文学上有如此通达的看法，故其散文写作能会通古今，博采众长。

（二）文备众体而风格多样

宁宗开禧三年（1207）十二月，御史中丞雷孝友上奏，以“阿附权臣，盗名罔上”和“纵吏出兵，附会侂胄”的罪名，弹劾叶适。叶适落职，从此返回家乡，定居永嘉城郊水心村著书讲学，直至嘉定十六年（1223）去世。以落职回乡为界，叶适的散文写作大致可以分为前后两个阶段。前期自孝宗淳熙元年（1174）《上西府书》始，到宁宗开禧三年（1207）《定山瓜步石跋三堡坞状》《条陈堡坞五事》《安集两淮申省状》止，叶适在积极从政之际，写下了大量的策论、奏议之文，包括《进卷》《外稿》，以及上孝宗、光宗、宁宗的奏札等。这些政论文切中时弊，切于实用，笔力雄健，风格宏肆。《四库提要》称赞叶适“文章雄赡，才气奔逸”，主要就是指这些政论雄文。后期从嘉定初年定居水心村直至去世，这段时间叶适“大肆力于碑铭记文，四方甚重之”④。据朱迎平先生的统计，“叶适著有记文3卷，共53篇，晚年之作近40篇；墓志铭13卷，共150篇，晚年之作约100篇；祭文1卷、杂著1卷各50余篇，晚年所作均近40篇。因此，在叶适文集约400篇文章中，晚年之作将近250篇，约占全部作品的三分之二；其中写作最多的文体依次是墓志铭、记文、祭文、杂文、序文等”⑤。

叶适所作墓志铭，绝非千篇一律、千人一面。所作记文，往往融叙事、状景、抒情、议论于一体，颇具风神情韵，具有很强的文学性。所撰祭文，或骈或散，或文或赋，文字典雅，风格高古。所写序跋、赠序等，或状人，或叙事，或议论，或抒情，挥洒自如，风采生动。总之，叶适之文，不管是政论、碑志，还是记文、序跋等

① （宋）叶适：《水心文集》卷一二《播芳集序》，中华书局1961年版，第227—228页。

② （宋）叶适：《水心文集》卷一二《王木叔诗序》，中华书局1961年版，第221页。

③ （宋）叶适：《习学记言序目》卷四七，中华书局1977年版，第701页。

④ （宋）陈栎：《勤有堂随录》，文渊阁四库全书本。

⑤ 朱迎平：《永嘉巨子——叶适传》，浙江人民出版社2006年版，第157—158页。

各种文体都成绩斐然，有学者认为：“像叶适这样在多种文体的创作上同时取得突出成绩者，在南宋文坛也颇为少见。”[①]

叶适散文不仅文备众体，而且风格多样。多样的风格不惟体现在不同文体上，就是同一文体也往往呈现出多种风姿，其中最典型的是序跋。

叶适的序跋文或长或短，或抒情，或议论，或叙事，不拘一格，形式灵活。其中令人印象最深的是那些饱含深情的作品，比如《龙川集序》[②]。陈亮才高命薄，令人不胜感慨，更是让挚友叶适愤激不已。此序先写其上书惊天子“何其盛也”，再叙其被“罗织成罪”“几死”“又何酷也”，两相对比，俯仰之间，作者的愤激溢于言表。“呜呼！悲夫，同甫其果有罪于世乎？天乎！余知其无罪也”，这是在为陈亮的无罪下狱喊冤叫屈，也是在为挚友的才高遭嫉鸣不平矣。整篇序言重在谈陈亮的坎坷遭际，表达出作者的深深同情和极大愤慨，可谓抒情佳作。

叶适的序跋尤精议论，这方面的佳作俯拾即是，如《观文殿学士知枢密院事陈公文集序》议论层次井然。该文先论陈骙博学多才而又幸有所遇，“可谓兼人之所难兼而遇人之所难遇矣”；接着进一步论其“虽兼人之难兼而不自矜，遇人之难遇而不强合，盖其修之者不在彼而在此也”，最后以其晚年潜心著述而得出结论“是其修之者，固又不在彼而在此矣”。[③] 全文脉络清晰，笔力雄健，议论精辟，可谓佳作。又如《徐斯远文集序》评价南宋江湖诗人徐斯远，论其文曰：“以十一敛藏千百，虽铺写纵放，亦无怠惰剥落之态，逆流陡起，体势各成。”论其诗曰：“淹玩众作，凌暴偃蹇，情瘦而意润，貌枯而神泽，既能下陋唐人，方于宗派，斯又过之。”论其人曰：“扶植遗绪，固穷一节，难合而易忤，视荣利如土梗，以文达志，为后生法。”[④] 都非常恰切。再如《宗记序》[⑤] 和《吕子阳老子支离疏》[⑥]，前谈佛，后论道，精义迭出，被黄震赞为“此两序识到理明，尤水心文之绝特者，可以成诵”[⑦]。

叶适晚年所作序跋，一般篇幅不长，但往往言近旨远。如《题林秀才文集》[⑧]

---

① 朱迎平：《永嘉巨子——叶适传》，浙江人民出版社 2006 年版，第 240 页。

② （宋）叶适：《水心文集》卷一二《龙川集序》，中华书局 1961 年版，第 207—208 页。

③ （宋）叶适：《水心文集》卷一二《观文殿学士知枢密院事陈公文集序》，中华书局 1961 年版，第 225 页。

④ （宋）叶适：《水心文集》卷一二《徐斯远文集序》，中华书局 1961 年版，第 214—215 页。

⑤ （宋）叶适：《水心文集》卷一二《宗记序》，中华书局 1961 年版，第 222—223 页

⑥ （宋）叶适：《水心文集》卷二九《吕子阳老子支离说》，中华书局 1961 年版，第 222—223 页

⑦ （宋）黄震：《黄氏日抄》卷六八《读文集十·叶水心文集》，文渊阁四库全书本。

⑧ （宋）叶适：《水心文集》卷二九《题林秀才文集》，中华书局 1961 年版，第 604 页。

揭示科举制度之弊，落魄秀才之困，文笔萧散自然，颇有一种“绚烂之极归于平淡”的意味。

总之，叶适的序跋，从表达方式上看，或重抒情，情感或激越或深婉，笔调或急切或平和，风格不一；或精议论，议论或直接道出，或假以形象，或散句单行，或整句双行，不拘一格。从时间上看，前期之作，笔力横肆，风格雄放；晚年之作，萧散自然，精光内敛。一言以蔽之，叶适序跋不仅形式灵活，而且风格多样。

四、出新的旨趣追求

叶适的挚友陈亮曾经在举荐信中称赞叶适“极有思虑，又心事和平，不肯随时翻覆”[①]，其实，“不肯随时翻覆”既是叶适做人不肯随波逐流的准则，又是其治学不愿人云亦云的理念，还是其为文不屑蹈袭前人的标识。尤其是治学和为文，叶适更是坚持自己的独立见解，不愿步人后尘、邯郸学步，而是苦心孤诣、务求出新。这种出新既体现在思想学术上，又彰显于文论主张上，更凝结在散文写作中。

（一）批判精神与自家特色

叶适是一个非常有独立见解的人，不惟在思想、学术上，就是在政治、军事上也往往能提出既异于常人又高于众人的新思路、新观点。宁宗开禧二年（1206年）五月，韩侂胄在各种准备不足的情况下贸然出兵北伐，结果进攻很快失利。金军转守为攻，渡淮南侵，长江告急。南宋在如何守江的战略上，素无良策，一向实施以江守江的消极防御。叶适深入研究了历史上的防江之策和当时的敌我态势，果断提出以江北守江之战略，临危受命担任沿江制置使坚守长江，最终挡住了金兵主力的强大攻势，扭转败局，连战皆捷，迫使金兵退却。随后，叶适改兼江淮制置使，在江北建立三大堡坞，并措置屯田，安集流民，建立兵民共守的防御体系，进一步实施以江北守江之战略。实践证明，叶适的守江战略是卓有成效的，但在当时却遭到非议，叶适后来在《习学记言序目》中回忆：“既将经画江北以及两淮，而上自卿相士大夫，下至偏校走卒，无一人以过江守江、过淮守淮为是者。”[②] 叶适能够在“上自卿相士大夫，下至偏校走卒”皆反对的情势下，坚持自己过江守江之战略，并取得成功，可见其不拘泥于世俗的强大定力和高瞻远瞩的卓越智慧。

① （宋）陈亮：《陈亮集》卷二七《与王季海丞相》，河北教育出版社 2003 年版，第 246 页。

② （宋）叶适：《习学记言序目》卷二七，中华书局 1977 年版，第 375 页。

叶适的敢异众人在思想学术上表现得更为明显，这集中彰显于《习学记言序目》中。该书以读书札记的形式对经史子集等各种典籍进行评议，皇皇五十卷，可谓叶适毕生心血的结晶。① 该书虽为札记，却非琐屑饾饤之记，是杂而有统之作。该书形散神聚，集中讨论"孔氏之本统"，亦即儒学的根本精神。叶适在晚年的一篇文章中特别提及"学之本统""所当究极"。② 那么叶适晚年通过《习学记言序目》探讨的"孔氏之本统"抑或"学之本统"究竟是什么呢？叶适在该书卷四九"总述讲学大指"一节有集中阐发。总结起来，就是一破一立："一方面，叶适通过否定曾子、孟子、《中庸》《周易》在道统中的地位，从而在思想源流上否定了朱熹以身心整治为重心的'修身诚意'的内圣道统的权威性；另一方面，通过对从尧、舜到孔子的古代圣人的考察，阐明了以制度建设为重心的开物成务的外王道统，并认定这才是'学之本统'。"③

叶适对内圣道统权威性的否定，需要极大的学术勇气。因为当时秉持内圣道统的道学已成燎原之势，已成学界的主流话语体系，已成众多士子的不二信仰。叶适放出此论，无异于冒天下之大不韪。果不其然，该书甫一问世，便遭到了包括道学人士在内的众多学人的非议。陈振孙《直斋书录解题》批评该书"大抵务为新奇，无所蹈袭。其文刻削精工，而义理未得为纯明正大也"④。道学家真德秀"得先生《习学记言》观之，谓：'此非记言，乃放言也。岂有激欤？'"⑤ 刘克庄也提及："水心叶公讲学析理，多异先儒。"⑥ 而后来的道学人士方回之所以要拾小人之说以诋毁叶适，也正因为叶适"论学有所异同于朱子"⑦。

其实，正因为叶适有"讲学析理，多异先儒"的学术勇气和相应的学术才能，所以才能在道学（包括朱子理学与陆氏心学）趋盛的南宋中叶，承继浙东事功学派之衣钵并将之发扬光大而与道学分庭抗礼。正如全祖望所云："乾、淳诸老

① 关于该书成书经过，其弟子孙之弘在序中有言："初，先生辑录经史百氏条目，名《习学记言》，未有论述。自金陵归，间研玩群书，更十六寒暑，乃成《序目》五十卷。"《习学记言序目》卷末附录，中华书局1977年版，第759页。

② （宋）叶适：《水心文集》卷二五《宋廏父墓志铭》，中华书局1961年版，第490页。

③ 朱迎平：《永嘉巨子——叶适传》，浙江人民出版社2006年版，第155页。另参见何俊《南宋儒学建构》，上海人民出版社2004年版，第260—282页。

④ （宋）陈振孙：《直斋书录解题》卷一〇，上海古籍出版社1987年版，第313页。

⑤ （宋）叶绍翁：《四朝闻见录》甲集，中华书局1989年版，第35页。

⑥ （宋）刘克庄：《后村集》卷二四《赵虚斋注庄子内篇序》，文渊阁四库全书本。

⑦ 《宋元学案》卷五四《水心学案上》叶适传后全祖望案语："许及之、雷孝友之劾先生也，当时无以为然者。自方回始据之以诋先生，其意特以先生论学有所异同于朱子，遂拾小人之说以毁之。"

既殁，学术之会，总为朱、陆二派，而水心龂龂其间，遂称鼎足。”[①]

当然，我们也要看到，叶适《习学记言序目》在标新立异之际，也有矫枉过正之处，也有愤激失当之言，但瑕不掩瑜，叶适的创新精神和真知灼见不应被历史湮没。全祖望云：“水心天资高，放言砭古人多过情，其自曾子、子思而下皆不免，不仅如象山之诋伊川也。要亦有卓然不经人道者，未可以方隅之见弃之。”[②]既非其非，又是其是，确是通达之论。《四库提要》指出《习学记言序目》既有“骇俗”之论，也有“确有所见”之言，最后作结：“要其偏执，固所不免，而考核之精博，议论之英伟，实一时罕有其匹也。”[③]确是的论。后来孙诒让修《温州经籍志》评议该书，也是既指出其“苛诋前人，信不免太过”之弊，又肯定其“该览总贯，抉其义蕴，其淹博尤非陋儒所敢望”的独特价值。[④]

叶适不仅在思想学术上“喜为新奇，不屑摭拾陈语”，不惮立异，敢于出新，在文学上也主张创新，反对因袭。与此相关，叶适在论文时反对人云亦云，随声附和，而是坚持自己的独立见解。好友吕祖谦曾奉诏编纂《皇朝文鉴》，当时的礼部尚书周必大为之序。叶适严厉批评该序不能“深明统纪，洞见本末”，而是“均年析号各擅其美”，[⑤]即未能说到点子上。从这我们可以看到叶适对文学有自己的独立见解，绝不盲从高官要人之论。

叶适在论文时不愿拾人牙慧，在作文时更不愿蹈袭他人。叶适强调作文要有“自家物色”，就是要“不蹈袭”，就是要“融会古今文字于胸中，而洒然自出一机轴”[⑥]，简言之，要有创新和特色。基于此理，叶适对模拟之文颇为鄙夷：“若夫出奇吐颖，何地无材，近宗欧、曾，高揖秦、汉，未脱摹拟之习，徒为陵肆之资，所知不深，自好已甚，欲周目前之用，固难矣，又安能及远乎？”[⑦]

叶适一方面对蹈袭之文疾言厉色，另一方面又对出新之作大加赞赏。如揄

---

① （清）黄宗羲原著，全祖望补修：《宋元学案》卷五四《水心学案上》，中华书局 1986 年版，第 1738 页。

② （清）黄宗羲原著，全祖望补修：《宋元学案》卷五四《水心学案·序录》，中华书局 1986 年版，第 1738 页。

③ 《习学记言书前提要》，文渊阁四库全书本。

④ （清）孙诒让：《温州经籍志》卷一七，《续修四库全书》本第九一八册，上海古籍出版社 2002 年版，第 399 页。

⑤ （宋）叶适：《习学记言序目》卷四七，中华书局 1977 年版，第 696 页。

⑥ 吴子良：《荆溪林下偶谈》卷三“水心文不蹈袭”条，《历代文话》第一册，第 562 页。

⑦ （宋）叶适：《水心文集》卷二九《题陈寿老文集后》，中华书局 1961 年版，第 610 页。

扬陈耆卿之文"特立新意",[①] 褒赞刘潜夫之诗"思益新",[②] 肯定戴龟朋"文记诗歌,务为奇卓清简,无俗间鄙腐意",[③] 称赞吴明辅之文"意特新"。[④] 总之,叶适反对模拟,鼓励出新,即"片辞半简,必独出肺腑,不规仿众作也"。[⑤]

(二)文必己出而独运杼轴

叶适为文,反对蹈袭他人,主张"自家物色",《四库提要》云:

> 适尝自言:"譬如人家觞客,虽或金银器照座,然不免出于假借,惟自家罗列者,即仅瓷缶瓦杯,然都是自家物色。"其命意如此,故能脱化町畦,独运杼轴,韩愈所谓"文必己出"者,殆于无忝。[⑥]

叶适之文,自出机杼,确实当得起韩愈所谓"文必己出"者。

叶适散文,各体兼备,其铭志序跋尤其出名,深受推重,《勤有堂随录》称赞叶适"大肆力于碑铭记文,四方甚重之"[⑦],《黄氏日抄》亦云:"水心之见称于世者,独其铭志序跋,笔力横肆尔。"[⑧] 其中碑志更是扬名四方,求其铭墓者络绎不绝,其弟子陈耆卿《代吴守上水心先生求铭书》云:"今天下人子之欲显其亲者,不以得三公九卿为荣,而以不得阁下之一言为耻。"[⑨] 叶适碑志不仅名气大,而且水平高,得到了各方包括论敌的好评。真德秀对叶适的思想学术多有不满,曾斥责《习学记言序目》为"放言"[⑩],但对叶适文章尤其是碑志仍赞不绝口:"永嘉叶公之作,于近世为最,铭墓之作于他文又为最。"[⑪] 叶适的碑志数量也很多,《水心文集》共二十九卷,约四百篇文章,其中碑志有十三卷,约一百五十篇,不论卷数还是篇数,碑志都占文集的五分之二左右。更重要的是,碑志文最易流于千篇一律,古文大家柳宗元都不能免于此弊,但叶适却能将其写得千人千面,并且在体式上进行创新。

叶适所作碑志,最大特点是能将碑主写活,根据其不同身份描摹出栩栩如生

---

① (宋)叶适:《水心文集》卷二九《题陈寿老文集后》,中华书局 1961 年版,第 610 页.

② (宋)叶适:《水心文集》卷二九《题刘潜夫南岳诗稿》,中华书局 1961 年版,第 611 页。

③ (宋)叶适:《水心文集》卷二三《竹洲戴君墓志铭》,中华书局 1961 年版,第 462 页。

④ (宋)叶适:《水心文集》卷二七《答吴明辅书》,中华书局 1961 年版,第 554 页。

⑤ (宋)叶适:《水心文集》卷一二《归愚翁文集序》,中华书局 1961 年版,第 217 页。

⑥ (清)永瑢:《钦定四库全书总目》卷一六〇《水心集提要》,中华书局 1997 年版,第 2145 页。

⑦ (宋)陈栎:《勤有堂随录》,文渊阁四库全书本。

⑧ (宋)黄震:《黄氏日抄》卷六八,文渊阁四库全书本。

⑨ (宋)陈耆卿:《篔窗集》卷五《代吴守上水心先生求铭书》,文渊阁四库全书本。

⑩ (宋)叶绍翁:《四朝闻见录》甲集,中华书局 1989 年版,第 35 页。

⑪ (宋)真德秀:《西山文集》卷三五《著作正字二刘公志铭》,文渊阁四库全书本。

的形神风貌。弟子吴子良对此深有体会："水心为诸人墓志，廊庙者赫奕，州县者艰勤，经行者粹醇，辞华者秀颖，驰骋者奇崛，隐遁者幽深，抑郁者悲怆，随其资质，与之形貌，可以见文章之妙。"[①]"随其资质，与之形貌"云云，正点出了叶适碑志随人赋形之特质。叶适所作约一百五十篇碑志，刻画了一百五十多个人物[②]，个个鲜明生动，绘就了南宋中叶丰富多彩的历史人物画像。

叶适碑志之所以能写活碑主、独步一时，与其写作中秉持的史家精神与运用的史家笔法息息相关。碑志文与史传文一样都属于传记文学，都要以史为据，求真务实。刘勰云："属碑之体，资乎史才，其序则传，其文则铭。"[③]道出了碑文"史""传"之特点，这就要求碑文的写作忠于史实。但碑志往往是作者受人之托而写，常免不了虚美隐恶的俗套，要真正做到实事求是，确实有难度。但叶适撰写墓碑，志在"辅史而行"[④]，的确做到了信实。吴子良《荆溪林下偶谈》载有叶适不肯阿附权贵曲护其祖而改写碑文的凛凛之事，可见叶适忠于史实、秉笔直书的刚直。从叶适今存的所写墓志来看，其"辅史而行"的志向得到了落实，现代学者钱基博称赞叶适"碑志之作，尤极铿锵鼓舞，如奔风逸足，和以鸣鸾，而俯仰于节奏之间，篇有余态，事可考信"[⑤]。

叶适碑志不仅秉持史家精神，"事可考信"，而且注意运用史家笔法，选取典型事例，采撷生动细节，刻画出栩栩如生的人物形象。如为糟糠之妻高氏所撰《高令人墓志铭》注意刻画细节。"赁舍甚贫，闭一间，终日不闻声。亲馔粥飦十余盘，鱼肉鲑菜略具，人或以为难"，可见其贤能；"服饰进止常俨然，见者皆尚其华整，不知其敝故洗刷而然也"，可见其庄重与勤俭。

叶适所作碑志，不会将碑主的生平事迹作流水账式的乏味排列，而是善于剪裁，选取最能体现碑主风神形貌的典型事例工笔细描，凸显人物形象。如《宝谟阁待制知隆兴府徐公墓志铭》[⑥]叙写南宋中叶名臣徐谊，叶适独具匠心，重点选取了徐谊参与拥立嘉王的事件精心叙述，描摹出一位披肝沥胆、扶持社稷的忠臣谋士形象。

总之，叶适碑志所述之人，或贤妻，或文人，或忠臣，或高士，或奇人，莫不栩栩如生，正所谓"随其资质，与之形貌"。《四库提要》称扬叶适"碑版之作，简质

---

① （宋）吴子良：《荆溪林下偶谈》卷三"水心文章之妙"条，复旦大学出版社 2007 年版，第 563 页。

② 有的一篇碑志刻画两个人物，如《著作正字二刘公墓志铭》《陈同甫王道甫墓志铭》等。

③ （南朝梁）刘勰著：《文心雕龙注》卷三《诔碑》，范文澜注，人民文学出版社 1958 年版，第 214 页。

④ （宋）赵汝譡：《水心文集序》，中华书局 1961 年版，第 1—2 页。

⑤ 钱基博：《中国文学史》，东方出版中心 2008 年版，第 524 页。

⑥ （宋）叶适：《水心文集》卷二一《宝谟阁待制知隆兴府徐公墓志铭》，中华书局 1961 年版，第 405 页。

厚重，尤可追配作者”[①]，可为的论。

叶适碑志不仅画出了各种身份之人的形神风貌，避免了普通碑志一味歌功颂德、人物无特色的同质化趋势；而且在碑志的体式上进行大胆探索创新，突破了碑志程序化的藩篱。

文章结构方面，碑志一般先记碑主世系、名字、爵里、岁月，再按时序述其生平事迹、功业道德，最后叙其子孙后裔情况。叶适所撰碑志却往往突破这个结构模式，将碑主事迹按照刻画形象之需重新排列（很多时候是打乱时序的），精心叙述，将世系、名字、爵里、子孙后裔等情况以最简洁的文字灵活放置于文中恰当位置。这样的碑志不拘格套，体式灵活，令人耳目一新。叶适碑志还善于出奇笔，开始并不写碑主，而让与其有关之人出场，再言于彼而及于此，形成一种烘云托月的意趣。如《宜人郑氏墓志铭》居然先形象地描绘天富北监一次海啸肆虐的景象，然后叙述知监事李宽组织民众重建家园之功，接着笔锋一转指出李宽为其母求铭，原来碑主就是其母。该文构思精巧，起笔突兀而承接自然，确是一篇妙文。

表现手法方面，碑志一般以记叙为主，叶适则叙述、描写、抒情、议论兼而用之。描写手法方面，叶适碑志虽用得不多，却用得极妙。如上文提及的《奉议郎郑公墓志铭》，为衬托郑公闲适淡泊之心境与高雅不俗之情怀的那段景物描写，又如《宜人郑氏墓志铭》对天富北监海啸肆虐景象的描绘，都生动形象，颇为精妙。抒情手法叶适也用得很精，如《高令人墓志铭》抒写对老伴辞世的哀痛，《母杜氏墓志铭》抒发对母亲的哀思，《宝谟阁待制中书舍人陈公墓志铭》抒发对师友陈傅良“开物之易而周身之难，成名之厚而收功之薄”[②]的悲叹，都发自肺腑，情感真挚。议论手法，叶适最爱运用，也最擅运用。叶适在碑志中特别爱发议论，几乎每篇碑文都有对碑主身世的感慨和议论。有时甚而以议论为主，乃至以议论贯通全篇，如《徐道辉墓志铭》几成论诗专文，而碑主的生平行状则简笔带过。值得注意的是，这些论议并不泛泛，因其关涉碑主身世而有特定的针对性，又因作者的见识高远和精准概括而有相当的普适性。

碑志形式方面，叶适也多有创新。《陈同甫王道甫墓志铭》首创两人合志之新形式，钱基博指出：“古人有合传，而未有两人墓而合志者，自适创之。”[③]该文将陈同甫、王道甫合而志之，并非乱点鸳鸯拉郎配，而是深思熟虑有创新。该文

---

① （清）永瑢：《钦定四库全书总目》卷一六〇《水心集提要》，中华书局 1997 年版，第 2145 页。

② （宋）叶适：《水心文集》卷一六《宝谟阁待制中书舍人陈公墓志铭》，中华书局 1961 年版，第 300 页。

③ 钱基博：《中国文学史》，东方出版中心 2008 年版，第 526 页。

开宗明义："志复君之仇，大义也；欲挈诸夏合南北，大虑也；必行其所知，不以得丧壮老二其守，大节也；春秋、战国之材无是也。吾得二人焉：永康陈亮，平阳王自中。"[①] 原来二人皆是大义、大虑、大节之士，下文就围绕这"三大"叙述两位志士的立身大本。《著作正字二刘公墓志铭》也是将两人合而志之的创新之作，该文将刘夙、刘朔兄弟俩放在一起，因为两人都是"轻爵禄而重出处，厚名闻而薄利势。立朝能尽言，治民能尽力""其饬廉隅，定臧否，公是非，审予夺，皆可以暴之当世"[②] 的君子。真德秀对该文褒赞有加："永嘉叶公之文，于近世为最，铭墓之作，于他文又为最。著作正字二刘同为一铭，笔势雄拔如太史公，叹咏悠长如欧阳子，于他铭又为最。呜呼！二刘公不可复见矣，若永嘉之文亦岂易得哉！"[③]

叶适所撰碑志的铭文也不仅仅是传统的四言诗格式，而是多种多样。体式有诗体，有散体，有骚体；字数有四言，有七言，有杂言；篇幅有寥寥数语者，也有滔滔长文者。

总之，叶适所撰碑志在文章结构、表现手法、碑志形式等多个方面都有出新之处，突破了碑志程序化的藩篱，使该文体重新焕发生机。清末大学者孙诒让赞扬叶适"碑版之文，照耀一世，几与韩、欧诸家埒"[④]，诚非虚誉。可以说，叶适是韩愈、欧阳修之后，碑志写作的又一大家，并将碑志写作发展到了一个新的水平。

五、大成的"文""学"造诣

叶适作为南宋中叶杰出的思想家和文章家，不仅以其自成体系的思想学术而"欲集诸儒之大成"[⑤]，也以其自出机杼的精妙文章"在南渡后卓然为一大宗"[⑥]，可谓"卓然文宗"[⑦]。叶适之文，各体兼备，而尤以碑志序记为荦荦大者。碑志序跋已有前文分析，而记文也是叶适散文的大宗，共有三卷五十余篇。其实，从散文艺术角度分析，相比于政论、碑志、序跋，记文更具文学性，也更能代表作者的散文成就。叶适作为"卓然文宗"，其大成的散文造诣在记文中体现得非常

① （宋）叶适：《水心文集》卷二四《陈同甫王道甫墓志铭》，中华书局 1961 年版，第 482 页。

② （宋）叶适：《水心文集》卷一六《著作正字二刘公墓志铭》，中华书局 1961 年版，第 301 页。

③ （宋）真德秀：《西山文集》卷三五《著作正字二刘公志铭》，文渊阁四库全书本。

④ （清）孙诒让：《温州经籍志》卷二一，《续修四库全书》本，上海古籍出版社 2002 年版，第 468 页。

⑤ （宋）黄震：《黄氏日抄》卷六八，文渊阁四库全书本。

⑥ （清）永瑢：《钦定四库全书总目》卷一六〇《水心集提要》，中华书局 1997 年版，第 2145 页。

⑦ 此提法源于朱迎平《永嘉巨子——叶适传》，浙江人民出版社 2006 年版，第 227—241 页。

明显。

（一）记文优缓而理趣高

叶适的记文，往往与政论一样议论风生，但风格上却不似政论那般宏肆雄放，而是平和舒缓，将理寓于娓娓叙述、细细描写之中，颇有一种纡徐阴柔之美。《龟山杨先生祠堂记》写杨时（号龟山先生）子孙因“微不自业”而卖老宅，太守余景瞻赎回返还之，又修补其漏阙，因以祠龟山之事。文章以议开篇，“贤者之世，渐远而渐微，或微而遂绝，可叹也已！若夫好贤者不然，虽远而不衰，愈远而愈隆也”；接着叙事，褒赞太守好贤之意寓于其中；最后以含蓄的期盼收束：“今夫事之可为如杨公者众，而或未之为也。然则虽其未入于景瞻职业之内者，余亦不欲其出于景瞻思虑之外矣。故余之愿景瞻，非独以其能好贤而已也。”[①]该文叙议结合，议为叙发，叙中有议，风格优缓而理致高远。宋末大学者黄震称赞该篇“记文优缓而理趣高”[②]，确是的论。其实，该论不惟针对该文，就是移作评价叶适的记文整体也是恰中肯綮。“优缓”指文风平和，节奏舒缓；“理趣高”指论议高远，文富趣味。前者指行文风格，后者指为文旨趣。我们先来分析后者。

宋儒好发议论也擅长议论，叶适亦是如此。叶适之文，不管政论文章还是序跋碑志都议论风生，就是本应以记叙为主的记文也写得论议横生。《水心文集》中的五十余篇记文，几乎篇篇有论议，但这些论议绝非空泛无依的浮论，而是紧贴叙述的实论，绝非人云亦云的俗论，而是独到深刻的高论。这些实论、高论，精微之际又透露出一种理趣。

《风雩堂记》[③]阐析了三个层次之乐：颜子之乐（无待于物之乐）、曾点之乐（犹有待于物之乐）和常人之乐（娱耳目、快心意之乐）。文章议论风发，“说极平实而文采烨然可读也”[④]；结尾含蓄，理趣悠悠。《温州新修学记》因温州州学新修告竣而为记，叶适趁机揭橥永嘉学派的学统和旨归。文章首先梳理永嘉学统，将周行己、郑伯熊、薛季宣、陈傅良的学术贡献和学派传承精准道出。接着阐发治学之旨归，应“自身始而推之天下，推之天下而反其身”[⑤]。该文议论精警，可谓学术史名篇。《司马温公祠堂记》阐发北宋名相司马光“犹常人尔，充实积久，为宋元臣”之道：“公子弟力学，进士起家，州佐从辟，官使承事，犹常人尔。充实积久，而廉夫畏其洁，高士则其操，儒先宗其学，去就为法故，步趋中绳墨，用舍进

---

① （宋）叶适：《水心文集》卷一〇《龟山杨先生祠堂记》，中华书局 1961 年版，第 160—161 页。

② （宋）黄震：《黄氏日抄》卷六八《读水心集》，文渊阁四库全书本。

③ （宋）叶适：《水心文集》卷一〇《风雩堂记》，中华书局 1961 年版，第 177—178 页。

④ （宋）黄震：《黄氏日抄》卷六八，文渊阁四库全书本。

⑤ （宋）叶适：《水心文集》卷一〇《温州新修学记》，中华书局 1961 年版，第 178—179 页。

退关乎民心，为宋元臣。”[①] 此论被宋末大学者黄震誉为“最善言公者”。[②]

总之，叶适记文大都以阐发理义为旨归，具有很浓的议论色彩，有些篇章还颇富理趣。

叶适记文，虽以阐发理义为旨归，却并非质木无文之道学文章，而是注重文辞之采，注重行文之妙，具有较强的文学性，如《石洞书院记》[③]。文章首记郭君发现石洞奇景，记事简洁凝练，写景生动逼真，文采斐然。接着写郭君将石洞辟为书院，后代又修之不废，赞扬郭君“以学易游而不以物乐厚其身，以众合独而不以地胜私其家”的宽宏襟怀。文章最后指出“学不待地也，萤灯雪屋，苟取尺寸，而圣贤之业可成矣”，并勉励郭氏子孙与其乡人“玩云岚，挹泉濑，心形洁清，以始终其学，而卓异豪杰之材出焉”；末尾以“然则学虽不待夫地，而地固有待夫学也”收束全文，言有尽而意无穷，悠悠之韵不绝如缕。全文将叙事、状景、抒情、议论融为一体，行文萦纡婉转，摇曳多姿，深得欧苏记文的风神情韵。后来楼钥书其文，朱熹再为之题，一时传为士林佳话，被誉为“当代三绝”[④]。

叶适的记文佳作，精于写景，状景如画，并触景生情，因景发论，从而使写景、抒情、议论融为一体。如《烟霏楼记》写登临烟霏楼所见蕲州之美景、风物，栩栩如生[⑤]；接着笔锋一转，叹其有美质天趣而未得很好的发展，“夫蕲，山泽之聚，淮之名城也，岂其天趣不足哉？特地力有未尽尔”；最后抒发自己作为地方长吏应“疏涤其陋以安利之”“使蕲之人能尽其性之德以为材，尽其地之力以为利，生殖遂长而英发，器用坚实而久成”[⑥] 的为政抱负。作者触景生情，景为情而绘，情因景而发，景美情真，情景交融，韵味十足，颇有范仲淹《岳阳楼记》的风韵。

记文本应以记为主，但受时代熏染，南宋记文论道说理的多，状景叙事的少，论议色彩过浓，文学意味颇淡，叶适有些记文也不能免于此弊。然叶适高于众人就在于，他的记文佳作论道说理能酿出理趣，状景叙事能生出余韵，而且两者能水乳交融，从而使其记文具有较强的文学性。

（二）集乾、淳散文之大成

叶适散文各体兼备，风格圆熟，在南宋中期卓然成家。孝宗乾、淳之际，国家安定，政治昌明，思想活跃，学术繁荣，号称中兴。此时，散文创作也呈现出百花

---

① （宋）叶适：《水心文集》卷九《司马温公祠堂记》，中华书局 1961 年版，第 146 页。

② （宋）黄震：《黄氏日抄》卷六八，文渊阁四库全书本。

③ （宋）叶适：《水心文集》卷九《石洞书院记》，中华书局 1961 年版，第 154—156 页。

④ （宋）曹彦约：《昌谷集》卷一七《跋东阳郭氏石洞书院记》，文渊阁四库全书本。

⑤ （宋）黄震：《黄氏日抄》卷六八，文渊阁四库全书本。

⑥ （宋）叶适：《水心文集》卷九《烟霏楼记》，中华书局 1961 年版，第 143—144 页。

齐放的景象，流派纷呈，名家荟萃。有学者指出："陆游、范成大、杨万里、张孝祥等文人学士，洪适、周必大、楼钥等翰林词臣，朱熹、吕祖谦、陈亮、陈傅良等各派学者，都以能文著称。但以其创作成就全面衡量，似乎都稍逊于叶适，也可以说，叶适是集乾、淳散文中兴之大成的散文大家。"①

叶适的散文成就，在当时就得到了学人的充分认可。其弟子赵汝谠《水心文集序》云：

> 以词为经，以藻为纬，文人之文也；以事为经，以法为纬，史氏之文也；以理为经，以言为纬，圣哲之文也；本之圣哲而参之史，先生之文也，乃所谓大成也。欲植杰木，必丰其根；欲潴巨泽，必浚其源。文，其泽、木也；学，其根、源也；学与文相为无穷也，是果专在笔墨间乎？②

叶适之文并非简单的文人之文，而是"本之圣哲而参之史"之文，"学与文相为无穷"之文，简言之，叶适之文是"事""理""学"兼具之文。"参之史"而重"事"，催生了其文的信实和准确，"本之圣哲"而重"理"，蕴含了其文的典雅和纯正，"学与文相为无穷"而重"学"，孕育了其文的渊深和淹博。这些方面的融合，最终造就了叶适之文的"大成"。赵汝谠此序，可谓知音之言。叶适之文，不仅得到弟子的推崇，也深得同侪的赞誉。刘宰云："水心叶先生之文，如磵谷泉，挹之愈深。"③ 叶绍翁云："水心先生之文，精诣处有韩、柳所不及，可谓集本朝文之大成者矣。"④ 就连对叶适学术颇有非议的真德秀也不得不佩服"永嘉叶公之文，于近世为最"。⑤

宋末大学者黄震撰《黄氏日抄》，卷五九至六八读唐宋文集部分，特意选取韩愈、柳宗元、欧阳修、苏轼、曾巩、王安石、黄庭坚、汪藻、范成大、叶适共十家，其中叶适赫然在列，可见黄震是将叶适作为唐宋文章十大家之一，而与韩柳欧苏等唐宋诸大家并列。

叶适之文在元代也颇得好评，方回云："叶水心适以文为一时宗。"⑥ 刘埙也是水心文的拥趸，其《隐居通议》记载他年轻时曾"选取水心文之绝出者，手抄成

---

① 朱迎平：《永嘉巨子——叶适传》，浙江人民出版社 2006 年版，第 241 页。

② （宋）赵汝谠：《水心文集序》，中华书局 1961 年版，第 1 页。

③ （宋）刘宰：《漫塘集》卷二四《书夏肯父乃父志铭后》，文渊阁四库全书本。

④ （宋）叶绍翁：《四朝闻见录》甲集"宏词"条，中华书局 1989 年版，第 35 页。

⑤ （宋）真德秀：《西山文集》卷三五《著作正字二刘公志铭》，文渊阁四库全书本。

⑥ （元）方回：《瀛奎律髓》卷二〇，文渊阁四库全书本。

帙，以备观览”[①]，后来又与同好同声背诵水心诸文以为乐，可见其对水心文的喜好。元代儒林四杰之一的黄溍对叶适的学术思想颇不以为意，曾云：“其（指叶适，引者注）传之久，且不废者，直文而已，学固弗与焉。”[②] 但从反面却看出水心文在元代“传之久”“且不废”。

明代嘉靖《温州府志》曾记载：“适生平喜读书，不以世务萦怀，考论古今，品藻人物，自成一家言，名重当世，四方学者仰之如山斗，咸称水心先生，远而高丽捐金币购求其文。”[③] 其中“远而高丽捐金币购求其文”云云尤可注意，如记载属实，则水心文已走出国门，具有国际影响了。

清代全祖望补修《宋元学案》时，虽对叶适之学术颇有訾议，说“水心天资高，放言砭古人多过情，其自曾子、子思而下皆不免，不仅如象山之诋伊川也”，但也特别提及“水心工文”。[④] 可见其对叶适之文还是认可的。乾隆间修《四库全书》，馆臣将《水心文集》收入，并提要云：“适文章雄赡，才气奔逸，在南渡后卓然为一大宗。”[⑤]《四库全书》收入南宋别集达二百七十余部，能给予类似评价的并不多见，可见四库馆臣对叶适文章的高度认可。“在南渡后卓然为一大宗”云云其实已经点明了叶适在南宋文坛的文宗地位。

清代末年，孙诒让修《温州经籍志》，给予叶适之文高度评价：“水心叶文定公雄文博辩，为永嘉诸儒之冠，同时吴荆溪、韩涧泉、真西山、黄东发、刘漫塘诸人，交口推许无异词。”[⑥] 李春龢重新纂辑《水心别集》，在序中也对水心之文高度赞誉：“宋乾、淳间，永嘉之学盛于东南，屹然与新安、金华鼎足而立。其诸儒纂述之传于世者，若薛文宪之渊雅，陈文节之醇粹，叶忠定之闳博，可以想见一时之盛；而文章之工，尤以忠定为最，同时讲学诸儒，自东莱吕氏外，莫能及也。”[⑦]

总之，叶适散文博得了后世的充分肯定。“先生之文也，乃所谓大成也”[⑧]，这句出自叶适门生的赞语，并非虚誉，乃是经得起时间检验的准确评价。

（三）“学”“文”兼擅：学统与文统的交织

---

① （宋）刘埙：《隐居通议》卷一七，文渊阁四库全书本。

② （元）黄溍：《文献集》卷五《送曹顺甫序》，文渊阁四库全书本。

③ 《温州府志》卷三《人物·叶适》，上海古籍书店 1964 年版。

④ （清）黄宗羲原著，全祖望补修：《宋元学案》卷五四《水心学案·序录》，中华书局 1986 年版，第 1738 页。

⑤ （清）永瑢：《钦定四库全书总目》卷一六〇《水心集提要》，中华书局 1997 年版，第 2145 页。

⑥ 孙诒让：《温州经籍志》卷二一，《续修四库全书》本，上海古籍出版社 2002 年版，第 468 页。

⑦ （清）李春龢：《水心别集序》，《水心别集》卷首，中华书局 1961 年版，第 629 页。

⑧ （宋）赵汝谠：《水心文集序》，中华书局 1961 年版，第 1 页。

叶适是宋代“学”“文”兼擅的一代大儒。实际上，要探讨叶适“学”“文”的价值，需要将其置于“浙东学派”“浙东文派”的视域进行权衡。“浙东文派”与“浙东学派”是对宋代浙东地区的思想学术流派，各自着眼于“文”“学”的不同称谓而已，两者是名异实同的统一体。[①]

南宋中期，陈亮为代表的永康学派，吕祖谦为代表的金华学派和薛季宣、陈傅良、叶适为代表的永嘉学派，标举事功之学，或推尊王霸大略以言事功，或绾合哲学史学以言事功，或探究古今经制以言事功，具有大体一致的学术理念和基本相近的学术风格。三个学派汇合起来，形成了一个与朱子理学、二陆心学鼎足而立的浙东事功学派。学派中坚为文阐发事功精义时，强调以学识积养为根，主张“学与文相为无穷”，使得其文具有雄深醇厚的思想内涵。同时，他们的说理文章也不像道学作质木无文，而是比较注重章法技巧，常有一种凌厉纵横之气，具有文学性。此外，他们所写大量碑志、记序、题跋之作，往往也写得跌宕多姿，具有熠熠的文学色泽。尤为值得注意的是，他们还有系统的文话著述、精到的文章选本和自觉的文论主张，并与其散文创作桴鼓相应。吕祖谦、陈亮、叶适等人的散文成就得到了后继者的继承和发扬：陈耆卿、吴子良等沿着先师们的为文之路，既讲义理，也重辞章，在散文写作上成就不凡；舒岳祥、戴表元等更是在宋末元初的文坛上名重一时。总之，学派的学者们以文传学时，自觉追求雄深醇厚的文章内涵，自觉运用丰富多彩的文体技法，自觉酿造熠熠生辉的文学意蕴，自觉践履显豁独特的文论主张，其散文具有较高的文学价值和鲜明的流派特征，完全可以从文学的角度来界定为一个流派。

从纵向的流派传承统绪而言，宋代浙东事功学派从北宋中叶到宋元之际的传承谱系亦即学统非常明了，植根于该学统而衍生出来的文统也格外清晰。北宋中叶至南宋前期乃文派的萌芽阶段，呈现出“学胜于文”的特征；南宋中期乃文派的形成阶段，彰显出“学、文兼擅”的盛况；南宋后期乃文派的嬗变阶段，显露出“文胜于学”的趋势；宋元之际乃文派的流衍阶段，显现出“但以文著”的面貌。

置于这样一个学统和文统的谱系，叶适的“学”“文”兼擅就彰显出了应有的价值。可以说，与陈亮、吕祖谦、薛季宣、陈傅良诸君一样，叶适是宋代浙东学派和浙东文派巅峰时期的代表人物之一。同时，叶适其学“欲集诸儒之大成”，其文亦获“大成”之誉。概言之，叶适是“学”“文”皆臻“大成”之境的宋代大儒，其思想史价值和散文史价值，都值得学界充分关注。

---

① 李建军:《宋代浙东文派研究》，中华书局2013年版。

史论与文论：叶适与三苏外交政论文风格之辨

冒婉莹

一、“苏文热”与叶适

宋廷南迁，苏轼的文章得以从元祐学禁中解封，便迅速获得士人的推崇，尤以其应试之作，成为众士子摹写的典范。这一状况，在陆游的《老学庵笔记》中有形象的记录：“建炎以来，尚苏氏文章，学者翕然从之，而蜀士尤盛，亦有语曰：‘苏文熟，吃羊肉；苏文生，吃菜根。’”① 陆游笔记成书于孝宗淳熙至光宗绍熙期间，因此可以推断出笔记中描述的“苏文热”现象大约出现在绍熙以前。从文章体例创作的具体表现来说，绍熙之前的“苏文热”现象正对应孝宗乾道淳熙年间盛行的“乾淳体”（即太学体），而于此时，叶适恰在“浙东学派”诸君子中占一席之地。

再至宁宗“庆元党禁”，《文献通考》记载：

> 自韩侂胄袭秦桧故智，指道学为伪学。台臣附之，上章论列，诏榜朝堂。而刘德秀在省阁奏疏，至云：“伪学之魁，以匹夫穷人主之柄，鼓动天下，故文风未能丕变。请将《语录》之类并行除毁。”继而叶翥上言：“士狃于伪学，专习《语录》诡诞之说、《中庸》·《大学》之书，以文其非。有叶适《进卷》、陈传良《待遇集》，士人传诵其文，每用辄效。请内自太学，外自州军学，各以月试合格前三名程文，上御史台考察，太学以月，诸路以季。其有旧习不改，则坐学官、提学司之罪。”是举也，语涉道学者皆不预还。②

其中，除朱熹《语录》被禁之外，叶适的《进卷》与陈传良《待遇集》亦在被

① （宋）陆游：《老学庵笔记》卷八，中华书局 1997 年版，第 100 页。

② （元）马端临：《文献通考·选举五》，中华书局 2011 年版，第 302 页。

查禁书籍之列。由叶翥所言可知，陈、叶二人之书在党禁前就已风行官学。《待遇集》为陈传良应试之作的注解本，《进卷》则是叶适应试所作政论、史论集，因此有“士人传诵其文，每用辄效”之说。从二人作品的性质来看，再结合当时士人的仿效的热潮，对陈、叶作品的追捧的热潮，类似“苏文热”时的情形，士子也将谙练陈、叶之学作为登科出仕的途径。

宁宗嘉定时期，党禁解除，叶适之作重新受到重视，《四朝闻见录·甲集》，记载：

先生《外稿》盖草于淳熙自姑苏入都之时，是书流传则盛于嘉定间。①

叶适所作《外稿》与其《进卷》内容相似，为其政论作品。党禁解除之后，《外稿》流行，《进卷》亦随之解禁而重获士人青睐。这也表明叶适所代表的永嘉“实学”地位提高，《宋元学案·水心学案》直接称其与陆王之学于当世呈鼎足而立之势：

乾、淳诸老既然殁，学术之会，总为朱、陆二派，而水心龂龂其间，遂称鼎足。②

叶适与活跃于乾、淳时期的学者相较，属于晚辈，且其高寿，所以直至嘉定年间，他仍在躬身讲学、著书之事。另外，陈傅良和叶适虽同样属于永嘉学派，也都在士人间享有盛名，但从后世研究来看，诸家显然更看重叶适之作。

纵观历来对南宋散文之研究，叶适确为热门的研究对象。然诸家论说之主旨，多以述苏轼对叶适文风的影响，突显其“纵横”风格，学者于此点也颇有达成共识之意。但是，如果从苏轼与叶适的政论风格来看，文风相差甚远。若以叶适风行于嘉定年间的《进卷》《外稿》两部政论为对象，用以与苏轼政论相对比，或能对苏轼影响叶适之论得出更细致的认识，并能知晓嘉定年间苏文余韵下士人行文风尚之大略。

二、以词害道：叶适对三苏政论文的异见

由上文可知，嘉定时期叶适之学发展盛行，而苏文热潮也并未退却。叶适本人对苏轼的评价颇高，赞誉他为“古今议论之杰”。但是，叶适对三苏父子的政论

① （宋）叶绍翁：《四朝闻见录》，沈锡麟点校，中华书局 1997 年版，第 35 页。

② （明）黄宗羲：《宋元学案·水心学案》，陈金生点校，中华书局 1986 年版，第 106 页。

作品，也有诸多贬抑之辞。叶适认为苏洵之作太重“机权而失理”，苏轼则以大略见长而“理有未精”。简言之，叶适于“理”之上对苏氏政论多有异见，这也体现了永嘉学派讲求“实理”的风格。

叶适对苏氏父子的评价，集中载于其晚年代表作《习学记言》中。在《序目》一篇中，多次论及三苏文章与战国纵横家的关系。《序目》中论苏洵政论文风：

> 苏洵自比贾谊，曾巩、王安石皆畏其笔，至以为过之，欧阳氏比于荀卿。嘉祐后，布衣特起，名冠当时而高后世，李觏、王回，岂敢望也！《权书》《衡论》几策，多谈兵，论为将，草野未除，去谊固远。今所取者一二而已。《六经论》尤失理，皆以为圣人机权之用，乃异闻也。故家庭所讲，不能深造，误其子矣。或传洵常自挟一书诵习，二子不得见，它日窃视之，《战国策》也。洵闻而叹息。此虽未可信，然观其遗文，大略可见矣。①

显然，叶适认为苏洵政论远不及贾谊，他不赞同苏洵之论法，其一是苏洵主张“易”就是“圣人用其机权以持天下之心，而济其道于无穷也”，这于叶适看来是“失理”之论，其二是苏洵之观点缺乏实用性，叶适一向“雅以经济自负”，政论是就国事而发的实用之论，故其不赞成不实用的文风。引文中叶适直接指出苏洵《权书》《衡论》几策等政论，谓之“草野未除，去谊固远”，表明其不认同苏洵为求仕所作之文。

苏洵有前引“机权”之说，明显取法纵横家之说，是以《战国策》为思想基础的。苏洵有意隐藏学习《战国策》的逸事常被士人提起，后世称三苏之学，源于《战国策》也常以此为据。叶适并未对此盲从相信，而是对比了苏洵政论与《战国策》文风后得出观点。叶适认为苏洵所传家学是“误其子”的，这实际上间接批评了苏轼、苏辙的政论，而苏洵所以传其子者即为《战国策》之风格。叶适对于苏洵文章与学术取法《战国策》，以及苏氏父子以是书为传家之学，实抱持着负面评价。

叶适亦论苏轼、苏辙。《序目》卷五十，叶适论苏轼曰：

> 叙诸论……盖道无偏倚，惟精卓简至者独造；词必枝叶，非衍畅条达者难工；此后世所以不逮古人也。独苏轼用一语，立一意，架虚行危，纵横倏忽，数千百言，读者皆如其所欲出，推者莫知其所自来。虽理有未精，而词之所至莫或过焉。盖古今论议之杰也。轼自以为“如万斛泉源，不择地而出，在平地一日千里无难，及其与山石曲折，随物赋形而不可知。”嗟乎！古人

① （宋）叶适:《习学记言》，中华书局 2009 年版，第 743—744 页。

> 岂必有此文而后有此论哉？以文为论，自苏氏始。而科举希世之学，烂漫放逸，无复实理，不可收拾矣。①

叶适此篇实则为"论体"写作之史。叙诸论，叶适首先谈"论事之始"，始于三代典诰所记载的论；又分别言春秋、两汉中擅长作论者如管仲、贾谊等人，此时之论，在叶适看来已成为"论体"之作的典范；再至唐宋韩愈、欧阳修等人时，已是"不能仿佛"古人了。在这中间，叶适又独拈出苏轼，认为其作可观，以大篇幅论之。

叶适以"道"和"词"作为"论体"的两大要素。苏轼的论作往往在"词"上表现出众，但是在"道"上却容易因"架虚行空""纵横倏忽"而"理有未精"，较之三代论体表现，叶适认为其在理的方面仍有不足之处。即便如此，叶适仍称苏轼为"古今论议之杰"。后人常以此作为苏轼影响叶适的证据，但本文认为叶适如此赞誉苏轼，应当是站在宏观的文学史的视角给予的评价，因此才有"以文为论，自苏氏始"的论断。苏氏父子之"论"，多为科考所作，后人习之也用于应考准备。如果众人都形成"烂漫放逸""无复实理"的政论文风，就易陷入"理有未精""架虚行危"的虚言危机中，叶适对苏轼政论的这番批评是十分中肯的。

《序目》卷四十九，叶适论苏辙曰：

> 苏氏言"晁、董、公孙之流，皆有科举之病"，然乃身为科举之宗，不止于病而已。独辙三冗疏，过于平生文字，大苏亦不能及。益犹有方略，效之人主，可以岁月待，不纷然杂论古今，无所统一也。……自昔经生通人，各自为方，不知其偏也。然辙暮年不能守，方为《兵民》《燕蓟》之说，未几而女真起。然则必有真见而后为豪杰之士，笔墨诵读所得者不足据也。②

其实，叶适也曾认同过苏辙的奏议。熙宁二年（1069）三月，苏辙曾上书神宗详论"三冗"问题，包括：冗吏、冗兵、冗费，此篇即叶适所谓的"三冗疏"。叶适对此篇上书给出了"犹有方略""可以岁月待"等较高的评论，并表示苏辙的政论是能够被实际执行的，而不是"杂论古今"的一纸空谈。这显然符合叶适崇尚实用的文学审美。但是，对于苏辙晚年所作《历代论》中的《兵民》《燕蓟》篇等政论，叶适不予赞同。苏辙在《兵民》中主张"兵民分"，对宋代的募兵制大加赞同，在《燕蓟》中则称五代割让燕蓟，从北宋时代背景来看并无不妥，并肯定以岁币换取和平的政策；苏轼在《北狄论》中则谓养兵数十年，而气可生、志可壮。

① （宋）叶适：《习学记言》，中华书局2009年版，第744页。

② （宋）叶适：《习学记言》，中华书局2009年版，第726页。

叶适皆评之为由书本诵读得来的书生之见而已。

在重新审视叶适对苏氏政论文的评议之后，叶适与苏轼在文风上的关系大约需要重新厘定。我们对比二者的政论作品，可以看到二者的差异。两宋时国政的主要议题即是对外关系问题，士人政论主题也集中于此。以下选取苏叶二人在对外关系这一相同主题的政论加以对比分析。

三、纵横大略：苏轼外交政论文的风格

景德元年，真宗签订“澶渊之盟”后，宋室的外交局势进入了较长时间的稳定期。这期间虽也有边界冲突，宋仁宗时宋辽夏间就曾出现冲突，发生“增币交涉”“画界交涉”等外交争端。但就大体局势而言，在解除西北强虏的威胁隐患之后，宋室士风逐渐向居安偷生转变。时人政论之作，也多以反映时代特征为主题的，三苏即为代表。苏轼在仁宗嘉祐六年（1061）为应科举作《进卷》五十篇，其中有三篇专论外交之事。由此三篇的思想主旨与作论方法，都能看出其深得战国策士纵横之风的精髓。

《策断一》为三篇之纲领，文章力主朝廷要取得对外战事的主动权，“先发后罢”，换言之就是要制定主动出击的作战方针，避免陷入被动等待的局面。如此政论思想，明显以“权”作为对外关系之首要策略，与纵横家凡事讲求机权、权变思想如出一辙。再从写作手法来看，宋人罗大经就曾指出，此篇作法“以曲作直”，实际是《战国策》之论法。

《策断二》专论对西夏的“用兵大计”，其中制定的作战方案，同样也是充满了纵横家权变色彩的指导思想。苏轼说：

> 夫西戎、北胡，皆为中国之患。而西戎之患小，北胡之患大。此天下之所明知也。管仲曰：“攻坚则瑕者坚，攻瑕则坚者瑕。”故二者，皆所以为忧。而臣以为兵之所加，宜先于西。故先论所以制御西戎之大略。①

北方辽国的威胁比之西夏更紧迫，这是时人皆知的，苏轼亦认为如此。但是苏轼仍然提出了用兵“宜先于西”的论调。他以此言明其作战思想的理论基础，此即管子所谓的“攻坚则瑕者坚，攻瑕则坚者瑕”之说。宋室并不需要急于与更强大的辽国殊死一搏，若转向进攻与自己实力悬殊的西夏或可事半功倍，此即由“避坚而攻瑕，则力少而功倍”的观点看待西北二虏。此番言论可看作对《策断

① （宋）苏轼：《苏轼文集》，孔凡礼译注，中华书局2004年版，第284页。

一》中"先发后罢"观念的实战诠释,亦即主张不只是要掌握用兵先机,更要灵活、权变地选择用兵目标。无独有偶的是,苏洵在《权书·强弱》中,也同样借鉴了管子的权变理论。由此可见,苏氏父子两人的论战技巧,明显地表现了苏氏纵横之风的家学传统。

在行文策略上,《策断二》同样表现出纵横家的风格。苏轼于文中综论了大国、小国的优势、劣势所在,此处以论大国为例说明之,文曰:

> 且夫大国,则固有所长矣,长于战而不长于守。夫收者,出于不足而已。譬之于物,大而不用,则易以腐败,故凡击搏进取,所以用大也。孙武之法,十则围之,五则攻之,倍则分之,敌则能战之,少则能逃之,不若则能避之。自敌以上者,未尝有不战也。自敌以上而不战,则是以有余而用不足之计,固已失其所长矣。凡大国之所恃,吾能分兵,而彼不能分,吾能数出,而彼不能应。譬如千金之家,日出其财,以罔市利,而贩夫小民终莫能与之竞者,非智不若,其财少也。是故贩夫小民,虽有桀黠之才,过人之智,而其势不得不折而入于千金之家。何则?其所长者不可以与较也。①

此段虽论述了大国多"长于战而不长于守",实则呼吁宋室朝廷应当积极应战,这与其"先发后罢"的思想是一致的。此段苏轼以比喻论证的方式论述了大国长于战的观点。他先将大国比作"物",而"物"当被善用,宋乃大国,因此宋朝廷出兵就是物被善用的表现;他又将大国比作"千金之家",穷困的贩夫走卒自然不能与财力丰厚的千金之家相抗衡。苏轼采用以上这组比喻论证,目的在于论证其力主宋廷在战事上应当以强硬态度对待西夏小国的论点。不仅如此,在论证对方优势时,苏轼依然使用了比喻论证的方法,他将"大国之人"比为"千金之家",将"小国之人"比为"技穷而无所恃"者。由此论证小国之优势所在。综观全文,苏轼有相当大的篇幅使用了比喻论证,其论点皆建立在前述三则通俗、浅显的比喻之上。这种说理论证方式,确乎有战国纵横家遗风。

《策断三》一篇专门论述北狄之势,其文字除气势磅礴外,格律上更是自由挥洒、毫无拘束,是展现苏轼个人风格的典型之作。文曰:

> 其次请论北狄之势。古者匈奴之众,不过汉一大县,然所以能敌之者,其国无君臣上下朝觐会同之节,其民无谷米丝麻耕作织纴之劳。其法令以言语为约,故无文书符传之繁。其居处以逐水草为常,故无城郭邑居聚落守望之助。其旃裘肉酪,足以为养生送死之具。故战则人人自斗,败则驱牛羊

---

① (宋)苏轼:《苏轼文集》,孔凡礼译注,中华书局2004年版,第285页。

远徙，不可得而破。盖非独古圣人法度之所不加，亦其天性之所安者，犹狙猿之不可使冠带，虎豹之不可被以羁绁也。故中行说教单于无爱汉物，所得缯絮，皆以驰草棘中，使衣裤弊裂，以示不如湩酪之便美也。由此观之，中国以法胜，而匈奴以无法胜。①

苏轼从“胡华有别”开始论北狄情势。在苏轼看来，胡华间最显著的差别，即“中国以法胜，而匈奴以无法胜”。为了支持这个论点，苏轼着力描写胡人在衣食住行诸多方面的“无法”现象，以此反衬出汉人的重法优势，以及两者间极端的差异。苏轼此段以灵活自由的文字运用，改造原本规矩的排比句式。由此以两字为首的“其国”“其民”，到三字为首的“其法令”“其居处”，再到五字为首的“其旃裘肉酪”，五句相连的排比一气贯通，少了严谨规范的约束，却多了疏宕与纵横的个人风格。此外，文后也同样有如“狙猿”“虎豹”，这类较为严谨的对偶句。总而言之，全段由排比与对偶修辞组成，来回跳转、不拘格律，从而成就了乖张肆意、气势磅礴的行文审美特质，而这一特点很大程度承袭了战国纵横家言论风格。

《策断三》之首段，以及上文引文中没有呈现的结论部分，苏轼同样采用灵活的排比、对偶手法来行文，他比较了胡华之间“攻、守、战”三方面策略的不同。《苏文忠公文钞》引唐顺之评《进卷·策断三》曰：“此文极其变化横发不可羁制”，应即针对此而来。除此之外，叶适于《进卷·策断》三篇中，似也偶然提到其撰文论述的侧重点在“略”。《策断二》曰：

臣以为兵之所加，宜先于西。故先论所以制御西戎之大略。②

《策断三》曰：

惟国家留意其大者而为之计，其小者臣未敢言焉。③

苏轼之政论，其自谓之倾向于在大战略、大原则上的纵横捭阖，即其所谓“大略”“大计”“大者”等，这点尤与叶适不同。

① （宋）苏轼：《苏轼文集》，孔凡礼译注，中华书局2004年版，第286页。
② （宋）苏轼：《苏轼文集》，孔凡礼译注，中华书局2004年版，第285页。
③ （宋）苏轼：《苏轼文集》，孔凡礼译注，中华书局2004年版，第288页。

四、追本溯源：叶适外交政论文的风格

靖康之难后，宋室南渡。主降的高宗在绍兴十一年（1141）与金人签订了“绍兴和议”。但即便如此，继高宗之后的孝宗，北伐的雄心却又重生。隆兴元年（1163），孝宗即位之初，立即派遣张浚领导北伐军事，无奈未能取得成功，又于隆兴二年（1164）与金人签订了“隆兴和议”。在这之后，孝宗开始重用虞允文，继续实施北伐大计。然世事变迁，自从淳熙元年（1174）虞允文去世后，孝宗北伐的意志不再，满足于偏安偷生的现状。

叶适于淳熙十一年（1184）前，曾为应科举而作《进卷》五十篇。且不论叶适最终是否成功应举，这一系列的政论作品，正是在前述外交状况与社会风气之下所完成的。其中《外论》四篇，就专论当时对外关系。

从这几篇政论的指导思想以及写作风格两方面来看，叶适与苏轼政论行文呈现出明显不同的风貌。以下试分析叶适政论作品，并与前论苏轼之作进行比较。

《外论一》为南宋与金国之往来关系立下三项准则，分别是“义”“名”“权”。其文曰：

> 为国以义，以名，以权。中国不治夷狄，义也；中国为中国，夷狄为夷狄，名也。二者为我用，故其来寇也斯与之战，其来服也斯与之接，视其所以来而治之者，权也。中国虽贵，夷狄虽贱，然而不得其义则不可以治，不得其名则不可以守，不得其权则不可以应。①

叶适由“义”“名”两方面来论述南宋与金之间的关系，此论点以“夷夏大防”为理论基础。进而又以“权”来论南宋当下保持作战态度的依据，即南宋战与不战的决定，全都依据于“其所以来而治之者”。在这一点上，叶适好像与苏轼达成了共识，即讲究以机权、权变来论说外交策略。然而从对“权”的重视程度上来说，二者态度实则不同。从前文论述可知，苏轼于《进卷·策断一》中，将“权”视为对辽国外交策略的最高指导原则；而反观叶适，《进卷·外论一》虽也提到“权”的观念，但却将之置于“义”“名”“权”三者之中，并且放在最末的位置。显然在叶适这里，“权”并不是外交策略中最重要的。

叶适政论除了在思想主旨上和苏轼之论不同外，二者行文方式亦差异显著。叶适的《外论》中，很少出现苏轼《策断》那样如《战国策》一般乖张肆意的写作

① （宋）叶适：《叶适集》，中华书局 2010 年版，第 684 页。

风格。叶适政论表现出“追本溯源，历叙前代旧事”和“明白平实，详论本朝政事”两种特色的行文方式，这是其有别于苏轼写作方法的最重要的特色。

在提出“义”“名”“权”三者为重要的基本论点后，叶适开始以此为中心，逐一详论历代对外关系的方略特色，这是此篇另一个要点。其文曰：

> 尧、舜之土地至狭，又无利兵危矢，诈谋奇计；而夷狄不能侵暴者，名义与权皆得也。嗟夫！中国之所以为中国，以其有是三者而已。
>
> 盖自战国并起，三百年之间，秦人最为雄，小国次第亡灭，广大其地而为六国。秦又灭六国，合天下而尽有之，又欲兼取匈奴，秦人之暴甚于夷狄矣。汉起匹夫，亲搏天下，不数年而据秦之故地，此其为仁义道德，足以怀柔其民者何在？奈何冒顿反不能控弦数十万以凭陵边塞，入至太原、晋阳乎？盖三者自是并亡，不复有中国、夷狄之分矣，特以地势相别异耳。
>
> 嗟乎！有名义而不能执，有权而不能用，或伐或和，视其势之强弱而不能定，此汉、唐之事，不足论也，是既然矣。执之于无所执，用之于无所用，以和为常，与汉、唐之事，不足论也，是既然矣。执之于无所执，用之于无所用，以和为常，与之为一，而天下之人熟于闻见，不知其为中国、夷狄之异者，此祖宗之事，臣不敢深论也。
>
> 臣之所论者一事。自景德元年与契丹盟，更六圣百二十年，聘使往来，天子亲与之揖逊于庭，未尝一日败盟约也。女真本小种落，契丹奴役耳；不幸天祚失道，使得猖狂，破取其国。天祚以为与大国义兼兄弟，当来援我，或遂不复其国，则望白沟以南自归。当是时，中国以大义之故，遣十万众制女真使不得逞，彼知大国为之助，其势何遽至此也！岂与约并灭其国分取幽州故地以为功者比乎？失此不念，遂有今日。然则夷狄虽不义，常以信义望中国，中国以夷狄为不义，是以不用信义答之；不知此其所以为中国者，本不以夷狄之无而废也。①

叶适即以“义”“名”“权”三者逐一检视尧、舜、秦、汉、唐、北宋诸代的对外关系。叶适认为，尧、舜时期三者兼备，秦、汉、唐诸代则三者皆亡。而对于北宋，叶适虽谓“此祖宗之事，臣不敢深论”，但仍然具体指出北宋未能援辽抗金，甚至反而联金抗辽之事，认为此举违反了对外关系中“义”的原则，且导致了今日的偏安局势。叶适综论利弊得失，为南宋中期的决策提供完整背景知识。叶适论对外关系时，先是“历叙前代旧事”，再者“详论本朝政事”的写作手法，与

① （宋）叶适：《叶适集》，中华书局2010年版，第686页。

苏轼大不相同。

叶适以明白平实的语言，详论本朝政事，自然不仅限于前引一篇。《进卷·外论》二到四篇，皆是叶适详论南宋当时对外关系之作。《进卷·外论二》主张"唯以复仇为正义，而明和亲之决不可为"，主要由"义"和"势"两点批评"请和"之非。叶适由"义"论不可请和说：

> 今天下非不知请和之非义矣，然而不敢自言于上者，畏用兵之害也；其意以为一绝使罢赂则必至于战，而吾未有以待之故也。乃其以为不可而敢自言于上者，此非真知其义之不可也，直媒之以自进也，非可用以当虏也；故真知其义之不可者，皆内愧窃叹而不敢言者也。真知者不敢言，敢言者不足信，然则今之所以待虏，益疏略矣。
>
> 昔祖宗之世也，内治已定，则所谓求和亲之利者，为保全边民计耳，是不惮自屈而力行之可也。今日存亡之忧，不得尚用往事为比。使虏复如辛巳、甲申忽拥大众以求战，和固不可；且其崛起暴强而据吾大半之土壤，已五六十年矣，如使复为天祚盛极将亡，它人出而有之，和亦不可也。盖非惟其义之不可，而势则然矣。[①]

以上片段以明白平实的语言，详尽分析了当时社会舆论情况，舆论方向分为"不敢自言于上者""敢言而不足信者""真知而不敢言者"这三类。由"敢""不敢""真知""无知"的正反两面剖析详论。叶适自己开辟的观察视角形成了他独特的理论。此外，叶适亦主张古今情势不能随便相提并论，如前朝常以"请和"为外交策略，但至今朝万不可照搬复制，故谓"今日存亡之忧，不得尚用往事为比"。这类特别注重古今时空差异的论点，思虑可谓详密。

叶适对舆论的分析，详可见《外论四》，文曰：

> 上则亦知淮之可重矣。其所以欲为而轻止者有二患：一则以为"当与虏约无置大兵，今且赫然增备益守，虏必来争，或备守不足，则未能为益而先有所丧"；一则以为"既分要害，画守御，必当付之其人，权有所在，则或以成他日藩镇跋扈之事。"而臣以为二患者，皆非今日之所能当虑。且虽使淮上地如今日未置大兵，若有善吏守之，虏卒以数万众来，攻之不能克，舍之不敢过也，岂有增备益守而先忧其败者乎？夫守吾之要地，所以致虏之必争，大事机，盖见于必争之日。且虏既以虚言空约禁吾不敢守要地，又得吾重赂，不战而胜，孰甚于此！善为国者，择人而已，方欲有事，安能尽使权不分！如

① （宋）叶适：《叶适集》，中华书局2010年版，第688页。

文钦、诸葛诞固不可与，若羊祜、杜预亦可乎？药非乌喙，无以疗吾疾，而乌喙之毒亦能杀人，则善医者制之而已；以其毒而并废其药，而吾之疾不可救矣。①

上文意在讨论“防江”“防淮”孰轻孰重的问题。叶适支持积极防淮，而反对退守防江。针对舆论中防淮有“失信于虏且先有所丧”“兵权旁落而藩镇跋扈”二患的声音，叶适一一驳斥，所引部分为叶适驳斥的主要内容。他首先批评了妄自菲薄的悲观论者，认为如此士气可能会让金人不战而胜；其次，又引文钦、诸葛诞、羊祜、杜预这些三国末期至晋初的军事将领为例，反对因避免兵权旁落而不战自败这类“因噎废食”的消极战论。

在士人风气较为相似、论述主题一致的条件下，虽然同样发外交战略之言，但叶适的《外论》四篇，不论在思想旨趣还是行文风格上，皆和苏轼《进卷·策断》三篇不尽相同。就思想内容而言，“权”虽然是叶适论外交方略的理论支持之一，但又不似苏轼将其视为至上的、唯一的原则。就行文风格来看，叶适长于历数宋以前对外关系史之事例，且将其指导思想付之于今审验之。并由“义”论而述其不可请和之说，以破除时人“二患”之虞等说。叶适在此番论理、游说过程中，多是以明白平实的叙述方法分析舆情、比较古今，他没有像苏轼一样诉诸形象生动的比喻论证，或是以气势磅礴、乖张肆意的纵横之气论事之“大略”。叶适政论的特征是“追本溯源，历叙前代旧事”“明白平实，详论本朝政事”两者的结合，即使叶适与苏轼在政治立场上都反对请和之法，但在其政论作品的表达上，二者确实不同。

除此之外，叶适注重对史实的考察还体现在他的社会治理方法、理念上，这些意见，同样详见于叶适政论作品中。如其《外稿·财总论一》曰：

财用，今日大事也，必尽究其本末而后可以措于政事。欲尽究今日之本末，必先考古者财用之本末。盖考古虽若无益，而不能知古则不能知今故也……故臣以为不究古者财之本末，循而至于本朝，以去其错谬而不合于常经者，则无以知财之多少有无不足为国家之患。此而不知，则天下之大计皆不可得而豫论，而况望其有所施行以必成效哉！②

再如其《进卷·君德一》曰：

---

①（宋）叶适：《叶适集》，中华书局2010年版，第692页。

②（宋）叶适：《叶适集》，中华书局2010年版，第771页。

臣窃常悲当世之故，而其义不得以尽言，请泛论前世之帝王得失成败可考之迹，以见其意。[①]

就其"不能知古则不能知今"的思想而言，叶适看到了历史的延续与不可断裂的时空要义。叶适强调这些"当世""今日"显现的问题，皆是由"前世""古者"所累积造成的，也正是如是史观，使其在创作政论作品时，在追本溯源上用足功夫。

五、结语

南宋宁宗嘉定年间，叶适的《进卷》《外稿》等系列政论颇受时人传颂。宋朝末年学者黄震，著有读书笔记《黄氏日抄》，其中对唐宋十家文集加以摘抄、评述。苏轼作为唐宋古文大家，名列其中并不使人意外，而叶适亦在其中。黄震对叶适之评价有两个要旨，一是认为其文字"平实""明白贯彻"；二是认为其在政事见解上"熟于治体""精于财用本末""遍举本朝法度"。[②] 当然，他也给予了苏轼极高的评价，谓其论及天下之事则犹如天地造化万物般"曲尽其妙"[③]，通达自然。但黄震亦批评苏轼之纵横议论也有可能过犹不及，而变成"信口雌黄"的无用之言，如此其"曲尽其妙"之评就未必是褒扬之意了。从黄氏的观察来说，叶适与苏轼在行文风格上平仄相对的审美特质也昭然显明了。

综上所述，嘉定年间流行于世的叶适政论作品，呈现出与苏轼文风全然不同的审美风貌。这一时期苏文余热未散，而叶适也未必已经成为能取代苏轼文坛地位的行文风向标。嘉定时期的文风绝非以苏轼一家为尊，风格相对的叶适同样获得了士人追捧，此期文风呈现多元之相。

---

① （宋）叶适：《叶适集》，中华书局 2010 年版，第 634 页。

② （宋）黄震：《黄氏日抄》，复旦大学出版社 2007 年版，第 899 页。

③ （宋）叶适：《叶适集》，中华书局 2010 年版，第 705 页。

简论叶适的墓志铭撰写及其启示

周松芳

宋代的大思想家中，二程和朱熹之不重文或曰不能文，以及叶迁之重文能文，钱钟书先生曾有的论："朱子在理学家中，自为能诗，然才笔远在其父韦斋之下；较之同辈，亦尚逊陈止斋之苍健，叶水心之遒雅。晚作尤粗率，早年虽修洁，而模拟之迹太著，如赵闲闲所谓'字样子诗'而已。"[①] 叶适也自道："文字之兴，萌芽于柳开、穆修，而欧阳修最有力，曾巩、王安石、苏洵父子继之始大振；故苏氏谓'虽天圣、景祐，斯文终有愧于古'，此论世所共知，不可改，安得均年析号各擅其美乎？及王氏用事，以周孔自比，掩绝前作，程氏兄弟发明道学，从者十八九，文字遂复沦坏。"[②] 叶适之推崇苏轼，则是念兹在兹："苏轼《徐州上皇帝书》，自惜其文，所谓'故纸糊笼篋'者，吕氏数语余，叹其抑扬驰骤开阖之妙，天下奇作也。"[③] 故弟子吴子良说："近时水心一家欲合周、程、欧、苏之裂"。[④] 真是知言。

叶适重文，不仅赢得时誉，也成为弟子们的骄傲，进而形成传统："文字之趋日靡矣。皇朝文统，大而欧、苏、曾、王，次而黄、陈、秦、晁、张，皆卓然名家，辉映千古。中兴以来，名公巨儒不自名家，张、吕、朱氏，造儒术而非文艺。独水心擅作者之权，一时门人，孰非升堂，孰为入室，晚得陈筼窗（耆卿）而授之柄。今筼窗之门亦伙矣。"[⑤]

叶适重文，还在于诗文之中，为文尤难："昔人谓苏明允不工于诗，欧阳永叔不工于赋，曾子固短于韵语，黄鲁直短于散句，苏子瞻词如诗，秦少游诗如词。此

---

① 钱锺书：《谈艺录》，中华书局1984年版，第88页。

②（宋）叶适：《习学记言序目》卷四十七《皇朝文鉴》之一《周必大序》，中华书局1977年版，第696—698页。

③（宋）叶适：《习学记言序目》之《皇朝文鉴三》，中华书局1977年版，第726页。

④（元）刘埙：《隐居通议》，中华书局1985年版，第17页。

⑤（宋）王象祖：《答车若水书》，载车若水《脚气集》，中华书局1991年版，第32页。

数公者，皆以文字显名于世，而人犹得以非之，信矣作文之难也。"为此，叶适"取近世名公之文，择其意趣之高远、词藻之佳丽者而集之，名之曰播芳，命工刊墨以广其传，盖将使天下后世，皆得以玩赏而不容瑕疵云"①。

叶适重文，主要表现在散体之文上，虽有存诗三卷，然并不见佳。其文章固佳，也并非体现在传统的序记文上，而集矢于墓志铭一体，如黄震所言："水心之见称于世者，独其铭志序跋，笔力横肆尔。"②其实在当时即已有人指出，如叶适晚年的得意门生赵汝谠说："昔欧阳公独擅碑铭，其于世道消长进退，与其当时贤卿大夫功行，以及闾巷山岩朴儒幽士隐晦未光者，皆述焉，辅史而行，其意深矣。此先生之志也。"③稍后理学家真德秀也说："永嘉叶公之文，于近世为最，铭墓之作，于他文又为最。"④四库馆臣以及更晚的孙诒让，则较黄震更鲜明地推崇叶适的墓志铭写作，"其碑版之作，简质厚重，尤可追配作者"⑤"至于碑版之文，照耀一世，几与韩、欧诸家埒"⑥。

墓志铭渊源甚早。《礼记》云："夫鼎有铭，铭者，自名也。自名以称扬其先祖之美，而明著之后世者也。为先祖者，莫不有美焉，莫不有恶焉，铭之义，称美而不称恶。此孝子孝孙之心也，唯贤者能之。"⑦至东汉，先秦铭文就逐渐发展成了墓志铭，再经历了魏晋南北朝和隋唐五代，进一步形成较为固定的格式，这就是 后人总结出来的"十三事"："凡墓志铭书法有例，其大要十有三事焉：曰讳，曰字，曰姓氏，曰乡邑，曰族出，曰行治，曰履历，曰卒日，曰寿年，曰妻，曰子，曰葬日，曰葬地……其他虽序次或有先后，要不越此十余事而已。"⑧总体的价值取向，却如欧阳修《永州军事判官郑君墓志铭》中说："铭所以彰善而著无穷。"通俗一点来讲，就是"谀墓"；刘叉持韩愈十金去，正以其为"谀墓所得"。因此，即便某些墓志铭具有史料价值，也是偏向彰善隐恶而非实录，"夫铭志之著于世，义近于史，而亦有与史异者。盖史之于善恶无所不书，而铭者，盖古之人有功德材行志义之美者，惧后世之不知，则必铭而见之。或纳于庙，或存于墓，一也。苟其人之恶，则于铭乎何有？此其所以与史异也。其辞之作，所以使死者无有所

① （宋）叶适：《叶适集·水心文集》卷十二，中华书局 2010 年版，第 227—228 页。

② （清）黄震：《黄氏日抄》，载王水照主编《历代文话》，复旦大学出版社 2007 年版，第 870 页。

③ （宋）叶适：《叶适集·水心文集》卷首，中华书局 2010 年版。

④ 周梦江：《叶适与永嘉学派》，浙江古籍出版社 1992 年版，第 175 页。

⑤ （清）永瑢等撰：《钦定四库全书总目提要》，商务印书馆 1935 年版，第 18 页。

⑥ （清）孙诒让：《温州经籍志》，上海社会科学院出版社 2005 年版，第 915 页。

⑦ （清）朱彬：《礼记训纂》，中华书局 1995 年版，卷二五，第 732 页。

⑧ （清）朱记荣编：《金石全例》，北京图书馆出版社 2008 年版，第 257 页。

憾，生者得致其严”[1]。

叶适生活在黄岩期间，为同年进士刘允济（居住在路桥）的母亲、朋友蔡镐、学生丁希亮、学生丁木的父亲丁世雄、少年朋友林鼒、兄长林鼐以及戴龟朋、学生戴木父亲戴佛都写了墓志铭。还为任官台州的人如周淳中、张浃女、邵子文（邵持正）、姜安礼（姜处恭）、宋傅、郑仲酉（郑畤）、台州教授（高松）、俞宽写过墓志铭。此类墓志铭凡二十四篇，占叶适存世一百八十四篇墓志铭中的比例不算少，而叶适这一百八十四篇墓志铭占其八百余篇存世文章中的比例更不算少。从数量上讲，叶适的文名，在一定程度上系于墓志铭，而涉台州墓志铭与有功焉，亦与有荣焉。

叶适所撰墓志铭的“笔力横肆”，并非表现在叙事的婉曲或谨严等等之上，而是表现在“好发议论”上，除了应请所撰的场面应酬之作外，其他即便是应请但能触发其感慨议论的，也常常一开篇即发议论，而把传统的“十三事”置诸一边，稍后甚至结尾才略略交代。这是叶适墓志铭写作的最大最突出的特色。如《彭子复墓志铭》一上来即讨论意与善的关系问题：

> 士多以意为善，鲜以力为善也。诚得其意，圣贤何远！如意之而未至焉，遂又以意为力也，则善非其善，窒其材，枉其德矣。今夫意之者，如望远焉，目之所至，身可至乎？天下之理备矣，尺度按之，规矩占之，若称物然，斤石之差，必以其力，不可诬也。以力从意，不以意为力，力所不及，圣贤犹舍诸；力之所及，则材为实材，德为实德矣。

由此引出彭子复任台州临海县令时的善政，尤其是“听民讼，甚察然，不自以为明。每谕之曰：‘虽讼而直，所屈多矣。’民爱信之，忿斗衰止，至今言治临海者，推子复云”[2]。他为台州王实书墓志铭，也是议论居先，先倡言朝廷取士之本意：“所谓高第者，天子常亲擢赐之，天下以此占上意好恶，而士之遇否、治之通塞系焉。”然后以小说般的对话笔法，生动呈现了王实的知官理政与处变，以及其不得大用的最终结局：“夷仲不幸而不尽用，然迹其素守本末，而后知高宗之亲擢，可谓知人也已！”最后的铭复归于议论：“噫！蓄之早而售之晚。道与世异，用与好反。后五十年，记在碑板。”[3]

至于为林鼒作墓志铭，开篇虽循常轨，但后半部分则可谓大发宏论，对因孟

① （宋）曾巩：《曾巩集》，中华书局 1984 年版，第 253 页。

② （宋）叶适：《叶适集》卷十五，中华书局 2010 年版，第 273—275 页。

③ （宋）叶适：《叶适集》卷十八，中华书局 2010 年版，第 339—341 页。

子论世尚友之说而造成的“轻视一乡之善”的情形，大表不满：“盖天下所同善者，犹未足也，况一乡哉。按周官，乡即国也，黄岩，古伯男国也。二乡公也，公旦、君奭预焉；一乡卿也，闳、散、南宫适参焉。王国之善，即天下之善也，岂孟子未见《周礼》，而以战国近事言之乎？然则一乡之所谓君子者，固无往而不为君子矣。夫疑天下之善不足于一乡，而又以一乡之善不足于天下者，惑也。”[①] 于此最见叶适事功学说的务实致善精神，对当下的地方文化建设，最具启迪，具有高度的精神指引力。事实上这对叶适也并非一时感慨，而是有成熟思考和自我的看重，故在《沈元诚墓志铭》中一再申论此节：

> 古之谓一乡一国之善士者，以其德限之而云也；后之所谓一乡一国之善士者，亦以其德限之乎？未可知也。夫士，毁檐隈巷，败衣缕褐耳。然而专为善之责，将以公天下，准后世，其止于一乡一国，尚不能传而远也。不然，则夷、惠之流，孔氏之门人，何以垂称焉。及其后也，士以位为善；位之贵可以达于天下后世，而善之利始可以著于天下后世。位所不达，则士怠于自修而苟且以求安，虽一乡而已者，一国而已者，犹病其乏也，况不止一乡一国乎！就其不止一乡一国，而世无孔子、孟子，复无以定其论；于是高下之疑，诚伪之杂，莠颖将为干实，肤脆将为坚成，譬之物焉，春种之，不待秋而获也。呜呼！不限于德而限于位，使士不能如古人者，其势之然哉。[②]

《舒彦升墓志铭》也是开篇讨论边境制钱的问题：为了防止铜钱流入金国，而发行低劣的铁钱，反而不仅加速铜钱的北流，也严重影响贸易和生产，叶适在湖北蕲州知州任上致力除此大弊政，颇得时任主簿舒彦升之助，固志文在中间略略介绍舒氏生平后，最后仍回复慷慨议论：“嗟夫！天下固有易行之法，虽不肖蔽昧迷失，犹不大坏也。不幸而难从，非贤者顺导委曲，而不抵突以败，寡矣。易行之法不多有，行法之贤不多见，适得一人如彦升者，相与调护收拾于奔溃汹骇之中，可不谓难乎！奈何生不尽用，而没又将无闻，宜余之愧叹爱惜而不敢吝夫词也！”[③]

最为议论宏肆且感慨顿挫的，当属《陈同甫王道甫墓志铭》：“志复君之仇，大义也；欲挈诸夏合南北，大虑也；必行其所知，不以得丧壮老二其守，大节也：春秋、战国之材无是也。吾得二人焉：永康陈亮，平阳王自中。”这种开篇气势，

---

① （宋）叶适：《叶适集》，中华书局 2010 年版，第 376—377 页。

② （宋）叶适：《叶适集》，中华书局 2010 年版，第 277—279 页。

③ （宋）叶适：《叶适集》，中华书局 2010 年版，第 435—436 页。

令人想起苏轼的《潮州韩文公庙碑》以及文天祥的《正气歌》,只是他们不是墓志铭,而墓志铭如此写,更是令人赏叹称奇。中间略略铺叙介绍二人主要事迹,既为承前,也为启后——后文继续大发宏论:

> 外戚擅事累世,必其危汉者,刘向耳;宦官擅事累世,必其亡唐者,刘蕡耳。以穷乡素士,任百年复仇之责,余固谓止于二公而已。彼舅犯、先轸识略犹不到,公子胜、新垣衍奚由知之!余固谓春秋、战国之材无是也。虽然,上求而用之者也,我待求而后用者也。不我用,则声藏景匿,而人不能窥;必我用,则智运术展,而众不能间。若夫疾呼而后求,纳说而后用者,固常多逆而少顺,易忤而难合也。二公之自处,余则有憾矣。

诚可谓推崇备至,而铭文亦复议论慷慨,同致推崇之意:"铭曰:哦彼黍离,孰知我忧!竭命殚力,其为宗周。"①

为两个葬处相距甚远之人合作一铭是叶适的创举。他的学生吴子良说:"水心遂以陈同甫、王道甫合为一铭,盖用太史公老子、韩非及鲁连、邹阳同传之意。老子非韩非之比,然异端著书则同;鲁连非邹阳之比,然慷慨言事则同,陈同甫之视王道甫,虽差有高下,而有志复仇、不畏权幸则同。"②

叶适另有两篇墓志,也是开头立论,却专为诗歌而发,旨在标举"永嘉四灵"对唐诗风尚的追求。《徐道晖(照)墓志铭》说:"盖魏、晋名家,多发兴高远之言,少验物切近之实。及沈约、谢朓永明体出,士争效之,初犹甚艰,或仅得一偶句,便已名世矣。夫束字十余,五色彰施,而律吕相命,岂易工哉!故善为是者,取成于心,寄妍于物,融会一法,涵受万象,豨苓、桔梗,时而为帝,无不按节赴之,君尊臣卑,宾顺主穆,如丸投区,矢破的,此唐人之精也。然厌之者,谓其纤碎而害道,淫肆而乱雅,至于廷设九奏,广袖大舞,而反以浮响疑宫商,布缕缪组绣,则失其所以为诗矣。然则发今人未悟之机,回百年已废之学,使后复言唐诗自君始,不亦词人墨卿之一快也!"③《徐文渊(玑)墓志铭》则说:"初,唐诗废久,君与其友徐照、翁卷、赵师秀议曰:'昔人以浮声切响单字只句计巧拙,盖风骚之至精也。近世乃连篇累牍,汗漫而无禁,岂能名家哉!'四人之语遂极其工,而唐诗由此复行矣。"④

曾巩说:"铭志义近于史,而亦有与史异者。盖史于善恶无不书而铭特古之

---

① (宋)叶适:《叶适集》卷二十四,中华书局 2010 年版,第 483—485 页。

② 王水照主编:《历代文话》,复旦大学出版社 2007 年版,第 551 页。

③ (宋)叶适:《叶适集》卷十七,中华书局 2010 年版,第 321—322 页。

④ (宋)叶适:《叶适集》卷二十一,中华书局 2010 年版,第 410—411 页。

人有功绩材行志义之美者，惧后世不知，则必铭而见之。或存于庙或置于墓，一也。"[①] 叶适所撰墓志，固有旌表墓主之意，然其议论风生之篇，重点所系，却不在个人之嘉言懿行，而在世用之大德大行。这也是叶适一以贯之的追求："永嘉之学，必弥纶以通世变，薛经其始而陈纬其终也。"陈傅良继承其学，"尤号精密，民病某政，国厌某法，铢称镒数，各到根穴"。[②] 而毫不理会朱熹之言"永嘉永康之说，大不成学问"[③]。叶适此处虽表彰前贤，其实乃是为自己张本：既重事功，亦重事理。重事理则议论风生，宁愿破体逸出墓志铭常格，也要在不可能太长的篇幅中讨论各种重大的社会及文学问题；又重事功，颇异于永康事功之"好高骛远"，而集矢于经时济世，尤其重视"一乡一国之善"。这些对我们当下地方文化的建设，具有现实的意义和启迪。

---

① 王水照主编：《历代文话·荆溪林下偶谈》卷一，复旦大学出版社 2007 年版，第 533 页。

② （宋）叶适：《叶适集》，中华书局 2010 年版，第 178 页。

③ （宋）黎靖德：《朱子语类》卷二《吕伯恭》，中华书局 1986 年版，第 1984 页。

永嘉学派与浙学

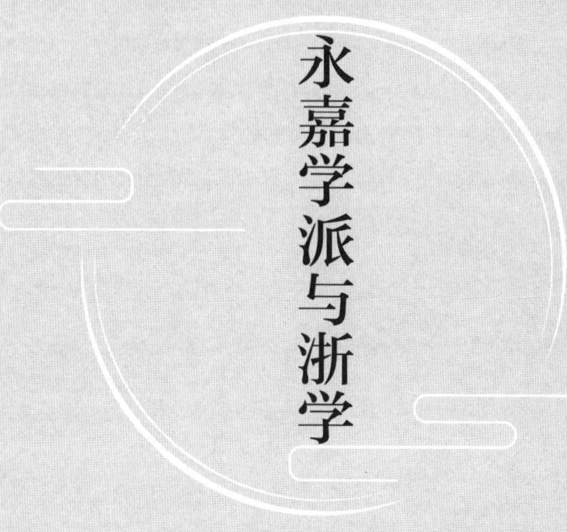

论南宋时期温州的“文化自觉”
——以永嘉学派为中心

陈安金

“文化自觉”是著名社会学家费孝通先生提出的概念，它指的是生活在一定文化中的人对其文化有自知之明，自知之明是为了加强对文化转型的自主能力，取得决定适应新环境、新时代时文化选择的自主地位。即在族群旧的文化无法应对新的现实危机时被迫进行的转型，目的在于为族群的生存和发展创建新的文化支撑。

定位于温州，聚焦在儒学层面，南宋初期的本土学术可认定为洛学。北宋时期的“皇祐三先生”“元丰九先生”[①]等温州籍学者将中原洛学传入温州，经过几十年发展，已然成为当时温州儒学的主流。但洛学“穷理去欲”“修身为本”等基本理念难以应对南宋时期严峻的内外形势，导致部分温州士大夫对其价值产生了怀疑。在对洛学的批评和对现实危机解决方案的思考中，具有“崇实”“重商”“变通”思想特色的永嘉学派逐渐形成。从某种意义上说，永嘉学派的形成过程便是南宋温州“文化自觉”的一个缩影。孝宗时期，为解决社会危机、实现国家复兴大业，薛季宣提出了一系列兴利除弊的改革思想和主张，可以说是温州儒学反思和转型的开端；光宗、宁宗时期，陈傅良为继续鼓舞君王及士大夫的复兴之志，进一步发展了薛季宣的事功学说；开禧北伐（1206）失败后，宁宗和重臣们恐金情绪蔓延，屈辱求和、消极避战之风大行其道。为扭转颓势、激发士民的守土抗敌之心，叶适进一步发展了薛、陈之说，最终建构了以“事功”为主旨的儒学体系。以薛季宣、陈傅良和叶适为代表的永嘉学派，以务实的学风、清廉的

① 宋元祐三年（1088），王开祖、丁昌期、林石在温州讲学授徒，由于他们的学术活动大约集中在仁宗皇祐年间（1049—1054），他们被后人称为“皇祐三先生”。北宋元丰年间（1078—1085）周行己、许景衡、刘安节、刘安上、蒋元中、沈躬行、戴述、赵霄、张辉等九人去汴京太学学习，并曾赴洛阳问学于二程，史称“元丰九先生”。

官风、渊博的学识及长期的开坛讲学扩大了其思想的影响力，推动了南宋温州儒学的转型，在某种意义上实现了南宋温州的"文化自觉"。

一、发端

就南宋严峻的内忧外患形势而言，温州的"文化自觉"是必然的，但就其兴起的时间来看，其发端有某种历史的偶然性。《大学》有言："一家仁，一国兴仁。"在帝王专制时代，皇帝个人的意志对社会人心的走向影响甚巨。《宋史》载："（孝宗）即位之初，锐志恢复。"[①] 言宋孝宗即位后，积极加强武备、整顿内政、下诏求复兴之策，高宗时期长期被压抑的爱国热情一时得以宣泄，士大夫们纷纷针对富国强兵等问题建言献策，涌现出一大批造诣很深的思想家，并基于不同的革除时弊见解而形成了各具特色的思想流派。如南宋时代最具影响力的思想家张栻、朱熹、陆九渊、薛季宣，及他们各自所代表的湖湘学派、理学、心学、永嘉学派，都崛起于孝宗时期。永嘉学派"事功"思想特色的形成、思想体系的逐步完善和影响力的不断扩大，带动了温州本土文化意识的逐渐蜕变，南宋温州的"文化自觉"就此展开，薛季宣是其主要的发起者。

《宋代永嘉学派的建构》一书将薛季宣重构永嘉之学的历史动因归结成生活、求学、为官经历和南宋乾道、淳熙年间道学与政治交相缠绕的历史情境。该书的叙述不能说明的问题是：为何这么多的思想家同时涌现于乾道年间。《永嘉学派与温州区域文化的崛起研究》一书，将永嘉学派的兴起归因于温州自北宋元丰年间以来文化资本与社会资本的良好互动、薛季宣和陈傅良等对温州区域文化发展的使命感，将促使薛季宣思想转型的原因总结为其早年阅历和对当时程学向"空无"发展的趋势的忧虑。诚然，这是薛季宣思想形成中十分重要的原因，但其早年的积累和思考只能算一种"自用之学"，本文要说明的是究竟是何原因促使薛季宣将其琐碎思考于孝宗初年汇成体系并传向社会。

孝宗执政初期的贪功冒进和当时朝野上下急功近利的形势引起了薛季宣的担忧，于是他根据国家实际情况，提出了内稳国政、外图进取的经国方略。一者为端正君王和士大夫的功利思想、提醒他们关注现实。《贯通内圣外王的努力——评永嘉学派的思想历程》一文中对薛季宣"一定之谋"的分析，正是要说明这一点。二者为驱除消极保守者用"空无之学"消磨君王的进取意志。在上孝宗第一札中说："夫清心寡欲，恭俭节用，尧舜三代所以治天下，陛下既已身之

① （元）脱脱等:《宋史》，中华书局 1985 年版，第 692 页。

矣，自宜固守而勿失……臣愿陛下深思远览，以静养恬，略其小者近者，而图其远者大者。”[①] 薛季宣认为修身养性是“小者近者”，富国强军、恢复中原等是“远者大者”，为君者应当致力于后者，而不应当过度耗费精力于前者。显然，他将修身养性之学视为了“空无之学”。在具体的“谋略”上，薛季宣提出了一系列革除时弊的建议。在其上孝宗书中说：“惟今法度之弊，臣所知者莫此为大……陛下必欲仍今日之文弊，以图天下治理，非臣所知。”[②] 他指出了导致宋朝一直贫弱的重要原因是冗官、冗兵，认为此时国家之急务是改革“法度之弊”，解决冗官、冗兵等弊政。其后他又数次上书论当时之弊政，有害民之政如武昌屋租、德安牛租、温州淹浸田租等；有江淮地区授田名实不符的问题，因战乱，江淮地区人员变动很大，有田者不交租、无田者交租等问题很严重，既害百姓，亦不利于国家治理；有整饬边境守备、整编军队等问题。与此同时，朱熹、陆九渊、陈亮等也积极为国家复兴大业建言献策，但各自的侧重点不同。朱熹上书孝宗说：“圣躬虽未有过失，而帝王之学不可以不熟讲。朝政虽未有阙遗，而修攘之计不可以不早定。利害休戚虽不可遍举，而本原之地不可以不加意。陛下毓德之初，亲御简策，不过风诵文辞，吟咏情性，又颇留意于老子、释氏之书。夫记诵词藻，非所以探渊源而出治道；虚无寂灭，非所以贯本末而立大中。帝王之学，必先格物致知，以极夫事物之变，使义理所存，纤悉毕照，则自然意诚心正，而可以应天下之务。”[③] 朱熹认为皇帝面前的头等大事是摒弃佛、道以及其他杂学，正心诚意以修帝王之学，即孔孟之学。君王应先穷天理、灭人欲，以正心、诚意为根本之务。主张君王“任贤使能，立纪纲，厉风俗”，使国家走向稳定和富强。至于富国强兵的具体策略，朱熹并无太多建言，似乎也并未引起他的重视。朱熹指出：“今世有二弊：法弊，时弊。法弊但一切更改之，却甚易；时弊则皆在人，人皆以私心为之，如何变得！”“天下事有大根本，有小根本。正君心是大本。”他认为君心正，万事自然迎刃而解，并不太重视具体的方法策略。陆九渊的主张与朱熹类似，《宋史》载：“九渊少闻靖康间事，慨然有感于复仇之义。至是，访知勇士，与议恢复大略。因轮对，遂陈五论：一论仇耻未复，愿博求天下之俊杰，相与举论道经邦之职；二论愿致尊德乐道之诚；三论知人之难；四论事当驯致而不可骤；五论人主不当亲细事。”[④]“五论”与朱熹之奏对出入不大，在具体的时政改革上缺乏细致的

---

① 曾枣庄、刘琳主编：《全宋文》第二百五十七册，上海辞书出版社、安徽教育出版社 2006 年版，第 103 页。

② （元）脱脱等：《宋史》，中华书局 1985 年版，第 12751 页。

③ （元）脱脱等：《宋史》，中华书局 1985 年版，第 12751 页。

④ （元）脱脱等：《宋史》，中华书局 1985 年版，第 12879 页。

见解。朱、陆二人侧重于格正君心，而薛季宣则更能兼顾社会弊政改革。总之，薛季宣的思想和主张紧紧围绕国家复兴这一主题，紧抓社会现实问题，呼吁讲实事、究实理、求实效、谋实功，颇受时之有识之士的称赞，时人评论他“破千载利欲之谬妄，扫诸儒章句之披猖……施之政事，见之文章，真所谓不见其短，又恶知其所长者也！”①

隆兴北伐失败后，宋孝宗逐渐意识到短期内以武力收复中原难以实现，转而恢复高宗时期的执政方略，薛季宣遂永久失去了实现其抱负的机会。诚然，薛季宣的思想本身也存在缺陷，陈安金等认为一定之谋只是大概地勾勒一个轮廓，指出内圣是不能直接开出外王的，在内圣与外王之间必须有一创造性转化的媒介，由此可以推论出“制度新学”是有其独立意义的。但是在理论上薛季宣没有阐述“制度新学”相对于内圣之学的独立意义，更不论如何将制度新学与内圣之学加以结合的问题了。此外，一定之谋这一重要媒介显然也缺乏儒家经典的支持，不易引起士大夫们的思想共鸣。且因人微言轻、英年早逝等原因，薛季宣思想主张的影响力非常有限，陈傅良继承薛季宣的思想精神，并不断加以拓展，以待合适的时机将其发扬光大。

二、拓展

陈傅良对薛季宣思想的拓展分两个方面：一是对具体的国家复兴方略的细致研究，如《周礼说》《历代兵制》，在国家政治和军事制度的改革方面有了更加系统翔实的阐发；二是以一种新的、有儒家经典支持的媒介代替一定之谋，即《尚书·商书·仲虺之诰》中“惟天生民有欲，无主乃乱”一言。薛季宣的“务实”是就事论事，陈傅良则深入到了人性论的层面。

历来研究陈傅良思想的论著都聚焦于他的《周礼说》。《贯通内圣外王的努力——评永嘉学派的思想历程》一文认为陈傅良研究《周礼》的目的是解决南宋社会政治中的一系列棘手问题。陈傅良对制度的思考，排除了科层制中道德水准是最低程度的，因此他并未考虑到互相检制会推导出君臣猜疑的结论（因陈潜在地将君王定位为圣君），永嘉学派在‘圣君’的层面的研究是缺乏新意的（因袭了程学）。永嘉学与程学都属于儒学领域，对圣君的认识自然一致，但没有注意到在程学体系内圣君是一种道德典范，而陈傅良所言之圣君则更多强调其政治主导者的角色。

① （宋）楼钥:《楼钥集》，浙江古籍出版社 2010 年版，第 1460 页。

陈傅良为光宗讲《孟子·滕文公下》中"圣王不作，诸侯放恣，处士横议，杨朱、墨翟之言盈天下。天下之言不归杨，则归墨。杨氏为我，是无君也；墨氏兼爱，是无父也。无父无君，是禽兽也"这一段时云："'圣王不作'者，言周之衰，上无明天子也。'诸侯放恣'者，言上无明天子，则下无贤方伯，凡有国之君，皆得自便纵欲而专利也。"[①] 因此陈傅良引用"且夫惟天生民，有欲无主乃乱"一言来统摄其思想。其观点大致可归纳为两点，一是使欲有主，二是君主应负其责。首先是使欲有主，即将天下人的情感欲望限定在制度纲常之内。这里的主便是明天子。他说："人所以相群而不乱者，以其有君父也。有君在，则上下尊卑贵贱之分定；有父在，则长幼嫡庶亲疏之分定，定则不乱矣。苟无君父，则凡有血气者，皆有争心。苟有争心，不夺不厌，是人心与禽兽无择也。"[②] 在陈傅良看来，只有纲纪严明，社会才能井然有序，"人欲"才能得到有效的约束，人与人之间才能和谐相处。否则必然乱法凌夺、天下大乱。其次是君主应负其责。君之责是教化、保育百姓，父之责是教化、养育子女，其道一也。他说："禹不抑洪水，周公不兼夷狄、驱猛兽，使斯人脱于不安其生之患，而君臣、父子、兄弟、夫妇相保也，则禹、周公之责不塞……今敌国之为患大矣，播迁我祖宗，丘墟我陵庙，膻腥我中原，左衽我生灵，自开辟以来，夷狄乱华未有甚于此者也……二圣人之责，至今犹未塞也。"他认为，禹、周公之伟大，正在于他们完成了庇护百姓免于灾祸的历史使命，皇帝有这样的功利心才是合于"王道"。在此，陈傅良已有意识地用事功取代性理，将事功作为圣人之道的核心内容。

由此，陈傅良不仅为制度新学与内圣之学找到了新的、有儒家经典支持的媒介，而且从劝君负责的角度劝谏了君王担负起实现国家复兴的历史使命，不可心志消沉、沦入虚无之学。陈傅良依据《尚书》对儒家"内外交相成之道"的探索，并不为标新立异，而是意识到若永嘉学支持的经典与程学一致，则其举措主张便会失去独立意义而有被同化的危机。但陈傅良并未建构出一个完整的哲学体系，留给叶适广阔的拓展空间。

三、成形

隆兴和议后，宋金保持了长达半个世纪的和平局面，生长于这一时期的士大夫们大多失去了乾道、淳熙年间先辈们奋发进取的热情，不再关注国家复兴大

① （宋）陈傅良：《陈傅良集》，浙江古籍出版社 2022 年版，第 389 页。

② （宋）陈傅良：《陈傅良集》，浙江古籍出版社 2022 年版，第 391 页。

计，转而埋头于故纸堆中阐发心性、吟风弄月。因此，叶适亟待解决两个主要问题：一是紧密关注时局，时刻思索对策；二是批驳举国流行的虚无之学，开创经世致用的实学。尤其是开禧北伐失败后，朝廷恐金情绪蔓延，屈辱求和、消极避战之风甚嚣尘上，使得叶适的思想创新工作更显急迫。嘉定元年（1208）叶适被夺职还乡，从此有了更充足的讲学、著述时间，永嘉学派的思想体系亦渐趋完善。

叶适皓首穷经之目的与朱、陆两派不同，他致力于批驳举国流行的虚无之学，开创经世致用的实学。南宋中后期，读书人非朱（熹）即陆（九渊），两派学者们之间互相攻讦，观点虽有差异，但皆是对穷理尽性之方式和途径的争辩，他们的中心议题已不再是对国家复兴之道的探索。朱熹的弟子陈淳是南宋中后期较为著名的学者和教育家，是朱熹学说最坚定的信仰者和践行者之一。陈淳致力于推广朱熹的穷理学说，孜孜以求后学者读书明理，并在日常生活中体会此理。言：“道之大纲，只是日用间人伦事物所当行之理。众人所共由底方谓之道。大概须是就日用人事上说，方见得人所通行底意亲切。若推原来历，不是人事上划然有个道理如此，其根原皆是从天来。”[①] 观其学术要旨，全为独善其身，于家国危机已毫不在意了。陈淳对陆学的批判也阐明了其时陆学的发展趋势，“今世有一种杜撰等人，爱高谈性命，大抵全用浮屠作用是性之意，而文以圣人之言，都不成模样。”[②] 言陆学后人们疏离经典和生活日用高谈道德性命，修养方式上提倡佛家的静坐参禅之法。对叶适而言，无论朱学或是陆学，皆是自私的、罔顾现实危机的“虚无之学”。

为引导士大夫们积极地去关注国家危机、思索变革图强，叶适致力于转型儒学、开创经世致用的实学。叶适以《尚书》为其实学之主要经典依托，通过探究尧舜等先王之实政，阐明圣王之德在于事功、圣王之道是内外交相成，并以人性论为基础批判了洛学一脉的修养论、治国论。

首先，叶适通过探究《尚书》中尧舜等先王之实政，阐明圣王之德在于事功：

> 天有常道，地有常事，人有常心，于《书》见之，孔氏索焉，不可不考。《书》称‘若稽古’四人，孔子言‘大哉尧之为君也’‘舜有天下而不与焉’‘禹吾无间然矣’，子夏曰‘舜举皋陶，不仁者远矣’。故考德者必先四人，其次伊尹，又次文、武、周公。世有差降，德有出入，时有难易，道有屈伸，孔氏以是为学之统绪，孟子所谓‘闻而知’‘见而知’者也。近世之学，虽曰一出于经，然而泛杂无统，洄洑失次，以今疑古，以后准前，尊舜、文王

① （宋）陈淳：《北溪字义》，中华书局1983年版，第38页。

② （宋）陈淳：《北溪字义》，中华书局1983年版，第10页。

> 而不知尧、禹，以曾子、子思断制众理，而皋陶、伊尹所造，忽而不思，意悟难守，力践非实：凡此类当于《书》求之。[①]

即《尚书》才是承载“天道”“天德”的根本经典，而“天道”“天德”主要体现在尧、舜、禹、皋陶、伊尹、周文王、周武王及周公这些先贤们的道德和功绩中。他指出尧之“德”在于“允恭克让”和“命羲和，历象日月星辰，敬授人时”。一是不谋私利，能礼让贤者；二是任用羲和制作历法，保障百姓生产生活。舜的功德在于“濬哲文明，温恭允塞”和“在璇玑玉衡，以齐七政”，即德行高卓为万世楷模、修明政治以安天下。大禹治水、皋陶作刑、周公制礼作乐，皆是因时而作的利民实政，也正是他们的德之所在。由此，他以事功取代性理，作为圣王之德的核心内涵，主张君王、士大夫应当兴实政以修实德，而不是空谈心性。

其次，叶适以“皇极”“大学”和“中庸”三个概念为中心，重新定义了圣王之“道”，并指明其特点为“内外交相成”。

叶适认为：“《易》非道也，所以用是道也，圣人有以用天下之道曰《易》。”[②]叶适从根本上否定了程朱以“天理”“五常之性”为圣王之道的先验论。叶适指出：“道不可见，而在唐、虞、三代之世者，上之治谓之皇极，下之教谓之大学，行天下谓之中庸，此道之合而可明者也。”即“皇极”“大学”“中庸”三者之合，方是完整的圣贤之道。

叶适阐述“皇极”为“极之于天下，无不有也。耳目聪明，血气和平，饮食嗜好，能壮能老，一身之极也；孝慈友弟，不相疾怨，养老字孤，不饥不寒，一家之极也；刑罚衰止，盗贼不作，时和岁丰，财用不匮，一国之极也；越不瘠秦，夷不谋夏，兵革寝伏，大教不爽，天下之极也；此其大凡也。至于士农工贾，族性殊异，亦各自以为极而不能相通，其间爱恶相攻，偏党相害，而失其所以为极；是故圣人作焉，执大道以冒之，使之有以为异而无以害异，是之谓皇极”[③]。这里的“皇极”可以理解为人之情感和欲望诉求。因人与人之间、不同民族和国家之间各怀私欲，不能相互尊重、和平共处，相互侵夺攻伐，使得天下大乱。有鉴于此，圣王们制礼乐政刑诸法以治天下之欲、顺天下至情，他们的理想和方法之精义便是皇极。叶适所言之皇极，事实上是对陈傅良所言的进一步发挥。

叶适虽强调圣王之道“内外交相成”，但事实上他的视线一直聚焦于平治天下的实政，即外王之学上，对内圣之学极少进行过阐发。所谓的“内外交相成”，

---

① （宋）叶适：《习学记言序目》，中华书局1977年版，第60页。

② （宋）叶适：《叶适集》，中华书局2010年版，第695页。

③ （宋）叶适：《叶适集》，中华书局2010年版，第728页。

其实就是通过实政修养实德。

最后，叶适以人性论为基础，批判了洛学的修养论、治国论。洛学一脉的修养论、治国论的核心观点为"一切以修身为本，修身以穷理、尽性为要"，即以修身为治国之前提，以穷理、尽性为修身之根本，这是建立在"人性本自天命""性本全善"的人性论基础之上的。叶适强调人之"物性"，即人与动物之共性，言："人之所甚患者，以其自为物而远于物。夫物之于我，几若是之相去也，是故古之君子……喜为物喜，怒为物怒，哀为物哀，乐为物乐。"[①]叶适将欲望视为人性之固有内容，继而从人欲有恶倒推出"天德有偏"，主张修身治国应当是以"人德"去弥补"天德"之偏缺。叶适言："天德虽偏，必以人德补之；天德非异能，补之以人，则皆异能也。合而听之，天下之材不可胜尽也。故教德而多才，禹、汤、文王皆用之。若后世治偏尽性，必至于圣而后用者，非皋陶之法也，枉其才，弃其德者也。"[②]即禹、皋陶、周公等创制刑典、施有为之政便是以人德补天德之偏，进一步论证了其兴实政以修实德的修养论、治国论主张。

《宋代永嘉学派的建构》认为叶适学说经常自相矛盾。在人们的眼中，他不过是一个文士而非学士。这一观点的提出是建立在对叶适思想形成的某些历史情境未能深入探究的基础之上。《贯通内圣外王的努力——评永嘉学派的思想历程》一文则认为传统儒家的仁、义、礼三个层次是有机结合在一起的。叶适承认了礼，就必然延伸至仁、义，就要"礼复而敬立"，终究无法突破理学话语的编码。两种议论皆未注意到《尚书》在叶适思想建构中的重要作用，故而未能阐明其对理学话语体系的突破。总之，倘若哲学研究的视线不能下延至情感欲望层面，则永嘉学派之独特思路和价值便不易被发现。近几十年来，越来越多的学者们趋向于从"反智重情"[③]的视角来研究中国哲学的独特价值，这种范式对永嘉学思想特殊性的进一步研究有很大启发意义。叶适通过建构以道论、德论、人性论、修养论和治国论为主要内容的实学体系，推动实现了儒学的转型。叶适的探索可以说是在儒学话语体系内部基于有限的经典资源突破程朱理学的尝试，其学术成果亦可视之为南宋温州文化自觉的最终成果。

南宋温州的文化自觉以革新内政等为主要目标，儒学转型是这些目标实现的前提，只有将南宋君臣的思想统一到坚定不移地实现恢复中原目标上来，才能

① （宋）叶适：《叶适集》，中华书局 2010 年版，第 731 页。

② （宋）叶适：《习学记言序目》，中华书局 1977 年版，第 52 页。

③ "反智重情"是黄玉顺先生对二十世纪以来儒学研究新趋势的一个总结。他说："二十世纪以来，出现了一种'反智重情'思潮，最典型的如朱谦之先生的'唯情论'、袁家骅先生的'唯情哲学'。最近的一个例子是李泽厚的'情感本体论'。"（黄玉顺：《儒家的情感观念》《江西社会科学》2014 年第 5 期。）

真正使国家转危为安。薛季宣、陈傅良和叶适早年皆致力于整顿内政和富国强军的方略研究，然因官微言轻，他们的成果未能在朝廷的决策中发挥有力的影响。他们孜孜以求事功的精神又遭到了洛学传承者们的批评和抵制，更有被士大夫群体视为儒学异端的趋势。因此他们晚年都十分注重将事功精神与传统儒家思想相结合，为事功思想赋予儒家学理上的合法性，以增强永嘉学派思想的影响力。虽然永嘉学派最终未能实现其政治目标，但却推动实现了南宋儒学的转型。陈傅良、叶适长期在温州地区讲学布道，其学术思想广泛影响了温州士大夫群体，最终影响了温州人的思想精神。

嘉定和议后，叶适被视为韩侂胄党羽而遭罢官夺职，其在政治上的影响力也随之消散。此后，宋理宗崇奉朱熹，永嘉学派这样的务实之学也失去了发挥价值的机会，南宋温州的文化自觉运动渐归沉寂，但这股自觉的文化精神并未随之消散。纵观历史，一旦有新的危局出现、新的思想资源传入，永嘉学人都能自觉地运用新资源来解决现实问题，展现出了永嘉学派事功思想鲜活的生命力。从近代温州文化的再次崛起和改革开放后温州经济的腾飞中，都能清晰地发现温州人精神特质中所蕴含的永嘉学派“崇实”“重商”“变通”等文化基因。从这个意义上说，永嘉学派事实上推动实现了南宋温州的文化转型和温州人的思想蜕变，或云实现了南宋温州的文化自觉。

“语道非其序，则非道也”：论朱熹与浙学的根本分歧
——以《唐制度纪纲》为个案

王 宇

《止斋先生奥论》①（本文简称“《奥论》”），是陈傅良科举时文中“论”体文的集子，在南宋科举考试的解试、殿试中，“论”文一篇是第二场所考科目。《奥论》卷一至卷六所收各文俱不见于通行的《止斋先生文集》，可见是陈傅良或其弟子蔡幼学在编辑文集时所抛弃者，《唐制度纪纲》是《奥论》卷一的第一篇。在这篇文章中，陈傅良既批评了“任道而废法”的观点，也批评了“徒法而已”的倾向。理学学者魏了翁批评此文：“因说永嘉二陈作《唐制度纪纲论》，云得古人为天下法，不若得之于其法之外，彼谓仁义道德为法之外事，皆因荆公判道法为二，后学从而为此说。”② 可见，《唐制度纪纲》虽然被作者本人轻视，但其中的思想与永嘉学派成熟之后的思想观点仍有一定的渊源，故引起了理学一派学者的批驳，恰证其具有独特性，值得做进一步的分析。

一、《唐制度纪纲》的基本观点

陈傅良在全文的开篇就提出了：“天下无离道之法，离道非法也。”表面上看，此句主张“法”离不开“道”，制度纲领应该以“道”为价值引领，实际上，陈傅良将要论证的是“道”与“法”不可分离、不可偏废。因为，他接着写道：“古之治天下者纯任道，后之治天下者纯任法，儒者固有是言。自儒者之为斯言也，而

① 《止斋先生奥论》的版本情况，参见孙诒让撰、潘猛补校补：《温州经籍志》卷二十，上海社会科学院出版社 2005 年版，第 894—895 页。本文所据版本为崇祯八年刻本，收入《中国人民大学图书馆藏古籍珍本丛刊》第一一八册、第一一九册，北京燕山出版社 2012 年版。

② 《鹤山先生大全文集》一〇四《周礼折衷》，四部丛刊本。按：“二陈”当指陈傅良与陈武，魏了翁为什么认为陈武也是此文作者之一，原因不详。

始离道于法，每以为后世徒法而已。”[①] 在理学的历史观中，“古之治天下者”代表了三代盛世，而“后之治天下者”代表了政治的退步和衰落。“古之治天下者纯任道”，主张完美的理想政治是“有道而无法”或者说“用道不用法”，认为“道”可以完全抛弃“法”、可以不需要贯彻落实为“法”，便能实现“以道治天下”，这属于“离道于法”。理学又认为“后之治天下者纯任法”，指后世政治衰落的原因是只有“法”而毫无“道”，因此“法”是不可靠的，与“道”完全对立，不能并存。所以，为了恢复“古之治天下”，必须“纯任道”而不能依赖“法”。陈傅良所要批判的，正是“后之儒者”这种将“道”和“法”一分为二、对立起来的观点。

陈傅良承认，确实后世存在“任法不任道”的极端情况，如此，“法”缺乏“道”的价值引导，必然会产生弊端：

> 其间固有彼善于此者，窃取先王之制而整齐之，使天下之无法为有法。然而分画益详，维持益密而道德之意益薄，是亦徒法而已。呜呼，徒法必不能以自行，而其失又在于徒法也。[②]

所谓“其间”，是指“后之治天下者”“固有彼善于此者”，即指汉唐盛世，“善于此”的“此”是指“先王之法”。“徒法必不能以自行”，语出《孟子·离娄上》：“徒善不足以为政，徒法不足以自行。”孟子主张“善”必须表现为一定的制度形态，才能够在实际政治中得到推行；任何制度典章都必须有“善”的引领和规定，只有仁人才能施行仁政。陈傅良完全同意这一观点，但是，他首先要证明“古之治天下者”并非“任道而废法”，“法”对三代圣王来说至关重要，三代圣王正是运用了各种制度纪纲即“先王法度”，才得以治理天下，这些制度纪纲是“道”的完美体现，“道不离法，法不离道”。

为了论证“古之治天下者”离不开“法”，陈傅良写道：

> 三代而上，治天下之具，其凡见于《诗》《书》，其目见于《周礼》，其纤悉委曲见于《仪礼》《司马法》。所谓秩宗政典、九刑之书者，类不胜记。吾求其制度矣，自其身之衽席冕服始，而拔之于表著之位、乡校之齿、井牧之画、军旅之伍。吾求其纪纲矣，自其家之父子兄弟始，而达之于尊卑之秩、长幼之叙、内外之权、轻重之势。而所以分画甚详，而维持甚密也。当是时，清谈不作，而士大夫相与讲切，率不外此。

---

① 《止斋先生奥论》卷一《唐制度纪纲如何》，《中国人民大学图书馆藏古籍珍本丛刊》第一一八册，北京燕山出版社 2012 年版，第 375 页。

② 曾枣庄、刘琳主编：《全宋文》第 268 册，上海辞书出版社、安徽教育出版社 2006 年版，第 130 页。

三代而上治理天下的工具就是三代之法，三代之法可以分为具体的“制度”和抽象的“纪纲”，“纪纲”是“制度”的原则和精神。陈傅良将三代之法的“纪纲”总结为“分画甚详而维持甚密”。所谓“分画”，首先是指各种政治、军事、社会秩序，同时也指中央与地方之间清晰合理的事权划分，合理的“分画”既不是强干弱枝的郡县制，也不是尾大不掉的封建制。“维持甚密”则指制度的原则应是实现国家的长治久安，而非骤盛骤衰。不但三代讲求制度纪纲，而且三代士大夫所研究讨论的也是制度纪纲，因此“清谈不作”，所谓“清谈”，指那种轻视“法”在“治天下”中的地位和作用，认为“道”可以离开“法”实现治理天下的观点。

三代之法如此完美，那么是不是已经失传了呢？陈傅良指出，三代之法非常详细地记载于《诗》《书》《周礼》《仪礼》等经典之中，可以通过研究三代之法来把握三代治天下之道。但是，有一种观点认为载籍所见的三代制度只是残编断简，不足为据，应该根据《尚书·大禹谟》的十六字箴言（人心惟危，道心惟微；惟精惟一，允执厥中）把握“道”的全体大用。陈傅良针对这种观点进行了批评：

> 盖至于舜、禹传心精微之论，寂寥简短，不能数语。夫岂不足于道，而数数于法守欤？夫诚非不足于道者，而犹数数若是，盖不若是，非所以为道。

陈傅良认为，十六字箴言远不足以概括体用兼备、规模宏远的三代之道；如果十六字箴言能够涵盖三代之道的话，为什么经过孔子整理的六经还详细地记载各种三代制度呢？原因正是，不这样详细地记载三代制度，就会肢解三代之道，“盖不若是，非所以为道。”陈傅良进一步分析了“任道废法论”的缘起：

> 任道而废法之论，其殆出于周之末造。儒者伤今思古、直情径行者之说乎。大道之行，无所事法，盖记《礼》者以为仲尼叹鲁之言。噫，是非夫子之言也！

《礼记》中并无“大道之行，无所事法”一句，但“大道之行”出于《礼记·礼运》，本篇认为上古五帝统治时期是“大道之行”的“大同”时代，代表文明最高阶段，随着人类文明的倒退和堕落，礼义制度在夏商周三代出现，这样一来，礼义制度的出现成了人类文明倒退堕落的标志，而真正“大道之行”的五帝时代是没有什么制度纪纲可以学习的。陈傅良将《礼运》的观点总结为“大道之行，无所事法"，并指出，这是伪托孔子之言，绝不代表儒家的观点。[①] 实际上，三代就有一系列制度纪纲可供后代学习、取法，"后之治天下者" 汲取了三代制度纪纲的部分精华，这些制度本身就体现了道的价值规定。那么三代之下，哪个朝代的制度纪纲最接近三代制度呢？陈傅良说：

> 汉而下，法莫备于唐，而先王之法犹仅见于唐太宗之所以为唐者，其得诸仁义劝行之一言与？夫苟行仁义，则其为是法者，必有以出是者矣。吾未见夫不粗知先王之道，而能略用其法者也。

"仁义劝行" 一语是魏征劝谏唐太宗之语。唐太宗的制度纪纲获得了"行仁义"的效果，打造了贞观之治，而以从"行仁义" 的制度纪纲，逆推出"必有以出是者也"，即唐太宗在主观上"粗知先王之道"。陈傅良在下文还说："然则自汉以下，人主粗知道者，莫如唐太宗；粗知法者，亦莫如唐太宗。" 意思是一样的，都表示可以从制度实行的效果来逆推君主的道德动机。

那么，唐代哪些制度发挥了"行仁义" 的效果呢？陈傅良说：

> 自今观之，若世业、若府兵、若租庸调，其制度粗立如此；若内之省府、外之方镇，其纪纲粗张如此，非真有行仁义之心欤？则是数者将以悍烦废，否则以无近功废，又否则以端绪出于周隋，而耻习其后废。唐之法粗可以传后，非偶然者。

唐太宗的制度纪纲（均田制、府兵制、租庸调制、中央三省六部制等）有些来源于北周、隋代，有些施行周期长，短期难以见效，但最终能够推行并且获得实效的原因是唐太宗"有行仁义之心"。如果没有"行仁义之心"，这些制度就会半途而废。因此，"法" 与"仁义之心" 并非对立，"法" 是"仁义之心" 的结果，"仁义之心" 是施行三代之法的主观动机。

问题是，既然唐太宗的制度纪纲如此完备合理，为什么一再传之后"法犹在而唐乱形已见" ？陈傅良在提出自己的观点前，先批驳了一种儒者的观点：

> 儒者因是谓分画益详，维持益密，而道德益薄之效，遂将借口以尽去先王之旧。呜呼，吾独以为唐之三百年而存者，为其犹详且密也；唐之一再传

---

① 程朱一派的学者也认为《礼运》篇中大同、小康的划分是黄老道家思想的体现，可以参见元人陈澔《礼记集说》卷四，凤凰出版社 2010 年版，第 169 页。朱熹在《朱子语类》卷八十七中两次提到此事，但态度有所不同，一方面，当弟子质疑《礼运》"似与老子同"，朱熹承认此篇"不是圣人书"，也不可能如胡寅所言是子游所作，因为文义过于浅；但另一方面朱熹又认为三代不如上古之说有理。

而乱者，为其犹不详且密也。

儒者将道德与制度对立起来，认为制度越周密、越完备，“仁义之心”就越淡薄，道德就更加堕落。陈傅良反对道，唐太宗的法度经历两代之后就走向中衰，并不是因为法度过于详密，而是不够详密。《奥论》的点评者在此句下点评道：“此是一篇骨子，进一步，转一步绝佳。”上文陈傅良已经赞扬均田制、府兵制、租庸调制、中央三省六部制等最接近三代之道，那么为什么还批评其还不够详密呢？接着，陈傅良摆出了自己的立场：

何也？身者，人之仪也；家者，天下之本也；宗庙朝廷者，州闾乡党之所从始也。唐世之法，大凡严于治人臣，而简于人主之一身；遍于四境，而不及于其家；州闾乡井断断然施之实政，而朝廷宗庙之上所谓礼乐者则皆虚文也。当是时，坊团有伍，而闺门无度，古人制度宜不如此；上下足以相维，而父子夫妇不能相保，古人纪纲宜不如此。若是而又曰唐法之病于详且密，夫详且密固阔略于其上而纤悉于其下，舍本而重末邪？

他认为唐太宗的制度纪纲虽然非常完备，但局限于国家政治层面，即长于治国、平天下，而对于修身、齐家这两个领域，则完全没有法度可言，对君主自身以及宫廷之内，更无修身、齐家之法可言。陈傅良根据《礼记·大学》“自天子以至于庶人，壹是皆以修身为本”的观点批评其为“舍本而重末”！那么唐代制度应该怎样改革，才能纠正弊端呢？陈傅良说：

然则为唐之制度纪纲宜何如焉？曰：自其身之衽席冕服始，而放之于表箸之位、乡校之齿、井牧之画、军旅之伍，则唐之制度非唐之制度，而三代之制度也；自其家之父子兄弟始，而达之于尊卑之秩、长幼之序、内外之权、轻重之势，则唐之纪纲非唐之纪纲，三代之纪纲也。

唐太宗认为应该以修身为本，然后推之于家庭、乡里、国家、天下，这样唐的制度纪纲才能长治久安。最后，陈傅良评价了唐太宗个人存在的不足：

夫以太宗之英明，可与行仁义矣，而才若此，何也？彼固出于好名，而非由内心以生也。古之论者曰：威仪三千，待其人然后行。凡为天下国家以九经，所以行之者一也。得如斯人而与之复古之法，庶乎详且密矣，庶乎知法之果不离道，而清谈不作矣。

上文陈傅良肯定李世民确有“行仁义之心”，但这里又指出他也非常“好名”，推行安邦治国的制度纪纲“非由内心以生”，故真正要复兴三代法度，还必须“得如斯人而与之复古之法”，唐太宗并非其人。

《唐制度纪纲》一文写作的时间无可考，但它却浓缩了永嘉学派制度新学的理论成果。

第一，陈傅良论证了“道”与“法”在任何时代都不能相离，反对“任道而废法”，旗帜鲜明地反对将三代之治化约为“十六字箴”，而认为应该通过研究先秦典籍和梳理后世制度的沿革演变，重新还原三代制度。吕祖谦评价薛季宣的思想：“于世务二三条，如田赋、兵制、地形、水利，甚曾下工夫，眼前殊少见其比。渠亦甚有惓惓依乡之意。”[①] 叶适则用制度新学这个术语来指称：“时诸儒方为制度新学，抄记《周官》《左氏》、汉唐官民兵财所以沿革不同者，筹算手画，旁采众史，转相考摩。其说膏液润美，以为何但捷取科目，实能附之世用，古人之治可以复致也。”[②] 这与《唐制度纪纲》的观点是一脉相承的。

第二，陈傅良称赞唐太宗的制度纪纲在汉以下各朝中最接近三代之法，值得取法。而唐代离宋代较近，留存资料比较丰富，故永嘉学派对唐代制度非常重视。譬如陈傅良在《唐制度纪纲》中提到唐太宗较好地解决了地方与中央的权力分配问题：“若内之省府，外之方镇，其纪纲粗张如此。”而曹叔远在绍熙二年（1191）来到建阳拜访朱熹，二人在论学过程中，唐代制度和政治得失被多次提起。而朱熹就问曹叔远：“看唐事如何？”曹氏答：“闻之陈先生说，唐初好处，也是将三省推出在外。这却从魏晋时自有里面一项，唐初却尽属之外，要成一体。如唐经祸变后，便都有诸王出来克复，如肃宗事。及代宗后来，虽是郭子仪，也有个主出来。”[③] 曹氏认为唐代较好地解决了内外平衡的问题，即使遭遇安史之乱这样的奇变，也能够依赖地方的力量辅翼王室，延续国祚。朱熹针锋相对地指出，把“三省推出在外”并非唐代首创，诸王也没有像曹氏所说的那样在代宗朝发生那样大的作用，关键人物只是一个郭子仪而已：“三省在外，怕自隋时已如此，只唐时并属之宰相。诸王克复，代宗事，只是郭子仪，怕别无诸王。”并对唐代官制，尤其是《唐六典》进行了批评。[④] 这说明，朱熹与陈傅良都高度关注盛唐制度的历史评价问题。

陈傅良从“与三代暗合”的高度肯定了汉唐制度的一些部分，从而指明了这样一条治学路径：若要接续三代道统，必须把研究六经和研究历史结合起来，从

---

① （宋）吕祖谦：《东莱吕太史别集》卷七《与朱侍讲》，浙江古籍出版社 2017 年版，第 412 页。

② （宋）叶适：《叶适集》，中华书局 2010 年版，第 258 页。

③ （宋）黎靖德编：《朱子语类》卷一百二十三，中华书局 1986 年版，第 2962 页。

④ （宋）黎靖德编：《朱子语类》卷一百二十三，中华书局 1986 年版，第 2962—2963 页。

六经中复原三代制度，又从历史中追溯制度是如何自三代以下至南宋，一步一步地远离三代道统的，通过比较分析，追寻后世制度设计之中那些部分残留了三代道统的精神。这样一来，“制度新学”在儒学中的地位和价值就凸显出来了。

第三，陈傅良虽然肯定了“法”的重要性，但他没有离开《大学》“八条目”之教，认为“修身”“齐家”是“治国”“平天下”的根本，因此他也批评李世民所行仁政“非由内心以生”。不过，陈傅良又强调，修身齐家虽然要改造主观世界，但也需要通过外在的制度纪纲相配合才能实现，制度纪纲是一以贯之地贯穿于《大学》八条目始末的。这种彻底性，反映了陈傅良道法二元论的特色。

第四，《唐制度纪纲》对唐太宗的评价，实与王霸义利之辩中的陈亮大致相同：一方面指出唐太宗行仁政动机不纯，“彼固出于好名，而非由内心以生也”，家法不正，也高度肯定其有“行仁义之心”，其制度纪纲在汉以下各朝中最接近三代之法。特别值得注意的是，陈傅良是从唐制度纪纲的推行效果来逆推唐太宗具有“行仁义之心”的：“自今观之，若世业、若府兵、若租庸调，其制度粗立如此；若内之省府、外之方镇，其纪纲粗张如此，非真有行仁义之心欤？”此一逻辑与陈亮完全一致。这与王霸义利之辩中，朱熹根据唐太宗主观动机的不纯而否定唐太宗的全部功业，是根本不同的。

二、程朱理学对《唐制度纪纲》的批评

由于陈傅良不愿与朱熹展开笔墨之战（如朱熹、陈亮的王霸义利之辩），且此文为应付科举考试而作，陈傅良及其弟子认为难登大雅之堂，故《唐制度纪纲》未被收入《止斋集》。但是此文将“法”抬高到与“道”并列的地位，并旗帜鲜明地贬低了《尚书·大禹谟》十六字箴言的理论地位，而且作为科举时文的范本在南宋流传极广，它的理论锋芒竟引起了程朱理学学者的重视和批判。朱熹虽然没有指名引述过《唐制度纪纲》一文，但在《朱子语类》中有一段对叶适的批判，值得注意：

> （叶适）言世间有一般魁伟底道理，自不乱于三纲五常。既说不乱三纲五常，又说是别个魁伟底道理，却是个甚么物事？也是乱道，他不说破，只是笼统恁地说以谩人。①

这里朱熹所说的“他不说破”，是指叶适，“世间有一般魁伟底道理”到底

① （宋）黎靖德编：《朱子语类》，中华书局1986年版，第2966页。

是什么呢？从《语类》原文看，确实很难理解，但结合《唐制度纪纲》就很容易理解，便指永嘉学派将"法"提高到与"道"并列的地位。朱熹则认为，"法"自"道"出，"法"是派生性的，不可能与"道"并列。庆元四年（1198），朱熹在批评"浙中近来有一般议论"时，系统阐述了他对永嘉学派制度新学的看法。当曹叔远表示陈傅良教他"事事物物理会"时，仅就这一观点来说，朱熹很难否认，但他也承认"固是此理无外"，然而如果对"事事物物"的"理会"失去了正确的价值体系的引领与规范，那么只会走向邪路：

> 今于在明明德未曾理会得，便先要理会新民工夫，及至新民，又无那"亲其亲、长其长"底事，却便先萌个计功计获底心，要如何济他？如何有益？少间尽落入功利窠窟里去。固是此理无外，然亦自有先后缓急之序。未曾理会得正心、修身，便先要治国、平天下，未曾理会自己上事业，便先要开物成务，都倒了。[①]

他又批评永嘉学派的"制度新学"："而今诸公只管讲财货源流是如何，兵又如何，民又如何，陈法又如何，此等事固当理会，只是须识个先后缓急之序，先其大者急者，而后其小者缓者。"[②]"法"不可不讲，但属于小者、缓者，"明明德"才是大者、急者。朱熹没有批评"道法不相离"的论点，而主要聚焦于工夫顺序，反复引用《庄子》"语道非其序，则非道也"。强调要先"明明德"、先理会"自己上事业"，而不是先要"开物成务"。永嘉学派论证制度新学正当性的前提就是肯定三代之道寓于三代之法中，因此可以"由法求道"，朱熹则恪守"十六字箴"，强调道寓于人心之中，千五百年之间不增不减，有待于人这一主体加以认识发现，因此只能是"由心求道"，永嘉学派的"由法求道"是错误的。

朱熹批评永嘉学派颠倒了学问次序，制度新学是从功利的动机出发，而落实为功利的："永嘉学问专去利害上计较……正其谊不谋其利，明其道不计其功。正其义则利自在，明其道则功自在，专去计较利害，定未必有利，未必有功。"[③]这段话阐明了制度新学与功利之间的逻辑关系。陈亮在王霸义利之辩中、陈傅良在《唐制度纪纲》中都使用了这样的逻辑：因为唐制度纪纲确实起到了有目共睹的"仁民爱物"的效果，所以肯定唐太宗有"行仁义之心"，即从效果逆推其主观动机，"制度新学"实践的对象是客观世界，对客观世界的改造必然有成功和失

① （宋）黎靖德编：《朱子语类》，中华书局 1986 年版，第 1848 页。

② （宋）黎靖德编：《朱子语类》，中华书局 1986 年版，第 1847—1848 页。

③ （宋）黎靖德编：《朱子语类》，中华书局 1986 年版，第 988 页。

败，有全盘的成功或局部的成功、全盘的失败或局部的失败。譬如说王安石变法就其全体而言是失败的，但某些具体的制度则有合理性（如免役钱之类一直存续到南宋），即便是朱熹也承认元祐更化中匆匆废罢了全部新法是欠考虑的。从制度新学的视角看，王安石变法也好，元祐更化也罢，其具体制度的合理性都应该吸收，不合理者应该扬弃，至于其总体的价值评判与对制度细节的吸收、借鉴，并不相互否定。换言之，绍熙二年（1191）曹叔远向朱熹转述的陈傅良"就事物上理会"的观点，本质上是"就事论事"。

而魏了翁对陈傅良《唐制度纪纲》的一段点名批评，把两派的分歧阐释得更加明晰了：

> 鹤山先生云："荆公常以道揆自居，而元不晓道与法不可离。如舜为法于天下，可传于后世，以其有道也。法不本于道，何足以为法？道而不施于法，亦不见其为道。荆公以法不豫道揆，故其新法皆商君之法，而非帝王之道，所见一偏为害不小。"因说永嘉二陈作《唐制度纪纲论》，云："得古人为天下法，不若得之于其法之外。"彼谓仁义道德为法外事，皆因荆公判道、法为二，后学从而为此说，曾于南省试院为诸公发明之，众莫不服。①

魏了翁正确地指出，陈傅良《唐制度纪纲》主张宋人应该"得古人为天下法"，其学术研究的重点在"法"，而不是理学所主张的"道"。但魏氏又批评陈傅良主张"彼谓仁义道德为法之外事"，却有失片面。因为《唐制度纪纲》一文开始就说："天下无离道之法，离道非法也。"道与法在任何情况下都是有机结合，密不可分的；如果把"仁义道德"划入"道"的范畴的话，那么《唐制度纪纲》反复强调修身、齐家的重要性，强调推行"法"是为了"行仁义"："夫以太宗之英明，可与行仁义矣，而才若此。"陈傅良还引述《大学》"凡为天下国家有九经，所以行之者一也"一语，强调"法"是"待其人而行"的，唐太宗由于不重视修身齐家，故并非"其人"，这都强调了"法"的道德伦理属性以及改造主观世界的重要性。

三、语道非其序，则非道也

朱熹在庆元四年（1198）说，他与陈傅良的分歧在于"次序"：

> 君举（按：陈傅良字君举）所说，某非谓其理会不是，只不是次序。如

① （宋）魏了翁：《鹤山先生大全文集》卷一〇四《周礼折衷》第32页，四部丛刊本。

> 庄子云“语道非其序，则非道也”，自说得好。如今人须是理会身心。如一片地相似，须是用力仔细开垦。未能如此，只管说种东种西，其实种得甚么物事！①

所谓“君举所说，某非谓其理会不是”，说明他也注意到了陈傅良“天下无离道之法”的表述，也承认研究三代之法是正当的，而且朱熹本人不但不反对制度建设，而且热心于在南宋重建礼法。因此，两派的分歧可以从两个方面加以考察。

第一，理解永嘉学派与程朱理学在道法关系上的分歧，就必须回到《孟子·离娄上》“离娄之明章”，从而可以看出，两派的分歧在根本上是对“徒善不足以为政、徒法不足以自行”理解的侧重点不同：永嘉学派强调的是“徒善不足以为政”，程朱理学则强调“徒法不足以自行”。永嘉学派与程朱理学两派都同意“天下无离道之法”这一大前提，但从这个前提出发，二者从不同的方向展开了自己的逻辑推论和学术实践：永嘉学派强调“法”是“道”落实于历史时空中的中介和方法，探索“道”就不能抛弃“法”；程朱理学强调“道”是“法”的灵魂和精神，“道”在任何情况下都高于“法”，在工夫顺序上，身心工夫才是直面“道”本身的，因此是首要的，第一义的，至于研究制度细节的工夫，则是派生性的，第二义的。

第二，永嘉学派批评那种“任道而废法”的观点是“清谈”，反对把“十六字箴”认定为“道”的全体大用；程朱理学则直接批评永嘉学派是“彼谓仁义道德为法之外事”“言世间有一般魁伟底道理，自不乱于三纲五常”。这就出现了一个吊诡的局面，永嘉学派与程朱理学相互指责对方分裂了“道”与“法”的内在有机联系，违背了“天下无离道之法”的基本规定，都犯了“道法二元”的错误，这恰恰说明，永嘉学派与理学派的分歧是基于对工夫顺序认识的不同，而在朱熹看来，顺序的不同就决定了对儒家之“道”本身的理解存在重大分歧。

第三，科举时文是永嘉学派传播其“异端”思想的重要载体。笔者此前曾讨论过陈傅良的《春秋》经义传播永嘉学派思想的情形，并列举了朱熹在《朱子语类》中批评陈傅良在《春秋》经义中宣扬“只知有利害，不知有义理”的错误观点②，《唐制度纪纲》一文针锋相对地批驳了程朱理学对《尚书·大禹谟》“十六字

① （宋）黎靖德编：《朱子语类》卷八十四，中华书局1986年版，第2180页。记录者为沈僩（字庄仲），系录于庆元四年（1198）。“庄子云”出自《庄子·天道》：“宗庙尚亲，朝廷尚尊，乡党尚齿，行事尚贤，大道之序也。语道而非其序者，非其道也；语道而非其道者，安取道！”

② 王宇：《永嘉学派与温州区域文化》，社会科学出版社2007年版，第188页。

箴”的崇拜，认为儒学中出现了“任道而废法”的“清谈”，旗帜鲜明地主张“法不离道”“道不离法”，论证了制度新学的合理性，其思想锋芒已超过了粗鄙的功利主义观点，值得重视。而且，《唐制度纪纲》位居《止斋先生奥论》卷一之卷首，而《奥论》自南宋迄明末崇祯年间传刻不绝，“海内悦慕已久”，被推崇为“其后场尤为制举急务”，因此即便程朱理学已经被元明两代朝廷确认为科举考试的权威典范，陈傅良时文却仍然光彩不减，其异端思想仍然代代流传，有待于识者发掘。

永嘉学派的学理转向及其意义

朱　红　王绪琴

一般认为，明清之际的启蒙思潮的出现，标志着儒学和中国近代社会转型的开始，然而，我们从对永嘉学派的考察来看，这一转型在南宋时期已经开始了。永嘉学派的出现，标志着传统儒学的一个重大学理转向。

一、永嘉之学的转向与"歧出"

北宋时期，理学盛传，至南宋时，朱熹集理学之大成，乃为儒学之显宗。此时，永嘉之学逐渐兴盛，与朱陆之学有分庭抗礼之势，然而，在程朱理学一脉的学者眼中，永嘉之学乃为异端。

1. 分庭抗礼

由宋初三先生首倡，二程等始创，作为儒学新形态的理学大兴。尤以二程所主持之洛学为理学之显宗。然其后王安石的新学强势登场，居主导地位六十余年，南宋初年，在宋高宗的打击下，新学衰落了下来。相对式微的二程理学在南宋初四十年间突然再度兴发起来，在社会上取得主导地位。叶适记载有：

> 昔周、张、二程考古圣贤微义，达于人心，以求学术之要……乾道五六年，始复大振。讲说者被闽、浙，蔽江、湖，士争出山谷，弃家巷，赁馆贷食，庶几闻之。①

二程理学在南宋初年的再度复兴，朱熹无疑起到了中坚的作用。"新安朱熹元晦讲之武夷，而强立不反，其说遂以行而不遏止"，朱熹理学一出，盛行一时。理学中兴与南宋政府大力推崇有重大关系，一方面，草创的南宋政府为开脱北宋亡国的罪责，有意推责给王安石的变法和新政，故不遗余力地打压新学；另一方

① （宋）叶适：《叶适集》，中华书局 2010 年版，第 246 页。

面，南宋政府欲借助理学重建社会的伦常秩序。

但是，在理学复兴之际，以永嘉学派为首的浙东事功学派也勃然兴发了起来。永嘉学派与理学迥然异趣，理学重性理之学，而永嘉学派则重经制之学。经制之学，即可以经世致用的典制之学，其内容关涉国计民生的各个具体领域。永嘉学派的出现和形成，有其深厚的军事、经济、政治以及思想原因。简略说来，南宋是因北宋军事上的失败而偏安一隅，南宋建立后，亦不断遭到金兵侵扰，此必激发一批士大夫的爱国壮志，舍弃心性修养之学而转向能够强大国家、收复山河的具体的经制之学上来。经济方面，永嘉（今温州）所在的两浙路是宋代经济最发达的地区，商业经济的高度发展必然促使两浙学人思想的转变。而在学术思想渊源方面，永嘉学人大都出经入史，长于从历史的盛衰、典制的演变中因革损益，寻找当下社会的出路，而理学则相对固守经学而不肯向现实事功靠拢。漆侠说："理学同浙东事功之学之所以存在如此重大的分歧，从学术思想的渊源看，一个极为重要的因素是浙东事功派学者出乎经而入乎史，他们在史学上都有所成就和贡献；而南宋的理学则纯本乎经学。"显然，时代的巨变使居于主导地位的朱熹所代表的"正统派"理学遭到了强烈的挑战。

2. 学理转向

我们从永嘉学人学脉传承和理论主张中可以清楚地看到他们进行的学理转向的努力。周行己、许景衡、赵霄、张煇、刘安节、刘安上、戴述、蒋元中、沈躬行九位学者曾先后于宋神宗元丰至哲宗元祐时入太学学习，被称为"元丰九先生"，于洛学的南传有功，其中尤以周行己和许景衡贡献为大。周行己一般被看作是永嘉学派的创始人。[①]《宋元学案》曰："伊洛之学，东南之士，龟山、定夫之外，惟许景衡、周行己并见伊川，得其传以归"。然而，周行己师从程氏时，在传承的同时就已经显示出与洛学旨趣相异：

> 昔周恭叔首闻程（颐）、吕（大临）氏微言，始放新经，黜旧疏，挈其俦伦，退而自求，视千载之已绝，俨然如醉忽醒，梦方觉也。颇益衰歇，而郑景望（伯熊）出，明见天理，神畅气怡，笃信固守，言与行应，而后知今人之心可即于古人之心矣。故永嘉之学，必兢省以御物欲者，周作于前而郑承于后也。[②]

① 有学者认为王开祖才是永嘉学派的开创者。参考周梦江：《永嘉学术开创者的王开祖——宋代浙学通论之一》，《杭州师范学院学报》1990 年第 2 期。

② （宋）叶适：《叶适集》，中华书局 2010 年版，第 178 页。

可见，周行己在学宗洛学之时便有个人的体会，其首闻程、吕之言后，“退而自求”，而有“醉忽醒”之觉悟。周氏所觉悟者何事？从其著述中可以看出，他在货币学领域有相当深刻认识，表明他已不固守洛学的性理之学。周行己“作于前”，从而开启了永嘉学人在异于理学的理论范围内进行探索。其私淑弟子郑伯熊则“承于后”，继续思考和探索，进一步使永嘉之学向事功方向转向。在早期，郑伯熊侧重点亦是“必兢省以御物欲者”的性理之学，后来，有感于此性理之学无救于时局（南宋战败和偏安），且深受薛季宣的影响，始转向经制之学。郑氏精通经史，对古代经制有深入的研究，其言经制注意“以通时变”。郑氏曾深研古代刑罚制度，著有《象以典刑流宥五刑》《四罪而天下咸服》《五刑有服》《吕刑》等作。他曾写信给朱熹讨论刑罚问题。该书云：

向蒙面诲：尧舜之世一用轻刑。当时尝以所疑为请，匆匆不及究其说，近熟思之，有不可不论者。但观皋陶所言帝德罔衍以下一节，便见圣人之心，涵育发生，真与天地同德……此所以好生之德洽于民心，而自不犯于有司，非既抵冒而复纵舍之也。夫既不能止民之恶，而又为轻刑以诱之，使得以肆其凶暴于人而无所忌，则不惟见彼暴者无以自伸之为冤，而奸民之犯于有司者，且将日以益众，亦非圣人匡直辅翼使民迁善远罪之意也。

从信中可以看出，郑氏主张盛世用轻刑，以善德待民，尤其要慎用肉刑，或者保留肉刑也不过是警示威慑而已，“肉刑盖将无用矣而不敢废也，以示民使终知所避耳”，郑氏还主张以赎金的方式来减轻刑罚。

然而，朱熹却依然坚决主张严刑，甚至主张恢复肉刑，他在回信中说道：

疑后世始有赎五刑法，非圣人意也。今必曰尧舜之世，有宥而无刑，则是杀人者不死，而伤人者不刑也。是对人之心不忍于元恶大憝，而反忍于衔冤抱痛之良民也。是所谓怙终贼刑，刑故无小者，皆为空言以误后世也，其必不然也亦明矣……如强暴臧满之类者，苟采陈群之议，一宫剕之辟当之，则虽残其支体而实全其躯命，且绝其为乱之本，而使后无肆焉，岂不仰合先王之意，而下适当世之宜哉！

肉刑是指包括墨（刺面）、劓（割鼻）、剕（砍足）、膑（挖膝盖）、宫（切除男性生殖器）等一系列古代残害身体的酷刑。这些酷刑相传始于夏代，之后不断被废除，如汉文帝废除墨、劓、剕三刑，隋文帝废除宫刑，至朱子之时竟还认为恢复肉刑“仰合先王之意，而下适当世之宜”。这番讨论表明了郑氏法古而不泥古，其刑罚思想根据时代状况进行了变通，对生命充满善意的尊重和主张刑罚公平等；而朱子却有泥古不化之嫌，坚决地站在"道统"的立场上去"卫道"，反倒显示出了道学家的冷酷来。

由理学向永嘉之学转变的一个重要人物是薛季宣，他不拘前学，持"不再以性理之学为中心"的学术立场：

> 季宣学问最为淹雅，自六经、诸史、天官、地理、兵农、乐律、乡遂、司马之法，以至于隐书、小说、名物、象数之细，靡不搜采研贯。故其持论明晰，考古详核，不必依傍儒先余绪，而立说精确，卓然自成一家。①

可以看出，薛季宣的关注重心已经明显从性理之学向经制之学转变，其学广泛地涉及了经制之学的各个方面，初步奠定了永嘉学派的学术旨趣和研究内容。并且其持论"不必依傍儒先余绪"，学术研究的范式也不再沿用理学。《四库全书》评曰："朱子喜谈心性，而季宣则兼重事功，所见微异。其后陈傅良、叶适等递相祖述，而永嘉之学遂别为一派。"自薛季宣愈加明确地开示出永嘉学派与洛学的学术分野，自此，永嘉之学已是理学之别派了。

永嘉之学薪火相传，至陈傅良的出现，永嘉之学的建构基本完成。叶适曰："永嘉之学，必弥纶以通世变者，薛经其始而陈纬其终也。""必弥纶以通世变"可谓永嘉学派最显著的学术宗旨。在叶适看来，薛季宣是"必弥纶以通世变"的事功之学的重要开启者，而陈傅良则是一个重要的传承者和完成者。《宋史》曰："永嘉郑伯熊、薛季宣皆以学行闻，而伯熊于古人经制治法，讨论尤其精，傅良皆师事之。"陈傅良先是师从郑伯熊，后郑氏服膺薛季宣事功之学，遂介绍陈傅良从学于薛季宣。陈傅良遂以事功之学为志："所贵于儒者，谓其能通世务，以其所学见之事功。"陈傅良经制之学关注极为广泛，"自三代、秦、汉以下靡不研究，一事一物必稽于极而后已"。他的研究几乎囊括了经制之学所有方面。而其中，陈傅良尤以"举子业"为最精。所谓的"举子业"，是指为了帮助士子们在科举考试时取得成功，而在文词、程式、立意等应试技巧方面进行的相关讲习活动。陈傅良在其不足三十岁时便在举业上声名鹊起了：

> （陈傅良）初讲城南茶院时，诸老先生传科举旧学，摩荡鼓舞，受教者无异辞。公未三十，心思挺出，陈编宿说，披剥溃败，奇意芽甲，新语懋长；士苏醒起立，骇未曾有，皆相号召，雷动从之，虽縻他师，亦藉名陈氏，由是其

① （清）孙诒让：《温州经籍志》，中华书局2011年版，第974页。

文擅于当世。[①]

是时，不过还是个年轻学子的陈傅良，在他初讲“举子业”时便一鸣惊人，从“诸老先生”中脱颖而出，“岁从游者常数百人”。陈傅良通过梳理科举制度取士的历史，将文与道并举而论，他认为以文取士而舍弃德行，或者单重德行而舍弃文词都失之偏颇。

至叶适而集永嘉学派大成，《宋元学案》曰：“永嘉功利之说，至水心一洗之。”永嘉之学达到了巅峰，成为与朱、陆相鼎立的一大学派。[②]叶适对心性之学的批判显然比薛季宣等人更加直接和猛烈得多：

> 以心为官，出孔子之后。以性为善，自孟子始。然后学者尽废古人入德之条目，而专以心性为宗主。致虚意多，实力少，测知广，凝聚狭，而尧舜以来，内外相成之道废矣。[③]

叶适认为儒家自孔子之后过于强调心性之学，导致了“虚意多，实力少”的状况，使“内外相成之道废矣”。他批评朱熹的学说“自此游辞无实，谗口横生，善良受祸”对于陆九渊的心学，叶适更是诟病：“古人多识前言往行，谓之畜德。近世以心通性达为学，而见闻几废，为其不能畜德也。然可以畜而犹废之，狭而不充，为德之病矣，当更熟论。”在叶适看来，陆氏之学仅以内在的心性通达为旨，外在的见闻实践则几乎完全荒废，和程朱理学培养出来的冬烘迂腐的庸才有何区别呢！

叶适在义利问题上对儒家一向坚守的立场发起了挑战：

> “仁人正谊不谋利，明道不计功”，此语初看极好，细看全疏阔。古人以利与人而不自居其功，故道义光明。后世儒者行仲舒之论，既无功利，则道义者乃无用之虚语尔。[④]

儒家向来有“罕言利”“重义轻利”的传统，这一传统到程朱理学那里，加之当时意识形态的加持，就演变得更加面目可憎起来，“存天理，灭人欲”成了一个不容置疑的戒律。永嘉学人反对传统儒家重义不重利的观念，极力强调“利”是

---

① （宋）叶适：《叶适集》，中华书局2010年版，第298页。

② 全祖望：“乾、淳诸老既殁，学术之会，总为朱、陆二派；而水心断断其间，遂称鼎足。”（《宋元学案》卷五四《水心学案序录》）

③ 叶适：《习学记言序目》，中华书局1977年版，第207页。

④ 叶适：《习学记言序目》，中华书局1977年版，第324页。

"义"赖以存在的基础，肯定人们正当的物质欲望，主张义利并举，"用今之民，求今之治"成为其治学的取向。

由上述可知，相对于强调内在心性修养的理学来说，永嘉之学关注的问题更为外在和具体。在理欲观、义利观、历史观和法制观等方面，永嘉学人与理学家形成鲜明的对立。他们注重在历史的典章制度的因革变化中，建立起能够解决当下社会问题的经世致用的制度体系来。永嘉学术"要求将主体内在的道德价值在主体本身的实践领域转换为实用价值，既是永嘉之学的基本取向，亦是吕祖谦与陈亮之学的基本取向"，永嘉之学对于整个浙东事功学派的学术取向具有奠基性的意义。

3. 理学"歧出"

显然，永嘉学人的理论创见，在洛学及其后学那里不受待见。尤其是朱熹几乎对每个永嘉学人都进行了批判。

周行己就曾被二程等人视其为异端，甚至欲清理出门户而后快。[①] 谢良佐指摘其学："只为立不住，便放倒耳。"后来朱熹也批评周行己"学问靠不得"。他们对待杨时的态度却并非如此。杨时在二程处学成南归福建时，程颢送之曰："吾道南矣。"语气中充满了无限的厚爱和寄予的无限厚望，杨时南传洛学，一时成为理学之佳话。盖杨时重心性之学，为洛学之"正宗"。

在以正统的道学家自居的朱熹眼中，郑伯熊自然也不是一个"正宗"的学者，郑伯熊送其文集给朱熹，朱熹评价曰：

> 近日蔡行之送得郑景望《文集》来，略看数篇，见得学者读书不去子细看正意，却便从外面说是与非。如郑文亦平和纯正，气象虽好，然所说文字处，却是先立个己见，便都说从那上去，所以昏了正意。[②]

朱子对郑伯熊的《文集》虽表达了一些赞许，根本上还是持否定意见的。他认为郑氏治学的立场有问题，故其一切理论都"昏了正意"。

即使在吕祖谦的努力调和下，朱熹依然视永嘉之学为异端。吕祖谦在给朱熹的信中提及："士龙于世务二三条如田赋、兵制、地形、水利，甚曾下工夫，眼前殊少见其比。"但是，朱子并不接受吕祖谦的调和之意，他毫不客气地称薛氏之学流于异端：

> 闻其学有用，甚恨不得一见之。然似亦有好高之病，至谓义理之学不必

① 参见陆敏珍：《宋代永嘉学派的建构》，浙江大学出版社 2013 年版，第 107—122 页。

② 黎靖德编：《朱子语类》，中华书局 1986 年版，第 2031 页。

深穷，如此则几何而不流于异端也耶？[1]

这时候的永嘉学人已经不再像周行己、郑伯熊等前辈学者那样谦逊柔顺了。反过来，薛季宣也不客气地批评了道学家们“语道乃不及事”“言道而不及物”，认为他们亦是“今之异端”。

对于陈傅良所擅长的举子业，朱熹也给予了批评，他认为“举业妨道”“科举坏了人心”。对于陈傅良的学问，朱熹批评其学“最是不务切己”：“君举先未相识，近复得书，其徒亦有来此者。扣其议论，多所未安。最是不务切己，恶行直道，尤为大害。”贬损之辞甚苛。科举制度确实有一定的弊病，但是，作为传统社会一种成熟的人才选拔机制，它的作用也是不可替代的。张载、程颢、王安石等北宋名士无不是科举出身，朱熹本人亦出此途。在当时，陈傅良的举子业理论影响巨大，对于江南科举业的蓬勃发展并走向鼎盛亦有其功。以永嘉为例，据统计，自唐代三百年来，永嘉进士仅两名，北宋有八十一名，而南宋短短一百多年，竟有一千一百四十八名。

在朱熹眼中，叶适更是歧出和异端，对朱陆异同之际“水心断断其间”颇有微词。朱子曰：

陆氏之学虽是偏，尚是要去做个人。若永嘉、永康之说，大不成学问，不知何故如此。

在朱子看来，“陆氏之学虽是偏”，毕竟还是理学内部的分歧，还可以在同一理论层次上对等交流以互取长短，而永嘉、永康之学，连学问都算不上。

朱熹在各处凡提及永嘉、永康之说等“浙学”，均斥之以功利之学，言辞中甚是贬抑。“永嘉之学，理会制度，偏考究其小小者。”《宋史》列传中，把薛季宣、陈傅良、叶适、蔡幼学等永嘉学者都列入了《儒林传》中，而不列入《道学传》，明显是有意把永嘉学者排除在道学家之外。侯外庐说：“由南宋至于清末，所有的道学正统派著作，异口同声地斥之为‘喜为新奇’‘而义理未得为纯明正大’。把‘新奇’和‘正大’对立起来，恰好说明了永嘉学派的异端实质。”然而，永嘉学人大多在道学家那里不受待见，甚至被视为异端，正表明了永嘉学派的学理转向，永嘉之学扬弃了道学注重心性修炼的正统治学方向，而转向强调致用的经制之学上来。萧公权说：“至两宋诸子乃公然大阐功利之说，以与仁义相抗衡，相表里，一反孟子、董生之教。此亦儒家思想之巨变，与理学家之阴奉佛老者取径虽殊，而同为儒学之革命运动。”理学自北宋初年出现以来，以“新儒学”之全新姿

---

① 曾枣庄、刘琳主编：《全宋文》，上海辞书出版社、安徽教育出版社 2006 年版，第 172 页。

态对抗佛老，风力无限。然至朱、陆之时，在永嘉学人看来，已有矫枉过正之嫌，故在学理上发起新的反动，以矫正理学也。因此以永嘉之学为代表的事功学派是一场儒学内部新的启蒙与革命运动。

二、永嘉学派经制之学的建构

永嘉学人关注的现实问题，涉及范围之广，恐是历代儒家学者所不能及。叶适之学于“求贤、审官、训兵、理财，一切施诸政事之间，可以隆国体，济时艰”。在叶适的奏议中，可以看到大量讨论法度、资格、学校、荐举、吏胥、监司、实谋、茶盐、治势、水利、理财、兵制等诸方面经制之事，这些是永嘉学人共同探讨的话题。我们且仅从政治和经济两个方面来管窥永嘉学派的主张以及达到的历史高度。

1. 政治学说

自秦建立中央集权制度以来，为了维护和加强专制，君权神授和君尊臣卑的观念就不断被有意识地进行强化，至北宋时期，理学家们还在用天理学说忠实地强化这一观念。程颐曰：“公侯上承天子，天子居天下之尊，率土之滨，莫非王臣，在下者何敢专其有？凡土地之富，人民之众，皆王者之有也，此理之正也。”虽然，在永嘉学人看来，君主依然是政治的主体，但是，他们已经开始质疑天授君权和君尊臣卑观念的合理性。薛季宣说：

> 舜称臣邻之说，语君臣之相依也。以言治己之道，犹仰臣邻之辅，故谓臣为己之股肱耳目。左右有民，教养之也；宣力四方，维持之也，是岂一人之所及，必假臣邻之辅，分职而治，君臣一体，而后可者也。

在薛季宣看来，君臣之间应该是一种如同邻居般平等互助的关系，他们共同形成了一个为了更好地管理社会而分工明确的共同体。显然，这对于一千多年来所固守的神圣至上的君臣观无疑是一种冲击。后来陈亮提出“君臣固当相与如一体”的观点，与薛氏之说可谓一脉相承。

在此基础上，叶适进一步批评君权神授和君尊臣卑的君臣观，他认为这并非孔孟本义，乃是自秦以来儒学异化的产物。叶适曰：“古者戒人君自作福威玉食，必也克己以惠下，敬身以敦俗……其后周衰，秦、汉乃卒用之。”又说：“盖以圣人之道言之，既为之君，则有君职，舜、禹未尝不勤心苦力以奉其民，非为民赐也，惧失职尔。”这种思想无疑是对孟子“民贵君轻”观念的继承和发扬。而之所以造成君尊臣卑的状况，叶适认为根本原因在于三代之后专制制度的形成。叶适曰：

> 法度立于其间，所以维持上下之势也。唐、虞、三代，必能不害其为封建而后王道行；秦、汉、魏、晋、隋、唐，必能不害其为郡县而后伯政举。①

秦废封建制，首创中央集权专制，之后遂成“自天子以外无尺寸之权，一尊京师而威服天下”之势，然而集权失之于王道政治，是故集权愈甚者立国愈短，“不旋踵而败亡”。叶适对于宋朝政制，主张取汉代封建与郡县调和论。叶适认为宋代政治之失就在于“尽收威柄，一总事权，视天下之大如一家之细”，因此，打破专制的办法就是分权。“昔之立国者，知威柄之不能独专也，故必有所分”。又曰：“或以为权者上之所独制，而不得与臣下共之者也。”专制社会历来信奉法家的专权思想，“权者，君之所独制也，人主失守则危”。叶适反对“独制”，提倡分权的思想，无疑有逆龙鳞之嫌，叶适也因此类言论得谤，宋宁宗庆元二年（1196）被胡纮以“诬蔑君上”之名参劾之。后来，陈亮对反对“独制”之说有进一步发展，他更加尖锐地批评“圣断裁制中外”“发一政，用一人，无非出于独断”的君主专制的做法，指出：“天下之大，不可以才智运也。以才智运天下，则其所遗者必多。”由此，陈亮更加明确地提出法治重于人治，其曰：“人心之多私，而以法为公，此天下之大势所以日趋于法而不可御也。”在陈亮看来，仁义道德之教化、人性之善的高扬、法度之建设为政治之善治的前提。至此，陈亮把永嘉之学的政治思想发展到了极致。

从现代的立场来看，叶适等永嘉学人明确指出专制之根本困难在于集权过度。萧公权说：“水心始一变其习，独致意于政制之体系，而不空言其抽象之是非。”又说：“至水心始专就制度以言之，而发现专制根本困难在于集权过度。此病不除，虽有仁君贤臣亦不能致天下于安定。其重视制度之意，为前人所未有。”叶适在政治管理方面，强调制度建设重于道德修养，殊为可贵。

2. 经济与外贸制度的建构

周行己非常注意经济民生之事，在北宋时，商贸经济就已经相当发达，因此货币的发行和管理就成了一个重要的话题。周行己曾给皇帝上书曰：

> 今以所收大钱桩留诸路，若京师以称之，则交钞为有实，而可信于人，可行于天下。其法既行，则铁钱必等，而国家常有三一之利。盖必有水火之失、盗贼之虞、往来之积，常居其一，是以岁出交子公据，常以二分之实，可

① （宋）叶适：《叶适集》，中华书局2010年版，第787页。

为三分之用。[①]

宋代发行的交子是世界最早的纸币，而周行己提出的铁钱必等、“往来之积”的货币管理之法，应该是世界上最早的准备金制度了。后来，在宋徽宗时期蔡京当权，铸造不足值的当十大钱，并超发货币，周行己严厉批评了这种做法，指出这样必将导致物价上涨等国家财政危机问题，并提出了解决的办法。[②] 有学者称赞：“周行己是北宋时期货币思想的集大成人物，其涉及问题的广度及理论认识的深度，在北宋时期是首屈一指的。”

郑伯熊亦对政治、经济等经制之事关注尤甚，陈亮谓郑氏“论事以贾谊、陆贽为准”。兹以其《议财论》为例以管窥之：

> 故财者，有国之司命；理财者，非可缓之务；议财者，非不急之谈也。高论之士，握孟子仁义之说，闻言利之人急起而疾击之，不使喘息于其侧……一日非财，百事瓦解……先王之制亡，人欲日侈，用财者多，秦汉而下，类以四海九州之财赋养一人而不足，于是贱丈夫者，出而伸其喙，剥肤槌髓以厌一人之欲。其原既开，不可复窒。后之承前，敛之极矣……莫非王民，予夺敛散，其权在君；何事非君，治乱安危，其权在民。先王知人上之权不足恃也，而一听于民，凡有所欲，委曲弥缝，不敢有已……夫先王之于民，与之为生，而后世之民，至无以为生，不反其本，方焦心劳思患于无财，族谈群议，以图生财，变法易令，以求丰财，吾恐民之大权有时而或用也。

可以看出，郑伯熊对“握孟子仁义之说”而攻击言利之人的“高论之士”的成见陋习进行了批评，认为理财乃立国之根本，一天不关注理财之事，国家则百事尽废。更为可贵的是，郑伯熊对传统专制社会中根深蒂固的财产观进行了批判和挑战：专制社会中的君王一向认为“普天之下，莫非王土；率土之滨，莫非王臣”，故而天下民众的财产无不是君王所有，对国家百姓之财产予取予夺便成了理所当然。自秦汉以来，专制的君王竞相“伸其喙，剥肤棰髓以厌一人之欲”“变法易令以求丰财”，后之承前，敛财愈甚。郑氏尖锐地指出，予夺敛散的权力虽然在君王之手，但是，治乱安危的权力却在民众手中。因此，郑伯熊规劝专制的君王予夺之权“不足恃也”，而当“一听于民”而“反其本”。郑伯熊这种财产与权力互动的政治经济学观点，以及“民本”与“民权”的观念，依稀有近代启蒙的意蕴。

---

① （宋）周行己：《周行己集》，浙江古籍出版社 2015 年版，第 7 页。

② 周梦江：《论周行己》，《杭州师范大学学报》2003 年第 3 期，第 97 页。

叶适则对“重农抑商”的传统提出了强烈的批评：

按《书》“懋迁有无化居”，周讥而不征，春秋通商惠工，皆以国家之力扶持商贾，流通货币，故子产拒韩宣子一环不与，今其词尚存也。汉高祖始行困辱商人之策，至武帝乃有算船告缗之令、盐铁榷酤之入，极于平准，取天下百货自居之。夫四民交致其用而后治化兴，抑末厚本非正论也。使其果出于厚本而抑末，虽偏，尚有义。若后世但夺之以自利，则何名为抑？恐此意，迁亦未知也。①

在叶适看来，所谓“抑末厚本”的传统之说并非“正论”，在春秋及以前，不但不会抑末轻商，还会实行“通商惠工”的政策以鼓励工商业的发展，之所以汉代以后实行“困辱商人之策”来抑制自由商业交换行为，是出于统治者“取天下百货自居之”和“夺之以自利”的自私心理。为什么春秋以前和之后对商人和商业的态度如此迥异，叶适在此处没有再去深入分析，其实已经内含在其理论之中了。前文已经提及，在叶适看来，唐、虞、三代为封建时代，故王道可行；而自秦至唐，是郡县制的帝制时代，帝制为一家之专制，专制思维下，自然是容不得自由竞争的商业精神的。叶适认为应该把“四民”（士农工商）平等看待，共同发展，才能“后治化兴”。有学者认为叶适的这些思想主张具有鲜明的经济自由主义理想性质，具有划时代的意义。

永嘉学人在经济方面的经制思想创见颇多，也最具时代的进步性，西方有学者认为南宋已处在“经济革命时代”，显然离不开当时永嘉学人的理论贡献。

三、“南宋模式”与历史的反讽

永嘉学派“以经制言事功”，对浙东事功学派的形成有奠基意义，其经世致用之学风非历代学者可比，且与时代相得益彰，助力时代发展。南宋时期在经济等领域形成了鼎盛局面，这种社会模式被称为南宋模式，一时为世界之先。

1. “南宋模式”引领时代之先

《宋史》曰：

两浙路，盖《禹贡》扬州之域，当南斗、须女之分。东南际海，西控震泽，北又滨于海。有鱼盐、布帛、粳稻之产。人性柔慧，尚浮屠之教。俗奢而无

① 叶适：《习学记言序目》，中华书局1977年版，第273—274页。

> 积聚，厚于滋味。善进取，急图利，而奇技之巧出焉。余杭、四明，通蕃互市，珠贝外国之物，颇充于中藏云。①

其实，自钱氏建立吴越国以来，吴越之地就已有“富甲东南”和“国家根本，仰给东南”的盛誉。至南宋一朝，何止是“富甲东南”，完全可以说是“富甲世界”了。据载：南宋的经济总量当时已在世界上以绝对优势领先于各国了，临安在当时已是世界上最繁华最庞大的超级大都市了，临安人口达到了一百五十五万人以上，临安的城市化程度已经非常高了。南宋时期已经确立了“农商并举”的国策，形成了通达的商业网络体系。商品经济也发展到了一个新阶段。可以毫不夸张地说，此时我国商品经济的繁盛，无论规模还是水平都已遥遥领先于当时世界上的任何一个国家或地区。而海外贸易，南宋达到了传统社会空前绝后的高度，南宋高宗末年，外贸收入已达二百万贯钱。“万国衣冠，络绎不绝”的对外贸易盛况，造就了世界伟大海洋贸易史上的第一个时期。

当时的南宋不仅是世界的经济中心和文化中心，还是科技中心。可以想见，中国文化重心的南移，内在地促进了南宋在经济等领域的发展。而反过来，经济与社会等领域的高度发展，又会促进文化思想领域的革新。因此，以永嘉学派为代表的浙东事功学派虽根植于传统儒学，却展现了与传统儒学不同的理论特质。一方面，浙东事功学派通过对传统儒学的重新诠释，提出了义利并举的功利主义思想。另一方面，高度发达的经济社会，必然在学术中体现出对社会制度和政治管理方面重新建构的要求，进一步转化为现实的社会制度。显然，永嘉学派的学理转向对于儒学的泛道德化问题有其改良和制衡作用。

应该说，南宋发达的社会经济和开放的世界市场，使得南宋商税加专卖收益已经超过了农赋的收入，从传统农业社会向商业社会转型的趋势已非常明显。因此，与农业社会相配套的儒家思想也正好是学理转型的良好契机。

进一步说，永嘉之学虽是洛学分化而来，其实亦深受新学和关学的影响（如周行己虽是洛学弟子，却先后接受过王安石新学和吕大临关学的思想）。但是，永嘉之学相对于关学的进步意义在于张载学问博杂，其“经世实济”的思想为其性理之学所湮没。另外，关学的经制之学还是围绕传统农业社会展开的，而永嘉学派的经制之学则在试图建构一个以商业为主的社会形态。

2. 明朝的内向与永嘉之学的断裂

由上述可知，南宋时期在经济、科技和文化等诸领域是何等的繁盛，以至于有学者认为南宋对中国后期发展具有引领意义，中国近八百年来的文化，是以南

① （元）脱脱等：《宋史》，中华书局 1985 年版，第 2177 页。

宋为领导的模式，以江浙一带为中心。这一论断对南宋不无溢美之意，可惜的是后来的历史却不是按照这一模式进行的。按说，经唐宋盛世，中国的世界观已经大大拓展了，但是明朝建立之后，却未能顺应这一趋势去发展，反倒有逆潮流而动之意。黄仁宇说："明朝，是中国历史上一个即将转型的关键时代，先有朱棣派遣郑和下西洋，主动与海外诸邦交流沟通，后有西方传教士东来叩启闭关自守的大门。同时，明代又是一个极中央集权的朝代，中国历代各朝无出其右者，而明太祖建立的庞大农村集团，又导向往后主政者不得不一次次采取内向、紧缩的政策。"诚如黄仁宇所说，本来，明朝是中国历史一个即将转型的关键时代，在明初，尚能主动与海外交流，可是后来一步步走向闭关锁国。黄仁宇指出了两个原因：其一，极度的专制必然导致极度的自私，极度自私则导向内向和紧缩；其二，就是明代庞大农村集团，以自给自足的农业经济为中心的社会，必定拒斥商业的发达和与海外过多的交往。后来，明朝竟一改前朝对外贸易的惯例，不惜采用了海禁等一些闭关锁国的策略，内在的目的不过是为了稳固自身的专制需要。明朝的施政方针不着眼于提倡扶助先进的经济，以增益全国财富，而是保护落后的经济，以均衡的姿态维持王朝的安全。这种情形，在世界史上实属罕见。萧公权说明朝之极权使"中国之政治史不啻后退三百余年而返于元世祖灭宋时之局面"。这种世所罕见逆流倒退的事情能够出现，是由农业文明的本性和极度专制的本性所决定的。有学者认为，中国资本主义的萌芽出现在明朝，我们倒认为，与极度内向的明朝相比，南宋倒是更有一些近代资本主义社会的意蕴。

明代的基本国策如此确立，在经济策略上，不惜压制先进经济，保护落后经济，回归抑商重农的传统老路；在外交和外贸策略上，则不惜放弃已经成熟发达的海外贸易模式和由此带来的巨大收益，拒绝与海外文明的交流以自保专制集团的既得利益。对内的治理策略上，明朝严酷的专制必然带来任性的权力，注定了要对知识分子和士大夫阶层进行严酷的思想钳制和碾压，以保证王朝的安稳，明代党锢、文字冤狱等手段之极端与残暴史上罕见。明朝这种"内向而非竞争性"的王朝也注定了它拒绝更顺应时代转型的永嘉之学继续发展和传播下去，这种形势反倒是为心学的兴盛提供了发展的空间（程朱理学走向僵化，需要心学解放心性，是学术内部的原因）。陆陇其曰：

> 自嘉、隆以来，秉国钧作民牧者，孰非浸淫于其教者乎？始也倡之于下，继也遂持之于上。始也为议论，为声气，继也遂为政事，为风俗。[①]

① （清）陆陇其：《三鱼堂文集》，浙江古籍出版社 2018 年版，第 28 页。

可见心学在嘉、隆以来已是席卷朝野的显学了，上可决政事，下则化民俗。我们知道，程朱理学本已指摘陆王心学“空疏”，而在永嘉学派看来，程朱理学也已“疏阔”了。可以说，阳明心学是性理之学推进到一种极致的理论表现。专制者需要的正是要士人于空疏中闲谈而莫论国事之非，风靡一时的阳明心学逐渐开始转为清谈之祸，士人皆整日空谈心性，什么国计民生、典章制度等一切事功之学均无人问津。因此，在明代，“无事袖手谈心性，临危一死报君王”的儒者较宋一朝更有过之而无不及。也由于此，本来与朱、陆之学分庭抗礼的永嘉之学，在元明之际断裂，也不是什么怪事了。

如果进一步说，清王朝覆灭的原因与明王朝并无二致（拒绝农业文明转型和坚持专制统治）。然而，永嘉之学虽断裂而未绝其缕，其学说开启了明末清初刘宗周、黄宗羲、王夫之等一批思想家（或儒学家）的治学路向，他们承续通经致用的理念，启蒙民智以期望改变传统专制王朝的命运，可惜的是，任性而固执的帝制王朝总是不惜走向灭亡也拒绝这种改变。

四、结语

儒学本是以礼仪和礼制为其本业，体用兼备。自孟子始，即有重心性之学的倾向。到宋明理学这里，受佛学的影响和冲击，则更加偏向性理之学，外在的礼乐教化、经制事功之学越来越少。在这个意义上，理学（尤其以朱、陆为代表的道学）相对于原始儒学反倒有“歧出”之嫌，而永嘉之学则有回归或正传之义。[①]吕思勉说：“理学何学也？谈心说性，初不切于实际，而其徒自视甚高。世之言学问者，苟其所言，与理学家小有出入，则理学家必斥为俗学。”道学家之所以强调“道统”并斤斤计较者，亦在于此，是一种“学统”和“身份”的认同，把延续其学者视为“同道”，而不认同其学者皆视为“异端”。如此做的好处在于，它能够保证一个学理体系的“纯粹性”和“一贯性”，但是，同时带来的一个问题就是，它有意地形成了一种文化专制主义，禁锢了文化的开放性。

永嘉之学给我们带来的启示在于：儒家心性之学的微妙与高蹈确实让人沉迷，使历代的儒者极力“上达”而耻于言及制度创设之类的“下学”。但是，当众多学人乃至于士大夫阶层都醉心于心性玄辨之中时，有意或无意之中放任了帝

① 漆侠认为，永嘉学派等浙东事功派继承了从宋初三先生到王安石等通经致用的优良学风，使宋学依然体现了它的盎然生机。而二程理学以抽象的道德性命之学取代通经致用之学，是“学术上的暴发户”。参照漆侠：《宋学的发展和演变》，河北人民出版社2002年版，第511页。

制的无限延续。在这层意义上，自秦以下之儒者皆难辞其咎。当然，在本质上而言，永嘉学派还是关于维护封建专制（准确地说是帝制）的学说，有其时代的局限性。但是，在正统儒学已经统领了一千多年的惯性下，开启或强化对经制之学的研究与建构，对于当代儒学的转型有其独特的启示意义。可以说，永嘉学派的出现，本质上是儒学内部相异于经学的批判与启蒙的思想运动，儒学的近代转型其实自南宋时期就已经开始了。

显然，儒学执着于道德决定一切的理论建构，强调"一人正则家正，一人仁则民兴仁"的社会治理观，是有其局限性的，有泛道德化的倾向。黄仁宇一针见血地指出："中国两千年来，以道德代替法制，至明代而极，这就是一切问题的症结。"其所谓"法制"乃是与人治相对而言的，是指一个制度体系。[①] 儒学一直缺少一种建立这种制度体系的工具理性，"东西方不同的是，后者在道德之外同时还发展出实践理性和工具理性，致力于在制度上建立一套制约权力的体系"。因此，儒学的任务就是要结合世界文明进行改造与创新，加强新的时代下经制之学的研究，为中华民族的发展和复兴提供相应的理论建构。

当然，我们并非就此彻底否定儒家心性之学的价值和意义。心性之学乃是君子圣人之学，因此，必待君子之世而后可行。否则，一切关于道德与人性的美好建构，都可能只是空中楼阁。

① 黄仁宇认为这种体系应该符合的三大特征：经济组织上的分工合作，法律体系上的权利义务分配，道德观念上的产权明晰化。

永嘉礼学研究的制度儒学面向及其现代意义

孙邦金

一、“永嘉之学”的现代诠释与误读

晚清温州儒学名宿孙锵鸣在其《瑞安重建先师庙碑记》一文中指出，南宋永嘉之学“讨论古今经制治法，纲领条目，兼综毕贯，务使坐而言者可以起而行，与朱子、东莱鼎足为三”[①]。晚清温州学者对于永嘉之学“坐言起行”的用世精神之总结、绍述和发扬，当是近代温州维新思想高涨、社会改革实践先行的重要文化支撑。不过，永嘉之学从其创生至今，来自儒学内部的非议就从来没有停止过。朱熹率先将永嘉之学界定为“功利之学”，与之极力攻辩，认定其“大不成学问”[②]。现代新儒家牟宗三先生虽然认为“凡后来之言事功、言实用、言朴学，而斥宋、明儒之谈性命天道为无用者，皆不出叶水心之规模”，可叶适似乎并不懂得“道德的创造性”，“言实用者终无用，重事功者总无功”[③]。在朱熹和牟宗三等道统意识强烈的儒家学者看来，永嘉之学多少是不求诸己、舍本逐末的儒学末流，甚至是逸出了儒家重视天命道德与心性修养的既有规范而成了一种儒学异端。幸运的是，在近代中国重视商业竞争和经济建设的呼声一浪高过一浪的背景下，永嘉之学被诠释为中国最古典的功利主义与重商主义，再次受到了肯定。可不幸的是，这种诠释简单片面地将永嘉之学理解为一种重利、爱财与赚钱的学问，与叶适等人所追求的“道不离器”、既“成己”又“成物”的“内外交相成之道”相去几何，恐怕又非能以道里计也！

时至今日，永嘉学派已经因太多的历史与现实因素的遮蔽而失其本来面目。

① （清）孙锵鸣：《孙锵鸣集》，上海社会科学院出版社 2006 年版，第 110 页。

② （宋）黎靖德编：《朱子语类》卷一百二十三《陈君举》、卷一百二十二《吕伯恭》，中华书局 1986 年版。

③ 参见牟宗三：《心体与性体》，上海古籍出版社 1999 年版，第 197—209 页。

从贴在永嘉之学身上的“功利之学”“功利主义”“重商主义”“事功之学”“经制之学”等流行不一的标签上，就可以看出人们对永嘉之学的性质与内部诠释上存在诸多歧异。这中间有两点习焉不察的误解需要做出澄清：

第一个误解是人们片面地认定永嘉之学是一种舍本逐末的事功之学。永嘉学者不好作浮泛之论，非常关注社会现实问题，并作有针对性的研究，提出自己的解决意见。叶适确曾批评过宋代性理之学，说：“专以心性为宗主，虚意多，实力少，测知广，凝聚狭，而尧舜以来内外交相成之道废矣。”① 不喜谈论抽象的道德哲学（“心性”），注重解决现实问题达到实际效果（“事功”），这是永嘉之学的一个重要特点。依此说永嘉之学是一种事功之学还是很有涵盖性的。不过，不能因为永嘉之学讲求经济、富国、强兵、民用、礼法等实际问题，就笼统地认为它就只是一种既无形而上学基础又无道德关怀的事功之学而已。叶适很清楚《大学》与《中庸》中“始止于善，终明于德，不待外物而自为正”存心养性的重要性。他始终强调“于其险也，则果行而育德成己也；于其顺也，则振民而育德成物也”②，认为无论身处顺境还是逆境，“育德”不可缺少，并且是“成己”“成物”的先决条件。在根本立场上仍旧是道德主义的。只不过叶适的皇极一元论是一种社会历史本体论，试图在社会历史长河中总结出一套历史哲学和政治学说，以民众在历史实践中普遍成就至善为最终目的，表现出了一种与道德理性不尽相同的历史理性或实用理性精神。③ 有了育德、成己之学的内在支撑，永嘉之学便不再只是一种事功之学，而是一种有体有用、义理与事功兼备的系统儒学建构。我们今天诠释永嘉之学，如果丢掉叶适当年“古人未有不内外交相成而至于圣贤”④的体用兼备之学，片面地讲事功，就有如无源之水、无本之木，是不可能有长久生命力的。

第二个误解，是庸俗地将永嘉事功之学理解为一种功利主义理论。在儒家义利之辨传统中，“功利”由于被认为是非道德甚至是反道德的，多少偏贬义。叶适说“后世儒者行仲舒之论，既无功利则道义者乃无用之虚语耳”⑤，针对儒学极端漠视功利的偏颇针锋相对地提出“以利和义”的思想，强调功利的不可或缺性，这恐怕是永嘉之学被称为功利之学的最初起因。自朱子之后，批评永嘉之学

① （宋）叶适：《习学记言序目》卷十四，中华书局1977年版，第207页。

② （宋）叶适：《习学记言序目》卷一，中华书局1977年版，第10页。

③ 参见景海峰：《叶适的社会历史本体观——以“皇极”概念为中心》，载吴光、洪振宁编：《叶适与永嘉学派论集》，光明日报出版社2000年版，第253—262页。

④ （宋）叶适：《习学记言序目》卷十四，中华书局1977年版，第207页。

⑤ （宋）叶适：《习学记言序目》卷二三，中华书局1977年版，第324页。

为功利之学遂成此后历代多数学者的定见，牢不可破。近代西学东渐以来，英国功利主义思潮流行于中土，永嘉之学因与之最为接近，公开欣然地接受了"功利主义"这顶时髦的帽子。自晚清维新变法直至当代改革开放，永嘉学派的义利之辨及其工商皆本的思想观念对于国人发展经济、改善民生曾起到过积极正面的启蒙作用。可是，《四库全书总目提要》说得好："永嘉之学……朱子颇以涉于事功为疑。然事功主于经世，功利主于自私，二者似一而实二，未可尽斥永嘉为霸术……亦未可尽斥永嘉为俗学也。"① 意思就是说，认为永嘉之学仅仅是一种事功之学与进一步认为永嘉事功之学是一种重利轻义的功利主义，这是两回事情。

叶适在《温州新修学记》这一雄文中，清楚地指出"永嘉之学，必兢省以御物欲者，周（行己）作于前而郑（伯熊）承于后也"，复又指出"永嘉之学，必弥纶以通世变者，薛（季宣）经其始而陈（傅良）纬其终也。"② 只有将"兢省以御物欲"与"弥纶以通世变"两者结合起来讲，将义与利结合起来讲，才能够鸟瞰永嘉之学的全貌。③ 如果说轻义重利是对永嘉之学的误解，那么舍义逐利就是错得离谱的抹黑了。永嘉之学在义利之辩问题上，要以叶适"古人以利和义，不以义抑利"④ 一语为标语。这是依据《周易》文言传中"利者，义之和也"与"（君子）利物，足以和义"的经典命题而得出的结论。叶适"以利和义"的解释是特别针对"以义抑利"的道德偏执有感而发的救偏之论，与程颐"不独财利之利，凡有利心便不可"等将义利严格二分甚至对立起来的认知相比，更为平实和辩证一些。叶适说"利在仁义则行仁义，利在兵革则用兵革，利在谏诤则听谏诤，惟所利而行之"⑤，这里所谓的"利"主要是指正当合理的经济与政治利益诉求，蕴含着一定的现代人的权利意识。"言利则必曰与民"⑥，可以理解为政府赋予并尊重民众追求正当合理利益的权利，这已初具一种民本甚至民权意识。而对于统治阶层诸种自私自利、急功近利的言行，叶适毫不留情地批评道："夫偏说鄙论习熟于天下之耳目，而近功浅利足以动人主之心。于是以智笼愚，以巧使拙，其待天下之薄

① （清）永瑢等撰：《四库全书总目》卷一三五，中华书局1965年版，第1148页。

② （宋）叶适：《叶适集》，中华书局2010年版，第178页。

③ 参见龚鹏程：《永嘉学派的真面目》，载吴光、洪振宁编《叶适与永嘉学派》，光明日报出版社2000年版，第15页。

④ （宋）叶适：《习学记言序目·魏志》。"以利和义"的思想，是永嘉之学的共同基调之一。例如薛季宣《浪语集·大学辨》早有言及："惟知利者为义之和，而后可与其论生财之道。"

⑤ （宋）叶适：《叶适集》，中华书局2010年版，第633页。

⑥ （宋）叶适：《叶适集》，中华书局2010年版，第674—675页。

而疑先王之陋，以为譬若狙猿之牧者，数千百年于此矣，哀哉！”[①] 如果政治失去了正义或至善的追求，治理民众如同驱使牛马狙猿之类，肆意践踏民众追求正当合理利益的权利，徒以智巧、功利而不以道义治国的长期结果只能是民不聊生，国将不国。只有客观全面地认识了叶适等永嘉学者的义利观，也才能够理解全祖望为什么有“永嘉功利之说，至水心始一洗之”[②] 的见地之论。

二、永嘉“制度新学”与礼学研究

如果永嘉之学既不是简单的事功之学，亦不是功利之学，那么它是什么？笔者认为最精准的称谓是“制度新学”或者“经制之学”——一种关心如何治国理政的制度化儒学或政治儒学。“制度新学”的提法源于叶适。他在《陈彦群墓志铭》中指出：“时诸儒方为制度新学，抄记《周官》《左氏》、汉唐官民兵财所以沿革不同者，筹算手画，旁采众史，转相考摩。其说膏液润美，以为何但捷取科目，实能附之世用，古人之治可复致也。”[③] 这一段话揭示出了永嘉学派治学的兴趣所在及其核心内容，堪为南宋永嘉之学的真实写照。所谓“制度新学”，就是主要依据《周官》《春秋》两部儒家经典，结合汉唐以来历史沿革经验，再参考其他史籍遗事，研求有关官、民、兵、财等既可“捷取科目”又可“附之世用”的制度性资源。现代著名政治学者萧公权曾就叶适的政治思想指出，“水心最大贡献，不在重申民本古义于专制之世，而在对政治机构作精密切实之讨论”。这样处理“虽非孟学正宗，而远较徒断断于天理人欲之辨者为得论政之要领”。[④] 至于为何薛季宣“其学主礼乐制度以求之见事功”，叶适“论治术之专主礼乐”，都特别重视礼学等社会政治制度研究对于社会政治的重要性，这是由三礼之学的性质决定的。叶适在其《总述讲学大旨》中之所以高度肯定周公制礼作乐的政治意义“治教并行，礼刑兼举。百官众有司，虽名物卑琐，而道德义理皆具”[⑤]，是因为在传统经学体系之中，礼学不只包括婚丧嫁娶、礼仪节文等日常生活规范，更是一门广泛涉及礼、乐、钱、法、兵、刑等社会基本制度规范的专门之学，奠定了中国古代政治的制度基础。在他看来，“天下之政，其大者为礼、乐、兵、刑，而其小者有

① （宋）叶适：《叶适集》，中华书局 2010 年版，第 633 页。

② （清）黄宗羲原著，全祖望修补：《宋元学案·水心学案》，中华书局 1986 年版，第 1738 页。

③ （宋）叶适：《叶适集》，中华书局 2010 年版，第 258 页。永嘉制度新学或经制之学梗概，可参见孙衣言：《瓯海轶闻》，上海社会科学院出版社 2005 年版，第 114—386 页。

④ 萧公权：《中国政治思想史》，辽宁教育出版社 1998 年版，第 438—442 页。

⑤ （宋）叶适：《习学记言序目》卷四十九，中华书局 1977 年版，第 738 页。

期会节目之要，其远而万民而近则群臣侍御仆从之职，其物为子女、玉帛、器用、服食之事”[①]，礼学关系到治国理政的方方面面，是“君子小人邪正所由之途”，不可或缺。

“经制之学”与“制度新学”类似，都聚焦于制度，只是更清楚地指出了永嘉学派的经学底蕴及其经世致用的强烈愿望。“经制”就是“经以求其制度器数之等”[②]，亦即依据三礼、春秋等经典阐发制度，并结合历史经验，总结出解决现实问题的对策和办法。在“言性命者必究于史”的浙东史学大传统之中，永嘉学者特别关注《春秋》一经中所包含的政治经验与历史哲学，但与礼学研究一样也都指向于“制度”或“经制”——社会经济政治制度与国家治理策略这一核心内容。相对而言，永嘉学者更为重视《周礼》中更为根本而直接的政治价值。叶适在《习学记言序目》中说，“今且当以《周礼》二言为证，庶学者无畔援之患，而不失古人之统。”全祖望认为此乃“永嘉以经制言学之大旨”[③]。正如有的学者指出的那样，永嘉学者依据经学讲求制度的经制之学“是以《周礼》为中心的道法或道艺兼尽之学，以《周易》为宗极的道器或道物合一之学，兼及《尚书》和《春秋》。”[④]在薛季宣、陈傅良、叶适“内外交相成之道”的思想架构中，礼学研究始终是永嘉学派对“外王”之学——王道政治及其制度建构的一个具体实践。[⑤]这从孙诒让《温州经籍志》经部礼类、春秋类以及史部地理类、职官类书目尤多中可见一斑。[⑥]其实，当时黄震在阅读《水心文集》的过程中，已经很明显地感受到永嘉之学“尚礼学”“以礼为治”“以礼为主”的鲜明特点。叶适在《大学讲义》说：“书有刚柔比偶，乐有声器，礼有威仪，物有规矩，事有度数，而性命道德未有超然遗物而独立者也……人之所以甚患者，以其自为物而远于物。”[⑦]叶适强调了性命道德“其聚为仁，其散为礼”，在诚意正心的同时还要“验之以物”“验之以事”，不能脱离包括经验认知、客观规律、礼仪制度等事物的外在规定性来空谈。

---

① （宋）叶适：《叶适集》，中华书局 2010 年版，第 635 页。

② （宋）叶适：《叶适集》，中华书局 2010 年版，第 693 页。

③ （清）黄宗羲：《宋元学案》，中华书局 1986 年版，第 1758 页。全祖望在《宋元学案·龙川学案》还有曰：“永嘉以经制言事功，皆推原以为得统于程氏”。

④ 杨太辛：《永嘉学派的学术宗旨——“以经制言事功”的内涵、性质及现代意义》，载张义德等编：《叶适与永嘉学派论集》，光明日报出版社 2000 年版，第 493—513 页。

⑤ 参见陈安金、王宇：《永嘉学派与温州区域文化崛起研究》，人民出版社 2008 年版，第 219 页。

⑥ 参见（清）孙诒让：《温州经籍志》，潘猛补校补，上海社会科学院出版社 2002 年版，第 84—167、363—561 页。

⑦ （宋）叶适：《叶适集》，中华书局 2010 年版，第 731 页。

黄震认为其“前后接续，皆讲礼器，公盖欲以礼为治者……公尚礼学，而尤精究财赋本末，欲起而求之至切也。”① 由此可见，礼学研究尤其是周礼研究作为永嘉制度儒学与政治儒学的一个核心内容，不仅是温籍学者自觉选择的一门绝学，亦为当世士林所认可和推重。

三、宋代永嘉礼学研究的制度儒学面向

鉴于礼学研究在永嘉经制之学中的制度性贡献和基础性作用，永嘉学者一直延续了“以礼为主”“以礼为治”的治学传统。自南宋至晚清，他们前赴后继，不断推陈出新，产生了不少影响广泛甚至重量级的礼学专著。要言之，宋代永嘉礼学与经制研究要以周行己开其端，薛季宣、郑伯谦继其后，继承光大者为陈傅良、王与之、张淳等人，叶适则为集其大成者。② 下面撮要列举其中几个重要的永嘉礼学著述文献与议礼论争。

周行己，作为永嘉学派的开山性人物，其撰成《礼记讲义》一书，开创了永嘉礼学与经制之学。《浮沚集》卷四中尚存《礼记讲义序》一文，主要是依据“缘情制礼”这一传统奠定了永嘉礼学不悖人性、重视人情的传统。序文提出了“礼治则治，礼乱则乱，礼存则存，礼亡则亡”的礼治思想，当是后来永嘉学者光大经制之学之动机的最佳注脚。最后，序文还指出“盖其说也，其粗在应对进退之间，而精在道德性命之要。”③ 这里仍视内在道德性命之精神较外在应对进退之节文更为重要，表明初期的永嘉学术仍旧未脱二程哲学的底色，尚未创造出永嘉学术独具一格的区域性特色。

南宋永嘉郑伯熊、郑伯英和郑伯谦兄弟对于洛学传入永嘉贡献卓著，有“邹鲁振儒风”（叶适《哭郑丈》）的评价。郑伯熊著有《周礼说》，已佚，而其弟郑伯谦则有《太平经国之书》十一卷传世。郑伯谦此书首列四张古代官制的图表之后，共分三十目，其中《内外》《会计》又各分为上下篇，共计三十二篇。《宋元学案·景望学案》评价此书“皆以周官制度类聚贯通，证之后代史事，以明古代治学”，是一本依托《周礼》的政治著作。此书最可注意的是，自序中畅论了先秦政治由公天下向家天下的重大转变，进而在家天下的政治现实之下，重申了儒家推

① （宋）黄震：《读文集十·叶水心文集》，《黄氏日抄》卷六十八，文渊阁四库全书本。

② 《宋史·陈傅良传》有曰：“永嘉郑伯熊、薛季宣皆以学行闻，而伯熊于古人经制治法讨论尤精，傅良皆师事之。”

③ （宋）周行己：《浮沚集》卷四，文渊阁四库全书本。

己及人的民本政治理念。在此基础之上，他还特别指出《周礼》中的制度性资源对于实现“君臣相安而祸患不作”，维持皇权政治长期稳定的重要性。郑氏认为“盖自有《周礼》以来，若孔子、文中子、伊洛、横渠诸子，则恨不及用；房玄龄、杜如晦、魏徵，则愧不能用；汉之刘氏、宋朝之王氏，则又悔不善用。自汉唐以至今日，天下之治，所以驳杂而难考、弊坏而不可收者，大抵出于是三者之间也。”郑伯谦精练地概括了对于周礼“恨不及用”“愧不能用”和“悔不善用”三种不同态度与运用方式，并指出了各自之得失。正是由于郑氏具有比较强的历史自觉意识和经世精神，其礼学研究方能“求其简练揣摩，坐而言，起而可见之施行者”[①]，流畅通达，臻于实用。例如，此书在《会计》一节中总结了汉唐以后专门研究财政、经济问题的相关制度设计，进而提出了“出纳移用”与“纠察钩考”分权制约的会计原则。这显然是对《周礼》中简约的财政与会计规定作了一定变通和引申。

薛季宣，著有《周礼释疑》三卷，已佚。王与之《周礼订议》只保留了一些佚文。《宋元学案》评价其“学主礼乐制度，以求见之事功”，[②]“学主礼乐制度”这一论断可从其后学陈傅良对其学术的评价中得到印证。陈氏在《薛公行状》中认为，“公自六经之外，历代史、天官、地理、兵、刑、农，末至于隐书小说，靡不搜研采获，不以百代故废。尤邃于古封建、井田、乡遂、司马之制，务通于今。”[③]虽然由于文献散佚无法窥见薛季宣礼学之真面，但诸如封建、井田、乡遂及兵制等都属于广义的礼学范畴，这一治学取向后来为陈傅良、叶适等人承继，方才有“永嘉经制之学”的出现。因此薛季宣在永嘉经制之学的发展史上是具有开创性的一位人物。薛季宣居乡期间，曾创设稚新学塾，陈傅良、王楠、薛叔似、徐元德从其问学。

《宋史·陈傅良传》中记载：“永嘉郑伯熊、薛季宣皆以学行闻，伯熊于古人经制治法，讨论尤精，傅良皆师事之。”陈傅良著有《周礼说》三卷十二篇等论礼文献，可惜此著现已散佚。除了王与之《周礼订义》间有引用之外，现在《止斋先生文集》中尚存《进周礼说序》《夏休〈井田谱〉序》等礼学文献，可从中管窥其礼学思想之梗概。他认为“谓《周礼》为非圣人之书者，则以说之者之过，尝试之者

① （明）徐汧：《太平经国书序》，载（清）孙诒让：《温州经籍志》，上海社会科学院出版社 2002 年版，第 105 页。

② （清）黄宗羲原著，全祖望补修：《宋元学案》卷五十二《艮斋学案·叙录》。

③ （宋）陈傅良：《薛公行状》，《止斋文集》卷五一，文渊阁四库全书本。

不得其传也。”[①] 陈傅良坚信此经是圣人经天纬地的精心之作，这在当时显然属于少数派，是需要学术勇气的。除了坚信《周礼》乃圣人制作之外，陈傅良对于《周礼》的内容及其现实价值更是推崇备至。正所谓“《周礼》一经，尚多三代经理遗迹。世无覃思之学，顾以说者缪，尝试者复大缪，乃欲一切驳尽为慊。”[②]《周官》既然是圣人制作，大多是三代治国理政之历史经验的全面总结，奠立了中国王道政治制度的基本模型，当为后世师法。当然也需要随时损益，根据政治实际作出权变调整。此即“数十家各致其说，取其通如此者，去其泥不通如彼者，则周制可得而考，则天下亦几于理矣。”[③] 正是有鉴于改革现实政治制度的需要，陈傅良遂精研《周礼》，著《格君心》《正朝纲》《均国势》诸篇进诸帝览，以备择用。陈傅良所著《周礼说》“盖尝献之绍熙天子，为科举家宗尚”[④]，一时风靡。对于《周礼说》在当时所产生了的广泛影响，朱熹则不无忧虑，两人曾就《周官》一书性质以及《春秋》“成风以庶乱嫡”公案展开了争论。[⑤] 朱熹对于陈傅良《周礼说》的部分批评，在张淳的《周礼订义》中得以保存下来。受陈傅良的直接影响，其从弟陈谦著《续周礼说》，门人曹叔远著《周礼讲义》，徐筠著《周礼微言》，均以礼学闻名于世。

叶适的三礼之学，在其《水心别集·进卷》和《习学记言序目》中有相对集中的论述。具体而言，《周易》为其“道在器中”的道器关系论提供了理论依据，《尚书》《春秋》及历代正史为其提供了历史经验，而礼学则为其奠定了“弥纶以通世变”的制度性规范。对于《周礼》的作者是否为周公的问题，叶适表示了怀疑，不过周礼即便不是周公制作，也并不影响此经所具有的政治价值。叶适认为，《周礼》“虽不必周公所自为，而非如周公者亦不能为也”[⑥]。它作为周代政治制度与智慧的结晶，“教法齐备，义利均等，固文武周召之实政在是也，奈何使降为度数事物之学哉”。作为类似于确立基本政治原则与制度的根本大法，对于

① （宋）陈傅良：《夏休〈井田谱〉序》，《陈傅良先生文集》卷四十，浙江大学出版社 1999 年版，第 507 页。

② （宋）陈傅良：《夏休〈井田谱〉序》，《陈傅良先生文集》卷四十，浙江大学出版社 1999 年版，第 509 页。

③ （宋）陈傅良：《夏休〈井田谱〉序》，《陈傅良先生文集》卷四十，浙江大学出版社 1999 年版，第 509 页。

④ （宋）叶适：《黄文叔〈周礼〉序》，《水心文集》卷十二。黄度，字文叔，新昌人，与陈傅良相过从，著有《周礼》五卷（收入续修四库全书第 78 册），以研治《周礼》闻名于当时。叶适有《黄文叔〈周礼〉序》《故礼部尚书龙图阁学士黄公墓志铭》（《水心文集》卷二十）等文称赞其“志在经世，而以学为本。”

⑤ 参见孙邦金：《晚清温州儒家文化与地方社会》，人民出版社 2017 年版，第 187—191 页。

⑥ （宋）叶适：《习学记言序目》卷七，中华书局 1977 年版，第 83—84 页。

中国历代政治的模范作用是不可替代的，不能与后世普遍的政治著作相提并论。他在《水心别集·进卷·周礼》中进一步指出，“盖周礼六卿之书，言周公之为周，其于建国、设官、井田、兵法、兴利、防患、器械、工巧之术咸在。凡成、康之盛，所以能补上世之未备而后世之为不可复者，其先后可见，其本末可言也。”① 基于《周礼》对于殷周以及后世历代政治的制度性贡献的认识，叶适认为“周之道莫聚于此书，他经其散者也；周之籍莫切于此书，他经其缓者也”②，特别看重此经的政治价值。叶适后来的诸多政治主张与制度性建言，与周礼“按六卿分职，各以数字之微使归统叙”这一整体制度架构是分不开的。到了晚清，面对士人不轻言利、疏于政治实务的现状，曾国藩感叹道：“叶水心尝谓，仁人君子不应置理财于不讲，良为通论”③，充分表明叶适的制度新学具有跨越时代的价值。

关于礼学在个体道德修身方面的价值，叶适针对程门“居敬穷理”的观点也提出了自己“复礼而敬立”的观点。他在《敬亭后记》一文中说，“学必始于复礼，故治其非礼者而后能复。礼复而后能敬，所敬者寡而悦者众矣，则谓之无事焉可也。”如果只讲内在的主观之“敬”不讲外在的规范之“礼”，诚敬之心则无所依凭，要么流于愚昧而不自知，要么流于虚伪而自欺欺人。正所谓“未能复礼而遽责以敬，内则不悦于己，外则不悦于人，诚行之则近愚，明行之则近伪。愚与伪杂，则礼散而事益繁，安得谓无！”④ 叶适“复礼而敬立”的实践工夫论，也同样体现了“以礼为主”⑤ 的治学立场。

至于王与之的“于古今诸儒之说莫不深究”的《周礼订义》和张淳的《仪礼识误》⑥ 多偏重文本解释，皆收入了四库全书。值得指出的是，宋代经义著作宏富，可《宋史·艺文志》记载的《周礼》著作者仅见二十二家。而王与之广泛征引古今注疏至少五十一家之众，其中永嘉学者占籍十余家，包括薛季宣、陈傅良、郑

① （宋）叶适：《叶适集》，中华书局 2010 年版，第 703 页。迟至晚清，孙诒让《〈周礼政要〉序》更进一步地指出：“中国开化四千年，而文明之盛莫尚于国，故《周礼》一经，政法之精详与今泰西诸国所以富强者若合符契。”

② （宋）叶适：《叶适集》，中华书局 2010 年版，第 219 页。

③ （清）曾国藩：《曾国藩全集》，岳麓书社 1992 年版，第 4272—4273 页。

④ （宋）叶适：《叶适集》，中华书局 2010 年版，第 163—164 页。

⑤ （宋）黄震：《黄氏日抄》卷六十八，文渊阁四库全书本。

⑥ 彭林：《张淳〈仪礼识误〉校勘成就略论》，《北京图书馆馆刊》1996 年第 3 期。

伯熊、郑伯谦、杨恪、陈汲、曹叔远、陈汪、李嘉会等人。[①] 由此可见永嘉礼学研究风气之盛。另据《嘉靖温州府志》卷七记载，宋代永嘉礼学著作尚有叶味道《仪礼解》《祭法宗庙郊社外传》，王奕《周礼答问》，谢琛《读礼集》，张逊志《礼记章句》《大礼要略》《冠服图说》《郊祀考议》等，可惜大都未传诸后世。[②]

四、明清永嘉礼学研究的情感主义取向

明清永嘉礼学研究，主要以张璁、孙希旦、孙诒让和黄体芳等人为代表。自宋代宗法复兴运动之后，家礼与宗族规范日益成为礼学研究的重要内容。明代放宽了民间祭祀之后，更是形成了一股自明至清持续不断的宗族及其礼法建设运动。[③] 明代温州郡先有何文渊，后有明弘治年间的文林（文徵明之父），对于诗礼传统的耕读文化多所强调。其中，文林制定《族范》在温属各县推行，宗族礼制得以进一步强化。到了嘉靖年间，温州士人登科巨宦渐多，掀起一股建设官绅家庙和宗族祠堂的热潮，兼及设置社学、社仓、义庄，编撰家训、宗谱、族约等。仅温州永嘉场（今温州市龙湾区）一地，当时就有七甲项氏、英桥王氏、普门张氏等名门望族。项乔、王澈、张璁等望族首领，或在隐居、丁忧之际，或在通籍、致仕之后，无一例外且不遗余力地捐资兴建了本氏宗祠。[④] 在此过程中，大都基于《家礼》形成了王澈的《王氏族约》、项乔的《项氏家训》以及侯一元的《缑山侯氏谱》等一批论述家礼和宗族礼法制度的重要文献，里面包含有大量的宗族与家庭礼法规范。晚清时期，瑞安《盘谷孙氏族规》等一系列族规民约，基本上都承袭了明制。明清时期官、学两界持续推进的“以礼为学”“以礼为教”“以礼经

① （清）孙诒让：《温州经籍志》，上海社会科学院出版社 2002 年版，第 112 页。据胡珠生先生统计，该书收录永嘉学者薛季宣《周礼释疑》16 条、陈傅良《周礼进说》112 条、郑伯熊《周礼说》20 条、杨谨仲《周礼辩疑》16 条、陈及之《周礼辨疑》92 条、郑伯谦《太平经国书》25 条、叶适《习学记言》8 条、曹叔远《周礼纲目》《周礼讲义》43 条、林椅《周礼说》24 条、李嘉会《周礼说》295 条、陈蕴之《周礼说》16 条以及王与之案语多条。参见胡珠生校注：《弘治温州府志》，上海社会科学院出版社 2006 年版，第 496 页。

② （明）张璁编纂：《温州府志·书目》，上海古籍书店 1964 年版。

③ 参见［日］井上徹：《中国的宗族与国家礼制》，钱杭译，上海书店出版社 2008 年版，第 111—127 页。

④ 参见胡珠生：《论张璁的礼学思想》，《温州职业技术学院学报》2010 年第 3 期。蔡克骄：《明代温州祠堂祭祖述论——以温州市龙湾区项氏、王氏、张氏家族为例》，《温州职业技术学院学报》2012 年第 3 期。

世”三者合一的“礼教主义运动”[①]或“以礼代理运动”[②]，既促进了礼学研究不断扩展深化，礼教观念不断深入民间，又不可避免地导致了儒家礼学实践过程中的严重伦理异化现象。

明代温州学人的礼学著作，以张璁最为多产，也最具影响力。他“自少业举子时，即好读礼经”“平生精力悉在于是”[③]。先后撰有《礼记章句》八卷、《周礼注疏》十二卷、《仪礼注疏》五卷，于三礼之学无所不通。遗憾的是，这三部著作今皆失传未见。张璁经过长期的礼学训练打下了扎实的学术功底，为他日后参与轰动朝野的大礼议之争，撰写系列《正典礼疏》奠定了思想基础，提供了学术支撑。他在《礼记章句》自序中提出了“礼莫大于父子之伦，而明王之治天下必本于孝”的孝治理论，隐含了缘情而制礼、礼法不外乎人情等重情理念。这为其日后参与议礼活动，处理情理关系时偏向亲情埋下了伏笔。对于宋代“为人后者为之子，不得复顾其私亲之说”的“濮议”，张璁认为应该同情理解皇帝“孝子之心有不能自已者”[④]。在大礼议事件中，张璁则依据“圣人缘人情以制礼”的典训，认为“非人情则非礼矣”，特别强调亲情为上，主张“宜别为兴献王立庙京师”[⑤]。张璁继而在《正典礼疏》中又提出“孝子之至莫大乎尊亲，尊亲之至莫大乎以天下养”等重视亲情孝道的观点，正中明世宗下怀，被迅速提拔重用，一时风头无两。无独有偶，时隔三百年后，清代又发生了德宗继统与继嗣之争，温州人黄体芳上《遵议已故主事吴可读〈请预立大统之争折〉折》，成为此次议礼事件的参与者之一。[⑥]此折虽然明确反对张璁“继统不继嗣”的立场，但与张璁“缘情以制礼”的重情变通观念有暗合之处。温州人在多次朝廷重大礼制争论中，都表现出重视人情、善于变通的共同特点。

相对于一直饱受泛道德主义束缚的宋明儒学，“清代儒者的努力恰好相反，他们在制度论和礼乐论的架构中探讨道德的根据，并以此作为制度批评的出发点”[⑦]。在从清初到乾嘉儒家礼教思潮的兴起高涨过程中，以礼代理的伦理学、以礼为治的经世论、以礼为学的三礼经学研究，构成了纵贯清代康、雍、乾三朝的儒

① 参见［美］周启荣：《清代儒家礼教主义的兴起——以伦理道德、儒学经典和宗族为切入点的考察》，毛立坤译，天津人民出版社 2017 年版。

② 参见张寿安：《以礼代理——凌廷堪与清中叶儒学思想之转变》，河北教育出版社 2001 年版。

③ （明）张璁：《张璁集》，上海社会科学院出版社 2003 年版，第 382 页。

④ 参见张寿安：《十八世纪礼学考证的思想活力》，北京大学出版社 2005 年版，第 156—158 页。

⑤ 参见顾钟麟、冯坚：《张璁评传》，浙江人民出版社 2010 年版，第 28—30 页。

⑥ 参见孙邦金：《晚清温州儒家文化与地方社会》，第 203—208 页。

⑦ 汪晖：《现代中国思想的兴起》，生活·读书·新知三联书店 2008 年版，第 346—347 页。

家思想文化转型的一个重要维度。在清代中期兴起的礼学研究热潮之中，孙希旦所撰《礼记集解》六十一卷，成为清儒重新注疏经典的典范性著作之一。在清代中期温州文化沉寂无闻之际，孙希旦起自孤寒，名震浙东，一方面承继了永嘉经制之学历来重视治礼的传统，另一方面也激励了孙诒让等温州士子继续研治三礼之学，因此在永嘉礼学史上具有承前启后的重要地位。[①] 尤其是他对于传统礼制中“叔嫂无服”和“未嫁守贞”问题的讨论[②]，情真意切，可谓情理兼尽。面对《礼记·檀弓上》“叔嫂之无服也，盖推而远之也”的明文规定，孙希旦特别指出如果“长之嫂遇孩童之叔，劬劳鞠育，情若所生，又有不可以常礼概者。故韩愈少鞠于嫂，为之服期，此亦礼之以义起者也”[③]。他援引韩愈视兄嫂如母为其服丧为例，认为叔嫂之间不应拘执常礼，而应该视实际情况变通处理。如果情同母子，不仅可以吊服加麻甚至可以为之服期。从中可以看出孙氏研治礼学固然是“粹然程朱之言”，但是较少宋儒那种教条僵化、违拗人情的学究气。在处理“未嫁守贞”的问题上，孙希旦也同样表现出通情达理的一面。他的女儿不幸遇上未婚夫死亡之后选择居家守贞，结果十六岁就抑郁去世。其实孙希旦并不希望造成女儿的这一举动，曾苦口婆心地劝说女儿可以在未婚夫“既葬服除”之后改嫁，然未果。身为礼学大家的孙希旦的这一主张，虽然与当时严苛的贞节伦理相左，也颇受时人非议，然而他仍旧坚定地认为婿死改嫁“于古礼为当，不为非也”，表现出强烈的人道主义关怀。如若从整个时代精神来审视的话，孙希旦依情说礼的经学研究应当是清代“达情遂欲”——情感主义哲学转向的一个具体表现。

在永嘉经制之学重视礼制研究的遗风尤其是孙希旦精研《礼记》的直接影响之下，孙诒让撰成皇皇巨著《周礼正义》八十六卷，以及《大戴礼记斠补》《周礼三家佚注》《九旗古义述》以及《周礼政要》等多种礼学著作，成为永嘉礼学复振的代表性人物。在孙诒让八岁时，其父孙衣言“方欲以经制之学，融贯汉宋，通其区畛，而以永嘉儒先治《周官经》特为精详，大抵阐明制度，穷极治本，不徒以释名辨物为事，亦非空谈经世者可比。因于四子书外，先授诒让以此经，借为研究薛、陈诸家学术之基本”[④]。在孙诒让之前，清代礼学著作甚多，具有代表性的就有秦蕙田《五礼通考》、江永《礼书纲目》、黄以周《礼书通故》、张尔岐《仪礼郑注句读》、凌廷堪《礼经释例》、邵懿辰《礼经通论》、胡培翚《仪礼正义》等等，

① 孙延钊：《孙延钊集》，上海社会科学院出版社 2006 年版，第 191 页。

② 参见孙邦金：《晚清温州儒家文化与地方社会》，第 198—203 页。

③ （清）孙希旦：《礼记集解》，中华书局 1989 年版，第 214 页。

④ 孙延钊：《孙衣言孙诒让父子年谱》，上海社会科学院出版社 2003 年版，第 26 页

可谓汗牛充栋，佳作迭出。可是孙诒让偏偏却知难而进，自 1873 年至 1899 年的二十七年间，数易其稿，历经寒暑，最终著成《周礼正义》八十六卷，逾两百万言，成为《周礼》自问世以后最高水平的研究成果。梁启超认为，《周礼正义》“可算清代经学家最后的一部书，也是最好的一部书”①，为孙诒让在晚清学术界中真正赢得了学术影响力与话语权，奠定了其“三百年绝等双”② 的学术高度。不仅如此，《周礼正义》的学术历练还为孙诒让晚年由学术而政治、凭借礼学参政议政提供了思想资源。在维新变法高涨之日，孙诒让《周礼政要》一书试图结合中西政治智慧为晚清政治改革提供系统的制度性建议，又一次充分彰显出永嘉礼学传统中渊源有自的制度儒学面向。③

五、永嘉礼学研究的制度儒学面向及其现代意义

综上所述，自宋代开始，永嘉礼学对现实问题、礼仪规范和制度建设特别重视，并且参与了“大礼议”等历次重大礼学事件。从内容上看，永嘉学派的礼学研究不仅涉及嫡庶之别、统嗣之争、丧服之制等中国传统宗法制度的讨论，更涉及井田、封建、郡县、学校、经济、财政、军事、官制、司法等重大政治制度的变革，因此无论永嘉之学的称谓是“事功之学”“经制之学”还是“制度新学”，其实质皆可谓是一种制度儒学与政治儒学。我们从历史长时段来审视永嘉礼学研究，可以看出其中一以贯之的永嘉礼学的精神特质大致有以下三个方面：

首先，以史为鉴，以礼治国，重视制度建设与创新。三礼之学是一门包罗万象的学问，可以视其为中国古代社会经济、政治和文化等制度文化的总汇，在中国文化中所承担着区别社会身份、规范社会关系、维护社会稳定的制度性、规范性作用。如果按照精神儒学、政治儒学以及民间儒学的三分法，永嘉学者前赴后继地精研礼学，将三礼之学当作永嘉之学的主干或理论基础，充分展现了礼学中的制度性资源，无疑代表了中国儒学传统中不同于心性之学的制度儒学或政治儒学之重要面向。他们的特别之处不仅仅在于不讳言功利，更在于他们依托礼学，在历史经验中展开制度性的思考与建构，积极为政治民生建言献策，体现出儒学内部思想谱系的多样性与可能性。

其次，“缘人情而制礼”，不悖人情，讲求情理平衡。张璁、孙希旦、孙诒让等

① 梁启超：《清代学者整理旧学之总成绩》，商务印书馆 1999 年版，第 16 页。

② 章太炎：《章太炎全集》第 4 册，上海人民出版社 1985 年版，第 213 页。

③ 参见陈安金、孙邦金：《论孙诒让的礼学研究与中西政治文化观》，《哲学研究》2012 年第 9 期。

人在阐释礼法制度与原则的同时，都不约而同地强调了礼法不能违背人之常情，而且偏爱在情理冲突的情况下选择从人情这一端来看问题。虽然人们对于张璁议礼至今都颇有非议，不过他从遵循“礼缘人情”的精神原则，从亲亲之情的立场上来论证世宗尊崇本生父母的行为在一定程度上是合情合理的，具有较强的说服力。孙希旦在解释“嫂叔无服”和“未嫁守贞”的礼制惯例时，皆尽量能够从真诚恻怛之人情角度出发摆脱教条化的解释，做到情理兼尽，使其《礼记集解》与清代诸多不带情感的文字考据区别开来。当然，永嘉之学的礼缘人情说，既可以解释为永嘉礼学及其区域文化精神中所具有的浓郁人情味，也可以将其解释为原则性不强、规则意识不够、理性精神不彰。因此讲求人情是建立在理性精神、规则意识和已有制度规范基础之上的，否则一味地无原则地强调人情，最终会走向制度主义儒学的反面。如何在重视人情的同时又不违背社会法则，做到情与理的平衡，不陷入无原则的机会主义陷阱和泥潭，这是我们今天重建儒学传统时需要切实注意的。

最后，“礼时为大”，因时制宜，强调务实变通。《礼记·礼器》中有曰：“礼，时为大，顺次之，体次之，宜次之，称次之。”意思是说，先王在制礼的时候，时代环境是首先要考虑的，然后是要合乎社会伦常，其次是要注意因对象不同而有所区别，再其次要合乎人之常情，最后是要与身份相称。所以礼仪规范或制度在不同时空条件下，要因环境作出变通和调整。否则，只知一味地教条僵化、顽固不化则可能与圣人制礼作乐的初衷背道而驰。叶适等人批评心性儒学“虚意多，实力少”，改以主张“道在器中”“事上理会”，主张通过实践不断改进政治绩效，脱虚向实的取向异常鲜明。张璁在大礼议中能够自成一派，与其能够主张礼学“固当随时为之损益，不可胶于一说也”[①]有很大关系。孙希旦对于嫂叔“吊服加麻”与女子可以更订婚约再嫁的论证，前者的条件是嫂叔之间情同母子，后者则是未嫁而婿死，也多非一般礼法规则，而是在特定条件下的变通处理。从中我们可以看出，永嘉礼学的又一显著特点，即顺应现实环境的变化而加以灵活变通，始终紧密联系当时社会现实的务实性格。

总之，当年朱熹批判地说“永嘉之学，理会制度”，道出了永嘉礼学实质是一种制度儒学，一种谈论治国理政的政治儒学。在中国文明建设充满想象空间和多种可能性的今天，我们应该正视永嘉之学尤其是其礼学研究中所彰显出来的制度儒学与政治儒学面向，积极参与中国本土政治哲学建构的历史进程。

---

① （明）张璁：《张璁集》，上海社会科学院出版社 2003 年版，第 416—417 页。

陈耆卿儒学思想述要

路永照

一代思想家叶适，致力于经世之学，为南宋儒学三大家之一。叶适弟子众多，特色各异，《宋元学案》说："水心之门，有为性命之学者，有为经制之学者，有为文字之学者。"[①] 同时，《宋元学案》又有"水心工于文，故弟子多流于辞章"[②]，也就是说虽叶适弟子学问追求不同，但因叶适本人工于文字，弟子也以文闻名者众多。陈耆卿就是其中的佼佼者。

陈耆卿，字寿老，号篔窗，台州临海人。嘉定七年（1214）登进士。曾任青田县主簿，颇有政绩。后又任庆元府府学教授、秘书郎、著作郎兼国史馆编修、国子监司业等。陈耆卿为人正直，不随波逐流，不谄媚奉承，曾有乡人请陈耆卿作祠记一篇，当中需有吹捧权相的内容，陈力辞而不为。[③] 权相史弥远执政期间，因欣赏耆卿文采，史弥远欲交好陈耆卿，但个性耿直的陈耆卿却触怒史弥远，于是遭受排挤，长期得不到升迁机会。

嘉定十一年（1218），陈耆卿携书登门求学于叶适，"叶水心见之，惊诧起立，为序其所作，以为学游、谢而文张、晁也"[④]，即收为门生。此时叶适正处于心爱弟子周南早死而无传人的苦痛之中，陈耆卿的到来使得叶适看到了希望，写诗称赞他："古今文人不多出，元祐惟四建安七。性与天道亦得闻，伊洛寻源未为失。"[⑤] 叶适去世之后，耆卿之文遂为世人所宗。

陈耆卿著述十分丰富，有专门儒学著作《论语纪蒙》十八卷、《孟子纪蒙》十四卷，惜已不传，只存两篇序言。陈耆卿主笔的《嘉定赤城志》撰成于嘉定十六年（1223），是最早的台州地方总志，共四十卷，三十余万字，简略得当，文

---

① （清）黄宗羲：《宋元学案》（三），《黄宗羲全集》第五册，浙江古籍出版社2005年版，第197页。

② （清）黄宗羲：《宋元学案》（三），《黄宗羲全集》第五册，浙江古籍出版社2005年版，第106页。

③ （宋）吴子良《州学六贤祠》云："陈公之滞于三馆也，乡人嘱以祠记谄权相，则谢不为。"

④ （清）黄宗羲：《宋元学案》（三），《黄宗羲全集》第五册，浙江古籍出版社2005年版，第168页。

⑤ （宋）叶适：《叶适集》，中华书局1961年版，第78页。

笔隽永，为古代著名地方志之一。除此之外，陈耆卿还有诗文数十卷。

陈耆卿为文工整，时人多有求为墓志铭者，耆卿也有不少为皇室所撰的贺文、为民间祭祀活动所写的祝文及与时达酬答之文。因此，陈耆卿诗文体裁十分丰富，其《篔窗集》有论说文、序、记、表、疏、札子、书、启、策问、说、题跋、行状、墓志铭、祭文、祝文、铭、赞等十七种文体。陈耆卿为文不蹈旧规、不赘虚语，注意克服以险怪新奇之文引人注意的时人制文弊病，其弟子吴子良称其师“文虽奇，不可损正气；文虽工，不可掩素质”[①]。然而，陈耆卿却不仅仅是一位文学卓越之士，他的文章有其深厚的儒家思想底蕴。陈耆卿得叶适所传，思想一脉相承，不仅大倡儒家宗旨，且着意永嘉学派经世事功之学，因此，即使是应制之文仍能显示出其思想根基和精神追求，包含了陈耆卿对生命本质的判断、对道德伦理的认识与经世务实的主张。

一、陈耆卿的整体生命观

陈耆卿视天、道、气本体性质存在与人的生命存在二者具有高度统一性，他在谈论问题时往往会从天道气运说起，而由此及人。

在儒家传统思想里，天与天命观紧密相连。天既是万物的根源，也是事物发展轨迹的决定者，“大莫大于天命。天命，天所赋之正理也。天以是理赋人，人以得是理而为人。一息不存，则障其天，阏其性。”[②]不过，在陈耆卿这里，这种决定不是一种宿命，而是强调了人的主观作为的正当性。在《代吴守上水心先生求先铭书》中，陈耆卿说：“某窃惟天地之大，以其能荣枯万物，而生生无尽也。然枯其荣者易，荣其枯者难……故能荣物于既枯者，天地之神机也。人者，物之灵也，物枯能荣，而人死则终于死也。人固不及物也？虽然，人固有可以不死之道也。”[③]当然，陈耆卿所说的“不死之道”必定是“功伐美德”，造福一方百姓。

与天相比，道是规律性存在。不同于一般道学家的认识，陈耆卿受叶适的物性与道相通的观点影响，认为道并不是虚无不可捉摸的，而是存于事物之中，所以体认和把握道才有意义，“悟道者以见真，体道者以真力”[④]。在《重修仙居学碑记》中，陈耆卿论述道：“道无存亡也，而教有废起。起之于未起，与起之于既废，其功同也……盖居莫隘于宫室，莫广于道；莫养小于口体，莫大于心。道之

① 王水照主编：《历代文话》第一册，复旦大学出版社 2007 年版，第 558 页。

② （宋）陈耆卿：《陈耆卿集》，浙江大学出版社 2010 年版，第 31 页。

③ （宋）陈耆卿：《陈耆卿集》，浙江大学出版社 2010 年版，第 51 页。

④ （宋）陈耆卿：《陈耆卿集》，浙江大学出版社 2010 年版，第 2 页。

妙难持，而心之灵易逝，不养则肆力，养则揠，而其要在去私欲。”① 很明显陈耆卿的道论与其天论一样，重点都不是在于天道对于人的规定性，而是对于人的自觉修养提供本体支持与目标。这一点在《黄岩县学三贤祠记》中表现更为明显，文中说：“亘古穷今，所以赞天地者，人也；所以为人者，道也。手道而发挥之之谓文，身道而践修之谓行。故文者道之华采，而因其文足以知其道也；行者文之根干，而因其行足以至其文也。”②

气，作为天道于人的物性表现，也是儒家生命观的核心范畴。陈耆卿将气分为支持精神生命的义理之气和支持肉体生命的血气之气，把人看作是二者的统一整体，而二者之中义理之气尤为重要，“气之所在，不三事而贵，不九鼎而富，不松柏而寿，不花卉而荣”③。人要涵育浩然之气，就要以精神主敬存养，“主敬以为根，立义以为的。羹墙焉，参衡焉，日周流乎是理之中，而罔敢逾越。迨其久也，完粹纯熟，正大高明，如养桐梓，日化月长而值者不知。”④ 陈耆卿的认识虽来自宋儒主流的周、程，但又与朱子的理在气先的观点不同。他接受叶适的观点，认为气与理是高度统一的，理就寓于气之中。因此，陈耆卿非常强调务实体察，反对空谈性理，“苟不以身体之，以日用推之，而徒耳剽目掠、唇齿商榷，而以明理，理不明而反晦。”⑤

在将人与天道联系起来的同时，陈耆卿把“仁”视为人的精神源头，并且把“仁”作为天地与人本身打通的纽带。他说：“尝论仁之道犹元气，元气之运，生生职职万物同此炉锤也。”⑥ 又云：“仁者，天地生物之心也。天地以仁为生物之心，而人亦得之以为心。所谓无常之本，大而无所不包也。”⑦ 并在《论孟纪蒙后序》反复论述仁、义二者统一的道理。

在陈耆卿的视野里，天、道、气、仁四位一体构成人的生命整体，而且人与周围事物也同源一气，因此，在读书过程中，用心精思，人便可以与书融为一体。在《曾子论》中，陈耆卿讲道：“予少读《论》《孟》，未知其所以读，逮长知所以读，而未得其趣。忧患后，屏居杜门，乃始深玩而精索之。其初也懵懵然，其后也汩汩然，又其后也洋洋然。盖所谓以身体之，以日用推之之验也。大而天地山河，

① （宋）陈耆卿：《陈耆卿集》，浙江大学出版社 2010 年版，第 110—111 页。

② （宋）陈耆卿：《陈耆卿集》，浙江大学出版社 2010 年版，第 142 页。

③ （宋）陈耆卿：《陈耆卿集》，浙江大学出版社 2010 年版，第 32 页。

④ （宋）陈耆卿：《陈耆卿集》，浙江大学出版社 2010 年版，第 32 页。

⑤ （宋）陈耆卿：《陈耆卿集》，浙江大学出版社 2010 年版，第 15 页。

⑥ （宋）陈耆卿：《陈耆卿集》，浙江大学出版社 2010 年版，第 69 页。

⑦ （宋）陈耆卿：《陈耆卿集》，浙江大学出版社 2010 年版，第 16 页。

细而一饮一食，无不往复省察，动静思维，故其熟也，颇觉身与书非二物。”[①]

陈耆卿的整体生命观一方面为道德修养的合理性提供天理的支持，另一方面也为经世务实的政治观提供了理论依据。

二、陈耆卿的道德修养观

儒家重视社会道德建设，陈耆卿亦是如此。陈耆卿为文反对空谈义理，强调文章的社会功用价值。他本人做文章讲求文以载道，排斥一味以华辞丽句取胜，追求以朴实自然文风发挥教化作用。他在《上楼内翰书》中说：“论文之至，六经为至。经者，道之所寓也。故经以载道，文以饰经。”[②]

陈耆卿主编《嘉定赤城志》并非仅仅为了记录地方历史沿革、社会风貌和存念乡贤，而志在彰显道义。因此，不管是对于选入方志的普通民众，还是为政的官员，他都注重对象在道德方面合乎教化要求。《嘉定赤城志》特别重视褒扬坚守名节和操行之士，以影响社会教化。如卷三十四《蒋煜传》：“蒋煜，仙居人，有文学。宣和寇乱，与煜遇，欲妻以女，煜拒之，胁以拜，亦不从。寇曰：‘吾戮汝矣。’煜伸颈就刃，詈声不绝。煜性滑稽，其临事有立如此。”[③]寥寥数笔，把一个高洁之士的形象跃然纸上。此类写法在《嘉定赤城志》中并不罕见。陈耆卿得叶适真传，用笔精简得当，而小文更显隽永，因此在文笔上要高出其他方志很多。晚清台州著名文人王棻称赞该书“事立之凡，卷授之引，词旨博赡，笔法精严，繁而不芜，简而不陋，洵杰作已”[④]。

对于道德教化的重视，使得《嘉定赤城志》在部分材料记录时甚至“偏离”了主题。如卷三十三《人物门·仕进》中的《杜垂象传》中并不是详细叙说杜垂象的生平事迹，而对其子孙行孝之事进行大肆渲染，目的当然就在于劝孝。再如卷三十七《风土门·土俗》却压根不是对台州地方风俗的详尽介绍，而是抄录县令的劝诫之文，希望台州百姓以此进德修身，改易社会风气。对此，陈耆卿说：“参故常，列风土，盖古人记岁时之意，今不复赘，而惟以名守令劝诫列焉。盖不惟学士大夫之责，而尤为政者之责也。”[⑤]

---

① （宋）陈耆卿：《陈耆卿集》，浙江大学出版社2010年版，第15页。

② （宋）陈耆卿：《陈耆卿集》，浙江大学出版社2010年版，第46页。

③ （宋）陈耆卿：《嘉定赤城志》，上海古籍出版社2013年版，第490页。

④ 谭其骧主编：《清人文集地理类汇编》第2册，浙江人民出版社1986年版，第624页。

⑤ （宋）陈耆卿：《嘉定赤城志》，上海古籍出版社2013年版，第534页。

陈耆卿在《篔窗集自序》中说："诗咏性情，非有感触不作也。"① 他反感迂腐文字，以感情真挚的传达作为写文章的自我规范，不强作诗愁，贯彻了诚的儒家修养要求。在《送伯父归余杭序》中描绘伯父形象说："初见时，伯父年未老，齿发方盛，而神完气泽，不以羁旅形于色。前后年向老矣，而齿发不衰；又前后齿发少衰，而独其神气炯炯自若也。"② 看似平常文字不仅将伯父的精神状态描写得十分逼真，而且透露出作者对于伯父的真切感情。陈耆卿的祭文则情真意切，血泪出自肺腑，读来让人不禁受感染而泪目。《祭先妣文》云："呜呼！吾母其真死邪？盖棺七日，无容无声，吾母其真死矣！"③ 文字表露的已不仅是一般世俗伦常对于母亲的孝道情感，而是活脱脱让情感迸发出来的真人真情。再如，《祭妹文》："兄弟之爱，如四体之于身，尔其死矣，吾何爱其生？……闻尔讣音，哀不胜情，哭不凭棺，不见容声，酹酒以文，尚感精神，死生永诀，长想无因，呜呼哀哉！"④ 应乡人邀约，陈耆卿写了不少墓志铭。他在写这类文章时，也注意避免虚文赘言，以传神文字刻画人物形象，传达亲人情感。如《黄君墓志铭》云："予尝行其野，民诵君一舌，洎入谒，见君竟日据案。问：'有暇乎？'曰：'无。''能强饭乎？'曰：'不能也。'呜呼！予因疑君甚矣！视其貌，则魁而腴，竟不数月死。家人问所欲言，曰：'善教吾子。'乃瞑。年四十。"⑤ 落笔隽永，字字传神，读来无不为主人公的天伦亲情潸然泪下。

陈耆卿重视社会伦理教化，也更注重儒者个人修养。在《赠三衢叶生序》中他抨击以术数算命惑人的行为，认为人的生命贵在精神升华，而不是富贵显达。他说："今夫仁义礼智，得非天所以命人邪？修其身，仁义礼智无歉焉，贫且贱不耻也。不修其身，仁义礼智缺焉，富且贵滥也。人不远耻而师滥，以故闻命之不善则变乎色，其身之不善则安焉。吾固知其惑也。"⑥

陈耆卿认为颜回之所以能成为"受道之至者"，关键是"虚"，"鉴之明也，惟其不受尘也。惟其不受尘，故能受物之照。不然，则既染于物，若之何受物哉！"⑦ 在陈耆卿看来，"虚"是儒者应该有的基本素养，而妨害"虚"的，关键是物欲。他认为天下之人，多以"陋巷"观颜子，却忽视了真正成就颜回的是他的"虚"。而对于曾子，他则认为曾子堪为楷模的在于"真见"与"真力"并行，"忠

① （宋）陈耆卿：《陈耆卿集》，浙江大学出版社 2010 年版，第 158 页。

② （宋）陈耆卿：《陈耆卿集》，浙江大学出版社 2010 年版，第 21 页。

③ （宋）陈耆卿：《陈耆卿集》，浙江大学出版社 2010 年版，第 87 页。

④ （宋）陈耆卿：《陈耆卿集》，浙江大学出版社 2010 年版，第 88 页。

⑤ （宋）陈耆卿：《陈耆卿集》，浙江大学出版社 2010 年版，第 80 页。

⑥ （宋）陈耆卿：《陈耆卿集》，浙江大学出版社 2010 年版，第 24 页。

⑦ （宋）陈耆卿：《陈耆卿集》，浙江大学出版社 2010 年版，第 1 页。

恕者，曾子之真见也；弘毅者，曾子之真力也。”[①] 在《习斋记》中，陈耆卿也指出，人们往往津津乐道于《论语》中曾子对孔子一贯之道的理解，其实是忽略了曾子的学问是从“习”中来的。颜、曾之论，一方面是陈耆卿发表了自己对于古人为学修养的独到认识，另一方面更为重要的，其实是他针对时人以儒学为功名，失却了儒学精神的批评。

陈耆卿自己不阿谀权贵，本身就是一位高洁之士。他的一些诗歌其实可以看作是其精神世界的自画像。《夜坐》为：“空庭杳已夜，孤坐悄无言。雨后山疑活，云中月欲吞。清愁难独遣，古意与谁论。听罢琴中操，呼童早闭门。”[②] 这首诗看似是对闲愁独遣的闲适生活的描摹，诗人却在其中既表达了自身的高洁追求，又传达了对于世事运转的无可奈何感。再如《种菊》：“手种黄金花，摩挲待其成。朝来风雨过，万汇秋obj嶙。起问花知不，独立常亭亭。尝于清霜下，退然得此生。南山与东篱，我亦学渊明。久落尘网中，叫花花不应。”[③] 诗人亲手栽培菊花，与菊花相伴，秋天万物萧瑟，惟菊花遗世独立。诗人借问菊花是否孤单，表达了如陶渊明一样的高洁追求。当然，与陶渊明不同，陈耆卿希望自己既在朝堂之上，又在山林之中。他持身自守，但又不忘济世利民，这在他的经世政治观中得到了充分体现。

三、陈耆卿的经世政治观

陈耆卿是一位醇儒，表现在社会治理和政治主张上，倡导务实、民本、经世致用。他主张以民为本，提出为君治国之道在于广纳谏言和善于用人，而为官治政之道在于“俭于己，不俭与民”“急于民，不急于己”[④]，做到“视民之无桥以渡，甚于己之无宫室以处，若是者，可观政矣”[⑤]。在《策问一》，陈耆卿开篇即道：“公议，国之元气也。天下之事，当与天下人共之。”[⑥] 力主允许士人言政，认为不独士能言，而且工瞽有谏、庶人有谤才是盛世的表现，建议为政者广泛听取社会底层的声音。这种观点虽仍是从维护君主统治的立场出发的，但其中不无深切的民生关怀意识。

---

① （宋）陈耆卿：《陈耆卿集》，浙江大学出版社 2010 年版，第 2 页。

② （宋）陈耆卿：《陈耆卿集》，浙江大学出版社 2010 年版，第 136 页。

③ （宋）陈耆卿：《陈耆卿集》，浙江大学出版社 2010 年版，第 98 页。

④ （宋）陈耆卿：《陈耆卿集》，浙江大学出版社 2010 年版，第 30 页。

⑤ （宋）陈耆卿：《陈耆卿集》，浙江大学出版社 2010 年版，第 30 页。

⑥ （宋）陈耆卿：《陈耆卿集》，浙江大学出版社 2010 年版，第 66 页。

陈耆卿关心百姓疾苦的诗歌，写了不少此类题材的诗歌。如《种麦》：“新谷未升陈谷罄，宵人托麦以为命。今年种麦如去年，去年满屋今空田。吁嗟皇天毋乃戾，去年浙右当死岁。湘中死寇淮死兵，留得东州仅旒缀。只今艰食遽如斯，岂是造物有乘除。我无一语活四海，对之泣下徒沾裾。催租官吏如束湿，里正打门急复急。安得君眼如月长，灼破田家蓑与笠。”① 这首诗控诉了天灾、战争及苛捐杂税给百姓带来的沉重苦难，斥责催租的官员，同情百姓遭遇，爱国忧民之情表露无遗。

陈耆卿继承了其师叶适强调事功、义利并重的思想，不空谈义理心性。他对于商业地位的认识迥异于传统儒家观念，提出“四本”之说。他说：“古有四民，曰士、曰农、曰工、曰商。士勤于学业，则可以取爵禄；农勤于田亩，则可以聚稼穑；工勤于技巧，则可以易衣食；商勤于贸易，则可以积财货。此四者皆百姓之本业。自生民以来，未有能易之者也。若能其一，则仰以事父母，俯以育妻子，而终身之事毕矣。不能此四者，则谓之浮浪游手之民。”② 这里，陈耆卿进一步发展叶适的观点，认为士农工商“皆百姓之本业”，明确肯定商业在国家经济生活中的地位，颠覆了以工商为末的传统观点。

陈耆卿重视经世实务，在青田主簿任上，针对本县实际情况，屡次上书言政，呼吁整治政事、革除积弊，并提出经世济民之种种建议，现存文集中即有《奏请罪健讼疏》《奏请急水利疏》《奏请正簿书疏》等。他特别重视百姓声音，要求“凡民讼小大，其已经剖断得实，而辄枝蔓诬诉者，各以其罪罪之”③。

陈耆卿关心基本工程设施对于百姓生产、生活的影响，在其文章中有多处关于水利问题的见解。他指出水利乃是民命所系，“忧民者多疚心”④。他呵责地方官员不修水利，指出一旦久晴不雨，百姓就会苦于干旱，而阴雨连绵，百姓又会忧愁水灾，后患无穷。所以在《嘉定赤城志》卷二十六《山水门八·水利·序》中，陈耆卿专门说明此篇用意：“迁书《河渠》，固志《沟洫》，得不以水利吾民之命，不容不备录之欤！每念古郑白之俦，出意疏凿，有以一渠而溉田千顷者，接于近世，非惟不能图新，而并与其旧失之矣。台虽号山郡，所在陂塘良众，顾以豪吞富噬，日湮月磨，每岁邑丞汇申，按败纸占名惟谨，何识兴坏！以故甫晴虞旱，方雨忧潦，盖人力不至而动责之天，宜其少乐岁也！余故搜按旧畎，特揭一门，庶使后之

① （宋）陈耆卿：《陈耆卿集》，浙江大学出版社 2010 年版，第 100 页。

② （宋）陈耆卿：《嘉定赤城志》，上海古籍出版社 2013 年版，第 543 页。

③ （宋）陈耆卿：《陈耆卿集》，浙江大学出版社 2010 年版，第 39 页。

④ （宋）陈耆卿：《陈耆卿集》，浙江大学出版社 2010 年版，第 37 页。

有志者可按图而得之焉。”[①] 也就是说，陈耆卿以此卷将台州各处水利设施标绘齐全的目的就在于等待有志之人能够按图兴办水利，惠及地方百姓。

陈耆卿的务实经世思想在其编纂的《嘉定赤城志》中有充分体现。他以儒家思想追求作为根基，在《嘉定赤城志》中宣扬道德之士，美誉清正贤明且造福地方的官员，反对虚浮风气，关注现实民生，其浓厚求实务本精神与强烈自鉴意识为后世编写方志提供了重要借鉴。他经世务实的基本观念，体现在为《嘉定赤城志》写的诸多序言中。在《公廨门四·仓库场务·序》中，他建议当政者能将仓库场务、茶盐酒税之事以均节原则处理，一方面使州用富足，另一方面，也不伤民力。在《版籍门一·田、学田·序》中希望当政者推行经界之法，以均平原则实施田政。《版籍门三·户口·序》则提醒统治者民惟邦本，其文说："古者，献民数于王，王拜受之，重邦本也。譬如草木，风霆雨露之滋长，岂不日蕃月盛也哉。"[②]

陈耆卿在他编纂《嘉定赤城志》之中，重视对历史经验总结，意在为之后理政治民提供借鉴。因此，他对于历史材料的引入非常谨慎，对于不确定之材料必以严肃态度考察，讲究无征不取信。在其为《嘉定赤城志》所做的《自序》中对此有专门解说："余为谂沿革，诘异同，剂巨纤，权雅俗。凡意所未解者，恃故老；故老所不能言者，恃碑刻；碑刻所不能判者，恃载籍；载籍之内有漫漶不白者，则断之以理而折之于人情。"[③] 陈耆卿编写《嘉定赤城志》严谨求实，不仅注意借助历史材料，而且特别注重"恃故老"，即向乡里老人请教，并注重这种考察资料的可靠性。陈耆卿重视"口述史"的史学研究方法，对当代史学研究亦不无启示。

陈耆卿对于历史事件和历史人物有浓厚兴趣，重视从事件的偶然性中探索历史发展的必然规律，在《郦食其论》中就有"论天下之事易，识天下之势难"[④]之论。务实务本的基本理念，使得陈耆卿重视利益对于历史的推动，"君子重信义而轻利害，利害非可轻也"[⑤]。他对于历史发展的认识表现出一定的历史唯物主义倾向。

陈耆卿善于对历史人物进行多视角的全面臧否。在《刘歆论》中，陈耆卿对于儒家思想重经学而轻实践功用的发展方向有深刻批判。他说："故尝谓焚六艺者不在秦始皇，而在汉末之数子。秦始皇焚之而不亡，汉末数子用之而亡。"[⑥] 这

① （宋）陈耆卿：《嘉定赤城志》，上海古籍出版社 2013 年版，第 395 页。

② （宋）陈耆卿：《嘉定赤城志》，上海古籍出版社 2013 年版，第 268 页。

③ （宋）陈耆卿：《嘉定赤城志》，上海古籍出版社 2013 年版，第 2 页。

④ （宋）陈耆卿：《陈耆卿集》，浙江大学出版社 2010 年版，第 7 页。

⑤ （宋）陈耆卿：《陈耆卿集》，浙江大学出版社 2010 年版，第 4 页。

⑥ （宋）陈耆卿：《陈耆卿集》，浙江大学出版社 2010 年版，第 13 页。

种认识无疑是独到的,也是珍贵的。在《樊哙论》中,陈耆卿评论道:"汉初勇士无如哙,哙之勇无大于持盾入楚营及排闼入禁中之事,战伐不足道也。然持盾事足以脱帝之难而重帝之信。排闼事虽足以解帝之惑,而亦足以招帝之疑。譬如家有悍仆,以之御侮他人则可,若主有过直入其帷而谏之,纵曰朴忠,其主亦已畏矣。高帝笑而起,其中以为如何哉?此固疾时之谮所由也。然则帝之欲杀哙,其豪壮强直可忌尔。"[①] 陈耆卿认为有两件事可以表现出樊哙是汉初堪为勇士之人,一是在鸿门宴上持盾闯入保护刘邦,二是闯宫门直谏刘邦,其参加战争之事其实并不足道。但是前者使刘邦摆脱危险而樊哙得到了信任,而后者虽也可解皇帝之惑,但也招致了怀疑。陈耆卿认为刘邦笑着从床上走下来正是因为有了畏惧之心,成为其病重时听信谗言杀掉樊哙的根源。樊哙被杀是因他太过耿直。这种观点是否得当仍可讨论,但陈耆卿跳出了历来支持直谏的传统认识,用另外一种视角分析事件,正说明他不泥旧法。

陈耆卿除了专有史论文章外,也写了一些咏史诗,如《读商君传二首》《咏史二首》等,而其咏史诗与其史论文章一样,往往观点新颖。《咏史》其一云:"沛公家业本无能,休责渠曹不治生。看取帝王他日事,方知俗眼未分明。"也就是说,在陈耆卿看来,刘邦不过如此,没什么真正才能。这种认识一改迂腐文人对古代帝王将相的崇拜,当属难能可贵了。

陈耆卿务实经世思想还表现在他对于淫祀和泛滥的佛道信仰的排斥上,这一方面是由于他力倡唯实致用之风,另一方面当然也与他作为一位儒家人物自觉维护其道学立场有关。他在《嘉定赤城志》中忠实地记述了当时淫祀之俗,但又特别指出此为讹谬旧习的延续。"夫以劳定国,以死勤事,御大菑,捍大患,则祀之,此先王之制也。余观州之神祠错峙纷出,以其牖一时之民,而庙千里之食,岂曰无之。亦有空山断蹊踵讹沿谬,而风靡波荡,遂赘疣其间者。岂其乐鬼重巫,越之遗风固尔耶。"[②] 对于佛道二教的兴盛,他则不无忧虑地说道:"自佛老释出,摩荡掀舞,环一世而趋之,斯道殆薄蚀矣。粗之为祸福,使愚者惧;精之为清净寂灭,使智者惑。盖其窃吾说之似,以为彼术之真,如据影搏物,而熟视之则非也。以故台之为州,广不五百里,而为僧庐道宇者四百有奇。吁,盛哉!今吾孔子、孟子之像设不增,或居仆漫不治,而穹堂伟殿独于彼甘心焉!岂其无祸福以惧人,而无思无为之旨反出清净寂灭之下耶?今备录之,非以滋惑,亦使观者知

① (宋)陈耆卿:《陈耆卿集》,浙江大学出版社 2010 年版,第 9—10 页。

② (宋)陈耆卿:《嘉定赤城志》,上海古籍出版社 2013 年版,第 467 页。

彼之盛，而防吾之衰，庶少补世教云尔。”[①]

四、结语

因论著多有遗失，现存的陈耆卿著作尚不能构成其儒学思想体系，也不能完整地表达其儒家观念，但仍可看出，他的文字不仅仅是一般的文学作品，是有深厚的儒学底蕴支撑的。这在陈耆卿而言，是其为文的自觉。陈耆卿在《筼窗集》的《自序》中回顾自己写文章的历程，将其分为三个时期。第一个阶段就是专攻科举时文：“予八九岁学属文，十二入乡校，先生长者以其粗工毕业，亟进之，他未知学也。”[②]第二个阶段是三十五岁陈耆卿中举后，着力摆脱时文习气，特别是四六文，然而在官场生存的他，不得不做些应制文字，以致心老形衰。“四六之浮，至于‘家皋夔而人稷契’，读之欲呕，予心病焉。会四五郡侯连以笺翰为嘱，辞不获命，涉笔无休时，今数之，不啻千百矣。予三十五岁窃末第，人视之未为甚暮，然老态先白，卧病日十，或谓予技痒，役其形而然。予思之，诚是也。”[③]第三个阶段，陈耆卿则下决心抛弃辞章玩习，而转向“义理之学”。“今而后，当涵浸乎义理之学，词章之习不惟不敢，亦不暇。始志吾过，以念来者。”[④]可以看出，虽然有很多不得已之处，但陈耆卿“文以载道”的努力是一贯的。

正是因为陈耆卿能作摆脱庸俗文字的努力，后来乾隆时官修《四库全书》，编纂者从《永乐大典》中辑出《筼窗集》，并在提要中对该书作出了较为公允的评价：“今观其集，虽当南渡后文体衰弱之余，未能尽除积习，然其纵横驰骋，而一归之于法度，实有灏气行乎其间，非啴缓之音所可比，宜其与适代兴矣。”[⑤]

陈耆卿以“学贵实，心贵虚，不虚则不实”[⑥]要求自己，重仁义、讲忠恕、合中庸、倡事功，为文注重言之有物、言之成理，不啻南宋时期浙东非常有影响力的文人，也是一位富有自觉传播儒家思想意识的时代醇儒。

---

① （宋）陈耆卿：《嘉定赤城志》，上海古籍出版社 2013 年版，第 370 页。

② （宋）陈耆卿：《陈耆卿集》，浙江大学出版社 2010 年版，第 158 页。

③ （宋）陈耆卿：《陈耆卿集》，浙江大学出版社 2010 年版，第 158 页。

④ （宋）陈耆卿：《陈耆卿集》，浙江大学出版社 2010 年版，第 158 页。

⑤ 《钦定四库全书总目》，中华书局 1997 年版，第 2165 页。

⑥ （宋）陈耆卿：《陈耆卿集》，浙江大学出版社 2010 年版，第 1 页。

王棻与《台学统》

宫云维　沈适也

王棻，字子庄，号耘轩，浙江台州黄岩城东柔桥村人，是台州近代史上著名的学者和教育家。"生平澹于荣利，读书著述以外，无他嗜好"①。他先后在黄岩九峰精舍、清献书院，路桥文达书院，处州（今丽水）莲城书院，温州中山书院、东山书院、肄经书院，太平（今温岭）宗文书院，郡城（今临海）正学书院，江西南昌经训书院等担任讲席，培养出了一大批弟子。所著有《柔桥文钞》《经说偶存》《六书古训》《史记补正》《汉书补正》《台学统》及《黄岩县志》《永嘉县志》《仙居县志》等数十种，对性理、经济、训诂、词章等学均有深入研究。其中以《台学统》最著，被誉为集台学大成之作。本文拟对《台学统》的成书及其内容、价值等作初步探讨。

一、《台学统》的成书

所谓"台学"，即台州之学。现在的台州市位于中国浙江省沿海中部，市区由椒江、黄岩、路桥组成，辖临海、温岭、玉环、天台、仙居、三门。其辖境大致形成于东晋：太宁元年（323），分临海郡南部永宁、松阳、安固、横阳四县置永嘉郡。临海郡辖章安、临海、始丰、宁海四县。其后代有沿革。明洪武元年（1368），朱元璋改台州路为台州府，隶浙江行省。成化间，辖临海、黄岩、太平、仙居、天台、宁海六县。入清以后，沿明制，先后隶浙江省绍台道、宁台温海道（驻台州）、台海道（驻台州）、宁台道、宁绍台道等。宣统三年（1911）辛亥革命，台州成立军政分府，隶浙江省军政府。

从现有文献来看，宋代之前，有关台学的记载非常稀少，见之于《台学统》记

① （清）喻长霖：《柔桥文钞喻序》，载（清）王棻：《柔桥文钞》，上海古籍出版社2019年版，第10—11页。

载的，仅有晋代任旭、唐代张渍二人。北宋时，台州人徐中行、罗适、陈贻范等传宋初三先生之一的胡瑗之学，台学始兴。南宋淳熙元年（1174）和淳熙十一年（1184），朱熹两度提举台州崇道观，淳熙八年（1181）朱熹任浙东常平使，朱子之学遂传于台州地区，“一时如林、杜、赵、潘、郭、池、吴诸贤咸执贽朱门，闻风兴起。儒术之隆，称小邹鲁”①。朱子之后，其三传弟子、金华人王柏曾讲学于台州上蔡书院，从者甚众，流风所及，历元及明，延绵不绝。

然而，明成祖时，宁海人方孝孺因不肯为朱棣起草登基诏书，被诛十族，累及亲友学生八百七十余人，流放者数千，“台士歼焉”。“于是台学凌替，垂三百年”②，“虽词章训诂，间有所闻，而名臣硕儒，竟乏其选”③。王棻所撰《台学统》，正是在这样的历史背景下，“意欲以扬前徽，诏后进，庶几学者闻风兴起，敬恭桑梓发挥而光大”④之作。

据王棻《台学统序》及《后序》记载，《台学统》开始编纂于光绪七年（1881），王棻时年 54 岁，任教温州中山书院；光绪十七年（1891），任职台州正学书院时续纂《台学统》，至光绪二十年（1894）任教路桥文达书院时始完成手稿，费时达十四年之久。《台学统》成书后，因无资刊印，束之高阁。民国四年（1915），王棻外甥，也是王棻学生的清末榜眼喻长霖在上海结识吴兴（今湖州）藏书家刘承幹，请刘资助出版王棻遗稿。民国七年（1918），刘承幹将《台学统》收入《嘉业堂丛书》出版。2002 年，上海古籍出版社出版《续修四库全书》，收入史部传记类。

二、《台学统》的内容

王棻晚年所撰《台学统》，在孔门四科的基础上增加了气节与躬行二门，将台州历史上的学者分为气节、性理、经济、词章、训诂、躬行六门，各门类又按其生平业绩分目。如“气节之学”分为高节、清节、志节三个子目，性理门分为程、朱、陆、王各目。每门前有一小序，阐明其分目之原因和依据。入门学者则按其传记、遗书、诗文等顺序编排，最后是作者对传主的评价。

所谓“孔门四科”，一般认为即《论语·先进》中所云之“德行”“言语”“政

① （清）王舟瑶：《台学统序》，《续修四库全书》第五四五册，上海古籍出版社 1995 年版，第 1 页。
② （清）刘承幹：《台学统序》，《续修四库全书》第五四五册，上海古籍出版社 1995 年版，第 1 页。
③ （清）王舟瑶：《台学统序》，《续修四库全书》第五四五册，上海古籍出版社 1995 年版，第 2 页。
④ （清）喻长霖：《台学统序》，《续修四库全书》第五四五册，上海古籍出版社 1995 年版，第 4 页。

事”“文学”，是孔门弟子根据专业特长的分类，后来也被理解为孔子教授弟子的四种学术门类。明清以来，“孔门四科”逐渐被发展成为“儒学四门”：即义理之学、词章之学、考据之学、经济之学。较早将“孔门四科”与“儒学四门”联系起来的是晚清大儒曾国藩。曾氏在《劝学篇示直隶诸子》中指出：“为学之术有四：曰义理，曰考据，曰词章，曰经济。义理者，在孔门为德行之科，今世目为宋学者也。考据者，在孔门为文学之科，今世目为汉学者也。词章者，在孔门为言语之科，从古艺文及今世制义诗赋皆是也。经济者，在孔门为政事之科，前代典礼、政书，及当世掌故皆是也。”① 曾国藩本人在总结中国传统学术时，也是按照这个观念将历代学者进行分类的。

王棻显然是接受了曾国藩的观点，但又对曾氏的观点有所发挥。他认为孔门四科和儒学四门，惟“圣人兼材，无所不通，其余则皆学焉而得其性之所近。盖德行之粹根于性理，政事之懋蔚为经济，言语之美炳于词章，文学之精垂为训诂，而其业皆具于六经。是故性理者，六经之道也；经济者，六经之用也；词章者，六经之文也；训诂者，六经之学也。”② “四科”之外，王棻《台学统》又增加了“气节”“躬行”两个门类，且冠“气节”于前，置“躬行”于末。这与他对于“孔门四科”和“儒学四门”的认识有关。

王棻认为儒士读书的目的就在于通经致用，士不通经，不足以致用。而通经致用的根本在于“气节”，所以当冠于前；其大要则在“躬行”，故当殿于后。“此二者该贯乎四科，并包乎六艺，而非此则不足以为学也”③。在《台学统后序》中，王棻详细阐述了如此撰述之微意：

> 四科之学，为之必有其本，成之必有其归，用特以气节冠于前，以躬行殿于后，此今日纂述之微意也。而论者顾或疑焉。盖谓四科之外，不当复赘二科耳。窃尝以圣言考之，“见利思义，见危授命，久要不忘平生之言”，此非气节之士耶？“宗族称孝，乡党称悌”“言必信，行必果”，此非躬行之士耶？斯二者，于四科宜何属焉？其论人也，“曰：‘直哉！史鱼，邦有道如矢，邦无道如矢’”，此非气节之徒耶？“克伐怨欲，不行焉，可以为难矣”，此非躬行之徒耶？斯二人者，于四科又何属焉？且气节略分三宗，而以高节为首，则隐居求志之士也。躬行亦分三宗，而以友行、顺行为终，则尊贤取友，以成其德之君子也。而孔子乃言隐居求志，未见其人，岂四科尽在躬行之外欤？

① （清）曾国藩：《曾国藩全集·诗文》，岳麓书社 1994 年版，第 442 页。

② （清）王棻：《台学统叙录》，《续修四库全书》第五四五册，上海古籍出版社 1995 年版，第 8 页。

③ （清）王棻：《台学统叙录》，《续修四库全书》第五四五册，上海古籍出版社 1995 年版，第 8 页。

不知四科之贤皆以气节为本，而以躬行为归者也。向使德行无气节，则或流于乡愿；言语无气节，则或流于佞人；政事无气节，则为小知之士；文学无气节，则为小人之儒。是四科者，必以气节为本矣。且德行固见于躬行，政事亦本于身教，言语之士论笃必非色庄，文学之儒通经必能致用。是四科者，皆以躬行为归矣。[①]

（一）气节之学

任旭作为晋代隐士，是台州历史上第一位被列入正史的学者，自然也就成为《台学统》中的第一人："吾台之士，国史有传，始于先生；而志节高迈，学识通博，亦必首推先生。"[②] 气节之学（共十二卷），从卷一至卷十二，记录自晋至清代台州学者六十六人，其中高节者二十人，清节者二十三人，忠节者二十三人。

王棻将气节之学排于首位，是因为他认为"儒者之学，以气节为本"[③]。王棻引用孔子的话诠释何为气节："孔子所谓危邦不入，乱邦不居，见利思义，见危授命，皆是物也。"[④] 这十六个字是王棻将气节之学分为高节、清节、忠节三目的源头。

"危邦不入，乱邦不居"，对应王棻书中的高节一目。何为高节之士？王棻认为"高节之士乃隐逸之士，高节之士则轻利而重死，是以不顾一时之荣，遂甘槁饿山林而不悔耳。然使出而从政，必能清心寡欲直谏敢言，致命遂志，以成千古之名，第自为重而为人轻，故虽万钟之禄，千乘之位，直敝屣视之耳"[⑤]。那些生于朝代鼎革之际，或殉国，或守节之人，坚守自己心中的信念，不为自己不喜的政权效命。

"见利思义"，对应王棻书中的清节一目。何为清节之士？王棻认为"清节之士，廉直之儒也，严义利之辨"[⑥]。那些为官清廉之人，不受物质诱惑，紧守内心底线的传主。

"见危授命"，对应王棻书中的忠节一目。何为忠节之士？王棻认为"忠节之士，乃极言敢诤致命遂志之君子也，破生死之关。"[⑦] 即那些不畏强暴，敢于为正义

① （清）王棻：《台学统后序》，《续修四库全书》第五四六册，上海古籍出版社 1995 年版，第 752 页。

② （清）王棻：《台学统》，《续修四库全书》第五四五册，上海古籍出版社 1995 年版，第 22 页。

③ （清）王棻：《台学统叙录》，《续修四库全书》第五四五册，上海古籍出版社 1995 年版，第 9 页。

④ （清）王棻：《台学统叙录》，《续修四库全书》第五四五册，上海古籍出版社 1995 年版，第 9 页。

⑤ （清）王棻：《台学统叙录》，《续修四库全书》第五四五册，上海古籍出版社 1995 年版，第 9 页。

⑥ （清）王棻：《台学统叙录》，《续修四库全书》第五四五册，上海古籍出版社 1995 年版，第 9 页。

⑦ （清）王棻：《台学统叙录》，《续修四库全书》第五四五册，上海古籍出版社 1995 年版，第 9 页。

为信念拔刀斗争的人。

（二）性理之学

性理之学（共三十三卷），从卷十三至卷四十五。记录宋至明代台州学者八十七人。

> 性理之学，肇于羲轩，显于尧舜，备于文周，明于孔孟，而其名则立于程朱，其道最为高，而众学所莫能外焉者也。然其本则在气节，其要则在躬行，用则施诸世而经济见焉，舍则传诸其徒而训诂词章粲然备焉。[①]

性理之学所收录的，是对宋明理学有一定建树者。但值得注意的是，性理之学中所载之人，并非只在理学方面有成就。如卷十五《朱子学派三》中所载右史“磊卿上书劾奏之曰臣闻鸱鸮入林，凤凰远去，豺狼当道，驺麟自藏。不仁者而在高位，则抱道怀德之士莫之敢近矣”[②]。对宋理宗进行劝谏，望其远小人，近贤臣。但奸佞当道，“磊卿愤不得言，径出国门求去。遂郁郁不得志，呜咽而卒……上亦念之不已，特谥正肃，为立正谏坊以旌之”。郭磊卿直言进谏之行，与气节之学中所载之人多有相似。如卷十一《忠节中》的叶伯巨，因天变异象直言上书朱元璋，“臣观当今之事，太过者三，分封太侈也，用刑太繁也，求治太速也”[③]。洋洋洒洒数千言，后因朱元璋认为其“离间骨肉之情”，最后落得“死狱中”的下场。郭磊卿与叶伯巨两人颇多相似之处，但前者属于性理之学，而后者属于气节之学。只因郭磊卿在性理方面的建树比其气节方面更为突出，由此载入性理之学中。

由此可见，其所载之人如有许多互通之处，则按照其主要成就进行分类。又如卷二十九《明儒三》的忠节王叔英，收入《钦定胜朝殉节诸臣录》：“永乐初，靖难师起，先生奉旨募兵广德。无何，而成祖渡江……而知事不可为，于是沐浴具衣冠书绝命词，并自赞于案而死。”[④]堪称忠节之人，却被列入性理之学。

（三）经济之学

经济之学（共八卷），从卷四十六至卷五十三，记录宋至明代台州学者四十人。

经济之学，即“三不朽”中的“立功”。“曾文正公有言：古之学者，无所谓经世之术也，学礼焉而已。孔子所谓修己以敬，以安百姓。孟子所谓人人亲其亲、

---

① （清）王棻：《台学统》，《续修四库全书》第五四五册，上海古籍出版社 1995 年版，第 11 页。

② （清）王棻：《台学统》，《续修四库全书》第五四五册，上海古籍出版社 1995 年版，第 241 页。

③ （清）王棻：《台学统》，《续修四库全书》第五四五册，上海古籍出版社 1995 年版，第 175 页。

④ （清）王棻：《台学统》，《续修四库全书》第五四五册，上海古籍出版社 1995 年版，第 388 页。

长其长而天下平，胥是道也。后世道术不明，其上者高谈元妙而不适于用其下者，喜言功利而不得其正，此中庸之道，所以不可能也。"[①] 王棻认为自古本无经济之学一说，所谓经世之术，核心还是在于儒家思想的"礼"字。"吾观孔孟之圣，不得其位，则栖皇终老而卒，无所施"[②]。而后世儒生鲜有坚持孔孟之圣，而是帝王喜欢什么，王朝推行什么，便去学习什么，为的就是一官半职。由此，王棻写道："然以世无用我而不豫，修其可用之实以藏诸身，而待其时，则岂豪杰之士哉？乃或急于求用，而曲学阿世希君取容，如张子文、陈同甫之流，又非君子之所取矣。"[③] 王棻认为经济之学，以学礼为本，少谈功利。同时认为要有气节，坚守自己，不曲意逢迎，如孔孟一般。最后王棻感慨近代中国受到西方思想与技术方面的冲击，唯恐经济之士全盘学习西方，以夷变夏，"其在博学无方之士，不虑其能害道而姑取其救时，其于中学西学，虽有主辅之分，实则模棱之见，其不率中夏而尽变于夷不止也。呜呼！此岂可与言经济之学也哉"[④]。

（四）词章之学

词章之学（共三十六卷），从卷五十四至卷八十九，记录唐代至清代台州学者九十五人。

> 不朽有三，而立言居一焉。词章虽小，道语其至，则非圣贤豪杰不能为也，是以孔门设教专重言诗而书，与礼乐则间及之，其系易也。修辞之道三致意焉，然使徒工言语而不尚躬行，则非立诚之道矣，周子讥其虚车，朱子鄙为俗儒，此能文之士所当深自警察者也，若不喻其立言之意，而不复以无文为耻则其去圣人之道也。尤遗矣，盖自古无不能，文之圣贤亦无不能，文之豪杰也。曾文正公图画，古今圣哲三十三人而皆以文为主其旨深矣。[⑤]

很明显，王棻立词章之学，是因为词章之学乃三不朽中的"立言"。

词章之学是儒生最基本的学问，但许多儒生在做词章时会走入两个误区，第一个误区是"徒工言语而不尚躬行，"也就是所谓的仅仅停留于书面，无法使词章之内容付诸实践，这样的儒生只能算是俗儒。第二个误区是"不喻其立言之意"，许多文章堆砌典故，辞藻华丽，华而不实，没有内涵，这类文章纯粹就是文字游戏，不能经世致用，最后只会湮没在历史的尘埃之中。因此王棻编纂词章之

① （清）王棻：《台学统叙录》，《续修四库全书》第五四五册，上海古籍出版社 1995 年版，第 14 页。
② （清）王棻：《台学统叙录》，《续修四库全书》第五四五册，上海古籍出版社 1995 年版，第 14 页。
③ （清）王棻：《台学统叙录》，《续修四库全书》第五四五册，上海古籍出版社 1995 年版，第 14 页。
④ （清）王棻：《台学统》，《续修四库全书》第五四五册，上海古籍出版社 1995 年版，第 14 页。
⑤ （清）王棻：《台学统》，《续修四库全书》，第五四五册，上海古籍出版社 1995 年版，第 15 页。

学，一方面希望儒生能够言语与躬行并重，一方面希望儒生的词章能够文质彬彬，而不是虚有其表，实无内涵。

（五）训诂之学

训诂之学（共八卷），从卷九十至卷九十七，记录宋至清代台州学者十七人。

> 程朱诸子出，一洗章句之陋，考六经之微言，以求圣人之精意，其学高矣。然舍先儒之古训，则圣人之意，亦奚可得而见哉？元明诸儒，或守宋贤之说，无所别择，屏弃群书，不复寓目，汉唐注疏，亦束置不观，其弊至于空疏而无得；或钩摭成说，务合上古，毁訾先儒，以为莫我及也，更为异义，以惑学者，其弊至于驳杂而无用。国朝诸儒，鉴前之失，踵后之弊，明立卫帜，谓之汉学，其心得独到之处，固有卓然不可磨灭者，然以宋贤之学，直接孔孟，而疑其训诂未通、考据多误，其毋乃稍过乎？夫训诂者小学之事，性理者大学之功，词章者润身之具，经济者泽物之端，四者皆不可缺。苟徒守其一偏，而自以为至足，亦同归于陋而已矣。①

言语之间，王棻显然还是偏向宋学的，认为训诂是小学之事，性理是大学之功。所以将训诂之学置于性理之学之后。

（六）躬行之学

躬行之学（共三卷），从卷九十八至卷一百，记录宋至清代台州学者三十二人。

> 子曰："文，莫吾犹人也。躬行君子，则吾未之有得。"子夏曰："贤贤易色，事父母能竭其力，事君能致其身，与朋友交言而有信，虽曰未学，吾必谓之学矣。"盖圣贤之学以躬行为先，诚能于子臣弟友大伦无亏，虽其生质之美或非由学而致君子，犹必谓其已学，而况其实有得于学者乎？今以孝义大节著于国史者，汇为此篇而宗族称孝，乡党称悌，仅为士之次者，或从略焉。盖以所闻有远近，可以考见所学之浅深，而君子为学取法乎上，其势固有不能尽载焉耳。虽然，气节、性理之学固日在躬行之中，经济之学则推及乎躬行之外，词章、训诂亦当以躬行为重，所谓坐言必能起行也。然则，前篇所载，固皆躬行之士矣，特以绌于文而优于行者无所附丽，故以是殿焉，亦以见黜浮崇实之意云尔。②

---

① （清）王棻：《台学统》，《续修四库全书》第五四五册，上海古籍出版社 1995 年版，第 18 页。

② （清）王棻：《台学统》，《续修四库全书》第五四五册，上海古籍出版社 1995 年版，第 20 页。

王棻将躬行之学又分三类：孝行、友行、顺行。此实为《周礼·地官·师氏》教民之三行，“一曰孝行，以亲父母。二曰友行，以尊贤良。三曰顺行，以事师长”。孝行即孝德，友行、顺行能亲师、取友以成至德、敏德，三行即三德。亲亲为仁，尊贤、事长为义，三行亦即仁、义之实。由三行而达三德，行仁义，此乃学者的实践之功。故躬行之学要行孝、行友、行顺。

三、《台学统》的意义

《台学统》是台州学术史上的集大成之作。如前文所述，台学之兴，始于南宋。其时，赵宋王朝南渡，台州“实称辅郡”。撰作《赤城志》的临海人陈耆卿曾作《图志》。明初，宁海人方孝孺曾拟“搜辑邑里遗事，为先达传”，惜未成书。成化间，太平（今温岭）人谢铎“窃取先生（陈耆卿）之意，旁及史传、碑板，与凡故老之所见闻，粹而录之，曰《尊乡录》四十一卷”。成化、嘉靖间，王启有《尊乡续录》。弘治间，黄岩人王弼又取《尊乡录》，“节其要，作吾台先正诸君子赞，曰十大儒，曰五大臣，曰六忠臣，曰十五孝子，各以其类见焉”[①]。正德、嘉靖年间，临海人金贲亨著《台学源流》七卷，叙述台州先儒，自北宋徐中行至明初方孝孺、陈选，凡三十八人“各自为传，疑而莫考者又有十五人，各以时代类附于传末”[②]“用见我台之多贤，俾后之人有所观法，而因流溯源，以不迷于其趋，且以成先正之志，修后死之责云尔”。[③]

《台学统》之于台州学术的意义，在于王棻对台州学术传统的梳理和重塑。《台学统》基本沿袭了其台学前辈的撰作旨趣，但征引书目更多，体量更大，几乎囊括了台州历史上所有的乡里先达，是王棻对台州学术传统的梳理，资料之丰富，体系之完备，堪称台学研究的集大成之作。其以气节为本，而以躬行为旨归，则有重塑台州学术的意味。王棻在《台学统》中首冠以气节一门，写方孝孺因不肯为朱棣起草登基诏书而被诛十族之“气节”。朱棣攻入南京城，因看重方孝孺当时之声望，试图劝说方孝孺为自己草拟诏书，为自己登基正名。“孝孺投笔于地，且哭且骂曰：‘死即死耳，诏不可草。’成祖怒，命磔诸市。孝孺慷慨就死，作绝命词曰‘天降乱离兮，孰知其由。奸臣得计兮，谋国用犹。忠臣发愤兮，血泪

① 王弼：《尊乡录节要序》，《四库存目丛书》史部第八八册，齐鲁书社1997年版。

② 永瑢等：《台学源流提要》，《四库全书总目》，中华书局1965年版，第551页

③ 金贲亨：《台学源流序》，《续修四库全书》第五一五册，第244页。

交流。以此殉君兮，抑又何求？呜呼哀哉兮，庶不我尤。’”[①] 方孝孺此举，被誉为忠节的典范，更是被当作台州学术的典范。王棻自己也特别重视气节躬行。他将自己的住处改名为“仰蕺山房”，就是对刘宗周民族气节的敬仰。事实上，《台学统》所收录的诸多学者中，并非只有气节一门中的学者是有气节之人。例如卷五十二《经济八》戴德孺作为经济之学的传主，为大明王朝尽忠而忤逆刘瑾，是其忠节的表现，而后复其工部职位，他又兢兢业业，清廉一生，是其清节的表现。尽管王棻在《台学统》中分了六门，但气节是贯穿全书始末的，书中大多数人物都是有气节之人。

① （清）王棻：《台学统》，《续修四库全书》第五四五册，上海古籍出版社 1995 年版，第 405 页。

叶适研究论著目录

方建新　郑　颖　徐　栋

本目录收录1933年至2020年间正式发表的有关研究叶适的论文与著作，论文部分分为几个专题，后附港台地区1949年至1999年发表、出版的论著。

一、论文

（一）叶适传记资料与著作

《关于叶适——叶适墓碑记介绍（宋代思想家）》，张一纯，《文史哲》1958年第4期。

《〈宋史·叶适传〉考补》，周梦江，《杭州师范学院学报》1980年第1期。

《叶适成才得于母教妻贤》，马沈，《历史知识》1983年第2期。

《叶适门人考略》，周梦江，《温州师范学院学报》1989年第4期。

《南宋著名学者叶适》，周梦江，《文史知识》1992年第8期。

《叶适年谱（一、二、三）》，周梦江，《温州师范学院学报》1994年第3、4、5期。

《几种〈叶适年谱〉读后》，周梦江，《徐规教授从事教学科研工作五十周年纪念文集》，杭州大学出版社1995年版。

《读〈叶适年谱〉》，来可泓，《宋史研究通讯》1997年第1期。

《〈叶适年谱〉补正》，潘猛补，《温州师范学院学报》1997年第4期。

《谈孙衣言著〈叶适年谱〉的问题及其他》，周梦江，《温州师范学院学报》1997年第4期。

《叶适与荻生徂徕》，杨儒宾，《日本汉学研究初探》，华东师范大学出版社2008年版。

《叶适的士风与学风》，何俊撰，《南宋史及南宋都城临安研究》，人民出版社2009年版。

《叶适出生在哪里》，周梦江，《温州日报》2010年5月8日。

《〈叶适集〉出版》,《光明日报》1962年第5月27日。
《〈习学记言序〉正名》,陈金生,《中国哲学史研究》1983年第4期。
《叶适〈习学记言序目〉的学术批评》,肖永明,《湖南大学学报》2002年第4期。
《宋钱版别研究的珍贵史料——读叶适〈淮西论铁钱五事状〉》,刘森,《中国钱币》2007年第3期。
《叶适著作版本考及其他——附〈叶适墓碑记〉》,周梦江,《中国历史文献研究(二)》,华中师大出版社1988年。
《〈叶适集·别集〉校勘三则》,周梦江,《温州师范学院学报》1996年第2期。
《叶适佚文辑补》,束景南,《文献》1992年第1期。
《叶适著作版本和佚文佚诗》,周梦江,《温州师范学院学报》1995年第1期。
《叶适文集版本源流考》,李建军,《图书馆理论与实践》2011年第4期。
《叶适佚文〈古今水利总论〉考校》,陈开林,《保定学院学报》2016年第6期。

(二)综论

《叶适在中国哲学史上之位置》,何格恩,《岭南学报》1933年第4期。
《叶适的唯物主义认识论》,潘富恩,《光明日报》1957年2月20日。
《论叶适思想》,吕振羽,《历史研究》1960年第1、2期。
《叶适思想批判》,华山,《山东大学学报》1961年第4期。
《再论叶适思想——中华书局辑刊〈叶水心集〉序》,吕振羽,《史论集》,人民出版社1962年版;《吕振羽史论选集》,上海人民出版社1981年版。
《浅谈叶适》,方良,《九江师专学报》1983年第1期。
《叶适思想及其对理学的批判》,李经元,《中国史研究》1984年第1期。
《略论叶适思想的学术渊源和地位》,王伦信,《浙江学刊》1994年第1期。
《对〈叶适哲学思想的评价问题〉一文的商榷》,周梦江,《杭州师范学院学报》1988年第5期。
《略论叶适的学术和事功——纪念叶适诞生840年》,徐规,《东南文化》1989年第6期;《仰素集》,杭州大学出版社1999年版。
《叶适哲学思想述评》,周梦江,《温州论坛》1990年第4期。
《叶适的经学评论与理学批判》,朱汉民,《船山学刊》1998年第2期。
《学术关怀与事功关怀:略论叶适的文化批判及其超越》,吴松,《思想战线》1998年第7期。
《南宋反理学思潮的理论总结者——叶适》,陈国灿,《文史知识》1999年第1期。
《叶适思想研究概述》,张洁,《温州师范学院学报》1999年第4期。

《叶适在南宋学术界树起的三面旗帜》,张义德,《光明日报》1999 年 11 月 21 日。

《论叶适的历史哲学与功利思想》,汤勤福,《云南社会科学》2000 年第 1 期。

《南宋叶适思想研究概述》,张洁,《浙江学刊》2000 年第 1 期。

《叶适与南宋反理学思潮》,陈国灿,《西华大学学报》2011 年第 2 期。

《物·势·人——叶适哲学思想研究》,杨国荣,《南京大学学报》2011 年第 2 期。

《叶适暨永嘉学派与儒家传统的重建——“纪念叶适诞辰 850 周年暨永嘉学派国际学术研讨会”综述》,张家成,《哲学研究》2001 年第 1 期。

《南宋叶适思想研究概述》,张洁,《浙江学刊》2000 年第 1 期。

《论叶适的历史哲学与功利思想》,汤勤福,《云南社会科学》2000 年第 1 期。

《叶适哲学思想述评》,陈安金,《温州大学学报》2001 年第 2 期。

《叶适思想的中和特征》,刘燕飞,河北大学 2003 年硕士论文。

《评介周梦江〈叶适与永嘉学派〉》,冈元司等,《温州师范学院学报》2004 年第 6 期。

《21 世纪初叶适研究综述》,朱晓凤,《儒藏论坛》2009 年第 2 期。

《纪念叶适诞辰 860 周年》,《温州商报》2010 年 11 月 7 日。

《温州:研讨叶适思想》,徐齐,《浙江日报》2010 年 11 月 9 日。

《“水心”思想八百年不败,我市举行叶适诞辰 860 周年纪念大会》,《瑞安日报》2010 年 11 月 9 日。

《告诉你一个更全面的叶适——叶适诞辰 860 周年学术研讨会侧记》,《温州日报》2010 年 11 月 13 日。

《叶适思想的主轴及其评价》,董金裕,《光明日报》2010 年 12 月 28 日。

《叶适学术思想的历史内涵与现代价值》,张宏敏,《光明日报》2010 年 12 月 28 日。

《叶适思想研究新论——纪念叶适诞辰 860 周年暨学术研讨会综述》,张宏敏,《宋代文化研究》2010 年第 1 期。

《叶适与南宋反理学思潮》,陈国灿,《西华大学学报》2011 年第 2 期。

《叶适的哲学思想》,杨国荣,《浙学研究论集》,上海古籍出版社 2012 年版。

《我市成立叶适与永嘉学派研究会》,《温州日报》2014 年 10 月 26 日。

《温州市叶适与永嘉学派研究会成立》,《瑞安日报》2014 年 11 月 4 日。

《学界纪念叶适诞辰》,《光明日报(理论周刊)》2000 年 12 月 12 日。

《叶适在南宋学术界树起的三面旗帜》,张义德,《光明日报》2000 年 11 月 21 日。

（三）政治、法律、军事

《南宋政论家叶水心先生》，李源澄，《论学》1937 年第 3 期。
《试论叶适的战争观》，王育济，《东岳论丛》1989 年第 1 期。
《叶适的政治思想》，周梦江，《河南大学学报》1991 年第 1 期。
《叶适社会思想研究》，于华，重庆师范大学 2009 年硕士论文。
《叶适的历史变革思想》，何晓涛，《安徽教育学院学报》2002 年第 4 期。
《试论叶适的军事思想》，张洁，《河北学刊》2001 年第 1 期。
《论叶适的尊王攘夷义》，王守常，《诠释与建构——汤一介先生 75 周年华诞暨从教 50 周年纪念文集》，北京大学出版社 2001 年版。
《浅论叶适的重民思想》，徐严华，《沙洋师范高等专科学校学报》2002 年第 3 期。
《叶适社会政治思想论》，贺晨辉，湖南大学 2003 年硕士论文。
《习学成德——叶适的外王内圣之道》，蒋伟胜，复旦大学 2006 年博士论文。
《论南宋浙东事功学派的功利主义法律观——以陈亮、叶适为代表》，季丽霞，苏州大学 2008 年硕士论文。
《叶适君王思想研究》，于华，《安徽文学（下半月）》2008 年第 8 期。
《浅析叶适治国构想》，于华，《安徽文学（下半月）》2008 年第 9 期。
《叶适法律思想诠释》，张玉霞，《温州职业技术学院学报》2009 年第 2 期。
《试论叶适的吏治思想》，刘煜瑞，《民族论坛》2009 年第 6 期。
《从"建康保卫战"与"开禧北伐"看叶适的功与过》，张义德，《光明日报》2009 年 6 月 16 日。
《试论叶适的军事战略思想》，刘煜瑞，《民族论坛》2010 年第 2 期。
《叶适的社会政治思想》，陈锐，《浙学研究论集》，上海古籍出版社 2012 年版。
《叶适与浙东学派：近世早期政治思维的开展》，任锋，《政治思想史》2011 年第 2 期。
《叶适政法思想研究》，李文兰，青岛大学 2014 年硕士论文。
《试论叶适的法治思想》，方如金、陈燕华，《温州大学学报》2006 年第 2 期。
《叶适关于和谐社会的思想》，张义德，《今日中国论坛》2006 年第 9 期。
《叶适的社会政治思想》，陈锐，《浙学研究论集》，上海古籍出版社 2012 年版。
《内圣与外王：论牟宗三对叶适的批判》，郭庆财，《暨南学报》2012 年第 9 期。
《叶适事功法律思想研究》，刘冬梅，重庆大学 2014 年硕士论文。
《南宋叶适法律思想探析》，陆凤观，上海师范大学 2015 年硕士论文。
《叶适分权观研究》，王彦禛，中国计量学院 2015 年硕士论文。
《论叶适的和合思想》，庞二建，《语文学刊》2015 年第 22 期。

《叶适的民本思想探析》，张玉，贵州师范大学 2018 年硕士论文。

（四）经济

《叶适管理思想研究》，汪圣铎，《浙江学刊》1989 年第 4 期。
《叶适货币思想研究》，俞兆鹏，《中国钱币》1987 年第 2 期。
《叶适经济思想》，周梦江，《温州师范学院学报》1988 年第 1 期。
《叶适反传统的国民经济管理思想》，沈葶，《历史教学问题》1988 年第 3 期。
《叶适经济思想与商品经济》，周梦江，《宋史研究论文集（1987 年年会编刊）》，河北教育出版社 1989 年版。
《叶适经济思想研究》，叶坦，《中国社会经济史研究》1991 年第 3 期。
《试论叶适经济思想的社会基础》，杨翠微，《求是学刊》1992 年第 3 期。
《略论叶适的财政思想》，孙文学，《财政研究资料》1992 年第 7 期。
《叶适理财思想述评》，吴松，《思想战线》1998 年第 3 期。
《叶适对儒家传统财政思想的批判》，李传印，《安庆师范学院学报》1999 年第 3 期。
《叶适的反抑商思想》，孙丽君，《东北财经大学学报》2000 年第 1 期。
《宋代浙东实学经济思想研究——以叶适为中心》，叶坦，《中国经济史研究》2000 年第 4 期。
《试论叶适的经济思想及其现代意义》，朱晓鹏，《温州大学学报》2001 年第 2 期。
《析叶适的富民论》，张家成，《华东师范大学学报（哲学社会科学版）》2002 年第 1 期。
《叶适富人观的经济学释评》，徐凌云，《企业经济》2002 年第 11 期。
《读南宋叶适〈淮西论铁钱五事状〉》，唐刚卯，《中国钱币》2004 年第 4 期。
《叶适的"功利"经济思想评述》，李明扬，《湖南工程学院学报（社会科学版）》2005 年第 1 期。
《析叶适的重商思想》，张家成，《中国哲学史》2005 年第 2 期。
《叶适反传统经济思想的现实意义》，罗俊，《孝感学院学报》2006 年第 5 期。
《叶适纸币思想浅析》，彭澜，《金融教学与研究》2006 年第 1 期。
《叶适经济思想的创新价值及其对温州经济模式的影响》，晏国彬、谈振兴，《企业经济》2006 年第 10 期。
《叶适的理财观及其借鉴意义》，唐广，《江苏商论》2009 年第 2 期。
《试析叶适功利主义经济思想及对浙江经济、浙江精神的影响》，孟勇，《"浙学传统与当代浙江精神"学术研讨会论文集》，2009 年 12 月 27 日。

《论叶适的农业思想》,郭福亮,《农业考古》2010 年第 4 期。
《叶适经济思想研究》,欧阳华英,兰州大学 2010 年硕士论文。
《海外叶适经济思想研究论析——百年典案:从哥大到京大经济学研究中的叶适》,叶坦,《中国经济史研究》2011 年第 1 期。
《"商圣"叶适:800 余年"事功学"生发"温州模式"的强大精神动力》,林晓,《瑞安日报》2010 年 11 月 15 日。
《叶适思想对现代商业的批判价值》,杨光安,《中国商贸》2012 年第 21 期。
《叶适实学理念与温商境界》,张汉明,《企业研究》2012 年第 11 期。
《划时代的经济思想家叶适——百年典案:从哥大到京大经济研究中的叶适》,叶坦,《浙学研究论集》,上海古籍出版社 2012 年版。
《叶适经济思想研究现状评述》,王彦禛、王卫东,《前沿》2013 年第 22 期。
《南宋浙东实学派的收入分配思想研究——以吕祖谦、陈亮、叶适为中心》,陈宇,西南大学 2014 年硕士论文。
《叶适经济伦理思想初探》,唐银华,浙江财经大学 2014 年硕士论文。
《王安石与叶适管理的区别及与现代经济理论的比较》,陈思,《现代企业》2018 年第 8 期。
《宋代浙东实学经济思想研究——以叶适为中心》,叶坦,《中国经济史研究》2000 年第 4 期。

(五)教育

《论叶适的人才观》,张祖桐,《浙江学刊》1986 年第 1、2 期。
《叶适教育思想述论》,周梦江,《温州师范学院学报》1988 年第 3 期。
《论叶适的教育思想》,王伦信,《华东师大学报》1988 年第 1 期。
《陈亮叶适》,王炳照,《中国教育家评传》,上海教育出版社 1989 年版。
《叶适人才思想述论》,黄启昌,《求索》1990 年第 6 期。
《略论叶适的功利教育思想》,肖正德,《宁波大学学报(教育科学版)》2003 年第 2 期。
《陈亮叶适德育思想研究》,杨朋,武汉大学 2004 年硕士论文。
《叶适的人格理论》,范明静,华东师范大学 2005 年硕士论文。
《叶适的教育思想》,孙金波,《现代教育科学》2008 年第 11 期。
《浅论浙东事功派的人才教育思想——以陈亮、叶适为个案研究》,徐峰,《河南师范大学学报》2010 年第 4 期。

《叶适讲学大旨略论》，杨柱才，《上饶师范学院学报》2011 年第 2 期。
《论叶适的人才环境理论及其当代性》，胡彩娟，《福建行政学院学报》2011 年第 6 期。
《中外教育家评价：叶适》，张在军，《成才之路》2013 年第 21 期。
《公共部门人才体制壁垒问题研究——以叶适人才管理思想为启示》，李雨书、韦春婉，《柳州职业技术学院学报》2017 年第 6 期。
《陈亮叶适德育思想研究》，杨朋，武汉大学 2004 年硕士论文。
《叶适的人格理论》，范明静，华东师范大学 2005 年硕士论文。

（六）叶适与事功学派及其思想研究

《吕东莱薛艮斋叶水心先生学派论》，唐文治，《学术世界》1935 年第 6 期。
《叶适的“功利之学”》，杨金炎，《新湘评论》1981 年第 11 期。
《叶适的功利思想及其渊源》，周梦江，《温州师专学报》1983 年第 1 期。
《陈亮叶适学派性初探》，陈玉森，《论中国哲学史——宋明理学讨论会论文集》，浙江人民出版社 1983 年版。
《评周梦江先生〈叶适与永嘉学派〉》，潘富恩，《浙江学刊》1993 年第 1 期。
《试论叶适的事功思想》，来可泓，《上海大学学报》1993 年第 5 期。
《叶适功利主义行政思想评议》，邓元时，《贵州教育学院学报》1996 年第 4 期。
《论叶适经制事功之学的渊源及其与理学的分歧》，陈远平、肖永明，《湖南大学学报》2001 年第 2 期。
《叶适的事功价值观初探》，陈安金，《哲学研究》2001 年第 4 期。
《论叶适经制事功之学的渊源及其与理学的分歧》，陈远等，《湖南大学学报》2001 年第 2 期。
《宋代义利之辩与叶适对朱熹的批评——兼论温州商业社会与永嘉学派的关系》，周梦江，《温州师范学院学报》2004 年第 1 期。
《“义”“利”“害”观念的现代诠释——以叶适功利伦理学说为进路兼以朱学为基本参照》，麻桑，《孔子研究》2006 年第 5 期。
《叶适事功思想与现代温州人精神》，孙金波，《青海社会科学》2007 年第 4 期。
《功利与道义之间——陈亮、叶适对朱熹的挑战》，徐庆利，《大连海事大学学报》2009 年第 2 期。
《对叶适义利哲学思想基础的批判》，刘漪，《宿州教育学院学报》2010 年第 2 期。
《浙东事功学的集成——叶适思想综论》，张立文，《地方文化研究》2013 年第 3 期。

《墨子与叶适的义利思想比较研究》，王建敏，《太原大学教育学院学报》2013 年第 4 期。
《叶适功利主义思想之再探索》，徐志刚，暨南大学 2004 年硕士论文。
《叶适功利哲学研究》，刘漪，安徽大学 2010 年博士论文。
《休谟与叶适功利思想之比较》，袁浩，江西师范大学 2011 年硕士论文。
《叶适功利主义思想述评》，李继富，西南大学 2011 年硕士论文。
《叶适功利思想研究》，周文雅，河南大学 2012 年硕士论文。
《叶适功利主义与密尔功利主义对比研究》，鹿健岚，《科教导刊》2017 年第 1 期。
《论陈亮、叶适的事功之学》，王壮壮、赵炎峰，《河南科技大学学报》2017 年第 6 期。
《叶适功利主义思想之再探索》，徐志刚，暨南大学 2004 年硕士论文。
《为叶适“事学”正名》，宋志明，《光明日报》2011 年 2 月 17 日。
《叶适与永嘉学术研究》，《温州日报》2011 年 1 月 20 日。
《叶适事功经世论研究》，黄鹏，中共中央党校 2018 年硕士论文。
《义利合一与国家治理——叶适功利主义思想研究》，允春喜、陈林昂，《青岛农业大学学报》2020 年第 2 期。

（七）儒学

《如何评价叶适的“中庸”“致中和”思想》，张义德，《孔子研究》1993 年第 3 期。
《论叶适的“非孟”思想》，徐洪兴，《浙江学刊》1994 年第 3 期。
《叶适对道统的批判及其知识论》，董平，《孔子研究》1994 年第 1 期。
《叶适对儒道之本统的认识》，何俊，《原学》第 3 辑，中国广播电视出版社 1995 年版。
《叶适与朱熹道统观异同论》，何俊，《学术月刊》1996 年第 8 期。
《叶适的经学评论与理学批判》，朱汉民，《船山学刊》1998 年第 2 期。
《叶适与道统》，何俊，《温州大学学报》2000 年第 2 期。
《叶适与荀子的思想关系》，张涅，《浙江海洋学院学报》2001 年第 1 期。
《叶适的道器观及其对心性之学的批评》，李明友，《浙江大学学报》2001 年第 1 期。
《试论叶适的道统论》，汤勤福，《中州学刊》2001 年第 3 期。
《叶适“致中和”的哲学思想》，刘燕飞，《河北职工大学学报》2002 年第 3 期。
《叶适易学思想研究》，孙金波，《华侨大学学报》2005 年第 1 期。

《叶适功利儒家伦理观管窥——以“义”“利”“害”范畴之解析为进路兼以朱学为基本参照》，麻桑，《浙江社会科学》2005 年第 5 期。

《从叶适的辩证观论中庸之道》，徐儒宗，《浙学研究集萃》，上海古籍出版社 2005 年版。

《“乾，物之主也”——叶适的易学形上学》，蒋伟胜，《周易研究》2006 年第 6 期。

《叶适易学的经世特征》，孙金波，《北方论丛》2007 年第 3 期。

《永嘉学派的解〈易〉进路——以薛季宣、叶适为中心》，孙金波，《中州学刊》2008 年第 5 期。

《叶适儒学思想研究——德与利统一的哲学试探》，沈尚武，华东师范大学 2008 年博士论文。

《叶适论道学与道统》，何俊，《中山大学学报》2009 年第 1 期。

《叶适〈论语〉学思想的特色》，唐明贵，《孔子研究》2010 年第 4 期。

《叶适易学思想发微》，蒋国保，《杭州师大学报》2011 年第 1 期。

《叶适“复礼”说的哲学依据与现实意义》，沈松勤，《杭州师范大学学报》2011 年第 1 期。

《试论陈亮、叶适道统思想》，张燕，山西大学 2011 年硕士论文。

《叶适对孔子“道一”思想的继承与发展——兼对叶适学说性质的探讨》，林孝瞭，《孔子研究》2012 年第 2 期。

《叶适对〈中庸〉的批评及其对儒学的阐释》，陈锐，《杭州师范大学学报》2012 年第 2 期。

《叶适易学哲学体系管窥》，王长红，《东岳论丛》2012 年第 6 期。

《刘基与叶适比较研究——兼论“瓯”文化的两大主流内容（上）》，陈守文，《温州日报》2007 年 2 月 3 日。

《刘基与叶适比较研究——兼论“瓯”文化的两大主流内容（下）》，陈守文，《温州日报》2007 年 2 月 10 日。

《金儒赵秉文与宋儒叶适的比较研究》，王昕，《文艺评论》2011 年第 2 期。

《叶适的道统与学统》，蒋伟胜，《思想政治理论教育新探索》2014 年第 1 期。

《叶适事功视域下的易学思想之蠡测》，王长红，《人文杂志》2014 年第 1 期。

《叶适〈论语〉记言分析》，侯本塔，《琼州学院学报》2015 年第 1 期。

《叶适〈诗经〉研究释论》，陈光锐，《安徽农业大学学报》2015 年第 2 期。

《叶适的学术批判及其学术造诣》，管明清，《兰台世界》2015 年第 12 期。

《天人观视域下对叶适思想的考察》，肖芬芳，《温州大学学报》2019 年第 2 期。

《叶适：实德实才实干救世》，刘隆有，《文史天地》2019 年第 5 期。

《叶适的道物观略论》，陈仁仁，《温州大学学报》2020年第2期。
《叶适孟学思想研究》，王莉，四川省社会科学院2020年硕士论文。
《叶适讲学罗洋街》，《今日路桥》2009年11月5日。
《叶适写诗感谢吕祖谦》，叶一苇，《今日武义》2010年1月15日。
《究竟谁错——叶适〈永嘉社稷坛记〉标点献疑》，潘猛补，《温州晚报》2010年3月6日。

（八）史学

《叶适“史法论”新探》，张晶萍，《湖南教育学院学报》1997年第1期。
《叶适史学思想初探》，蔡克骄，《温州师范学院学报》1987年第2期。
《叶适的社会历史本体观——以“皇极”概念为中心》，景海峰，《哲学研究》2001年第4期。
《叶适对中国古代社会性质的认识及其启示》，张凌云，《探索与争鸣》2001年第5期。
《叶适的史评特色——以〈习学记言序目〉的唐史论断为例》，何晓涛，《中州学刊》2004年第2期。
《试论唐仲友与永嘉学派薛季宣、陈傅良、叶适的史学思想》，赵瑶丹，《宋史研究论丛》2009年。
《为叶适“事学”正名》，宋志明，《光明日报》2011年2月17日。
《叶适“史法”论探析——以〈习学记言序目〉为例》，宋馥香，《史学理论与史学史学刊》2015年第1期。
《论叶适对司马迁“史法”的批评》，刘园园，《文艺争鸣》2016年12期。
《叶适历史学说研究》，秦文，《读天下（综合）》2020年第12期。
《论叶适对〈诗〉的史学解读》，刘园园，《中州学刊》2016年第1期。
《叶适历史盛衰论研究》，陈忠正，河南师范大学2017年硕士论文。
《叶适史论研究——以叶适〈春秋〉观为中心》，王欣，兰州大学2018年硕士论文。

（九）文学艺术

《叶适》，湖南师范学院中文系古代文学教研室，《中国历代作家小传》中册第二分册，湖南人民出版社1981年版。
《叶适的诗论》，王祥，《沈阳师范学院学报》1995年第3期。

《叶适文学思想续论——兼谈〈宋诗选注〉对叶适的批评》，周梦江，《温州师范学院学报》2001 年第 1 期。

《叶适散文思想及创作》，张璟，《廊坊师专学报》2000 年第 2 期。

《叶适〈白石净慧院经藏记〉读后记——一种乡土文化式的解读》，钱志熙，《古典文学知识》2003 年第 6 期。

《叶适与永嘉四灵之关系论》，赵敏、崔霞，《广州大学学报》2003 年 11 期。

《叶适的文学思想》，胡雪冈，《温州师范学院学报》2004 年第 4 期。

《叶适的〈西山〉诗》，《温州晚报》2006 年 8 月 15 日。

《叶适散文的“纵横”品质》，刘春霞，《名作欣赏》2006 年第 20 期。

《叶适文章风格论》，闵泽平，《浙江海洋学院学报（人文科学版）》2007 年第 1 期。

《叶适“德艺兼成”的诗学思想初探》，郭庆财，《廊坊师范学院学报》2007 年第 2 期。

《叶适散文创作研究》，张俊海，河南大学 2008 年硕士论文。

《文德文术文变——论叶适的文学思想》，陈心浩，《温州大学学报》2008 年第 2 期。

《叶适的中和文艺美学观》，李新，《中共中央党校学报》2008 年第 2 期。

《叶适〈宿觉庵记〉解读》，蔡克骄，《温州大学学报》2009 年第 1 期。

《叶适碑志文探析》，刘春霞，《广东广播电视大学学报》2009 年第 5 期。

《叶适碑志文拓新之功権论》，张平，《求索》2010 年第 9 期。

《叶适对“永嘉四灵”的提携与批判》，叶文举、钱芳，《中国文论的方与圆：中国古代文学理论学会专题资料汇编》2010 年 12 月。

《宋代诗人叶适近体诗用韵研究》，施马琪等，《四川职业技术学院学报》2011 年第 2 期。

《南宋浙东学者的文道思想述论——以吕祖谦、叶适为中心》，郭庆财，《湖州师范学院学报》2011 年第 3 期。

《叶适“集本朝文之大成者”刍议》，沈松勤，《文学遗产》2012 年第 2 期。

《试论叶适的道统论与文学思想》，郑慧，《古籍整理研究学刊》2012 年第 5 期。

《叶适挽词研究》，姜丹莱，广西师范大学 2012 年硕士论文。

《叶适诗文研究》，彭静岑，南京师范大学 2012 年硕士论文。

《叶适道器合一思想与其发展的文学观》，郑慧等，《东北师大学报》2013 年第 1 期。

《叶适“洛学起而文字坏”文学史意义阐析》，陈光锐，《盐城师范学院学报》2013 年第 1 期。

《朱熹叶适诗歌理论之比较》,许光,《闽台文化研究》2013 年第 2 期。
《叶适文学创作与学术思想关系研究》,戎默,华东师范大学 2013 年硕士论文。
《叶适的理学观念与文学思想》,郑慧,东北师范大学 2013 年博士论文。
《论叶适墓志文创作的新变与成就》,沈松勤、楼培,《浙江大学学报》2013 年第 4 期。
《论叶适对苏轼论说文的承袭与变异》,戎默,《太原师范学院学报》2014 年第 2 期。
《论叶适对韩、欧碑志文的继承与新变》,戎默,《温州大学学报》2014 年第 4 期。
《叶适的"言文之辨"与文学史观》,郭庆财,《文艺理论研究》2014 年第 4 期。
《试论叶适诗学思想的主导倾向——从叶适治统与朱熹道统的区别谈起》,郄丙亮,《安顺学院学报》2014 年第 5 期。
《〈叶适集〉用韵研究》,刘雅馨,温州大学 2015 年硕士论文。
《叶适诗歌艺术特色述论》,陈光锐,《兰州文理学院学报》2015 年第 1 期。
《从叶适的书序文看其文学主张》,高雯,《黄冈职业技术学院学报》2015 年第 1 期。
《叶适政论散文的艺术成就》,陈光锐,《安徽广播电视大学学报》2015 年第 2 期。
《道因其乐而常存——叶适"乐道"思想发微》,肖芬芳,《九江学院学报》2015 年第 3 期。
《论叶适的散文观》,陈光锐,《滁州学院学报》2015 年第 3 期。
《论南宋文人对叶适散文的评价》,陈光锐,《宜春学院学报》2015 年第 4 期。
《南宋古文运动者对北宋古文运动的反思与超越——以叶适为中心考察》,马茂军,《华南师范大学学报》2015 年第 6 期。
《叶适墓志文创作的文学功用化》,苏菲,《盐城师范学院学报》2016 年第 5 期。
《叶适与江西诗学的离与合》,吴晟,《广州大学学报》2016 年第 11 期。
《叶适的思想学术与文学》,刘园园,南京大学 2016 年博士论文。
《叶适诗歌题材研究》,陈光锐,《滁州职业技术学院学报》2017 年第 4 期。
《南宋古文运动者的文章理论:以叶适为中心考察》,马茂军,《中国古代文章学的阐释与建构:中国古代文章学三集》,复旦大学出版社 2017 年版。
《帛裂与统合——叶适"文集大成"的一种微观考察:以记体文为例》,张平,《浙江师范大学学报》2018 年第 2 期。
《以文辅史——论叶适的碑志文》,陈光锐,《温州大学学报》2018 年第 6 期。
《随其资质与之形貌——叶适碑志文写人艺术探微》,钱建状,《温州大学学报》2019 年第 1 期。

《叶适的诗学本原论暨诗学史意义》，雷恩海，《华南师范大学学报》2019 年第 2 期。
《用工苦而造境生——从离别与哀挽诗管窥叶适的诗学追求》，张平，《语文学刊》2019 年第 6 期。
《从“约一代治体”到“统纪之学，论述今古”——论叶适对〈宋文鉴〉的继承与发展》，钱蕾，《北京社会科学》2019 年第 7 期。
《叶适美育思想及其实践研究》，李正柏、王路，《美与时代（下）》2019 年第 12 期。

（十）其他

《陈亮、叶适逻辑思想刍议》，何应灿，《华东师大学报》1987 年第 6 期。
《苏轼、叶适人口思想之比较》，董淮平，《思想战线》1989 年 2 期。
《叶适人口思想探析》，王声多，《温州论坛》1990 年第 4 期。
《叶适与朱熹道学》，周梦江，《温州师专学报》1986 年第 1 期。
《叶适的智勇观及其认识论意义》，王育济，《孔子研究》1989 年第 4 期。
《叶适与朱熹》，周梦江，《杭州师范学院学报》1997 年第 5 期。
《试论南宋叶适的民族思想》，张洁、方赛赛，《温州大学学报》2001 年第 2 期。
《论叶适的本体功夫思想》，屠承先，《温州大学学报》2001 年第 2 期。
《论叶适的学术批判精神》，郭淑新、臧宏，《孔子研究》2001 年第 4 期。
《叶适的德性之学及其批判精神》，蒙培元，《哲学研究》2001 年第 4 期。
《叶适的本体功夫思想及其影响》，屠承先，《浙江大学学报》2001 年第 4 期。
《叶适“致中和”的哲学思想》，刘燕飞，《河北职工大学学报》2002 年第 3 期。
《叶适思想世界中的佛教——叶适佛教观的特质及其意蕴》，李承贵，《河北学刊》2006 年第 4 期。
《陈亮叶适德育方法的现代借鉴》，杨朋，《和田师范专科学校学报》2006 年第 4 期。
《叶适的中和文艺美学观》，李新，《中共中央党校学报》2008 年 2 期。
《宋儒处理儒佛关系的策略——叶适的一个检讨》，李承贵，《杭州师范大学学报》2008 年第 6 期。
《从叶适到朱熹：“过不及”辨略》，麻尧宾，《四川大学学报》2011 年第 1 期。
《叶适〈习学记言〉对〈管子〉的解读》，耿振东，《中南大学学报》2010 年第 5 期。
《叶适人性论新诠释》，沈尚武、袁岳，《福建论坛》2010 年第 6 期。
《今人对叶适〈龙川文集序〉及〈书龙川集后〉的误读》，胡善兵，《文教资料》

2010年第9期。
《叶适的虚实观及其对理学的批评》,向世陵,《中国社科院研究生院学报》2011年第3期。
《论叶适的形上学》,崔海东,《中州学刊》2011年第3期。
《叶适文集版本源流考》,李建军,《图书馆理论与实践》2011年第4期。
《叶适自然观初探》,唐银华,《湖北广播电视大学学报》2013年第9期。
《论叶适对南宋士风的认识》,杨光安、何兆泉,《宜春学院学报》2013年第10期。
《任人之责而当天之心——叶适天人观研究》,肖芬芳,南京大学2016年硕士论文。
《论叶适的功用思想及其审美表现》,严媛,宁波大学2017年硕士论文。
《叶适女性墓志探析》,郑玲,《六盘水师范学院学报》2018年第2期。
《南宋浙东学者的文道思想述论——以吕祖谦、叶适为中心》,郭庆财,《湖州师范学院学报》2011年第3期。
《叶适的虚实观及其对理学的批评》,向世陵,《中国社会科学院研究生院学报》2011年第3期。
《叶适的道德修养论及其意义》,向康文,《高等农业教育》2011年第9期。
《叶适与浙东学派:近世早期政治思维的开展》,任锋,《政治思想史》2011年第2期。
《叶适与南宋反理学思潮》,陈国灿,《西华大学学报》2011年第2期。
《南宋浙东学者的文道思想述论——以吕祖谦、叶适为中心》,郭庆财,《湖州师范学院学报》2011年第3期。
《论叶适的修己安人思想》,沈剑超,复旦大学2011年硕士论文。
《叶适社会控制思想研究》,郑亮,重庆师范大学2014年硕士论文。

二、著作

《明正统本叶水心集》,潘景郑,砚楼书跋,古典文学出版社1957年版。
《叶适集》,刘公纯等点校,中华书局1961年版。
《叶适评传》,张义德,南京大学出版社1994年版。
《叶适年谱》,周梦江,浙江古籍出版社1996年版。
《叶适与永嘉学派论集》,张义德等编,光明日报出版社2000年版。
《叶适与永嘉学派》,周梦江,浙江古籍出版社1992年版。

《永嘉巨子：叶适传》，朱迎平，浙江人民出版社 2006 年版。

《叶适研究》，周梦江，陈凡男，人民出版社 2008 年版。

《叶适的习学之道》，蒋伟胜，中国社会科学出版社 2009 年版。

《叶适事功思想研究》，孙金波，黑龙江人民出版社 2009 年版。

《叶适传奇》，周梦江，四川美术出版社 2010 年版。

《叶适评传（中国思想家评传丛书）》，张义德，南京大学出版社 1994 年版。

《叶适与永嘉学派》，吴光、洪振宁主编，浙江人民出版社 2012 年版。

《叶适思想论稿》，俞雄，黄山书社 2015 年版。

《经世济民——永嘉学派集大成者叶适传略》，王兴文、张振楠，浙江大学出版社 2016 年版。

《叶适（温州历代名人故事之二）》，中共温州市委宣传部、温州市社科联编，西泠印社出版社 2016 年版。

《叶适文学研究》，陈光锐，安徽大学出版社 2018 年版。

附：港台地区 1949 年 10 月—1999 年叶适研究论著目录

《叶适研究提要》，周学武，《木铎》1978 年第 7 期。

《叶适》，陈丽桂，台湾商务印书馆 1978 年版。

《评周梦江〈叶适与永嘉学派〉》，王煜，《汉学研究》1994 年第 2 期。

《叶适与朱熹道统观异同论》，何隽，《鹅湖》1996 年第 11 期。

《宋叶适五律诗研究》，张素连，《新竹师专学报》1981 年第 7 期。

《叶适著作考》，周学武，《书目季刊》1977 年第 2 期。

《叶水心先生年谱》，周学武，台北大安出版社 1988 年版。